JIAOYULU JINGSHEN

JIQI DANGDAI JIAZHI YANJIU

焦裕禄精神
及其当代价值研究

康凤云◎著

人民出版社

目　录

序言：自觉做新时代焦裕禄精神的弘扬者践行者

　　党和人民百年奋斗，书写了中华民族几千年历史上最恢宏、最磅礴的史诗，也奏响了中华民族精神传承发展中最为壮怀激烈的精神乐章。在百年英勇顽强的奋斗中，一代又一代中国共产党人不畏强敌、不惧风险、敢于斗争、勇于胜利，以伟大建党精神开启其端，激励中华民族最优秀的分子浴血奋战、不屈不挠，构筑起中国共产党人熠熠生辉的精神谱系。凝结其中的宝贵精神财富、红色基因，彰显着中国共产党人独特的风骨和品质，也引领、滋养、催奋着中国共产党人历经百年而风华正茂、饱经磨难而生生不息。

　　回望百年党史，焦裕禄精神便是中国共产党人精神谱系中一颗历久弥新的精神之"钻"。"心中装着全体人民、唯独没有他自己"的公仆情怀，凡事探求就里、"吃别人嚼过的馍没味道"的求实作风，"敢教日月换新天"、"革命者要在困难面前逞英雄"的奋斗精神，艰苦朴素、廉洁奉公、"任何时候都不搞特殊化"的道德情操，亲民爱民、艰苦奋斗、科学求实、迎难而上、无私奉献，是焦裕禄同志这位"人民的好公仆"、"县委书记的榜样"、"全党的榜样"的精神定格。从上个世纪六十年代以至今日，焦裕禄精神始终为人们讴歌、传颂，它影响了一代又一代后来者的价值选择、人生选择，他们以焦裕禄为榜样接力奋斗。2014年3月17日至18日，在河南省兰考县调研指导党的群众路线教育实践活动时，习近平总书记讲道："我们这一代人都深受焦裕禄精神的影响，是在焦裕禄事迹教育下成长的。我后来无论是上山下乡、上大学、参军入伍，还是做领导工作，焦裕禄同志的形象一直在我心中。"①2019 年 3 月 18 日，在全国学校思想政治理论课教师座谈会上，习近平总书记再次深情地谈起焦裕禄同志。他讲道："我为什么对焦裕禄那么一往情深，就是因为我在上初中一年级时，当时宣传焦裕禄的事迹，我的政治课老师在讲述焦裕禄的事迹时数度哽咽，一度讲不下去了，捂着眼睛抽泣，特别是讲到焦裕禄肝癌最严重时把藤椅给顶破了，我听了很受震撼。"② 新中国成立以来，党同人民一路走来，筚路蓝缕、艰苦奋斗，使国家越来越富强、民族越来越兴盛、人民越来越幸福。其中，很重要的一条经验，就是有无数像焦裕禄这样的优秀党员、干部为党和人民无私奉献。在新时代，深刻理解、积极弘扬焦裕禄精神，仍然是一项极具意义的重大实践课题、理论课题。

近年来，康凤云教授发掘档案资料，遍梳研究文献，饱含深情，专注于焦裕禄精神及其当代价值的研究，高质量完成其主持的国家社科基金项目，获得评审专家一致高度肯定，并推出了摆在读者面前的这部新著。这为在新的历史条件下深化焦裕禄精神的研究和弘扬，奉献了新成果，作出了新推动。

康凤云教授的这部著作之所以被称为"新著"，不仅在其成书于新近，更在于其研究所体现的新视野、新探索和新见解。视野之新，在于这部著作将焦裕禄精神放置于中华民族精神传承发展的宏大进程中予以聚焦、观照。作者认为，中华民族精神源远流长，焦裕禄精神既是中华民族精神发展过程中的重要结晶，又有着中原文化的深厚滋养，只有深化了解两者之间的关系，厘清两者内涵之间的联系，才能更好地弘扬焦裕禄精神，发展民族精神。基于这一认识，作者在书中以专门的节、目探讨焦裕禄精神的形成条件，分析黄河文化、中华传统美德对焦裕禄精神产生、形成的影响，探讨毛泽东思想对其熏陶、滋养，并将焦裕禄精

---

① 《习近平在调研指导兰考县党的群众路线教育实践活动时强调：大力学习弘扬焦裕禄精神 继续推动教育实践活动取得实效》，《人民日报》2014 年 3 月 19 日。

② 习近平：《思政课是落实立德树人根本任务的关键课程》，《求是》2020 年第 17 期。

神的首要特征概括为民族性与时代性相统一。探索之新，体现在这部著作将焦裕禄精神放置于新时代崭新的社会境遇中进行分析探讨。焦裕禄精神以及一切宝贵的民族精神、时代精神财富，它们之所以具有穿越时空、历久弥新的价值意义，在其精神特质，也在于人们在不同时代不断基于新的社会境遇对其价值自觉地回采开掘、弘扬开新。这也是一个民族累积精神财富、实现精神成长的重要路径之一。康凤云教授的这部新著，便很好地体现了这方面的理论自觉、文化自觉、历史自觉和学术自觉。该著从社会主义核心价值观弘扬培育、治贫思想等角度，对焦裕禄精神的丰富内涵重点展开探讨，从新时代党风、社风、官风、民风、家风建设等角度对焦裕禄精神的当代价值展开系统分析，将全书的落脚点、收笔处放在对焦裕禄精神传承机制构建与完善的深入研究上，这些都体现了作者立足新时代的高度自觉和学术努力。基于新时代新视野新探索，作者提出了诸多新见解，进行了新阐发。如将焦裕禄精神的形成过程概括为孕育、初塑、形成三个时期；提出焦裕禄精神具有广、狭两种理解角度，深入探讨焦裕禄精神的基本内涵及其内在结构，强调公仆情怀既是焦裕禄精神的核心，也是焦裕禄精神历经 50 多个春秋仍然镌刻在人民心中的主要原因；提出在新时代，要注重建立焦裕禄精神传承的长效激励机制、现代化的媒体宣传机制、科学健全的制度化机制、多层次的学习教育机制，等等。这些探讨，不仅对于人们继续深化焦裕禄精神的学习和理解是有益的，而且对于在全社会更好地传承弘扬焦裕禄精神，也是极富启示借鉴意义的。

新时代，是中华民族奋力实现伟大复兴的伟大时代，是呼唤我们每一位中华儿女更加精神抖擞、踔厉奋发的崭新时代。站在弘扬伟大建党精神和民族精神的新时代潮头，研究、宣传和传承焦裕禄精神，不仅具有重要的学术价值，而且也具有宝贵的文化意义和社会意义。借此机会，我祝贺康凤云教授研究焦裕禄精神、致敬焦裕禄精神的新著出版，并期待这部新著能够在新时代社会主义精神文明建设中，受到学术界和读者关注，使之发挥应有的积极作用。

做焦裕禄精神在新时代的自觉弘扬者、践行者，我辈当以此自励自勉。

沈壮海

2022 年 5 月 4 日

绪　论

第一节　选题意义

焦裕禄精神是中国共产党人精神谱系的重要组成部分，是鼓舞党员干部为民、务实、清廉、担当的强大思想动力，是激励人民群众干事创业、昂扬奋进的宝贵精神财富。中国共产党历届中央领导集体一以贯之地高度重视学习宣传焦裕禄精神。1966 年 9 月，毛泽东在天安门城楼上接见焦裕禄儿女；1990 年 5 月，邓小平为《焦裕禄》题写书名；1991 年 2 月，江泽民题词"向焦裕禄同志学习，全心全意为人民服务"；1994 年 5 月，胡锦涛在纪念焦裕禄同志逝世 30 周年大会上提出"认真学习和弘扬焦裕禄精神仍然是我们这个伟大时代的要求，是全国各族人民的呼唤，是加强党的建设、发展社会主义现代化事业的需要"；党的十八大以来，习近平总书记在多次重要讲话中，号召学习和弘扬焦裕禄精神。在中国特色社会主义新时代，回应历届中央领导集体，特别是习近平总书记的关切，研究焦裕禄精神及其当代价值，有着重要的理论意义和实践意义。

一、理论意义

研究焦裕禄精神及其当代价值，对马克思主义价值学说的时代拓展，对焦裕禄精神本身的研究，有重要的理论意义。

1. **有利于丰富马克思主义价值学说**。本书顺应党和国家在中国特色社会主义新时代提出的新任务、新要求，从整体视域、学术视域等多方面积极探索焦裕禄精神及其当代价值，力求为社会主义核心价值观建设提供有益的新观点、新思路，进一步丰富马克思主义价值学说的理论和方法研究。这既是马克思主义理论发展的内在需要，也是理论工作者义不容辞的政治责任。

2. **有利于深化焦裕禄精神研究**。习近平总书记有着浓厚的焦裕禄情结：1990 年他在担任福州市委书记时创作了《念奴娇·追思焦裕禄》；2009 年、2014 年两次莅临河南省兰考县考察调研；2014 年 10 月在党的群众路线教育实践活动总结大会讲话；2015 年 1 月在中央党校县委书记研修班学员座谈会讲话；2015 年 6 月接见全国优秀县委书记；2016 年 2 月会见第一届全国文明家庭代表；2017 年 5 月到中国政法大学考察调研；2019 年 3 月在全国思政课教师座谈会讲话；2020 年 1 月在"不忘初心、牢记使命"主题教育总结大会讲话，等等，都多次强调弘扬焦裕禄精神，赓续焦裕禄红色血脉。他曾动情地讲，我们这一代人是深受焦裕禄同志事迹教育成长起来的，焦裕禄同志的形象一直在我心中。本书响应习近平总书记提出的学习弘扬焦裕禄精神的指示精神，将焦裕禄精神的研究推向深入，取得全面、系统的学术研究成果。

二、实践意义

研究焦裕禄精神及其当代价值，对改进党员领导干部作风、助推民众树立昂扬向上的精神风貌，有重要的实践意义。

1. **有利于加强和改进党员领导干部作风**。现阶段一些党员领导干部在思想境界、素质能力、作风形象等方面存在着一些问题和不足。本书深入挖掘和研究焦裕禄精神及其当代价值，有利于党员领导干部以焦裕禄同志为标杆，对照焦裕禄这个县委书记的榜样，反思自身，进一步改进工作作风，做为民、务实、清廉的表率。

2. 有利于帮助普通民众树立积极向上的人生态度。与焦裕禄所处的时代相比，现今各方面的条件都好了很多。但物质条件再好、生活水平再高，如果没有一种积极向上的人生态度，没有坚强的意志和坚定的人生追求，就会被突如其来的困难所压垮，再好的外在环境和条件也会转瞬即逝。任何经济的危机都不可怕，最可怕的是精神危机。通过本书研究，挖掘焦裕禄身上为了公众利益而牺牲自我的精神，不怕困难、勇于进取的精神，愈挫愈坚、坚忍顽强的奋斗拼搏精神，而这些精神恰恰是成功的人生所需要的品质。本书研究对于正确人生观、价值观的建立有重要意义。

第二节　研究现状

国内外学术界关于"焦裕禄精神及其当代价值""焦裕禄"的研究，取得了一些成果，但主要集中在国内。国内学术界主要从焦裕禄的生平事迹、个人品格，焦裕禄精神的概念、焦裕禄精神的形成条件、焦裕禄精神的内涵、焦裕禄精神的当代价值以及焦裕禄精神的传承机制等方面进行了探讨。

一、国内研究现状

2009 年，习近平同志在河南省兰考县调研时对焦裕禄精神作了概括："亲民爱民、艰苦奋斗、科学求实、迎难而上、无私奉献"。[①] 五年后的 2014 年，习近平总书记在兰考县调研指导党的群众路线教育实践活动时，进一步充实了焦裕禄精神的内涵："心里装着全体人民、唯独没有他自己"的公仆情怀；凡事探求就里、"吃别人嚼过的馍没有味道"的求实作风；"敢

---

① 习近平：《做焦裕禄式的县委书记》，中央文献出版社 2015 年版，第 38 页。

教日月换新天"、"革命者要在困难面前逞英雄"的奋斗精神；艰苦朴素、廉洁奉公、"任何时候都不搞特殊化"的道德情操。① 习近平总书记大力倡导学习弘扬焦裕禄精神。在中央高度重视焦裕禄精神的弘扬和传承的时代背景下，学术界近年来日益关注焦裕禄精神，掀起了学习研究焦裕禄精神的热潮，主要从以下几个方面进行了研究：

1. 关于焦裕禄生平事迹的研究

从已有的资料来看，对于焦裕禄生平事迹的研究，最早开始于 1966 年 2 月 7 日，新华社记者穆青等人撰写的长篇通讯《县委书记的榜样——焦裕禄》。1966 年 2 月 13 日，《河南日报》发表了一篇关于焦裕禄小传的文章，② 该文简单介绍了焦裕禄的生平事迹。随着新华社通讯的发表，焦裕禄事迹迅速在全国传播开来并引起强烈反响，对焦裕禄的研究也得到快速跟进。从现有资料来看，最早一本关于焦裕禄生平事迹的著作是 1966 年 3 月出版的《焦裕禄》，这是一本通俗性小册子。该书将焦裕禄参加革命的原因、历程和工作经历进行了详细论述，概括了焦裕禄的革命生涯。③ 1995 年 6 月，有学者首次运用传记的形式对焦裕禄生平事迹进行了较为详细的介绍。该著作采用叙事的手法，讲述了焦裕禄从参加革命到逝世的生平事迹，其中不乏研究性观点，澄清了此前一些模糊性看法，订正了一些史实的讹误。④ 之后，有学者也运用写实的形式来研究焦裕禄的生平事迹，将焦裕禄的成长过程和工作经历划分为三个阶段，对焦裕禄在这三个阶段的生平事迹分别做了详细的论述。⑤ 该学者在 2021 年 7 月修订再版了百年红色经典《焦裕禄》，塑造了焦裕禄立体多面、血肉丰满的文学形象，还原了一位人民公仆的人生传奇。⑥ 也有学者深入田间地头，走

---

① 《习近平在调研指导兰考县党的群众路线教育实践活动时强调：大力学习弘扬焦裕禄精神　继续推动教育实践活动取得实效》，《人民日报》2014 年 3 月 19 日。

② 《焦裕禄同志小传》，《河南日报》1966 年 2 月 13 日。

③ 本书编写组：《焦裕禄》，河南人民出版社 1966 年版。

④ 殷云岭等：《焦裕禄传》，花山文艺出版社 1995 年版。

⑤ 何香久：《焦裕禄传》，河南文艺出版社 2012 年版。

⑥ 何香久：《焦裕禄》，北京联合出版有限公司 2021 年版。

访基层社区，采访与焦裕禄一起战斗、生活、工作过的战友、同事、领导、亲友和基层群众，并参阅了大量相关的文献资料、历史档案，以口述史的形式，再现了焦裕禄一生的光辉事迹。①

焦裕禄虽出生于山东，但他的主要工作地则是在河南。参加革命后，焦裕禄随军南下，先后在洛阳市、尉氏县和兰考县等地工作。有学者从怀念的角度以回忆录的形式，通过当年与焦裕禄共同工作和生活过的同事的回忆，讲述了焦裕禄从出生到参加革命以及各个阶段的工作经历。②有学者则以章节的写作手法对焦裕禄生平事迹进行研究，系统地介绍了焦裕禄一生的事迹。③而由中共兰考县委宣传部和中共开封市委宣传部编辑的有关焦裕禄的书籍，均详细介绍了焦裕禄在山东解放区、河南洛阳矿山机器厂、河南尉氏县和兰考县等地的工作经历，有大量第一手资料。④⑤从历史递进的角度进行研究，有利于直观地了解焦裕禄的人生轨迹。此外，有学者则从纪实篇、回忆篇和启迪篇三个层次对焦裕禄进行研究，在纪实篇和回忆篇中，对焦裕禄的工作经历进行了详细论述，具有重要的参考价值。⑥

值得重视的是，有些学者的研究则另辟蹊径，以焦裕禄某个阶段的工作经历为视角进行研究。如有学者通过讲故事的写作手法，概述了焦裕禄在洛阳矿山机器厂的主要工作经历和在工作中体现出来的品质特征。⑦⑧有学者则通过收录当时和现今发现的相关文献，整合相关人员的回忆录，详细介绍了焦裕禄在洛阳工作的经历以及给当事人的教益。⑨这些著作选

①　李建强：《不泯的记忆——口述焦裕禄》，人民出版社 2018 年版。

②　化汉三：《难以忘却的怀念：焦裕禄回忆录》，河南大学出版社 1992 年版。

③　杨长兴等：《焦裕禄一生》，中央文献出版社 2014 年版。

④　中共兰考县委宣传部：《焦裕禄的故事》，河南人民出版社 1990 年版。

⑤　中共开封市委宣传部《焦裕禄》创作组：《焦裕禄》，华夏出版社 1990 年版。

⑥　河南省委党史研究室：《人民利益的忠实代表：焦裕禄》，中共党史出版社 2002 年版。

⑦　洛阳矿山机器厂《火红的旗帜》编写组：《火红的旗帜：焦裕禄在工厂的故事》，河南人民出版社 1975 年版。

⑧　陈思：《焦裕禄的九年洛阳岁月》，中共中央党校出版社 2022 年版。

⑨　王建立：《焦裕禄在洛阳》，海燕出版社 2009 年版。

取焦裕禄在洛阳工作的经历为研究对象，展现了焦裕禄在洛阳九年工作的经历和所彰显的优良品质。焦裕禄英雄事迹主要是在兰考工作期间形成的，因此，大多数学者选取焦裕禄在兰考的工作经历来进行研究。在中共兰考县委宣传部、兰考县档案局的支持下，有学者以纪实的方式展现了焦裕禄在兰考工作的每一天及其优良精神和品质。①②③ 有学者则以采访手记的方式，生动形象地记录了焦裕禄在兰考工作的点点滴滴，真实地还原了焦裕禄在兰考基层百姓和党员干部眼中的形象，探讨了当代党员干部应该如何学习焦裕禄精神的问题。④ 有学者则研究了焦裕禄鲜为人知的军事生涯，揭示了焦裕禄在军队的大熔炉里，淬炼成听党指挥、不怕牺牲、敢于胜利的优秀品质，为做一名优秀的党员领导干部，奠定了坚实的思想和实践基础。⑤ 还有学者则挖掘了焦裕禄的"文艺范儿"，发现焦裕禄幽默风趣，多才多艺，其文艺才能对焦裕禄成长为一位优秀县委书记，发挥了重要作用。⑥

从已有的文献资料来看，当焦裕禄精神成为全社会共同认同的一种精神文化后，研究焦裕禄的生平事迹，对于学术界来说，是探索焦裕禄精神源起的重要起点。从 1966 年至今，学术界对于焦裕禄生平事迹的研究主要集中在以下三个层面：一是焦裕禄从出生到参加革命再到逝世期间的经历主要有哪些，成长有哪些阶段，是什么因素造就了英雄形象的焦裕禄和作为强大文化现象的焦裕禄精神；二是焦裕禄在革命和工作期间，展现出了什么独特的品质，而这些品质对焦裕禄精神的形成和产生有什么重要影响；三是焦裕禄不平凡的一生，特别是他心中唯独没有自己、只有人民的公仆情怀，对于当代的党员干部究竟有怎样的启示意义。

---

① 周长安等：《焦裕禄在兰考的日日夜夜》，河南人民出版社 1990 年版。

② 《学习焦裕禄》编写组：《学习焦裕禄》，中国社会出版社 1990 年版。

③ 张全景等：《焦裕禄在兰考的 470 天》，中州古籍出版社 2013 年版。

④ 任彦芳：《我眼中的焦裕禄：1965—1966 年采访手记》，广东人民出版社 2014 年版。

⑤ 贾关青：《焦裕禄的军事生涯》，《军事史林》2022 年第 2 期。

⑥ 赵兴国：《焦裕禄的"文艺范儿"》，《党史博览》2021 年第 1 期。

2. 焦裕禄个人品质研究

典型人物的精神，往往与其独特的个人品质密切相关，在一定程度上是典型人物精神的"魂"。焦裕禄作为党的优秀县委书记，之所以能被人民群众广泛认可和敬仰，与他的个人品质密不可分。因此，对焦裕禄的个人品质进行研究也是学者研究的视角之一。

一是对焦裕禄的公仆意识进行研究。焦裕禄作为党的领导干部，一直将自己当作人民的公仆，他的公仆理念与准则构成了焦裕禄公仆思想的核心。有学者对焦裕禄公仆思想进行了尝试性的概括，指出："焦裕禄同志是人民公仆的典型写照，其公仆思想的主旨是全心全意为人民服务；其公仆精神的原则是勤俭节约、廉洁奉公；其公仆思想的实践路径是群众路线。"① 也有学者尝试着探究焦裕禄公仆情怀的具体内涵，从深怀爱民之情、坚守重民之理、恪守为民之责、多做为民之事四个方面探讨了新时期学习弘扬焦裕禄公仆情怀的具体内容。并进一步指出，亲民爱民是焦裕禄公仆情怀的第一要义，为民服务是焦裕禄公仆情怀的实质与核心。② 此外，也有学者对焦裕禄公仆思想的特征进行了概括"焦裕禄自始至终乐为公仆，其身上焕发的公仆精神有着鲜明的特点。第一，焦裕禄的公仆意识具有强烈性；第二，焦裕禄的公仆行为具有主动性；第三，焦裕禄的公仆信念具有真诚性。"③

二是对焦裕禄的家庭教育理念即家风进行研究。受焦裕禄家风影响最大的是他的子女。在焦裕禄逝世后，他的子女在一些文章或著作中深情回忆了焦氏家风对他们的积极影响。如焦守云从女儿的角度回望了父亲焦裕禄的一生，深刻缅怀了焦裕禄对她生活工作点点滴滴的教导。④ 同时指出焦氏家风是焦裕禄留下的宝贵精神财富，是焦家儿女必须恪守的底线。⑤ 焦

---

① 李亚威等：《焦裕禄公仆思想探析》，《华北水利水电学院学报（社科版）》2013 年第 6 期。

② 徐晨光：《学习弘扬焦裕禄舍己为民的公仆情怀》，《光明日报》2014 年 5 月 14 日。

③ 单玉华：《焦裕禄公仆意识的特点及其现实意义》，《郑州大学学报（哲学社会科学版）》2009 年第 3 期。

④ 焦守云：《我的父亲焦裕禄》，人民日报出版社 2016 年版。

⑤ 焦守云：《父亲焦裕禄留给我们的家风》，《党建》2018 年第 8 期。

裕禄长女焦守凤和长子焦国庆在书中通过对父亲的回忆，生动描述了父亲对子女严格的教育，良好家风对子女潜移默化的影响。① 焦守云指出家风不是家事，家风是一个家庭的"政治大事"，每个家庭的"政治大事"搞好了，社会就和谐了。② 另外，有学者在文章中讲述了做焦裕禄的妻子儿女的"不容易"，也正是这份"不容易"让他们知道焦裕禄精神的可贵。③ 曾经在焦裕禄身边工作的新闻干事刘俊生，坚持宣传焦裕禄精神 50 多年，他认为焦裕禄同志的精神是丰满全面的，有许多是大家到现在都还不了解的，特别指出焦裕禄家风值得当代领导干部认真学习。焦裕禄同志对家庭、对子女的教育具有示范引导作用。④ 有学者认为焦裕禄的故事人们早已耳熟能详，而在他身后半个世纪中，这个家庭发生的点点滴滴故事，都给人一种深深的震撼。⑤ 有学者也从家与国、家与社会的关系，阐述了淳厚家风对于政风党风、对社会文明进步所产生的正能量和推动力。⑥ 有学者从焦裕禄与他的儿女在家庭内外的生活细节，以及焦裕禄对儿女既严格要求又润物无声的言传身教和革命熏陶上，描绘了焦裕禄既是慈父也是严父的崇高形象，并且指出今天的党员干部依然能从中汲取丰富的精神养分。⑦ 有学者提出，焦裕禄家风是焦裕禄精神的文化绵延和价值折射。在焦裕禄成长与工作的磨砺过程中，形成了以"爱劳动、勤俭、不搞特殊化"为特质的朴素家风。当前，在习近平新时代中国特色社会主义思想的指引下，系统深入研究、开发与弘扬焦裕禄家风具有修养党性的精神价值、教导子女的教化价值和凝聚民心的社会价值。⑧⑨

---

① 焦守凤：《我的爸爸焦裕禄》，少年儿童出版社 1966 年版。

② 焦守云：《"家风"是每个家庭的"政治大事"》，《时事报告》2015 年第 1 期。

③ 新伟：《焦裕禄：红色家风的接力》，《党史纵览》2014 年第 7 期。

④ 刘俊生：《焦裕禄的家风值得当代干部学习》，《光明日报》2014 年 3 月 17 日。

⑤ 史晓韵：《焦家门风》，《新湘评论》2015 年第 12 期。

⑥ 尚慧辉：《好家风：社会文明进步正能量》，《山西日报》2014 年 3 月 25 日。

⑦ 赵瑜：《焦裕禄家风》，河南文艺出版社 2018 年版。

⑧ 秦法跃：《新时代焦裕禄家风的价值阐释》，《河南大学学报(社会科学版)》2019 年第 6 期。

⑨ 安北平：《焦裕禄优良家风形成原因探析》，《决策探索（下）》2020 年第 5 期。

三是对焦裕禄的工作作风进行研究。有学者认为，焦裕禄同志始终相信并依靠群众，焦裕禄精神集中反映了党的群众路线。认为在新的历史条件下，要想改善党群关系就必须大力弘扬焦裕禄精神，做到像焦裕禄同志那样，牢固树立起为民执政的理念、自觉将群众利益放在首位、切实掌握群众工作方法。① 有学者提出，在新的历史时期，中国共产党要想凝聚人心、获得广大群众的持久支持，就要向焦裕禄同志学习，以党的宗旨为核心要求，加强党员思想道德建设。② 有学者也指出，新时期要想重塑党员干部道德人格，提升党的凝聚力和战斗力，就必须以焦裕禄同志为榜样，认真学习焦裕禄精神。③ 有学者研究了焦裕禄的初心与使命，认为焦裕禄秉持为人民服务、以人民为中心的初心，践行共产党人的使命，知难而进，善作善成。④

焦裕禄独特的个人品质，造就了内涵丰富的焦裕禄精神。从已有的研究来看，大部分集中在通过对焦裕禄精神内涵的研究来展现焦裕禄独特的个人品质。因此，加强研究焦裕禄个人事迹，从事迹中挖掘出焦裕禄独特的品质，是深入研究焦裕禄精神的重要途径。

3. 焦裕禄精神概念的提出

焦裕禄于 1962 年 12 月任兰考县第二书记、书记，至 1964 年 5 月 14 日因病去世，在兰考县工作了一年多的时间。焦裕禄去世后，他在兰考县工作的感人事迹和崇高精神得到宣传和挖掘，因党中央的重视和提倡，逐渐由具体的人名演化为具有丰富内涵的主流文化和精神符号。

在焦裕禄因病逝世的 1964 年底，时任兰考县委副书记的张钦礼参加在民权县举办的全省沙区造林现场会上，生动地讲述了焦裕禄在兰考县的具体贡献和感人事迹。⑤ 1964 年 8 月 29 日，张钦礼给河南省委写了一

① 吴宏亮：《焦裕禄精神与党的生命力》，《郑州大学学报（哲学社会科学版）》2009 年第 3 期。

② 潘中伟：《焦裕禄的道德风范及其启示》，《郑州大学学报（哲学社会科学版）》2009 年第 3 期。

③ 王中原：《用焦裕禄精神塑造当代党员干部道德人格的思考》，《中南林业科技大学学报（社会科学版）》2014 年第 5 期。

④ 曹振宇等：《焦裕禄的初心与使命》，河南人民出版社 2018 年版。

⑤ 李琼：《人民公仆：全国广泛开展学习焦裕禄活动》，吉林出版集团有限责任公司 2011 年版。

份《关于兰考人民除"三害"斗争中焦裕禄事迹的报告》，虽有省委负责人号召党员干部学习焦裕禄，但此时，焦裕禄先进事迹的社会影响还是局部的。[①]1964 年 9 月，新华社记者鲁宝国一行前往兰考县调研考察，收集了更多关于焦裕禄的生动感人事迹，鲁宝国认为这些事迹应该得到积极宣传。1964 年 11 月 20 日，《人民日报》第二版刊发了最早报道焦裕禄榜样事迹的长篇通讯，标题为"焦裕禄同志为党为人民忠心耿耿"，副标题是"中共河南省委号召全省干部学习已故前兰考县委书记为人民服务的革命精神"[②]。由此，开始出现了"学习焦裕禄同志的革命精神"的论述。1964年 11 月 22 日，《河南日报》全文转载了 11 月 20 日《人民日报》第二版的内容，并发表社论《学习焦裕禄同志为人民服务的革命精神》。此后，报道开始由宣传焦裕禄事迹向学习他的革命精神转变。1964 年 11 月 24 日，中共中牟县委印发了《关于开展向焦裕禄同志学习运动的通知》，这份文件表明，此前河南省委已经发出了向焦裕禄同志学习的通知。虽然中共河南省委的相关文件尚未见到，但可以肯定，这份文件确是至今能见到的最早宣传和学习焦裕禄革命精神的官方文件。[③]1964 年 11 月，中共河南省委再次发出通知，要求各级领导干部学习焦裕禄忠心耿耿、为党为人民工作的革命精神，在文件中，最早出现了"焦裕禄精神"一词[④]。1965 年，时任新华社副社长的穆青在兰考县对焦裕禄事迹进行进一步挖掘后，主张对焦裕禄事迹进行重新报道，穆青等人将稿件向新华社社长推荐，[⑤] 经过再次修改后，新华社向时任中共中央书记处书记的彭真汇报，彭真当场表示支持报道。1966 年 1 月 14 日，中央领导同志了解到焦裕禄事迹后，决定让更多人了解焦裕禄事迹及其精神，发动全社会学习焦裕禄革命精神的

---

① 严辉威：《中国共产党学习焦裕禄及其精神的历史考察》，郑州大学 2015 年硕士学位论文。

② 《焦裕禄同志为党为人民忠心耿耿》，《人民日报》1964 年 11 月 20 日。

③ 杨宝章：《焦裕禄：从"榜样"到"精神"的升华》，《中国档案报》2014 年 5 月 1 日。

④ 张云：《论焦裕禄精神及其现实启示》，燕山大学硕士学位论文 2015 年。

⑤ 严辉威：《中国共产党学习焦裕禄及其精神的历史考察》，郑州大学 2015 年硕士学位论文。

浪潮。①1966 年 2 月 7 日，《人民日报》在第一版发表了新华社采写的长篇通讯《县委书记的榜样——焦裕禄》，并配发了《向毛泽东同志的好学生——焦裕禄同志学习》的社论，这两篇文章一经发表，就引起了巨大的社会反响。1966 年 2 月 9 日，解放军总政治部号召全军学习焦裕禄的革命精神；1966 年 2 月 11 日，全国总工会也发出向焦裕禄学习的通知；团中央也发出通知，号召全体共青团员学习焦裕禄公而忘私、无私奉献的精神；而后各省、市、县委也相继号召人民向焦裕禄学习。②1966 年 2 月 15 日，《人民日报》刊载了时任四川省汉源县委书记阎桂芳和县委副书记苏文忠的《用焦裕禄精神改造汉源》一文，"焦裕禄精神"再次出现在权威官方媒体上。③ 这是权威官媒公开将"焦裕禄的革命精神"概括表述为"焦裕禄精神"的首份文献。

　　如上所述，官方最早宣传的是焦裕禄先进事迹，官方文件和官媒出现的多是"榜样""毛主席的好学生"等词，即便使用了"焦裕禄同志的革命精神"也是局限于先进人物个案，并没有直接出现"焦裕禄精神"这个概念。④ 有学者以《人民日报》在 1966—2014 年发表的关于焦裕禄精神的文章为研究对象，经过分析发现关于焦裕禄精神的报道有三个高潮期。第一个阶段是 1966—1968 年，经过系统分析后得出：在 1966 年 2—3 月《人民日报》发表的含有"焦裕禄"的文章中出现频率最高的词汇，前三个是"焦裕禄""同志""思想"；在 1966 年 4 月至 1968 年《人民日报》发表的含有"焦裕禄"的文章中，词汇出现频率前三的是"主席""思想""革命"。第二个阶段是 1989—2008 年，在这个阶段，《人民日报》发表的关于"焦裕禄精神"的文章中出现频率最高的三个词汇是"精神""焦裕禄精神""群众"。可见，在改革开放新时期，"焦裕禄精神"概念稳定下来并成为社会以及

① 中共河南省委党史研究室：《人民利益的忠实代表焦裕禄》，中共党史出版社 2002 年版。
② 严辉威：《中国共产党学习焦裕禄及其精神的历史考察》，郑州大学 2015 年硕士学位论文。
③ 阎桂芳等：《用焦裕禄精神改造汉源》，《人民日报》1966 年 2 月 15 日。
④ 杨宝章：《焦裕禄：从"榜样"到"精神"的升华》，《中国档案报》2014 年 5 月 1 日。

学术界定型的概念和话语。第三个阶段是 2009 年至今，其时《人民日报》发表的关于"焦裕禄精神"的文章中出现频率最高的三个词汇是"群众""精神""焦裕禄精神"。① 综合以上分析，"焦裕禄精神"概念的提出有一个过程：由最早的"以焦裕禄同志为榜样""学习焦裕禄同志的革命精神"到"焦裕禄同志是毛主席的好学生"，再到"焦裕禄精神"。有学者认为在 1994 年 5 月 14 日，胡锦涛受江泽民的委托，参加焦裕禄逝世 30 周年纪念会。在大会上，胡锦涛明确提出新的时期要大力弘扬"焦裕禄精神"，要求做到"四个应该"。这是"焦裕禄精神"真正全面叫响的开端。② 有学者从初心使命的视角，用"砺剑在黎明""跨界三城的惊险跳跃""用生命丈量大河热土""中国良心的邂逅与撞击""震撼华夏的生命绝响""人民呼唤焦裕禄""大河奔涌新时代"等七章的笔墨，艺术而全面地还原和呈现了中国共产党人跨世纪接续铸造焦裕禄精神的波澜壮阔的历史进程。③ 有学者指出，时代特征是焦裕禄精神的历史起点和逻辑起点，个性特征和群体特征使焦裕禄精神具有区别于其他社会意识形式的价值特性。④

焦裕禄精神的提出和概念的定型有一个历史过程：一是宣传学习焦裕禄先进事迹和感人故事；二是通过焦裕禄典型事迹，揭示并弘扬体现在焦裕禄身上的精神，这是一个过渡带；三是随着焦裕禄成为一个光辉的历史人物，其精神价值受到后世人们的追怀，用"焦裕禄精神"来表述就成为官文、官媒和学术研究顺理成章的事了。

4.党和国家领导人对焦裕禄精神的重要论述

随着对焦裕禄事迹的不断挖掘和宣传，焦裕禄精神逐渐成为中华民族精神的重要组成部分。中国共产党历届中央领导集体都对焦裕禄精神有着重要论述，彰显了党和国家对学习和弘扬焦裕禄精神的高度重视。

---

① 陈莉莉等：《焦裕禄精神集体记忆的建构历程》，《长白学刊》2016 年第 3 期。

② 杨宝章：《焦裕禄：从"榜样"到"精神"的升华》，《中国档案报》2014 年 5 月 1 日。

③ 高建国：《大河初心——焦裕禄精神诞生的风雨历程》，作家出版社 2020 年版。

④ 徐永杰：《论焦裕禄精神的历史生成逻辑》，《殷都学刊》2022 年第 1 期。

以毛泽东同志为核心的党的第一代中央领导集体，高度重视社会主义革命和社会主义建设过程中的精神动力。1956 年，毛泽东在《艰苦奋斗是我们的政治本色》一文中提出"人是要有点精神的"著名论断。当焦裕禄事迹逐渐被毛泽东所了解后，毛泽东甚为感动，亲自为焦裕禄题词："为人民而死，虽死犹荣。"① 焦裕禄是将毛泽东思想活学活用的榜样。为歌颂和宣传焦裕禄精神，董必武代毛泽东写下了五言长诗《学焦裕禄同志》——"吾党悼焦君，模范孰能逾。"② 陈云在 1960 年 5 月 4 日为焦裕禄题词："向人民的好干部焦裕禄同志学习。"③

以邓小平同志为核心的党的第二代中央领导集体，非常注重改革开放和社会主义现代化建设的精神动力。1990 年 3 月，党的十三届六中全会通过了《中共中央关于加强党同人民群众联系的决定》，在全党兴起了学习焦裕禄精神的热潮，要求广大党员以实际行动密切党群关系。1990 年 5 月 10 日《人民日报》发表社论《领导干部要学焦裕禄》。5 月 15 日，邓小平为《焦裕禄》一书题写了书名。王震在 1991 年 1 月 23 日为焦裕禄题词："以焦裕禄式的共产党人为榜样廉洁奉公勤政为民"；宋任穷在 1990 年 5 月 1 日题词："学习焦裕禄同志全心全意为人民服务"。④

以江泽民同志为核心的党的第三代中央领导集体，十分强调社会主义事业发展的精神动力。在他看来，"一个国家，如果没有自己的精神支柱，就等于没有灵魂，就会失去凝聚力和生命力，有没有高昂的民族精神，是衡量一个国家综合国力强弱的重要尺度"。1991 年 2 月 9 日，江泽民亲赴兰考县焦裕禄纪念馆并题词："向焦裕禄同志学习，全心全意为人民服务"。⑤ 他指出，"在改革开放的新的历史时期，我们各级领导干部都要认真学习焦裕禄同志，像他那样廉洁自律、克己奉公、勇于奋斗，同广大人

---

① 杨玉玲：《焦裕禄精神学习读本》，人民日报出版社 2014 年版，第 6 页。
② 魏治功等：《焦裕禄读本》，河南人民出版社 2011 年版，第 369 页。
③ 兰考县焦裕禄纪念馆。
④ 兰考县焦裕禄纪念馆。
⑤ 魏治功等：《焦裕禄读本》，河南人民出版社 2011 年版，第 3 页。

民群众保持血肉的联系。我们既然居官在位，就要兢兢业业地为人民办实事，是菩萨就要显灵，为官一任就要造福一方"①。李鹏在 1990 年 6 月 16 日为焦裕禄题词："让焦裕禄精神更加弘扬光大"；李瑞环题词："学习焦裕禄尽心为人民"。②

以胡锦涛同志为总书记的党中央，对焦裕禄精神进行了丰富和发展。1994 年 5 月，胡锦涛在纪念焦裕禄同志逝世 30 周年大会上的讲话中将焦裕禄精神概括为四个方面：一是像焦裕禄同志那样全心全意为人民服务，密切联系群众，一切为了群众，事事相信和依靠群众；二是像焦裕禄同志那样坚持党的思想路线，实事求是，一切从实际出发；三是像焦裕禄同志那样不怕困难、不畏艰险、顽强拼搏、艰苦创业；四是像焦裕禄同志那样廉洁奉公、勤政为民。③ 同时提出"认真学习弘扬焦裕禄精神仍然是我们这个伟大时代的要求，是全国各族人民的呼唤，是加强党的建设、发展社会主义现代化事业的需要"。④ 时任国家副主席的李源潮在 2009 年 11 月 10 日为焦裕禄题词："学习焦裕禄同志亲民爱民、执政为民，艰苦奋斗、无私奉献，实事求是、真抓实干，坚持原则、清正廉洁的高尚精神"。⑤

党的十八大以来，以习近平同志为核心的党中央，在实现中华民族伟大复兴的进程中，对焦裕禄精神作了更加系统化、完整化、理论化的阐释。早在 1990 年，时任福州市委书记的习近平就作词《念奴娇·追思焦裕禄》，深切缅怀、追悼焦裕禄。⑥2009 年，时任国家副主席的习近平在同兰考县干部群众进行座谈时也提出，我们要深入学习和大力弘扬"亲民爱民、艰苦奋斗、科学求实、迎难而上、无私奉献的焦裕禄精神"⑦。2014

① 王志杰：《总书记倡导学习焦裕禄——江泽民同志视察兰考侧记》，《领导科学》1991 年第 5 期。

② 兰考县焦裕禄纪念馆。

③ 《胡锦涛文选》第一卷，人民出版社 2016 年版，第 86—88 页。

④ 《胡锦涛文选》第一卷，人民出版社 2016 年版，第 85—86 页。

⑤ 兰考县焦裕禄纪念馆。

⑥ 习近平：《念奴娇·追思焦裕禄》，《福州晚报》1990 年 7 月 16 日。

⑦ 习近平：《结合新的实际大力弘扬焦裕禄精神》，《河南日报》2009 年 5 月 14 日。

年，习近平总书记在兰考县调研指导党的群众路线教育实践活动时明确提出："要特别学习弘扬焦裕禄同志心中装着全体人民、唯独没有他自己的公仆情怀，凡事探求就里、吃别人嚼过的馍没味道的求实作风，敢教日月换新天、革命者要在困难面前逞英雄的奋斗精神，艰苦朴素、廉洁奉公、任何时候都不搞特殊化的道德情操。"①2015 年 1 月习近平总书记在中央党校县委书记研修班上讲话指出，焦裕禄同志以自己的实际行动塑造了一个优秀共产党员和优秀县委书记的光辉形象。做县委书记就要做焦裕禄式的县委书记，"始终做到心中有党、心中有民、心中有责、心中有戒"②。2015 年 8 月 26 日，习近平总书记的《做焦裕禄式的县委书记》由中央文献出版社出版发行，该书收录了习近平总书记在中央党校县委书记研修班学员座谈会上的讲话、在会见全国优秀县委书记时的讲话等六篇文章。2017 年 5 月 3 日，习近平总书记在中国政法大学考察时指出："焦裕禄同志的事迹归结到一点，就是坚定跟党走，他一生都在为党分忧、为党添彩。焦裕禄精神跨越时空，永远不会过时，我们要结合时代特点不断发扬光大。"③2019 年 3 月 18 日，习近平总书记在全国思政课教师座谈会上饱含深情地讲道："我为什么对焦裕禄那么一往情深，就是因为我在上初中一年级时……我的政治课老师在讲述焦裕禄事迹时数度哽咽……我听了很受震撼。"④2020 年 1 月 8 日，习近平总书记在"不忘初心、牢记使命"主题教育总结大会上的讲话中强调："新中国成立以后，也是因为我们党有一大批像焦裕禄、谷文昌、杨善洲、张富清这样的英雄模范率先垂范，才团结带领人民群众不断开创各项事业发展新局面。"⑤ 以习近平同志为核心

① 《习近平关于党的群众路线教育活动论述摘编》，党建读物出版社、中央文献出版社 2014 年版，第 42 页。

② 习近平：《做焦裕禄式的县委书记》，中央文献出版社 2015 年版，第 3 页。

③ 《习近平在中国政法大学考察时强调：立德树人德法兼修抓好法治人才培养励志勤学刻苦磨炼促进青年成长进步》，《人民日报》2017 年 5 月 4 日。

④ 习近平：《思政课是落实立德树人根本任务的关键课程》，人民出版社 2020 年版，第 13 页。

⑤ 《习近平谈治国理政》第三卷，外文出版社 2020 年版，第 544 页。

的党中央，对焦裕禄精神在践行党的群众路线和实现中华民族伟大复兴中国梦中的新阐述、新定位，表明党对焦裕禄精神的认识已经提升到了更全面、更深刻的新水平新境界。深入研究习近平对焦裕禄精神的论述，有利于学习弘扬焦裕禄精神。①

焦裕禄精神作为党的宝贵精神财富，作为中华民族精神、中国共产党人精神谱系的重要组成部分，历届党和国家领导人都对其作了重要论述，既指出了焦裕禄精神的实质内涵，也为焦裕禄精神的研究与弘扬指明了方向。从对历届党和国家领导人对焦裕禄精神论述的梳理来看，焦裕禄精神具有鲜明的时代性，在 20 世纪 60 年代至今的每个时期都发挥着极其重要的作用。

5.焦裕禄精神研究的缘起

随着"焦裕禄精神"概念的定型，学术界对焦裕禄精神的研究也随之展开。从目前已知的文献来看，最早的研究起源于 1966 年，研究对象主要是"焦裕禄同志的革命精神"。有学者从毛泽东思想培育的角度进行探讨，认为焦裕禄是毛泽东同志的好学生，是我们学习的榜样。并且认为焦裕禄在困难面前无所畏惧、迎难而上的精神，充分体现了无产阶级的革命坚定性，闪烁着时代的光辉，凝聚着伟大毛泽东思想的战无不胜的力量。② 有学者则将思想武装与无产阶级世界观结合起来进行分析，认为焦裕禄真正用毛泽东思想武装了自己，树立起无产阶级的彻底革命的世界观，他的一言一行无不闪耀着共产主义世界观的光辉。作为知识分子，应该学习他活学活用毛泽东思想、坚持"兴无灭资"的斗争精神，改造自己的资产阶级世界观，树立完全彻底的为人民服务的共产主义世界观。③ 这两篇文章的学术视角和分析方法代表了改革开放前研究的基本范式，这可以在当时出版的研究资料和宣传材料中得到印证。对焦裕禄革命精神进行研究的最早的著作主体是各大出版社，各出版社根据学习通知，将有关焦

---

① 贾关青：《习近平总书记关于焦裕禄精神重要论述的价值内涵》，《传承》2021 年第 3 期。

② 齐学英：《学习焦裕禄同志的大无畏革命精神》，《文史哲》1966 年第 2 期。

③ 凌云：《学习焦裕禄改造世界观》，《学术研究》1966 年第 2 期。

裕禄同志的报道汇编成册。①②

改革开放以后，人们重视从焦裕禄精神的历史价值和时代意义的角度进行研究，最权威最早的号召是在 1990 年 6 月，时任国务院总理李鹏为焦裕禄题词："让焦裕禄精神更加弘扬光大"。同年 7 月 9 日，《人民日报》发表穆青等的《人民呼唤焦裕禄》一文。同年，中共兰考县委也发出了深入学习焦裕禄精神的通知，弘扬焦裕禄精神的座谈会和研讨会也相继开展。③④

从当时的新闻综述和出版的研讨会论文集来看，在 20 世纪八九十年代，学术界研究焦裕禄精神关注的是以下三个问题：一是焦裕禄精神从社会主义建设时期到改革开放和中国特色社会主义现代化建设时期，还有没有意义和价值？二是如何将焦裕禄精神与改革开放新时期有机结合起来，予以弘扬和发展？三是焦裕禄精神时代价值的具体表现形式，汇聚为改革开放新时期开拓进取的民族精神。

6. 焦裕禄精神产生的时代条件

应该说，任何精神文化的产生和形成都烙有深深的时代印记，焦裕禄精神亦不例外。焦裕禄从一个人名演化为一种精神价值符号，有着独特的时代环境。

有学者认为，焦裕禄精神的产生要归结于当时的国内经济环境。1956年"三大改造"完成后，中国步入了社会主义建设时期。但是，在社会主义建设的过程中，出现了严重的曲折，党在指导思想上犯了严重的"左"倾错误，发动了"大跃进"和人民公社化运动，给国民经济造成了严重的损失。随后党开始纠正错误，但又中断，发动了"反右倾"运动，"左"的错误进一步发展，造成了国民经济的三年严重困难局面。1962 年中央提出八字经济调整方针，调整重点在农业领域。在此背景下，焦裕禄调任

---

① 本社：《向焦裕禄同志学习，做毛泽东同志的好学生》，江苏人民出版社 1966 年版。

② 北京出版社：《向焦裕禄同志学习》，北京出版社 1966 年版。

③ 中共兰考县委员会：《中共兰考县委关于深入学习焦裕禄精神的决定（摘要）》，《学习·研究·参考》1990 年第 2 期。

④ 罗絮等：《弘扬焦裕禄精神理论与实践研讨会综述》，《领导科学》1990 年第 7 期。

兰考县委书记。在兰考县工作的一年多时间里，焦裕禄以大无畏的革命精神，带领兰考人民战胜"三害"。在战斗的过程中，逐渐形成了焦裕禄精神。①②

也有学者认为，焦裕禄精神形成的社会历史条件应该分为三大部分，分别是理论条件、时代条件和个人因素。其中理论条件应包括马克思主义人生观、中国传统文化的"君子人格"和中国共产党为人民服务的思想；时代条件包括社会主义建设初期的国内外条件、执政党面临的困难和三年自然灾害；个人因素包括焦裕禄个人成长的环境和成长经历。③

焦裕禄精神形成的时代背景是非常独特的。有学者从集体记忆建构的角度分析焦裕禄精神形成的时代背景，认为从《人民日报》发表的有关焦裕禄的文章来看，由于"大跃进"时期经济发展上"左"的错误，造成了国民经济严重困难，人民生活水平大幅度下降，致使一些群众对共产党的执政能力产生了怀疑，党的威信受到一定的挑战。正是在这样的背景下，党和社会需要塑造一个优秀的共产党员形象，以消除人民的怀疑，提升党的威信，增强人民对党的信心。《人民日报》通过塑造焦裕禄作为县委书记榜样的形象，展现共产党人敢于"在困难面前逞英雄"，带领群众改变贫穷落后面貌的决心和斗志，既回应了群众发展经济、改善生活的精神诉求，也增强了群众对共产党执政能力的信心。④还有学者从中国共产党学习焦裕禄精神的历史角度去分析焦裕禄精神产生的时代背景，认为在全国掀起学习毛泽东思想热潮的政治背景下，焦裕禄的事迹与毛泽东思想中体现出来的精髓是高度一致的，焦裕禄事迹的出现也刚好为全社会学习毛主席著作提供了一个很好的契机和平台，因为焦裕禄是学习毛泽东思想的好榜样。这就明确指出了焦裕禄精神形成的思想基础是毛泽东思想，这是其

①　张利民：《谈焦裕禄精神形成的时代背景》，《理论观察》2013 年第 5 期。

②　窦程瑞：《焦裕禄精神的当代价值及创新弘扬研究》，河南工业大学 2015 年硕士学位论文。

③　张云：《论焦裕禄精神及其现实启示》，燕山大学 2015 年硕士学位论文。

④　陈莉莉等：《焦裕禄精神集体记忆的建构历程》，《长白学刊》2016 年第 3 期。

形成的思想条件。①②③

综上所述，大部分学者认为焦裕禄精神形成的时代背景主要是当时国内的三年自然灾害和政策性的失误，造成当时经济不景气，人民生活困难。焦裕禄在这个环境下，在兰考县做出了突出的成绩。在其逝世后，逐渐被树立为榜样，成为老百姓和党员干部学习的对象。为了应对三年自然灾害，为了消除人们对党的政策失误引发的疑虑，也为了更好地凝聚人心和聚合力量，构建全社会共有的精神支柱和正能量，焦裕禄精神应运而生。

7. 关于焦裕禄精神的文化禀赋

焦裕禄精神之所以成为一种精神价值符号，成为全党的宝贵精神财富，其根本在于焦裕禄精神体现出一种特有的文化内涵，而这些内涵又契合人民和国家的需要，所以焦裕禄精神才会经久不衰。

中国有着5000多年悠久历史和文明，中华优秀传统文化是世代中国人的文化滋养。焦裕禄精神与中华优秀传统文化一脉相承。有学者认为，焦裕禄精神与中国传统文化中的爱民、为民、清正、廉洁的精髓一脉相通，尤其是中国传统文化中的儒家文化。焦裕禄精神与儒家仁者爱人的文化传统具有相通性，在儒家文化中，主张"泛爱众而亲仁"，提倡修身齐家治国平天下，政府官员应该是百姓的父母官，对待百姓要像父母对待儿女一样，官员要具有强烈的民生情怀，心里要装着老百姓，而焦裕禄精神的核心就是全心全意为人民服务，与儒家仁者爱人、为民服务的思想具有相通性；此外，焦裕禄精神与儒家清廉自守的传统也具有相通性，中国古代的传统文化认为，为官一任，就要造福一方。这就要求作为官吏，必须清正廉洁，而焦裕禄精神的核心内涵就包含了清正廉洁、无私奉献，因而焦裕禄精神与儒家文化具有高度的相通性。④⑤ 也有学者从

① 严辉威：《中国共产党学习焦裕禄及其精神的历史考察》，郑州大学2015年硕士学位论文。
② 岳爱鹏：《焦裕禄精神的历史考察》，辽宁大学2017年硕士学位论文。
③ 赵柏果：《焦裕禄精神及其当代价值研究》，东北石油大学2019年硕士学位论文。
④ 范国胜：《焦裕禄精神与传统文化研究》，《中共石家庄市委党校学报》2014年第5期。
⑤ 曹振宇：《焦裕禄精神的传统文化意蕴》，《郑州大学学报(哲学社会科学版)》2013年第3期。

地域文化传承影响角度分析焦裕禄精神的文化特性，认为，焦裕禄精神的渊源可追溯到中国传统文化中的齐鲁文化。在齐鲁大地上形成的崇尚刚健的自强不息精神，崇尚有为的能动创造精神，崇尚民本的厚德仁民精神，崇尚群体的大公无私精神，因俗简礼的通权达变精神等齐鲁文化深深地影响着焦裕禄，成为了焦裕禄精神的文化渊源。① 还有学者研究民本思想与焦裕禄精神的历史关联，认为，从先秦时期的"民惟邦本，本固邦宁"到明末清初黄宗羲的"天下之大害者，君而已矣"，源远流长的民本思想为焦裕禄精神的形成提供了深厚的历史基础；此外，传统文化中的求实思想、奋斗精神以及道德情操等也都是涵养焦裕禄精神的重要源泉。②

焦裕禄精神成为党和人民的重要精神财富，是因为其具有一种崇高性。这种崇高性反映出了焦裕禄精神所具有的深厚文化内涵。有学者对焦裕禄精神这种崇高性的根源进行了探析，认为在社会价值要求的层面上，焦裕禄精神所追求的价值目标是"实事求是，密切联系群众"和"全心全意为人民服务"；在价值实践上，焦裕禄践行的是党的宗旨，这也是焦裕禄精神具有崇高性的政治依据。在这两个层次上，反映出焦裕禄精神的文化本质重构存在两个层面：在中华民族精神的层面上，焦裕禄精神突出表现了中华民族精神的两个基本属性；在党的宗旨精神层面上，焦裕禄精神的内涵集中体现出了党的宗旨精神。因而可以说焦裕禄精神是中国先进文化的代表。③

有学者将焦裕禄精神纳入中华精神系统与发展史中，认为焦裕禄精神是民族精神的弘扬，是产生于民族文化之中，焦裕禄精神是爱国奉献民族精神的延展和新诠释。焦裕禄精神不仅仅是对爱国奉献民族精神的继承，更是用一个共产党人的行动对这种精神进行新的诠释；焦裕禄精神是对中华民族勤劳自强精神的传承和弘扬，是不怕困难、勇于进取、愈挫愈坚、

① 夏德计等：《论焦裕禄精神的文化渊源》，《中共银川市委党校学报》2014 年第 5 期。

② 彭安玉：《焦裕禄精神的历史意蕴与时代价值》，《唯实》2014 年第 7 期。

③ 高二旺：《焦裕禄精神的文化重构》，《长春理工大学学报（社会科学版）》2012 年第 7 期。

坚忍顽强的奋斗拼搏的精神；焦裕禄精神亦是对中华民族实干奋斗精神的践履与超越，焦裕禄在兰考工作的实践既体现了中华民族实干奋斗的精神，也彰显了共产党人脚踏实地干事业的求实精神和尊重客观规律的科学态度；焦裕禄精神还是对中华民族传统廉政文化的继承与升华，焦裕禄精神体现出来的廉洁奉公的高尚情操，在人民群众中树立了崇高的形象，升华了中华民族精神。[1][2]

综上所述，焦裕禄精神具有深厚的中华文化底蕴，中国传统文化中的优秀成果如儒家文化的"仁"思想，对焦裕禄精神的文化特质产生了深刻的影响。正是这些内涵丰富、源远流长的传统文化，为焦裕禄精神的形成和产生提供了深厚的历史文化基础；同时，焦裕禄精神与中华民族不屈的民族精神一脉相承，焦裕禄精神体现出了以爱国主义为核心的团结统一、爱好和平、勤劳勇敢、不屈不挠、自强不息的民族精神，是民族精神的时代体现和具体化；焦裕禄精神作为党的宝贵精神财富，亦深刻体现出了党的宗旨精神即全心全意为人民服务。

8.焦裕禄精神的内涵

焦裕禄精神作为一种突出的文化现象和跨越时空的民族精神，其文化内涵是非常丰富的。学术界从不同的角度解读焦裕禄精神的内涵，有不同的看法。

有学者从焦裕禄精神内涵的历史变迁角度进行研究，梳理了中国共产党几代中央领导集体对焦裕禄精神内涵的概括，如以毛泽东同志为核心的党的第一代中央领导集体对焦裕禄精神概括为"不为名，不为利，不怕苦，不怕死，一心为革命，一心为人民；树雄心，立壮志，敢于斗争，敢于胜利，战胜困难，艰苦创业"的精神；以邓小平同志为核心的党的第二代中央领导集体认为焦裕禄精神是"敢闯，敢干，敢冒，带领人民共同致富"的精神；以江泽民同志为核心的党的第三代中央领导集体号召传承焦裕禄

---

① 刘德萍：《论焦裕禄精神永恒的民族文化根基》，《社科纵横》2014 年第 9 期。

② 刘德萍：《焦裕禄精神是中华优秀传统文化和民族精神的弘扬》，《党史文苑》2014 年第 14 期。

"廉洁自律、克己奉公、勇于奋斗，同广大人民群众保持血肉联系，为人民办实事，为官一任，造福一方，开拓创新"的精神；以胡锦涛同志为总书记的党中央要求弘扬焦裕禄"以人为本、立党为公、执政为民、求真务实、真抓实干、与时俱进"的精神；党的十八大以来，以习近平同志为核心的党中央将焦裕禄精神凝练为"公仆情怀、求实作风、生命不息、奋斗不止"的精神。① 通过几代中央领导集体的概述，展示了焦裕禄精神内涵的历史变迁。

有学者基于 1990 年举行的有关焦裕禄精神研讨会成果，认为焦裕禄精神的实质是全心全意为人民服务，并将焦裕禄精神的内涵概括为六个方面：一是全心全意为人民服务、鞠躬尽瘁、死而后已的崇高品德；二是深入实际、调查研究、实事求是的工作作风；三是不畏艰苦、不怕困难、勇于斗争的革命英雄气概；四是艰苦奋斗、廉洁奉公、身体力行的高尚情操；五是关心群众疾苦、密切联系群众的优良品格；六是抓典型、树样板、推动工作的科学领导方法。② 还有学者认为在焦裕禄同志身上最本质、最可贵的一点，就是事事想着群众，一切为了群众，因此可以将焦裕禄精神概括为"全心全意为人民服务的思想，实事求是、密切联系群众的作风，艰苦奋斗、无私奉献的精神"③。有学者则从"属官性"、时代性、传承性和实践性等不同维度揭示焦裕禄精神的本质，为领导干部如何勤政为官提供了基本的价值指南。④ 有学者认为，坚持人民根本立场、践行党的群众路线，是焦裕禄精神的实质所在；坚定理想信念、迎难而上干事业，是焦裕禄精神的核心内容；求真务实、科学推动工作的态度和方法，是焦裕禄精神的强大生命力；艰苦朴素的工作作风、不搞特殊化的道德情操，是焦

---

① 蔡清伟：《中共几代领导集体焦裕禄精神传承研究》，《江西电力职业技术学院学报》2016年第 3 期。

② 罗絮等：《弘扬焦裕禄精神理论与实践研讨会综述》，《领导科学》1990 年第 7 期。

③ 王凤启：《新时期更要弘扬焦裕禄精神——纪念焦裕禄同志逝世 40 周年》，《中共郑州市委党校学报》2004 年第 2 期。

④ 南大伟：《论焦裕禄精神的本质及具体功能》，《徐州工程学院学报（社会科学版）》2017年第 6 期。

裕禄精神的内在品格。^① 有学者从焦裕禄精神话语变迁的维度出发，阐释了焦裕禄精神在不同历史时期的话语内涵。^②

　　当前，学术界对焦裕禄精神内涵的研究，主要是依据习近平在 2009 年和 2014 年两次对焦裕禄精神的内涵概括。2009 年，习近平将焦裕禄精神的内涵概括为"亲民爱民、艰苦奋斗、科学求实、迎难而上、无私奉献"；2014 年，习近平总书记在兰考县调研时，将焦裕禄精神新概括为"心中装着全体人民、唯独没有他自己"的公仆情怀；凡事探求就里、"吃别人嚼过的馍没有味道"的求实作风；"敢教日月换新天"、"革命者要在困难面前逞英雄"的奋斗精神；艰苦朴素、廉洁奉公、"任何时候都不搞特殊化"的道德情操。这体现着党中央在中国特色社会主义新时代对焦裕禄精神的最新认识，也反映了与时俱进的时代要求。有学者认为，要紧紧围绕习近平总书记关于焦裕禄精神和行政改革的重要讲话精神，创新焦裕禄精神的内涵，要强化为人民服务的宗旨意识，弘扬艰苦奋斗的政治本色，要学习焦裕禄的公仆情怀，拧紧理想信念"总开关"，也要学习焦裕禄的求实作风，牢固树立正确的政绩观，更要学习焦裕禄的奋斗精神，争当深化改革的排头兵。^③ 有学者认为，从中国共产党对焦裕禄精神的传承和发展的历程看，焦裕禄精神有着极其丰富的内涵，但是随着时代的变迁，焦裕禄精神的内涵在不同的历史时期有着不同的概括和总结。他们认为，习近平在 2009 年 4 月和 2014 年 3 月对焦裕禄精神的表述是最为准确、最为权威，也是最经典的。概括地讲，主要体现在公仆情怀、求实作风、奋斗精神以及道德情操四个方面。^④ 有学者认为，对于焦裕禄精神的内涵，从不同角度进行解读，就会有不同的总结和提炼，当前，最为权威的解读是习近平总书记的概述，即将焦裕禄精神概括为五种精神；从不同的角

---

① 李明俊：《在焦裕禄精神下聚力前行》，《红旗文稿》2021 年第 10 期。

② 康凤云等：《焦裕禄精神的话语变迁及其当代意蕴》，《江西师范大学学报（哲学社会科学版）》2020 年第 4 期。

③ 张东晔：《创新焦裕禄精神深化行政改革》，《人民论坛》2015 年第 35 期。

④ 邓海龙等：《论中国共产党对焦裕禄精神的传承与发展》，《学校党建与思想教育》2014 年第 11 期。

度、不同的层次对焦裕禄精神进行解读，但是贯穿焦裕禄精神的核心本质是唯一的，不会随时间的推移和环境的变化而改变，并且焦裕禄精神的核心本质也是对中国共产党核心价值观的高度认同和忠实践行。①

当然，随着时代的变化，人们的话语点总在翻新。语言的变化是符号性的，透过话语的讯息，精神内涵却是一以贯之的。有学者从时代恒守的视角出发，认为焦裕禄精神是对中华民族精神的继承和弘扬，在内涵上体现为实事求是，艰苦奋斗，群众路线，一心为民，清正廉洁，无私奉献。在新时期，党面临着诸多新问题、新挑战、新机遇，要把焦裕禄精神内涵中的群众意识、公仆意识和责任意识升华为我们的自觉和恒守。② 有学者认为焦裕禄精神之所以历久弥新，这与焦裕禄精神所具有的普遍性内涵是分不开的。他认为焦裕禄精神体现了振兴中华的时代要求，体现了中国共产党人的先进性，体现了进取向上的积极的人生态度。③ 还有学者认为焦裕禄精神是与时俱进的，时代在不断丰富和发展着焦裕禄精神的内涵和价值。要从价值理想的角度分析焦裕禄精神所追求的价值目标，认识这种精神具有崇高性的基本依据；从价值实践上分析焦裕禄精神的本质是在实践中产生并通过实践而发展的；从价值维度上分析焦裕禄精神有助于我们从宏观上把握焦裕禄精神的精髓；从价值生命上分析焦裕禄精神的价值具有不断创新的属性。④

还有学者指出，在价值观日益多元化的社会历史条件下，应从不同的价值维度去分析焦裕禄精神的内涵。首先是从人与己的价值观维度看，焦裕禄精神体现了清正立身、艰苦奋斗的价值取向；其次是从人与人的价值观维度看，焦裕禄精神体现了心系他人、舍己为人的价值取向；再次是从人与事的价值观维度看，焦裕禄精神体现了科学求实、知难而进、敬业奉献的价值取向；最后，从人与权的价值观维度看，焦裕禄精神体现了掌权

---

① 甘忠诚：《焦裕禄精神及其核心本质》，《传承》2016 年第 7 期。

② 刘祝环等：《焦裕禄精神的恒守与时代自觉》，《新疆社会科学》2015 年第 5 期。

③ 辛世俊：《焦裕禄精神的普遍意义》，《领导科学》2009 年第 14 期。

④ 高二旺：《焦裕禄精神与时俱进探析》，《中共郑州市委党校学报》2004 年第 3 期。

为民、执政为民的价值取向。从这四个维度得出学习焦裕禄精神应基于三个"统一"，即个人价值与社会价值的统一，价值理想与价值实践的统一，做人做事做官三方面价值观的统一。① 有学者则从中国共产党执政价值观出发，认为亲民爱民、艰苦奋斗、科学求实、迎难而上、无私奉献的焦裕禄精神，体现出中国共产党人应有的正确的执政价值观，即全心全意为人民服务的权力观、求真务实与艰苦奋斗的作风观、廉俭奉公的廉政观。焦裕禄精神对于中国共产党战胜"四种危险"、经得起"四大考验"、践行中国共产党执政价值观、巩固党的执政地位具有重要作用。②

　　焦裕禄精神与当今时代最为契合的就是群众路线教育和初心使命教育，因此，有学者从群众路线的角度解析焦裕禄精神的内涵，认为，进入 21 世纪以来，焦裕禄精神的内涵呈现出具体化、时代性特征，但"亲民爱民、艰苦奋斗、科学求实、迎难而上、无私奉献"等无疑成为焦裕禄精神时代性内涵的凝练表达；指出焦裕禄精神的实质就是对群众路线的践行，并认为群众路线是焦裕禄精神的精髓；为民务实清廉是弘扬焦裕禄精神的着力点；焦裕禄精神是开展党的群众路线教育实践活动的精神动力。在新的社会历史条件下，要坚持群众路线，坚持全心全意为人民服务，努力做到爱民、便民、惠民、富民。③④ 有学者则深层次分析了中国共产党的初心使命与焦裕禄精神之间的内在联系。⑤⑥

　　习近平总书记将焦裕禄精神概括为"亲民爱民、艰苦奋斗、科学求实、迎难而上、无私奉献"五种精神。在这五种精神中，有学者认为艰苦奋斗

---

　　① 刘源源：《多元价值观视角下的焦裕禄精神》，《学习论坛》2013 年第 12 期。

　　② 李曼诗：《中国共产党执政价值观视域下的焦裕禄精神研究》，《洛阳理工学院学报（社会科学版）》2017 年第 2 期。

　　③ 余启军：《焦裕禄精神与党的群众路线教育实践活动的关联》，《重庆社会科学》2014 年第 6 期。

　　④ 金从军：《弘扬焦裕禄精神》，《党建研究》1994 年第 8 期。

　　⑤ 郝嫣然：《中国共产党初心和使命视域下的焦裕禄精神研究》，哈尔滨师范大学 2021 年硕士学位论文。

　　⑥ 曹振宇等：《焦裕禄的初心与使命》，河南人民出版社 2018 年版。

精神是焦裕禄精神的精髓，因而从研究艰苦奋斗精神出发，深度解析了焦裕禄精神的内涵。认为焦裕禄艰苦奋斗精神的内涵包括四个方面：一是激流勇进；二是勤奋工作；三是自力更生；四是朴素节俭。①② 由此认为，艰苦奋斗精神与焦裕禄精神的实质内涵是一脉相承的。

当然，焦裕禄精神作为一种精神层面的文化，也包含了政治内涵，由此，有学者从政治角度剖析了焦裕禄精神的内涵，认为政府是政治的实施主体，政治的本质是为民，政府的原初目的就是保护和增进特殊政治共同体中民众的权利和福利。民众把权利让渡给政府集中实行，就是为了让政府能够更好地保护和增进他们的权利和福利。因此认为，为民务实清廉，是对焦裕禄精神内涵的最简洁和最贴切的表述，也是从回归政治本旨的角度对焦裕禄精神进行的一种解读。③

焦裕禄精神形成于 20 世纪 60 年代，发展、弘扬至今已有 50 多年，焦裕禄精神的内涵也随着时代的变化而变化。因而有学者从历史变迁的角度去展示焦裕禄精神的内涵变化，揭示焦裕禄精神是具有时代性的，并不是一成不变的。习近平总书记曾强调："要把学习和弘扬焦裕禄精神作为一条红线贯穿活动始终，做到深学、细照、笃行。"④ 就是要求联系实际学，联系焦裕禄精神实质学，联系党的宗旨学。

9. 焦裕禄精神传承与弘扬机制研究

焦裕禄精神作为党和国家的宝贵精神财富，必须长期坚持和弘扬。因此，焦裕禄精神的传承和弘扬机制也是学术界研究的重要的角度。

有学者 2014 年撰文，从中国共产党对焦裕禄精神的传承和发展的角度，指出焦裕禄精神的传承机制为党的群众路线教育实践活动。通过开展

---

① 张静等：《焦裕禄艰苦奋斗精神研究》，《大庆社会科学》2014 年第 5 期。

② 张静等：《焦裕禄艰苦奋斗精神的内涵、成因及践行路径》，《中共郑州市委党校学报》2014 年第 6 期。

③ 杨君武：《回归政治的本旨——对焦裕禄精神的一种解读》，《文史博览(理论)》2015 年第 1 期。

④ 《习近平在调研指导兰考县党的群众路线教育实践活动时强调：大力学习弘扬焦裕禄精神继续推动教育实践活动取得实效》，《人民日报》2014 年 3 月 19 日。

党的群众路线教育实践活动，弘扬和传承焦裕禄精神。① 有学者指出焦裕禄作为县委书记的出色代表承载了新中国 60 多年县委书记的好榜样，从中国共产党几代领导集体对焦裕禄精神的弘扬及传承的视角，揭示焦裕禄精神的历史发展路线图，阐述了焦裕禄精神传承的不同时代背景，指明了焦裕禄精神传承和弘扬的鲜明时代特色。② 也有学者从党史精神与党史文化的角度出发，以焦裕禄精神为例，探讨了中国共产党历史的载体与主体，认为党史文化酝酿和促进了党史精神的形成，丰富了党史精神的内涵与形式，并且作为传承党史精神的载体，对其内涵的发展和继承，发挥着重要作用。③ 有学者认为，新时代弘扬和传承焦裕禄精神要健全宣传教育制度建设，以规定塑造党员干部；开展焦裕禄精神锻炼活动，以实践锻造党员干部；营造良好政治生态环境，以氛围感染党员干部。④

　　有学者分析了焦裕禄精神传承的现状，指出当前焦裕禄精神的传承存在思想上的误区、缺乏有效的制度保障以及传播的力度不足，为此提出焦裕禄精神传承的主要路径：提高思想认识、健全制度保障和建立完善的传播机制。⑤ 有学者从传播学的角度考察"焦裕禄"的史实与形象，审视了"焦裕禄"被大众广泛接受的原因，指出"焦裕禄"的形象之所以能够跨越时代而不过时，与其超越时代的个人品质密不可分，正是这种超越时代的品质，可以更好地传承和弘扬焦裕禄精神。⑥

　　传播焦裕禄事迹与弘扬焦裕禄精神的载体和形式也越来越多，如通过

---

① 邓海龙等：《论中国共产党对焦裕禄精神的传承与发展》，《学校党建与思想教育》2014年第 3 期。

② 蔡清伟：《中共几代领导集体焦裕禄精神传承研究》，《江西电力职业技术学院学报》2016年第 3 期。

③ 郭晓平：《文化与精神：中共历史的载体与主体——以焦裕禄精神为例》，《学习论坛》2015 年第 5 期。

④ 李军刚等：《新时代焦裕禄精神涵养党员干部的价值与机制》，《长春大学学报》2020 年第 11 期。

⑤ 尹小菊：《焦裕禄精神传承现状及实现途径探析》，《吉林广播电视大学学报》2016年第 4 期。

⑥ 盛亚军：《从传播学的角度考察"焦裕禄"的史实与形象》，《南阳理工学院学报》2015年第 1 期。

戏剧、小说、电视剧、电影、诗歌等形式,被人民大众所喜闻乐见。1990
年的电影《焦裕禄》、2011 年的豫剧现代戏《焦裕禄》、2012 年的 30 集电
视剧《焦裕禄》等,通过电影电视戏剧等载体,把对英模人物的集体记
忆转化为现实社会中强有力的精神力量,既是现实的要求,更是时代的
呼唤。①

当然,随着大数据时代的到来,信息网络平台成为包括焦裕禄精神在
内的精神文化传播的重要载体。有学者通过对典型报道时期、艺术传播时
期等不同历史时期不同媒介对焦裕禄精神的传播形式进行分析,指出在移
动互联网时代,焦裕禄精神传播策略要充分汲取典型报道时期、艺术形象
传播时期等不同历史时期的优势,也要充分把握移动互联网时代的碎片化
特征,才能把握好焦裕禄精神的传播策略。②

习近平总书记指出,焦裕禄精神不仅现在,将来也是党和国家的宝贵
精神财富。因此,对于焦裕禄精神的传承和弘扬机制研究是当前学术界研
究的重要课题。在新时代,对焦裕禄精神传承与弘扬的研究,形成了以党
和国家领导人关于焦裕禄精神的重要讲话作为传承与弘扬机制研究的话语
导向,逐渐构建了焦裕禄精神弘扬与传承机制研究的话语体系,并形成了
以政府部门为宣传主体,以多种传播形式为载体的传承体系。传承和弘扬
焦裕禄精神,必须坚持以人民为中心,坚持用人民喜闻乐见的形式进行宣
传,做到理论性与通俗性、专业性与大众化相统一。

10. 焦裕禄精神的价值意义

焦裕禄精神自产生之日起,就汇聚为中华民族精神、归并为中国共产
党人精神谱系,具有非常重要的价值意义。习近平总书记指出,焦裕禄精
神同井冈山精神、延安精神、雷锋精神等革命传统和伟大精神一样,过
去是、现在是、将来仍然是我们党的宝贵精神财富,我们要永远向他学

---

① 蔡骐等:《英模人物的影像传播——以电视剧〈焦裕禄〉为例》,《中国电视》2013 年
第 4 期。

② 张秀丽:《移动互联网时代典型人物的精神传播研究——以焦裕禄精神为例》,《出版广
角》2015 年第 12 期。

习。① 这是对焦裕禄精神价值定位的经典阐示。

学术界主要从以下几个方面研究焦裕禄精神价值意义所在：

第一，焦裕禄精神对推进当代国家治理体系和治理能力现代化有重要意义。有学者认为，弘扬焦裕禄精神同党中央有序治理国家的总体方略联系密切，弘扬焦裕禄精神的公仆情怀、求实作风、奋斗精神以及艰苦朴素、廉洁奉公的道德情操，可以为公职人员树立先进的工作和道德典范，同时也为实现中华民族伟大复兴的中国梦提供正能量。② 有学者认为，习近平总书记在兰考县的两次重要讲话指出，焦裕禄精神的当代意义在于对推进国家治理体系和治理能力现代化具有重要的借鉴和指导意义。③ 有学者则分析了焦裕禄基层治理实践所蕴含的辩证法和唯物史观思想，认为焦裕禄身上闪耀着马克思主义真理的光辉。④

第二，焦裕禄精神是中华民族精神的时代体现，是中国共产党和中华民族宝贵的精神财富。有学者认为，焦裕禄精神是新时代的民族精神，"允公""允能""不受"和"不污"是焦裕禄精神的主要闪光点，作为新时代民族精神的集中体现，弘扬焦裕禄精神的公仆情怀，有利于坚持人民主体地位，汇聚中国力量；弘扬焦裕禄精神的求实作风，有利于坚持实干兴邦，践行"三严三实"；弘扬焦裕禄精神的奋斗精神，有利于传承民族精神，塑造时代精神，特别是对于凝聚中国精神力量，凝结民族"精气神"具有重要的价值。⑤ 有学者认为，焦裕禄精神是中华民族艰苦奋斗、百折不挠、自强不息的民族精神的最高体现，是民族文化的精髓，是中华民族伟大民族精神的重要组成部分，认为弘扬焦裕禄精神有利于增强民族凝聚

① 《习近平在调研指导兰考县党的群众路线教育实践活动时强调：大力学习弘扬焦裕禄精神 继续推动教育实践活动取得实效》，《人民日报》2014年3月19日。

② 胡为雄：《认真领会习近平总书记倡导弘扬焦裕禄精神的重大意义》，《毛泽东邓小平理论研究》2014年第6期。

③ 王超：《焦裕禄精神及其当代意义——兼谈习近平在河南省兰考县的两次重要讲话》，《党政干部学刊》2015年第3期。

④ 张冲：《论焦裕禄基层治理实践所蕴含的辩证法和唯物史观思想》，《传承》2020年第4期。

⑤ 南大伟：《论焦裕禄精神的时代价值》，《广西社会科学》2016年第5期。

力，提高民族创造力和民族竞争力，不断挖掘焦裕禄精神的历史资源，可为中华民族提供不竭的精神财富。①

第三，焦裕禄精神对中华优秀传统文化的继承和发展，有着重要的历史文化价值。有学者认为，在现阶段，不能单纯地将焦裕禄精神定位于红色典型，而应该将其延伸为中国传统文化发展过程中的阶段性成果，并升华为民族文化的结晶；应该把焦裕禄精神融入中国社会发展的历史进程中去，从民族文化的再发展、再创造的视角，重新审视焦裕禄精神的伟大文化底蕴和时代价值。②

第四，焦裕禄精神对践行党的群众路线具有重要的价值和意义。许多学者从焦裕禄精神的内涵出发，揭示焦裕禄精神对践行群众路线的意义。有学者认为，焦裕禄精神的基本内涵是为民务实清廉，只有正确把握焦裕禄精神的基本内涵，领会其精髓，才能践行党的群众路线，因而要学习焦裕禄时刻牢记和践行"一切为了群众"的根本宗旨；"一切依靠群众"的根本立场；"从群众中来到群众中去"的根本方法，真正做到为民务实清廉，践行党的群众路线。③④⑤ 有学者认为焦裕禄精神是党的群众路线的集中体现，焦裕禄精神的内涵与党的群众路线有着密切的内在联系，焦裕禄的公仆情怀生动展示了群众路线的价值取向，焦裕禄的求实作风深刻揭示了践行群众路线的根本途径，焦裕禄的奋斗精神提供了践行群众路线的不竭动力，焦裕禄的道德情操蕴含了践行群众路线的重要前提。在新的历史时期，要践行党的宗旨，将焦裕禄树立为一个典型，学习焦裕禄做群众工作的方法，用焦裕禄精神来指导新时代的群众工作。⑥⑦ 在践行群众路线的实践中，要将弘扬焦裕禄精神作为一个永恒的课题，要把学习焦裕禄精神作为一条

---

① 张利民：《秉承焦裕禄精神为提升中华民族精神提供宝贵财富》，《传承》2013 年第 5 期。
② 申永华：《论焦裕禄精神的历史文化价值》，《学习论坛》2009 年第 11 期。
③ 曹大：《论焦裕禄精神与党的群众路线》，《南方论刊》2014 年第 7 期。
④ 廖海敏：《弘扬焦裕禄精神坚持党的群众路线的思考》，《今日中国论坛》2013 年第 15 期。
⑤ 楼俊超：《如何理解焦裕禄精神与"两学一做"的内在联系》，《世纪桥》2017 年第 2 期。
⑥ 廖海敏：《焦裕禄精神是党的群众路线的集中体现》，《中国浦东干部学报》2014 年第 6 期。
⑦ 甘忠诚：《用焦裕禄精神指导新时期的群众工作》，《传承》2016 年第 2 期。

红线贯穿于教育实践活动始终和党员干部履职从政始终，把焦裕禄精神作为一面镜子反复对照，把"焦裕禄同志给我们留下了很多，我们能为后人留下什么"作为一个根本问题终生作答，把加强基层党组织建设，充分发挥党员模范作用作为一项基础工程夯实筑牢，把组织开展好教育实践活动作为一份政治责任扛在肩上。① 还有学者则从焦裕禄精神所体现出的做好群众工作的内在规律进行梳理和分析，认为只有以亲民爱民的情怀服务人民，才能真正让人民群众从内心深处受到感动；只有以艰苦奋斗的精神感召人民，人民群众才能自觉自愿地同党一起奋斗；只有以科学求实的态度为人民解决问题，才能增强人民群众跟党干事业的信心和决心；只有以知难而进的精神干事，才能把人民群众的积极性主动性调动起来、凝聚起来；只有以无私奉献的精神勤政为民，从人民群众中汲取智慧和力量，才能提高群众对党工作的理解认同度和效能度；只有以清正廉洁的人格魅力和工作能力为官一任，造福一方，才能赢得人民群众的拥护和爱戴，把群众的精神力量转化为强大的物质力量。② 不仅如此，还要用焦裕禄精神聚焦党的群团工作，在焦裕禄精神的指导下克服困难，加强对群团工作的改革，促进党和人民事业的稳定发展。③ 有学者认为，焦裕禄精神与党的群众路线在主体与实践、杰出人物与人民群众、精神传承与物质力量之间具有内在的逻辑关联。在实现中华民族伟大复兴的历史征程中，党员干部要把两者之间的关系密切好、维护好、发展好，在弘扬焦裕禄精神的同时，牢牢把握党的群众路线的实质，以团结带领人民群众实现对美好生活的向往。④

第五，焦裕禄精神作为党的宝贵精神财富，对于党的建设亦有重要的价值。当前，有关焦裕禄精神党建价值的研究主要集中在党的理想信念建设、党风廉政建设、党性建设、党的工作作风建设和党的纯洁性建设等方

---

① 何光：《弘扬焦裕禄精神是践行群众路线的永恒课题》，《湖北社会科学》2014 年第 11 期。
② 孙光财：《焦裕禄精神体现做好群众工作的内在规律》，《延边党校学报》2014 年第 6 期。
③ 孔明：《焦裕禄精神指引下群团工作改革路径探索》，《人民论坛》2016 年第 5 期。
④ 康凤云等：《焦裕禄精神：党的群众路线彰显及当代价值》，《中南民族大学学报（人文社会科学版）》2018 年第 6 期。

面。在理想信念建设方面，有学者认为焦裕禄精神在理想信念教育中具有引领作用，认为焦裕禄精神是谨防共产党人价值观迷惘，加强共产党人道路自信、信念坚定的正能量；是谨防共产党人党性缺失，引领共产党人忠诚为党、亲民爱民的指南针；是抵制共产党人消极腐败，保持共产党人高尚品格、廉洁操守的净化剂；是克服共产党人精神懈怠，砥砺共产党人敢于担当、艰苦奋斗的核动力。因此，要在焦裕禄精神的引领下，坚定共产党人的理想信念。[①] 有学者则认为，要学习焦裕禄精神，增强忧患意识，当前，党内存在的精神懈怠危险、能力不足危险、脱离群众危险、消极腐败危险等"四种危险"只是表象，其本质是忧患意识下降。因此，要学习焦裕禄的公仆情怀，密切党群关系；学习焦裕禄的求实作风，提升工作能力；学习焦裕禄的奋斗精神，抵御精神懈怠危险；学习焦裕禄的道德情操，根除腐败土壤。从而在根本上杜绝腐败思想的形成，提升忧患意识。[②] 在党的工作作风建设方面，有学者认为，党员干部学习焦裕禄精神，重点应放在学习焦裕禄求真务实、敢于创新和勤政廉洁的工作作风上，因为学习焦裕禄精神是加强领导干部作风建设的本质要求。这就要求要学习焦裕禄求真务实的工作作风、密切联系人民群众的工作作风和勤政廉洁的工作作风。[③] 在党的纯洁性建设方面，有学者认为党的纯洁性建设与焦裕禄精神有着密切的联系，它们之间存在着互为包含、互为依存的辩证关系。一方面，党的纯洁性是焦裕禄精神产生的历史前提和依据；另一方面，党的纯洁性的本质规定性要求必须不断地弘扬焦裕禄精神，才能更好地保持和体现党的纯洁性。因此，学习和弘扬焦裕禄精神，才能更好地理解把握党的纯洁性的内涵实质，才能更好地保持党的纯洁性，体现党的先进性。[④] 从党性教育来看，有学者认为，加强党性教育是我们党强化作风建设的一条宝贵经验和优良传统，焦

---

① 明洋：《论焦裕禄精神在理想信念教育中的引领作用》，《南方论刊》2015 年第 1 期。

② 张静等：《学习焦裕禄精神增强忧患意识》，《南方论刊》2015 年第 1 期。

③ 杨群红：《学习弘扬焦裕禄精神　大力加强领导干部工作作风建设》，《中共郑州市委党校学报》2009 年第 3 期。

④ 赵兴国：《党的纯洁性与焦裕禄精神的相互关系及其体现逻辑探研》，《中共太原市委党校学报》2015 年第 4 期。

裕禄以其坚定的党性为全体党员树立了标杆。弘扬焦裕禄精神，加强党性建设，是当前国内外形势发展的要求，是加强党的作风建设的要求，是实现全面深化改革和践行党的宗旨的要求。因此，必须将焦裕禄"公仆情怀"纳入党性教育，做到以情怀育党性；将焦裕禄"求实作风"纳入党性教育，做到以作风聚党性；将焦裕禄"奋斗精神"纳入党性教育，做到以精神促党性；将焦裕禄"道德情操"纳入党性教育，做到以情操强党性。[①] 有学者认为焦裕禄精神是广大党员干部加强党性修养的生动教材，是推进党和人民事业继续前进的强大精神动力。[②] 从党风廉政建设上看，有学者认为，焦裕禄精神在促进党风廉政建设上有着巨大的作用，弘扬焦裕禄精神可以为党风廉政建设提供正确的方向保证，可以为党风廉政建设提供坚实的思想保证，可以为党风廉政建设提供牢固的组织保障和提供强大的精神动力。[③] 有学者则从全面从严治党的视角研究焦裕禄精神的价值，认为弘扬焦裕禄精神与全面从严治党是高度契合的，将焦裕禄作为一面镜子，让广大党员干部查找自己在思想境界、素质能力、形象作风等方面存在的问题，努力做"心中有党、心中有民、心中有责、心中有戒"的焦裕禄式的好干部，从而加强党的廉政建设，推动形成干部清正、政府清廉、政治清明的政治生态。[④] 有学者从探讨焦裕禄精神与廉政文化建设内在关系出发，阐述了焦裕禄精神与廉政文化建设的内在逻辑关联：焦裕禄精神为廉政文化建设提供思想滋养和价值标杆，廉政文化建设需要大力弘扬焦裕禄精神。同时指出焦裕禄精神对廉政文化建设具有重要的价值启示：一是从个人层面上，以焦裕禄精神为引领，加强廉洁奉公思想的培养；二是从制度层面上，以焦裕禄精神为指导，加强廉政文化制度建设。[⑤] 有学者认为，焦裕禄家风是焦裕禄精

① 张惠丽：《论焦裕禄精神与党性教育———以公仆情怀为视角》，《中共南昌市委党校学报》2014 年第 5 期。

② 袁祖浩：《焦裕禄精神内涵及时代价值阐释》，《党史博采（理论）》2018 年第 4 期。

③ 艾政文：《论焦裕禄精神与党风廉政建设》，《传承》2009 年第 7 期。

④ 尹书博：《全面从严治党需要弘扬焦裕禄精神》，《学习论坛》2015 年第 6 期。

⑤ 康凤云等：《论焦裕禄精神与廉政文化建设的内在关系及价值启示》，《江西师范大学学报（哲学社会科学版）》2017 年第 6 期。

神的文化绵延和价值折射。在焦裕禄成长与工作的磨砺过程中，形成了以"爱劳动、勤俭、不搞特殊化"为特质的朴素家风。在习近平新时代中国特色社会主义思想引领的当下，系统深入研究、开发与弘扬焦裕禄家风具有修养党性的精神价值、教导子女的教化价值和凝聚民心的社会价值。①

　　第六，焦裕禄精神是在中国社会主义建设历史中形成的文化成果，有着丰富的文化内涵，对于提升当代中国文化软实力和执政软实力具有重要的作用。从提升文化软实力的角度看，焦裕禄精神形成和产生于中原大地，有学者认为，弘扬焦裕禄精神，对于提升河南省的文化软实力有着重要的作用。焦裕禄精神是河南红色文化的品牌，是中原人文精神的集中体现，是发展河南文化产业的重要资源，是丰富民众文化生活的生动教材。深入挖掘其文化价值，积极打造相关题材的红色文艺精品，发挥焦裕禄精神的指导作用，对于提升河南文化软实力具有重要意义。同时，大力弘扬焦裕禄精神，亦为中原经济区提供强有力的思想保证、可靠的群众基础、坚实的物质基础、强有力的精神支撑和坚实的政治保障，为中原经济区建设提供强大的精神动力。②③④ 从提升党的执政软实力来看，中国共产党执政软实力是建立在政党价值观、理想、信仰等政党文化以及外在形象等基础之上的党对社会大众的吸引力，焦裕禄精神在党风廉政建设中能够起到对照和标杆的作用，从而增强党的威信，巩固党的执政软实力的基础。⑤⑥ 从培育社会主义核心价值观的角度看，有学者认为，焦裕禄精神的核心内

---

①　秦法跃：《新时代焦裕禄家风的价值阐释》，《河南大学学报（社会科学版）》2019 年第 6 期。

②　陈莉莉等：《焦裕禄精神与河南文化软实力的提升》，《河南科技大学学报（社会科学版）》2015 年第 5 期。

③　赵鹏：《持续大力弘扬焦裕禄精神　为中原经济区建设提供强大精神动力》，《学习论坛》2013 年第 5 期。

④　田宪臣：《弘扬焦裕禄精神，谱写新时代中原出彩绚丽篇章》，《黄河科技学院学报》2022 年第 1 期。

⑤　王素玲：《焦裕禄精神在提升党的执政软权力中的作用和意义》，《中共郑州市委党校学报》2016 年第 1 期。

⑥　李曼诗：《中国共产党执政价值观视域下的焦裕禄精神研究》，《洛阳理工学院学报（社会科学版）》2017 年第 2 期。

容与社会主义核心价值观的要求是一致的，体现了历史发展和社会进步的客观需要。焦裕禄精神对于培育社会主义核心价值观具有教育示范作用、价值激励作用和目标导向作用。弘扬焦裕禄精神，可以践行富强民主文明和谐的国家层面核心价值观；可以践行自由平等公正法治的社会层面核心价值观；可以践行爱国敬业诚信友善的公民层面核心价值观。从这三个层面展示了社会主义核心价值观与焦裕禄精神的内在联系，可以说社会主义核心价值观是焦裕禄精神的本质内核，培育和践行社会主义核心价值观与弘扬焦裕禄精神是内在统一的。因此，学习和弘扬焦裕禄精神，有利于发挥其具有的引领和促进作用，从而加强社会主义核心价值观的培育。①②

第七，焦裕禄作为中共党史上优秀的共产党员典范，为广大党员树立了一个合格共产党人的形象。用焦裕禄精神指导当代青年干部的培育，加强道德建设具有重要的意义。有学者认为，焦裕禄的政治信仰、人生信仰特别是道德信仰是领导干部的标杆和榜样，领导干部应该像焦裕禄那样，具有坚定的理想信念和道德信仰，应该强化"心里装着全体人民，唯独没有他自己"的公仆精神，应该确立廉洁奉公、无私奉献的道德信念，应该锻造艰苦奋斗、勤俭节约的道德意志。③有学者认为必须用焦裕禄精神来塑造当代党员干部的道德人格，因为为人民服务是党员干部道德人格的核心，清正廉洁是党员干部道德人格的基础，务实低调是党员干部道德人格的关键，焦裕禄精神正蕴含了这些内容，因此，要以焦裕禄精神为核心，将其内化于心，外显于形。④对于青年干部的培养，必须用焦裕禄精神来统领，培养一批具有亲民爱民、艰苦奋斗、科学求实、迎难而上、无私奉献的青年干部，为推动经济社会持续、快速、健康发展和社会进步提供强有力的人才支撑。⑤在全面建设社会主义现代化国家新征程开启后，更

---

① 张元元：《焦裕禄精神与培育社会主义核心价值观》，《新西部》2015年第36期。

② 韩振峰：《焦裕禄精神与社会主义核心价值观》，《中国高等教育》2014年第9期。

③ 魏长领：《道德信仰与官德建设——论焦裕禄精神的当代价值》，《学习论坛》2013年第10期。

④ 王中原：《用焦裕禄精神塑造当代党员干部道德人格的思考》，《中南林业科技大学学报（社会科学版）》2014年第5期。

⑤ 于飞：《焦裕禄精神永不过时》，《中国纪检监察报》2017年5月6日。

要弘扬焦裕禄精神,坚持立党为公、执政为民,心里时刻装着群众,树立正确的发展观和政绩观,真抓实干,奋发有为,始终保持共产党人的政治本色。① 这就要求党员干部要学习和弘扬焦裕禄精神,践行"三严三实",时刻警醒自己要做"忠诚干净担当"之人,补为民、忠诚的理想信念之"钙",做真正"好官"。② 在加强自身建设的同时,亦不能放松家风建设,历史和现实告诉我们,腐败大多从家庭腐败开始,焦裕禄精神蕴含着"不能搞特殊"的焦式家风,学习焦裕禄的家风思想,有利于自身的家风建设,防止腐败在家庭和家人身上出现。③ 有学者研究了焦裕禄的领导艺术,认为焦裕禄在带领兰考人民战"三害"的过程中表现出了高超的领导艺术,如科学调研善决策、带好班子抓队伍、发动群众鼓干劲、制度建设显优势、语言艺术展特色等。借鉴焦裕禄的领导艺术对提升党的执政能力具有重要意义。④

第八,焦裕禄精神蕴含的为民务实清廉的价值追求和行为准则,是实现中国梦的强大思想动力和宝贵的精神财富。弘扬焦裕禄精神与中国梦的实现存在着密切关系,有学者认为,要正确认识和多维度审视弘扬焦裕禄精神与实现中国梦之间的关系,牢记宗旨、心系群众是实现中国梦的价值追求;求真务实、注重实干是实现中国梦的根本途径;知难而进、迎难而上是实现中国梦的力量源泉;廉洁奉公、无私奉献是实现中国梦的坚强保证。通过多维度解析,指出焦裕禄精神蕴含的丰富内涵是实现中华民族伟大复兴中国梦的强大精神动力。⑤⑥ 有学者指出,青年是国家的希望,民族的未来。青年是否有坚定的理想信念决定着他们的人生观、价值观,决定着他们对社会的贡献方式和程度。

---

① 中共河南省委宣传部课题组:《弘扬焦裕禄精神加快全面建成小康社会步伐》,《河南社会科学》2004 年第 6 期。

② 宣萱:《弘扬焦裕禄精神与践行"三严三实"》,《中共云南省委党校学报》2015 年第 4 期。

③ 王哲:《焦裕禄精神的时代价值》,《中国报道》2014 年总第 122 期。

④ 王文凯:《论焦裕禄的领导艺术》,《中共山西省委党校学报》2020 年第 6 期。

⑤ 王锐:《弘扬焦裕禄精神与中国梦实现的四维解析》,《理论学习》2014 年第 8 期。

⑥ 李西泽:《弘扬焦裕禄精神与实现中国梦的多维检视》,《南方论刊》2015 年第 1 期。

学习和弘扬焦裕禄精神，对于帮助广大青年树立正确的理想信念有着重要的现实意义，能够指导青年为实现中国梦而努力奋斗。①② 有学者认为，焦裕禄精神是中华优秀传统文化、革命精神和中国社会主义文化的融合体，是共产党人优良品质和作风的集中体现，它的产生、形成和发展，是时代的需要和人民的呼唤，对全面建成小康社会有着重要的时代价值，焦裕禄精神是全面建成小康社会的价值目标、有效途径和重要抓手。③ 有学者认为，学习和弘扬焦裕禄精神，对当前全面贯彻落实习近平总书记的系列重要讲话精神，做好精准扶贫工作具有重要的借鉴意义和指导价值。④⑤⑥

第九，焦裕禄精神蕴含的思想政治工作方法与准则对于加强大学生思想政治工作有着重要的作用。有学者认为，新时期的大学生是一个思想活跃、情感丰富、容易被影响的群体，他们生活在一个日新月异的"自媒体"时代，良莠不齐的思想、文化可以跨越各种界限实现即时的交流互通。因此，弘扬以焦裕禄精神为代表的中国精神对大学生的健康成长，积极追寻梦想，践行社会主义核心价值观具有十分重要的意义和作用。⑦ 有学者也指出，当前的国内外形势对大学生思想政治教育提出了新要求，认为当前弘扬焦裕禄精神，通过推进思想政治理论课建设、占领网络思想政治教育阵地、加强思想政治工作队伍建设、促进校园文化建设等途径，增强大学

---

　　① 　任健：《弘扬焦裕禄精神对青年学生实现"中国梦"的启示》，《农村经济与科技》2016年第 8 期。

　　② 　马雯：《论焦裕禄精神对新时代青年的价值引导》，《焦作师范高等专科学校学报》2021年第 1 期。

　　③ 　赵兴国等：《全面建成小康社会视域下焦裕禄精神时代价值探析》，《中共银川市委党校学报》2018 年第 5 期。

　　④ 　赵兴国：《论以焦裕禄精神推进精准扶贫工作的三个路径》，《中共银川市委党校学报》2016 年第 5 期。

　　⑤ 　张静等：《学习焦裕禄精神　做好精准扶贫工作》，《大庆社会科学》2016 年第 4 期。

　　⑥ 　李传哲：《"焦裕禄精神"引领下的兰考脱贫攻坚》，《汉江师范学院学报》2020 年第 3 期。

　　⑦ 　南大伟：《新时期大学生中国精神培育的路径选择——以焦裕禄精神为例》，《河南科技学院学报》2016 年第 7 期。

生思想政治教育实效性。①

第十，焦裕禄是党的优秀县委书记的典型代表，他身上彰显出来的优秀县委书记的品格和精神对于培育新时代党的优秀县委书记起着引领示范作用。有学者从忠诚、为民、担当、律己的角度出发，探析了做焦裕禄式县委书记的路径。② 有学者认为欠发达地区的县委书记必须自觉践行新发展理念，立足当地实际，必须坚持把创新发展作为牵动经济社会大局的"牛鼻子"；坚持把协调发展作为建设社会主义现代化国家的内在要求；坚持把绿色发展作为实现可持续发展的根本途径；坚持把开放发展作为拓展县域发展空间的重要手段；坚持把共享发展作为增加人民群众福祉的根本目的，做焦裕禄式的县委书记。③ 有学者认为，焦裕禄精神富含朴素崇高的政德意涵，即亲民爱民的政德情感、艰苦奋斗的政德意志、科学求实的政德遵循、迎难而上的政德担当、无私奉献的政德追求。④ 有学者认为焦裕禄同志用立党为公、执政为民的实际行动走完了他短暂而厚重的一生，指出对党忠诚，是共产党人的灵魂和基础，是党员领导干部最基本的政治品格，广大县委书记要以焦裕禄为榜样，努力做焦裕禄式的县委书记。⑤⑥

由上可见，焦裕禄精神作为党的宝贵精神财富，其价值意义贯穿于党和社会生活的各个领域的各个方面，具有重要的精神文化引领价值和实践示范意义。焦裕禄精神之所以源远流长，历久弥新，根本在于它蕴含了丰富的传统文化，有着深厚的文化底蕴，同时反映了时代的需求，因而也是

---

① 单守金：《以焦裕禄精神加强和改进大学生思想政治教育》，《安徽工业大学学报（社会科学版）》2014 年第 3 期。

② 何志强：《忠诚、为民、担当、律己　做焦裕禄式的县委书记》，《中国领导科学》2017 年第 6 期。

③ 郑钰：《践行五大发展理念　努力做焦裕禄式县委书记》，《中国领导科学》2017 年第 5 期。

④ 石艳玲等：《论焦裕禄精神对于新时代政德建设的价值意蕴》，《山东理工大学学报（社会科学版）》2021 年第 4 期。

⑤ 桑可：《做焦裕禄式的"四有"县委书记》，《红旗文稿》2015 年第 4 期。

⑥ 李军刚等：《新时代焦裕禄精神涵养党员干部的价值与机制》，《长春大学学报》2020 年第 11 期。

民族精神的时代体现。弘扬和学习焦裕禄精神，既有利于传承和弘扬我国优秀的传统文化和民族精神，也为当今时代的建设提供理论指导。学习和弘扬焦裕禄精神，既是历史赋予我们的重任，也是伟大时代的呼唤，① 正如研究者所指出，尤其有助于深化干部队伍建设，推进反腐倡廉与改善党风、民风，建设清正廉洁的政治生态。②

11. 简短的结论

焦裕禄精神是中国共产党和中华民族宝贵的精神财富，对焦裕禄精神进行深入探讨和学理研究，具有非常重要的历史意义和现实意义。近年来，学术界掀起了研究焦裕禄精神的热潮，取得了一些研究成果，值得进行一个阶段性梳理。从目前学术界对焦裕禄生平事迹研究、焦裕禄精神概念的提出、焦裕禄精神研究的缘起、焦裕禄精神形成的时代条件、焦裕禄精神的文化禀赋、焦裕禄精神的内涵及其价值意义等几个维度看，学术界在焦裕禄精神研究上，无论是运用的理论与方法，还是涉及的研究领域，都取得了值得肯定的成就。

综上所述，对于焦裕禄精神的研究，兴起于社会主义建设时期，重视于改革开放和社会主义现代化建设时期，尤其是党的十八大以来，研究、学习和弘扬焦裕禄精神，成为党和社会的热点和风向标。从焦裕禄榜样价值标杆来看，的确为党员特别是党员领导干部树立了"合格党员"的标杆示范；从全面从严治党和治国治党要求来看，焦裕禄精神契合了十八大以来党中央治国理政新思想新战略新理念；从中华优秀传统精神传承来看，焦裕禄精神契合了全民族全社会对振奋民族精神、提升社会风尚、净化社会文化、重塑时代精神的强烈要求。因此，学术界对焦裕禄和焦裕禄精神的研究涉及了方方面面。

基于文献梳理，从学术史的眼光看，已有的研究尚有进一步挖掘和深化的空间。

---

① 于向英：《我们为什么要学习和弘扬焦裕禄精神》，《郑州大学学报（哲学社会科学版）》2009 年第 3 期。
② 韩苗苗：《焦裕禄精神的时代价值及弘扬》，《领导之友（理论版）》2016 年第 11 期。

一是有关焦裕禄人物生平研究深度不够。对人物生平事迹的把握，是研究人物精神的"总开关"。这如同人们常说的，基础不牢，地动山摇。因此，要深化焦裕禄精神研究，必须首先深化焦裕禄生平事迹研究。这就必须从文献学、历史学的理论与方法出发，深入发掘史实和史料，重点突出焦裕禄成长阶段完整面貌，把焦裕禄人生历程与时代、与人民、与社会、与他自己的思想轨迹密切联系起来，使焦裕禄人物形象更加丰满生动，使焦裕禄精神更加丰富深刻。目前，要有专门的专业队伍进行焦裕禄史料、文献整理研究，如焦裕禄日记；要加快进行口述史整理研究，特别是焦裕禄在兰考工作时期的老同事、老百姓与知情人的口述整理工作，随着时间的推移，显得十分紧迫。已有的焦裕禄传记要么带有浓厚的时代印记；要么过于简略；要么缺少学术深度与理论厚度。这些都与焦裕禄精神研究的发展要求不相匹配。

二是对焦裕禄精神内涵的研究主要是依据中央领导人相关的重要论述，没有对焦裕禄精神的核心内涵本质进行更具学理的定义及更深层次的研究。在以上的文献梳理与分析中，我们可以发现，焦裕禄精神的内涵在不同时期有着不同的表述，而学术界的研究方向也随着这种变化而变化，这就可能导致焦裕禄精神的内涵出现过度延伸。每个时代都有着不同的世情、国情和民情，那么对焦裕禄精神的表述就会不一样。因而，只有加深对焦裕禄精神的核心内涵的研究，形成一个共识，这样才能使得焦裕禄精神的传承和发展更具有持续性。

三是对焦裕禄精神与民族精神之间的关系缺乏研究。焦裕禄精神是党宝贵的精神财富，也是民族精神的重要组成部分。在以上的分析中，部分学者认为焦裕禄精神是民族精神的时代体现，民族精神是焦裕禄精神形成的来源之一，但并未进行有厚重历史感和文化感的研究。中华民族精神源远流长，焦裕禄精神既是中华民族精神发展过程中的重要结晶，又有中原文化的滋养，只有深化了解两者之间的关系，理清两者内涵之间的联系，才能更好地弘扬焦裕禄精神与发展民族精神。

四是对焦裕禄精神传承和弘扬的机制路径研究较少。在以上的文献分析中，笔者发现自焦裕禄精神形成和发展至今，出现了三次研究高潮。但往往高潮过后，对焦裕禄精神的研究又陷入低谷。弘扬焦裕禄精神，我们不仅仅希望是因为时代的呼唤和时代发展的需求，①② 更应该是焦裕禄精神作为人们日常生活文化的一部分，使它成为人们的精神支撑和精神动力。这就要求必须对焦裕禄精神的传承和弘扬机制进行研究。

五是对焦裕禄精神的研究大部分集中在焦裕禄精神的内涵上，而忽视了焦裕禄成长及其思想研究。焦裕禄精神是以焦裕禄成长过程中形成的精神风范、理想情操为基础的。目前，很多焦裕禄精神的理论研究和阐述，既脱离了焦裕禄的人生经历，也在思想的角度进行了过度解读。这都会影响对焦裕禄及其精神的深化研究，使焦裕禄精神崇高而不生动，高大而不可及，伟大而不可信。这就陷入了形而上学的误区和泥沼。因此，无论是从历史人物研究本身，从主流意识形态建设，还是从执政党党风政风社风建设来看，扩大焦裕禄精神研究的视野和知识面，都具有重要理论意义和实践价值。

二、国外研究现状

由于意识形态不同，国外目前尚无专门研究焦裕禄精神的学术成果。但在美国学者李敦白（Sidney Rittenberg）等著的《红幕后的洋人：李敦白回忆录》第十五章"美好生活"中，有一段关于焦裕禄精神的描述。1966年2月，一篇叙述河南省兰考县委书记焦裕禄生平的报道，让正处于迷茫时期的李敦白找回了正确方向。文章中提到，新中国成立后部分共产党员开始贪图享乐安逸，而此时，在一个小县城，却有这么一位县委书记："每天走在泥泞的乡村小路，听取农民的倾诉，询问他们的状况，仔细检查田埂、气候、谷物、土壤，想法子做好领导管理工作，使他们脱离贫困

① 孙永绶：《弘扬焦裕禄精神的实践与思考》，《山东理工大学学报（社会科学版）》2005年第5期。

② 安东芳：《时代呼唤焦裕禄精神》，《科教文汇》2006年第10期。

和无助境地。即便身患重病，还是每天全力以赴为民奔走，就算肝癌危及生命，他仍在工作岗位上战斗到最后一刻。"① 这段简洁的描述，表达了李敦白对焦裕禄精神的高度肯定，这样一位在平凡工作中做出了不平凡业绩的中国共产党党员，正是他理想中的完美榜样！

20 世纪 60 年代，很多国际友人纷纷前往河南省兰考县学习焦裕禄精神。刘俊生在《焦裕禄精神走向世界》一文中提到越南曾连续四次派代表团前往兰考参观学习。②1966 年 6 月，时任越南共和国主席的胡志明以"黎农"为笔名，在越南《人民报》上发表题为《中国经验》的文章，高度赞扬焦裕禄，号召越南干部学习焦裕禄。③

第三节　研究的主要内容与方法

一、研究的主要内容

本书从哲学、伦理学、政治学和文化学的视角，深刻揭示焦裕禄精神与其当代价值之间的内在逻辑关联，科学分析中国传统文化熏陶下，社会主义建设时代条件下产生的焦裕禄精神的内涵和实质，厘清新时代中国特色社会主义背景下，培育和践行社会主义核心价值观面临的新形势新任务，全面系统分析焦裕禄精神当代价值的传承机制和实现路径。

第一部分是关于焦裕禄精神形成条件及发展历程的研究。

第二部分是关于焦裕禄精神内涵和特征的研究。

第三部分是关于焦裕禄精神与社会主义核心价值观的研究。

---

① ［美］李敦白（Sidney Rittenberg）、阿曼达·贝内特（Amanda Bennett）：《红幕后的洋人：李敦白回忆录》，丁薇译，上海人民出版社 2006 年版，第 194 页。

② 魏治功等：《焦裕禄读本》，河南人民出版社 2011 年版，第 418 页。

③ 魏治功等：《焦裕禄读本》，河南人民出版社 2011 年版，第 421 页。

第四部分是关于焦裕禄精神与党的作风建设的研究。

第五部分是关于焦裕禄家风及其当代价值的研究。

第六部分是关于焦裕禄公仆思想及其当代价值的研究。

第七部分是关于焦裕禄治贫思想及其当代价值的研究。

第八部分是关于焦裕禄精神传承机制和实现路径的研究。

二、研究的主要方法

1.唯物辩证的方法。以问题意识为研究的切入点，以唯物辩证的思维方法为运思逻辑，以焦裕禄精神的价值考量为研究方向，以焦裕禄精神的传承机制和实现路径为研究目的。唯物辩证法为本书提供贯穿始终的统领其他一切具体方法的哲学方法。

2.实证研究法。通过对焦裕禄出生地、工作地调查获得的案例资料和对问题的分析进行实证研究，揭示焦裕禄精神深厚的文化背景，解析焦裕禄精神的时代特征，寻找践行焦裕禄精神何以可能的依据。

3.借鉴相关学科和其他学科的研究方法。借鉴哲学、伦理学、政治学、历史学、社会学、教育学、管理学等相关学科和现代学科的研究方法及最新研究成果，用以作为本书研究的现代方法论支持，以期为本书提供一个理论体系框架。

第四节　研究的创新之处

一、学术思想的创新

1.研究主题在学术领域具有一定的开拓性。到目前为止，焦裕禄精神的学术研究是民族精神研究领域中的一个"真空"地带。在中国共产党人精神谱系、社会主义精神文明、中国特色社会主义先进文化、民族精神研究领域，本书的研究起到了一定的拾遗补缺的开拓作用。

2. 研究内容在学术思想方面具有一定意义上的原创性。具体地说，就是首次对焦裕禄精神的道德价值进行了探索；首次对焦裕禄精神的传承机制和实现路径进行了多学科视角的论证；首次对焦裕禄精神四个组成部分内含的逻辑关系进行探讨；首次对焦裕禄精神的文化基础进行梳理；首次阐明新时代传承焦裕禄精神的必要性。

二、学术观点的创新

1. 焦裕禄精神既深深地植根于中华优秀传统文化之中，又受到了近代以来中国革命精神的培育；焦裕禄精神既是焦裕禄作为一名好党员、好干部、好公民所呈现的理想、情操、道德的整体风貌和时代性体现，又是党和政府所提倡的履行全心全意为人民服务宗旨的典型性代表性表现，它既属于孕育它的时代，又是中华文化和近代以来红色文化的优秀内容，在当代具有突出的价值引领作用。

2. 在各个不同历史时期，党和国家最高领导人对焦裕禄精神进行倡导，既体现了党和政府对焦裕禄精神的赞美和提倡，又赋予了学习实践焦裕禄精神新的时代要求和内涵，使焦裕禄精神与时俱进，与世长存、永葆活力。

3. 从研究焦裕禄精神的丰富内涵来看时代启示，做焦裕禄式的好干部所应具备的基本素养是：以公仆情怀克服官僚主义、以求实作风战胜形式主义、以奋斗精神纠正享乐主义、以道德情操抵制奢靡之风。

4. 做焦裕禄式的好党员好干部，要正确处理好个人与集体、个人与社会、个人与群众的关系，坚持以人民为中心，想群众之所想，忧群众之所忧，急群众之所急，实现人民群众对美好生活的向往。

5. 要让焦裕禄精神世世代代传承，要使焦裕禄红色基因深深地植根于实现中华民族伟大复兴中国梦的时代之中，就要规划设计好传承和弘扬路径这个关键，继续坚持党和国家领导人号召为主导的传承机制、以主流媒体为宣传主体的焦裕禄精神宣传方式，进一步挖掘实物、艺术为主要载体的传承方式，进一步完善激励机制、现代化媒体宣传机制、健全制度机制和学习教育机制。

第一章 焦裕禄精神的形成
条件及发展历程

任何一种精神的形成都是多种因素共同作用的结果，这其中有内在因素，也有外在因素。焦裕禄精神形成于20世纪60年代，这一时期，国际上帝国主义想方设法对中国实行经济封锁；国内情况也不容乐观，经济发展举步维艰，人民生产积极性不高。在毛泽东思想的指导下，在"全心全意为人民服务"号召下，焦裕禄精神如一股春风，吹遍兰考县的每一个角落，吹向全国各地，鼓舞着全中国人民。

第一节 焦裕禄精神的形成条件

只要一提到"焦裕禄"这个名字，兰考的每个人就有说不完的故事。焦裕禄在兰考人民乃至全中国人民的心中都是一座永远矗立的丰碑，是一段永远流传的佳话，他的事迹依旧感动和鼓舞着当代的我们，他的精神是我们为人处世的标杆。焦裕禄精神是在社会主义建设的时代背景下形成的，是在焦裕禄个人的精神品质中升华，经过时代的熏陶最终凝结而成的。焦裕禄精神的形成不是偶然的，而是时代呼唤的产物，焦裕禄精神永远不会过时。

一、黄河文化的浸染

精神作为一种社会意识，是对社会存在的反映，任何一种精神的形成都不可能脱离其植根的文化而独自成形。文化渗透在生活中的每一个角落，它潜移默化地影响着浸染其中的每个人的思想、行为和人生价值观。焦裕禄精神绝不是上天赋予焦裕禄的，而是在他生活的地域上通过长期实践而形成的。正如马克思所指出的，"物质生活的生产方式制约着整个社会生活、政治生活和精神生活的过程"①。这里的"物质生活的生产方式"可以理解为文化的外在表现形式。

焦裕禄出生在山东，但一生大部分时间都工作生活在河南。我们要寻根溯源去探究焦裕禄精神的形成原因时，不能忽视以山东为中心的齐鲁文化和以河南为中心的中原文化的影响，而这两种文化都属于黄河文化。环境对一个人的成长能够产生潜移默化又不容小觑的影响。焦裕禄精神形成的机制是自觉内化和自觉外化，而内化的内容在排除了刻意的灌输之外，则是外在环境所传递的文化认同。最初的焦裕禄精神是焦裕禄与其所处的文化环境的互动并产生心理认同的结果。

1. 焦裕禄精神的产生受齐鲁文化的影响

焦裕禄童年、青少年是在山东度过的。山东是一个文化底蕴十分丰厚的省份，2000多年来，这片土地上孕育了博大精深的齐鲁文化。"齐鲁文化……（是）以务实精神、变革精神和开放精神为特征的区域文化。"② 我们有理由相信，焦裕禄身上那股探求就里的求实精神就是植根于这样一种地域文化之中的。齐鲁文化最具代表性的就是儒家文化，注重"礼、仁、孝""以德服人"。齐鲁文化自形成以来，绵延数千年，生活在这片土地上的人民是如何内化齐鲁文化的我们不得而知，但我们可以通过深浸在这片文化海洋中的人民的外化行为方式，来体味文化对当地人民的影响。一提到山东人，人们的集体印象是"正统，道德意识浓厚""豪气""山东好汉"，外地人对山东人的这些共识成了山东人形象的标志。焦裕禄在这样的文化氛围中长大，自然耳濡目染会受到这种文化的熏陶。焦裕禄精神中所表现

---

① 《马克思恩格斯选集》第二卷，人民出版社 1995 年版，第 32 页。

② 魏建等：《齐鲁文化与山东新文学》，湖南教育出版社 1995 年版，第 11 页。

出的"重德"思想、注重个人品格的修养、焦裕禄式"不搞特殊化"的优良家风以及朴素廉洁的道德情操，这些既是齐鲁文化在焦裕禄个体身上最完美的外化与塑造，同时也是焦裕禄个体对齐鲁文化的弘扬与升华。

2. 焦裕禄精神的产生深受中原文化精神的影响

焦裕禄一生大部分时间工作、生活在河南。焦裕禄既受出生地——山东齐鲁文化的浸染，也深受工作地——河南中原文化的影响。一代又一代生活在中原大地上的河南人民，在长期的生产生活实践中，把传承下来的思维方式、行为习惯、价值观念等在精神层面形成固定结构，这就是中原文化精神。"中原文化精神，直到目前，总的特征，主要表现为一种较为平和、平稳、后发的精神。"① 从外在表现形式看，中原文化精神可概括为"与时俱进的爱国奉献精神、独具特色的团结和平精神、底蕴深厚的勤劳自强精神"。从不同的视角来概括，会得出不同表达形式的中原文化精神，但无论文字表现形式怎么变化，中原文化精神最终是通过作用在个体人身上而表现出来的。一切优秀文化最终都是沉淀在人身上，形成人格。河南这片大地上曾涌现出许多的先进典型人物、英雄模范，他们用自己的行动诠释着中原文化精神，同时也使中原文化精神随时代发展而迸发出新的精神力量，焦裕禄身上那份艰苦奋斗、迎难而上、科学求实、乐于奉献的精神正是中原文化精神的典型代表。

二、中华传统美德的影响

除了特殊地域文化是焦裕禄精神产生的重要源泉之外，焦裕禄精神的形成也深受中华民族传统美德的影响。中华民族历史源远流长，大浪淘沙后给后世留下了宝贵的精神财富，积淀成了中华民族传统美德。在卷帙浩繁的历史典籍中去寻找传统美德的痕迹，不难发现，在不同的领域，它有不同的表现。焦裕禄精神从个人美德、家庭美德、优秀官德三个维度受中

---

① 杨翰卿等：《中国先进文化继承创新论》，中共中央党校出版社 2004 年版，第 274—278 页。

华传统美德影响而生成。

1. 中华传统个人美德对焦裕禄精神形成的影响

纵观中华上下五千年历史，传统个人处世的美德大抵是"诚信、仁爱、中和、明礼"。首先，"诚信"这一传统美德，从古至今都备受人们推崇。在古代，"诚"与"信"分而语之，"诚"字蕴含着实事求是的伦理意义；"信"最初指祭拜祖先时，不欺骗祖先，言语可信。随着历史的发展，逐渐演变成为人与人之间的道德用语。古来圣贤皆重诚信，《论语》中可见："人而无信，不知其可也""言忠信，行笃敬"。据统计，在《论语》一书中，"信"字出现了 38 次。古代典籍也常常用反面的典故来告知世人不自欺亦不欺人，如著名的"曾参杀猪"和"晏殊应试"的故事等。其次，"仁爱"是儒家所倡导的传统美德，历经数世，人们仍对"仁爱"美德崇敬而追捧。"仁"是内化，是指内在修养上要有一颗善良、怜悯之心；"爱"是外化，是指要爱人，平等地爱一切的人。《论语》中关于"仁""爱"的表述处处可见："爱人者，人恒爱之；敬人者，人恒敬之""刚、毅、木、讷，近仁"。这种"仁爱"的品德在焦裕禄身上也体现得淋漓尽致。再次，"中和"是儒家文化的重要内容，强调内在的协调与和谐，讲究人的不偏不倚、宽厚大度、恰到好处。焦裕禄的一生可谓命运多舛，然而他在艰苦的环境中没有抱怨命运的不公，而是在坎坷中摆正心态，艰苦奋斗的同时，还无私奉献于他人，这何尝不是一种"中和"的境界?! 最后，"明礼"在中华传统美德中占据重要地位，中国自古以来就有"礼仪之邦"之称，历史上人们常用"礼崩乐坏"来形容气数将尽的朝代，可见这个"礼"字在中华文化中的重要性。孔子认为："不知礼，无以立"，把"明礼"看成安身立命之道和道德境界。"明礼"精神始终贯穿于焦裕禄的一生，他一生兜兜转转，身份转换数次，然而无论在哪个工作岗位上，他都始终做到知礼明礼。

2. 中华传统家庭美德对焦裕禄精神产生的影响

中华传统家庭美德最重要最核心的就是孝悌与勤俭。孝的对象是父母，悌的对象是兄长。"孝悌"深刻地影响了中国人的道德观念，自古与孝悌有关的故事和典故都为人们所津津乐道。勤俭，即勤劳节俭，这是中华民族兴家之本，是"劳动最光荣"的积极态度。勤，主要是指要用自己的双手劳动，不畏艰难险阻，创造美好生活；俭，是指在生活消费上要有所节制，要珍惜劳动成果。这两者相辅相成才能成就美好生活。在焦裕禄身上，他对父亲、母亲的孝顺，对子女的严慈相济，生活中的艰苦奋斗，作风上的朴素节俭，为后世留下榜样般的焦裕禄式家风，这些都是焦裕禄精神对中华民族传统家庭美德的传承与升华。

3. 中华传统优秀官德对焦裕禄精神产生的影响

中华传统美德的三个层次是：修身、齐家、治国平天下。前面两个层次是本，最后一个层次则是目的。孔子提倡"学而优则仕"，用一句话高度概括了这三个层次的递进关系。这里的"学"不仅指的是知识的习得，同时也包括品德的养成，正所谓"为政以德"，为官与官德始终是紧紧联系在一起的。焦裕禄作为县委书记的榜样，就是一个把为官之道与道德修养结合的完美典范。

首先，"以德治国，民为邦本"一直是中华民族治国理政的传统理念。我国最早的德治思想要追溯到西周的周公旦提出的"敬德保民"，后来的孔孟儒家学派也大力倡导这一理念，《论语·为政》中就有写道："道之以德，齐之以礼，有耻且格。"从这些叙述可以看出，以德为政其实蕴含着以民为本的观念，为何要行德政，最根本的就在于，工作的出发点和落脚点要得民心、顺民意。焦裕禄精神中的为民情怀、民本思想，尊重人民群众的意愿，为人民群众谋福祉等内涵，就是在正确处理与人民群众的关系基础之上的德政。焦裕禄在兰考470多个日日夜夜带领人民治"三害"①，他的最终目的都是为了惠民利民。

其次，依法治国，秉公执政。依法治国并不是近代社会所特有的，而是中国从古至今一直传承下来的治国理念，它与德治齐驱并行，共同在漫长的历史上发挥作用。早在奴隶社会，就有了最早的奴隶制法律。此后的数千年，法治思想一直贯穿整个中国历史，形成了一套具有自身特色的中华民族

① "三害"指风沙、盐碱、内涝。

传统法治史。在中国波澜壮阔的历史进程中，涌现出许多依法治国模范和先进人物，他们以自己的行动推动中华民族政治文明与道德文明的发展。焦裕禄精神中也始终贯穿着法治思想，焦裕禄在县委书记任上严格做到了秉公执政。他制定的《党员干部十不准》，对干部的言行举止的底线作出了明确的规定，虽然仅仅十条，并没有形成法条或法律，但这其中渗透出来则是焦裕禄内心的法治思想，他试图通过统一的条文来约束党员干部，同时自己带头示范，这何尝不是秉公执政的表现?! 秉公执政，最强调的是一个"公"字，即要做到不徇私情、不谋私利。在这一点上，焦裕禄可谓是一个行走的"公"字。他担任兰考县委书记时，从来不曾用自己的权力为家里人谋福利。相反，他因为自己的身份，反而对子女要求更加严格。"小梅（焦裕禄的女儿），你从我手里继承的只有党的事业，别的什么也没有"①，这是焦裕禄对子女的教诲，传递的价值理念就是秉公执政、不搞特权。

最后，清正廉明。"廉"是我国自古以来对为官者最根本的道德要求。"廉"的思想观念最早可追溯到春秋战国时期，古人称为官清廉者为"廉吏"，即"清官"。历史上为官清廉的典范如包青天、海瑞等世世代代都为人民所传颂。《晏子春秋·内篇·问下》曾写道："廉者，政之本也"；宋代包拯在《乞不用赃吏疏》中写道："廉者，民之表也；贪者，民之贼也。"这些论述足以说明，从古至今，中华文化都倡导为官要廉。中华传统优秀官德需要一代代接续传承和弘扬。焦裕禄是现代为官清廉的典范。

中华民族绵延数千年，物质文明与精神文明的不断向前发展，积淀下来的优良传统美德实在是数不胜数，这里只是列举了其中的凤毛麟角。博大精深的中华传统美德中蕴含着人类社会作为人的多重身份的道德规定性，有官德、职业道德、个人品德、家庭美德等，每个历史时期都曾涌现出优秀的传统美德典范，他们爱国、勤劳、睿智、无畏，对后代世人崇高精神境界的养成，起着重要的潜移默化的作用，焦裕禄精神就是在中华民族传统美德的滋养中逐步生成的。

---

① 魏治功等：《焦裕禄读本》，河南人民出版社 2011 年版，第 186 页。

三、毛泽东思想的熏陶

如果说黄河文化和中华民族传统美德对焦裕禄精神的形成是犹如春雨般无声无息滋养的话，那么毛泽东思想对焦裕禄精神的影响就如一场甘霖，及时而有力。

毛泽东思想是马克思主义与中国具体实际相结合的产物，而焦裕禄精神则是焦裕禄把毛泽东思想和社会生产实践相结合的产物。焦裕禄被称为毛泽东同志的好学生，他平时认真研读毛泽东著作，并把毛泽东思想活学活用在生活实践中。从焦裕禄语录中，我们常常可以看见这样的话："干劲不足的时候查思想，思想不通的时候，就要加紧读毛主席的书""你们要好好学习毛主席著作，依靠群众，依靠集体，自力更生，团结抗灾，战胜困难，发展生产"。焦裕禄不仅是毛泽东思想的活学活用者，他还是毛泽东思想的传播者，他曾对自己的女儿说过："我留给你的，只有一部《毛泽东选集》……你要好好学习毛主席著作，那里边，毛主席会告诉你怎样工作，怎样做人，怎样生活。"①

不仅从平时的语言中可以看出焦裕禄深受毛泽东思想的影响，而且在平时的工作实践中，在焦裕禄批复审阅的文件中，同样也可以从字里行间看出焦裕禄听党话跟党走、在实践中充分运用毛泽东思想的良好作风。毛泽东曾在《反对本本主义》一文中提出："没有调查，没有发言权"，焦裕禄把这句话铭记于心。1962 年冬天，焦裕禄来到兰考县不久，就亲自去老韩陵大队做调查研究，并结合调查的实际情况，撰写了一份调查报告。他经常教育领导干部"在遇到新工作到来时，特别是转折时，必须认真学习毛主席有关转折的文章"，"越是有困难，越要有雄心斗志，越有困难，越要学习毛主席著作"。② 从他铿锵的语言中不难发现，毛泽东的著作在他工作中所扮演的重要角色。正是由于对毛泽东著作的重视

---

① 魏治功等：《焦裕禄读本》，河南人民出版社 2011 年版，第 186 页。
② 魏治功等：《焦裕禄读本》，河南人民出版社 2011 年版，第 186 页。

和系统的学习，他才开阔了眼界，提高了政治觉悟和思想水平；焦裕禄不仅善于学习毛泽东思想，更擅长理论结合实际，将毛泽东思想运用于他日常的工作之中。在关于如何搞好生产、过好春节的通知中，他强调说："我们必须贯彻中央和毛主席提出的勤俭建国、勤俭办社、勤俭持家、勤俭办一切事业的方针，不论公家和私人都不要浪费一文钱，可以不用钱的坚持不用，应花的尽量的少花，可以不办的尽量不办，一切从生产出发，从节约出发。"① 此后，他还亲自参与和制定了《党员干部十不准》，将勤俭节约、廉洁奉公形成书面文字，时时刻刻监督着兰考的领导干部；在弥留之际，他拉着女儿的手说："你从我手里继承的只有党的事业，别的什么也没有……"② 他留给女儿的唯一遗产是《毛泽东选集》。焦裕禄一生勤俭，毛泽东著作是他留给后人唯一的财富，是他一生的精神食粮，是他革命和工作的指导思想。为了更好地理解经典，教育身边的同事，他深入浅出地将毛泽东思想与他平时所接触的工作和所看过的电影相结合，以此对经典加以解读，达到深入理解的目的。正是在党和毛主席的教导和培育下，焦裕禄才能够用正确的思想武装自己，最终树立"全心全意为人民服务"的崇高理想。他在工作中的全心全意为人民服务、从群众中来到群众中去的思想无一不是毛泽东思想在其身上的折射。穆青在《县委书记的榜样——焦裕禄》一文中曾写道：他死后，人们在他病床的枕下发现两本书：一本是《毛泽东选集》，一本是《论共产党员的修养》。

　　20 世纪 60 年代，正是全国上下学习毛泽东著作的高潮时期，焦裕禄生活在那个年代，牢记党的宗旨，在生活中、学习中、工作中、时时刻刻都在学习毛泽东思想，并把学习的理论用于实践，不但为兰考县带来了伟大的成绩，同时为后人留下了伟大的精神力量——焦裕禄精神。

---

　　①　焦裕禄：《关于鼓足干劲搞好生产做好工作勤俭过春节防止浪费的通知》，兰考县档案局藏，《兰考县委全宗 295—297 卷》：案卷号 27。

　　②　魏治功等：《焦裕禄读本》，河南人民出版社 2011 年版，第 186 页。

四、优秀的个人品质

古语云:"天将降大任于斯人也,必先苦其心志,劳其筋骨,饿其体肤,空乏其身,行拂乱其所为。"这话运用在焦裕禄身上再适合不过。焦裕禄的坎坷经历,正是他坚强不屈、顽强拼搏精神品质的打磨石。

1922 年 8 月 16 日,焦裕禄出生在山东省博山县(今淄博市博山区)北崮山村的一个贫苦家庭。父亲焦方田是一个老实巴交的庄稼人,母亲天资聪颖,吃苦耐劳,出生在一个较为宽裕的家庭。爷爷焦念礼因为吃过不识字的亏,所以宁愿砸锅卖铁也要让焦裕禄和他哥哥焦裕生读书认字。焦裕禄深知读书机会的不易,所以也格外勤奋好学,还积极学习二胡、小号等各种乐器。1937 年 12 月 28 日,日军占领了焦裕禄的家乡博山县,焦裕禄被迫辍学,跟着叔叔焦方佃拉煤、卖油,维持生计。后来,父亲迫于生活的压力自杀了,年迈的爷爷病倒在床上,哥哥在外漂泊,杳无音讯,焦裕禄这个摇摇欲坠的家,在多重打击下更是弱不禁风了。即便这样,命运又向悲惨的焦裕禄伸出魔爪,他被日本宪兵队抓走做苦力,还常常遭受各种难以忍受的酷刑。焦裕禄的母亲变卖了家里所有能卖的东西,想方设法想把焦裕禄从鬼门关里拉出来,但都无济于事。焦裕禄被拉到济南日军宪兵队关押两个月,然后被送到伪政权的"救国训练所"里训练了一周,再被送到抚顺大山坑煤矿。焦裕禄在他的"个人小传"中记录了在抚顺大山坑煤矿的悲惨遭遇:到煤窑后,因所有人都在宪兵队被折磨了半年多,只剩一身骨头,不能走路,还要下坑……谁不下坑便用棍子毒打……有些人得了病不能治。不到一个月,我们附近村庄被抓去的老百姓又死去十几个,只剩下我们三人了……① 即使在这样的遭遇下,焦裕禄也没有向命运低头。他带着工友奋起反抗,打死了鬼子监工,承担了所有罪责,逃回了老家。这些常人难以想象的遭遇一次又一次地打压着焦裕禄,而绝不向命运低头的焦裕禄凭借着顽强的意志、不屈的精神,数次死里逃生,翻身做命运的主人。这些

① 何香久:《焦裕禄传》,河南文艺出版社 2012 年版,第 19 页。

人生的坎坷磨难激励着焦裕禄，磨炼着焦裕禄，成就着焦裕禄。

　　焦裕禄精神的形成与焦裕禄所接受的教育和自觉的学习是息息相关的。1954 年，焦裕禄被派遣到哈尔滨工业大学深造，虽然只有短短数月，但是他在哈工大预科系统地学到了搞大工业的相关知识，并且取得了良好的成绩，为他以后的工作积累了丰富的专业知识，也促使他养成实事求是的工作作风和科学求实的工作态度。1955 年春天，焦裕禄到大连起重机厂实习，他像学徒一样虚心向老工人请教；给厂党委提关于经营管理、政治思想工作等方面的建议并得到了肯定；为了更加清楚地阅读机器的使用说明，他开始学习英语和俄语，并逐渐了解和熟悉了机械车间的设备使用、车间管理、生产流程等，为他以后的车间管理工作积累了经验。1956 年底，焦裕禄回到洛阳矿山机器厂，担任一金工车间主任。[①] 通过自己的潜心学习和摸索，焦裕禄从开始的熟悉环境、努力做工到担任调度科科长职务，他用自己的生产管理经历，证明了他有把控全局的能力。在这里工作的九年，是焦裕禄精神的养成期。

　　焦裕禄不仅虚心向苏联专家请教学习，还经常身先士卒，弄清从图纸到工艺规程，再到工具和材料准备各个环节的关键点。"有一次，他发现卷长机的整铸齿轮加工不过关，为了弄清原因，他守在滚齿机旁两天两夜，细心观察，计算装卡方法、滚齿周期、吃刀数量、辅助时间""直到问题得到解决，他才躺到板凳上睡了一小会"。[②] 这个时期对焦裕禄而言是锤炼意志、奠定信念、砥砺思想的关键期。1963 年 6 月，焦裕禄到尉氏县担任县委副书记一职，这里是他曾经战斗过的地方，有很多老朋友，所以他能很快融入环境、团结同志、开展工作。"到尉氏县四个多月各方面都很好，人情地理熟，干部熟，县委的同志很团结，特别是几个书记，在思想上很一致，工作一股劲，思想很愉快。"[③] 在这 4 个多月时间里，通过自身的学习和实践经验的积累，焦裕禄总结了两条领导原理：1. 要搞好

---

① 何香久：《焦裕禄传》，河南文艺出版社 2012 年版，第 59 页。

② 何香久：《焦裕禄传》，河南文艺出版社 2012 年版，第 62 页。

③ 焦裕禄：《1963 年 12 月给祥发同志的一封信》，兰考县档案局藏：案卷号 22。

团结。2.要认真学习和贯彻党的方针政策。这为他成为"县委书记的榜样"奠定了基础。

五、良好的家庭教育

在焦裕禄的家庭中,他的母亲对他影响最大。焦母和焦裕禄的爷爷一样,都认为读书认字十分必要,竭尽所能让她的两个孩子有学上。焦母的父兄都会木匠活,所以日子过得还算宽裕,但焦母生来要强,即便带着她的两个孩子吃糠咽菜,也不会跑去娘家诉苦要娘家的接济,唯独在孩子上学有困难时,求助过娘家一次。焦母这种刚强的性格特征,无形中也影响了焦裕禄。在焦裕禄父亲自杀、哥哥下落不明时,焦母对焦裕禄说:"禄子,你哥回不来,只有你给你爹顶包打瓦了。你给娘记住,人到啥时候都不能塌了脊梁骨。"① 在整个家庭摇摇欲坠的时候,是焦母用她那柔弱的身躯支撑起了这个家。在焦裕禄被抓进日本宪兵队后,焦母卖地筹钱用尽一切办法想把焦裕禄赎出来,不管夏天还是冬天,雨天还是雪天,隔天她就要往返县城一次,走70多公里的山路,明知这样毫无结果,却还是坚持着,这样至少可以知道儿子还活着。

焦母对焦裕禄倾尽全部的爱,焦裕禄在身边时悉心呵护;不在身边时,惦念、牵挂着焦裕禄,把全部的希望都寄托在焦裕禄身上。她常常教导焦裕禄:天上一颗星,地上一个人,人要是做了好事,天上他那颗星就是亮的。焦裕禄从小受母亲的教诲和性格的影响,为人恭谦有礼,处理问题果敢干脆,为他以后的工作生活奠定了基础。

六、英雄模范人物的激励

新中国成立初期的 20 世纪五六十年代,是一个英雄辈出的时代,在

---

① 何香久:《焦裕禄传》,河南文艺出版社 2012 年版,第 15 页。

社会主义建设的浪潮中涌现出了一大批英雄模范人物。当时人们学习英模人物的氛围很浓厚，这些英模人物身上共同的价值理念是焦裕禄精神诞生的助力，也是新中国建设的不竭力量之源。钢铁工业领域著名劳模孟泰、纺织行业杰出代表郝建秀、"宁可一人脏，换来万家净"的淘粪工人时传祥等，这些新中国的劳模向整个社会传递着一种对事业、对社会默默奉献的无私精神，他们用自己的行动演绎人生的崇高境界，奏响生命的华丽乐章。1959 年《人民日报》报道了"磊落光明的向秀丽"，她用自己的生命阻挡了一场可能因酒精引起的爆炸，保护了国家的财产。这种和平年代里涌现出来的舍己为公、不怕牺牲的精神，如一束束光，照亮着当时社会每一个人的心，照耀着新中国的大地。英雄人物、先进模范总能给人树立榜样，激起人们纷纷学习效仿的热情。焦裕禄从这些同时代的先进人物手上接过接力棒，通过自己的勤奋工作和努力奋斗，传承英模人物的红色基因，赓续英模人物的红色血脉，最终形成焦裕禄精神，影响着一代又一代的中国人。

七、社会风尚的推动

1956 年"三大改造"的顺利完成，标志着社会主义制度在中国的确立，标志着中国进入了社会主义建设时期。在社会主义建设过程中，涌现出了一大批像雷锋、王进喜等传承和弘扬中华优秀传统文化的先进代表，当时的中国共产党也积极加强党内的思想政治教育建设，为社会主义建设储备干部资源。正是在全社会成员都积极弘扬中华优秀传统文化，为社会主义建设事业奋斗终生的社会风尚条件下，焦裕禄作为其中的一分子脱颖而出。焦裕禄不管在什么工作岗位都能尽职守责，利用一切可利用的资源做好自己的工作，也乐意把自身的全部能量都奉献出来，只为做好建设社会主义的一块砖、一片瓦。毛泽东思想和党的领导是焦裕禄能战胜一切困难的法宝，焦裕禄顺应时代发展的潮流，秉承当时的社会风尚，一步一个脚印地做好自己的工作，为老百姓谋利益。社会风尚的推动是焦裕禄精神形成的必然因素。生活在当时的个体都会感受到时代前进的方向和历史发展的潮流,区别就在于自主选择和被动选择。焦裕禄主动选择了顺应时代发展方向,当时社会风尚也适时推动了焦裕禄精神的形成,这是一个双向互动,也形成了双赢的局面。

第二节　焦裕禄精神的形成过程

焦裕禄精神的形成与发展有其自身的规律。对焦裕禄精神的形成过程进行研究,必须从焦裕禄生命个体所经历的事件中去寻找答案,正如《民族精神——精神家园的内核》一书在分析人的生命活动与民族精神时指出的:"这种人的生命形上的精神世界如果得不到人的感性生命活动的依托,只能是理性在意识中对'自我'的一种空洞的理论观照,从而失去精神得以传承和超越的生命动力。"[1]精神虽然超越生命肉体而存在,但要追溯精神的形成过程,却不能避开生命体以及生命体所处的社会文化,要分析还原生命体在当时的社会文化背景下所进行的社会实践,这就需要从焦裕禄生平所经历的事件中去探索焦裕禄精神产生的过程。

精神的产生不是一蹴而就的,它是随着人的生命过程而共同演进的。任何事物的发展都是在量变达到一定的程度后,最终实现质变的,焦裕禄精神也是如此。从 20 世纪 60 年代,经过几代人的充实和丰富,焦裕禄精神已经成为一套完整而又成熟的精神价值体系。但焦裕禄精神最初的形成是与焦裕禄一生的活动同步的,精神的状态是随着他的生命推进而逐渐成熟的。精神在人物身上首先是以自我意识的状态呈现的。美国著名精神分析学家埃里克森(E. H. Erikson,1902—1994)认为自我意识的形成与发展是具有阶段性的。作为一个多层次存在状态的人,最终会成为怎么样的

---

[1]　欧阳康:《民族精神——精神家园的内核》,黑龙江教育出版社 2010 年版,第 21 页。

社会生命体，在肉体生命世界与精神生命世界结下怎样的果实，这和人在不同阶段与社会生产文化产生的互动密切关联。我们这里所探讨的只是焦裕禄精神在焦裕禄这个生命个体上的形成过程。纵观焦裕禄生理生命的全过程，可以把其内在的、在实践中所形成主体性意识、价值观念分为三个阶段：孕育、初塑、形成时期。

一、第一阶段：孕育时期（1922—1949）

1922 年，焦裕禄诞生于山东省博山县（今淄博市博山区）北崮山村的一个贫寒农家。从他出生到新中国成立这一时期，正值焦裕禄从儿童阶段走向青少年阶段，是人格形成与发展的关键期，有很多因素影响着焦裕禄精神世界的形成，如家庭的教育、理念的灌输、知识的学习、环境的影响等。我们可以梳理出以下几个既在焦裕禄精神的孕育阶段发挥重要作用，又是焦裕禄精神诞生的首要条件的经历关节点。

经历一：家庭贫苦，精神却不贫瘠的童年

在何香久的《焦裕禄传》一书中提到焦裕禄在一份"自传"中曾这样描述自己童年时期的家庭生活状态："八岁至十五岁，家庭十五口人，十三亩地，牛二头，骡子一头，房子廿余间，全家种地，冬闲时开一小油坊，打蓖麻油，资金大部分是借外债"[①]。少年焦裕禄是在还算过得去的自耕农家庭中度过的。焦裕禄在这个阶段不仅受到良好的家庭影响，同时也受到了学校教育的熏陶。他的爷爷焦念礼总结自己不识字而吃亏的经验之后，坚决支持焦裕禄上学识字。焦裕禄也没辜负家人期望，在学校里，不仅文化知识学得好，而且也注重全面发展，在乐器方面也有所收获，这对后来焦裕禄的一生都产生了不可磨灭的影响。

经历二：国难家仇，不屈不挠

1937 年，焦裕禄正值 15 岁。就在这一年的 12 月 28 日，焦裕禄的家

---

①　何香久：《焦裕禄传》，河南文艺出版社 2012 年版，第 11 页。

乡被日寇占领，当地人民饱受日寇各种残酷的虐待，焦裕禄家并不宽裕的生活变得难以为继。经历了艰难和绝望之后，焦裕禄并没有屈服。为了维持家里的生计，他随叔叔焦方佃翻山越岭来到博山县城卖油运煤，然而日子过得并没有那么顺利。焦裕禄因参加抗日自卫组织"红枪会"，被日军抓进了宪兵队。焦裕禄在其干部履历表的"其他需要说明的问题"一栏中特意补充了这一段被日本人抓去的经历："1942 年 6 月份，日寇五次强化治安扫荡到我村，这是（时）正是吃过早饭，我只穿一裤头，躺到床上，急听门口狗叫厉害，我赤着膀子门口一看，两个鬼子，一个翻译官在看我家门牌……便把我带到村外，上汽车……"① 焦裕禄被日军抓了之后，在宪兵队的日子实在是苦不堪言，日军对焦裕禄施以各种各样的酷刑。之后又把他流放到抚顺大山坑煤矿，在那里当矿工的生活非常艰苦，每天有非常繁重的活要干，不仅吃不饱饭，而且还会遭到日寇的残酷折磨毒打等，在此致死的人甚众。即便是在精神与肉体都承受着煎熬的情况下，焦裕禄始终没有被打倒。在煤矿暗无天日的 300 多天，磨炼了焦裕禄的意志。这一时期，艰苦奋斗、不屈不挠的精神在焦裕禄身上开始有所显现。

经历三：当上民兵，成为中国共产党党员

1945 年焦裕禄在家乡加入民兵队伍，并参加了解放博山县城的战斗，他充分利用所学的知识，成了民兵队里的文化教员和"智多星"，使民兵队对敌人的斗争更加积极活跃。1946 年 1 月，焦裕禄加入了中国共产党。在留存于世的焦裕禄《中国共产党党员登记表》中，可以看到当时焦裕禄内心真实的想法和入党动机："当时入党时，只想到过去个人受了鬼子汉奸那么多罪，现在解放了，当了民兵，诉了汉奸的苦，还能打鬼子汉奸报仇，很感谢共产党，再入了党，能当干部，村里有啥事都先讨论，将来能当干部脱离生产，生活困难解决了，个人也有出路了。"② 从这则史料我们可以看出，当时的焦裕禄与我们每一个普普通通的百姓一样，在国难家仇

---

① 殷云岭等：《焦裕禄传》，花山文艺出版社 1995 年版，第 33 页。

② 关山远：《焦裕禄来兰考之前的日子》，《四川党的建设》（农村版）2014 年第 4 期。

面前，最原始的动机就是想摆脱当前的困境，想让家人生活安定。他的个体意识在入党前这个阶段还是停留在为个人、为家庭的层面上。加入中国共产党之后，焦裕禄在思想作风和行为上日渐成熟，党组织不断加重他的担子，给予他越来越多的考验。焦裕禄始终秉持着"哪里需要我，我就往哪里去"的态度，跟着党走。焦裕禄先后经历了参加抗日自卫组织，解放战争初期从民兵到县武装部干事，后被调到山东渤海地区参加土地改革复查工作，解放战争后期到河南尉氏县工作等几个工作阶段。焦裕禄的思想境界从"小我"一步步升华到"大我"，这样的成长过程向人们昭示：焦裕禄精神的最终形成并非个别偶然的现象，每一个具有共性的个人，人人都有孕育焦裕禄精神的可能性，这也为焦裕禄精神的可传承性提供了依据。

二、第二阶段：初塑时期（1950—1962）

20 世纪 50 年代，这个年代的大背景是：新中国成立，革命任务发生改变；建设新中国，发展经济成了重中之重。在这样的环境下，焦裕禄带着满腔的激情，投入了建设新中国的伟大事业中。良好的环境是精神诞生的摇篮，焦裕禄精神的诞生离不开环境，离不开群众。在这一时期，焦裕禄精神随着以下几个事件逐步初塑成形。

经历一：建设洛阳矿山机器厂

刻苦钻研精神。社会主义三大改造完成之后，新中国开启了第一个五年计划，经济建设全面展开，党组织抽派大批优秀干部参加工业建设。焦裕禄在 1953 年 7 月来到洛阳矿山机器厂工作。对于焦裕禄来说，这是一个全新的领域，在此之前，焦裕禄没有任何工业生产方面的经验，他唯一有的就是业务上的刻苦钻研精神。为建设社会主义新中国，焦裕禄始终学习毛主席著作，不断增强理论知识素养；在工业领域以小学生的姿态，虚心向老工人请教学习。焦裕禄深知光有理论知识是不够的，要把理论知识运用到实践中才能真正实现价值。为了摸清产品的结构和特性，焦裕禄把一个个零件在本子上画成图，记在心里，一边实践，一边对照；为了认出钢铁的化学成分，焦裕禄常常会捡些小铁屑揣在兜里，一有空就在砂轮上磨，每一次焦裕禄都分外细致地观察磨出来的火花，反复实践，以此来学会辨认材质。在刻苦钻研精神的驱动下，焦裕禄很快就掌握了指挥生产的全部知识。"不少老工人都称赞他是地方转业干部中钻研业务在不长时间内由'外行'变为'内行'的典范。"[①]

工作中的"亲民爱民"，与工友患难与共的群众情怀。初到洛阳矿山机器厂时，焦裕禄是负责基建工程的副科长，他与工人打成一片，带领大家积极修建洛阳老城通往厂里的公路和涧西大桥。在这期间，有工人因为种种原因而失去工作信心，焦裕禄总能以身作则，带头示范，并深入工人群体，鼓舞他们。"他在我厂九年的生产建设中，也是一位全厂职工所赞扬的优秀指挥员""焦裕禄为革命事业吃大苦、耐大劳、奋不顾身的自我牺牲精神，在我厂工作期间就表现的很突出，他朝气蓬勃，干劲十足，做起工作来永远不知疲倦"。[②]

"到下边去看看"，深入基层的工作作风。焦裕禄在兰考治"三害"时的著名言论"吃别人嚼过的馍没味道"所折射出来的思想观念，早在洛阳矿山机器厂时就已经初露端倪。焦裕禄无论是担任一金工车间主任还是担任厂调度科科长期间，他部署任务、解决问题、采取措施从来都不以主观意愿和"想当然"为依据，而是一定要了解清楚基本情况。他在遇到需要长期才能解决的复杂问题时，常常挂在嘴边的话是"到下边去看看"。"我厂第一台卷扬机试生产时，裕禄同志为了保证试生产的顺利进行，他亲自率领车间职工人员，用解剖麻雀的方法，把全台机器上千个另（零）件，从图纸工艺、加工流程、工具材料准备，逐件进行审查，连一个螺丝钉也不放过。"[③]

---

① 中共洛矿委员会：《学习焦裕禄彻底革命精神，为改变矿山机械落后面貌而奋斗》，兰考县档案局藏：案卷号34。

② 中共洛矿委员会：《学习焦裕禄彻底革命精神，为改变矿山机械落后面貌而奋斗》，兰考县档案局藏：案卷号34。

③ 中共洛矿委员会：《学习焦裕禄彻底革命精神，为改变矿山机械落后面貌而奋斗》，兰考县档案局藏：案卷号34。

经历二：担任尉氏县委副书记

1962 年 6 月，焦裕禄本着一切听从党组织安排的态度，重新回到他离开了十年之久的尉氏县担任县委书记，尽管焦裕禄只在尉氏县待了半年时间，但是焦裕禄马不停蹄，夙夜为公。为了了解该县的生产情况，他深入各个村实地调研，并亲自上阵干农活。焦裕禄常常帮农户拉耧种麦子，被当地人亲切地称为"拉耧书记"。尉氏县受三年自然灾害影响，牲畜类生产工具被消耗殆尽，在这艰难的时刻，焦裕禄大胆引进架子车，带领大家使用这种先进工具发展当地农业生产，尉氏人亲切地把这种架子车称为"中原小火车"。不仅在发展农业上焦裕禄表现出异于常人的胆识与气魄，在思想政治工作方面他也机智过人，化解了多起因土地而与邻县产生的纠纷，还使尉氏县与邻县之间更加团结与和谐。

九年的"洛矿"生涯和半年尉氏县委副书记的锻炼，使焦裕禄累积了宝贵经验，焦裕禄也成长为一个有胆识、有学识、有担当、有管理能力的多才干部。在洛阳矿山机器厂的九年可谓是焦裕禄精神的"养成阶段"，而在尉氏县担任县委副书记的半年，则是奏响焦裕禄精神这一振奋人心、惠及民众乐曲的"前奏"。焦裕禄被树为"县委书记的榜样"，而大多数人只是把这个"好榜样"聚焦在焦裕禄担任兰考县委书记这一职位上，其实，焦裕禄在尉氏县担任县委副书记时"县委书记好榜样"的形象已有显现。

三、第三阶段：形成时期（1962—1964）

焦裕禄精神第一次真正意义上大放异彩是在兰考这片大地上。兰考见证了焦裕禄精神厚积薄发的力量，也正是在这片土地上，焦裕禄精神得以最终形成，并为后人所颂赞和学习。

从地理位置上看，兰考县位于黄河岸边。虽然临近母亲河，却没有受到来自母亲河的太多润泽，反而更多的是默默承受着母亲河的每一次怒吼。"在 1477 年到 1885 年的 400 多年间，黄河在兰考县境内，先后决口

29 次，大堤漫水 8 次，淹没了无数的村庄和田园。"① 兰考县志上曾用"一岁三灾""三年大旱"等词来描述。从历史上看，黄河曾多次改道，河水"每改每泛"，给兰考留下了大面积的沙荒地、盐碱地。靠土地谋生的兰考人民，生活难以为继，不得不背井离乡，为的是能有一口饱饭、一身暖衣。

1962 年底，焦裕禄被任命为兰考县委书记，临危受命，负重前行。面对满目疮痍的兰考，焦裕禄没有失去信心，而是实地调查，鼓舞动员大家："兰考是个大有作为的地方，问题是要干，要革命。兰考是灾区，穷，困难多，但灾区有个好处，它能锻炼人的革命意志，培养人的革命品格，革命者要在困难面前逞英雄。"② 尽管焦裕禄在兰考工作只有短短的 18 个月，但他的足迹却遍布了整个兰考大地。他深入实地，调查"三害"情况，动员鼓舞大家一起为治"三害"而团结协作；他关心群众，时时刻刻心系群众，常常到群众家里，给他们送去救济粮、送去温暖、送去关怀；他忘我工作，甚至不顾自己患有严重肝病的身体，在岗位上坚持到生命最后一刻。他为兰考更好的明天而奔波，他不仅改变了兰考人民生活的面貌，还为全国人民留下了宝贵的精神财富——焦裕禄精神。

---

① 魏治功等：《焦裕禄读本》，河南人民出版社 2011 年版，第 31 页。

② 穆青等：《县委书记的榜样——焦裕禄》，《人民日报》1966 年 2 月 7 日。

第二章 焦裕禄精神的内涵要义及基本特征

优秀的精神文化之所以被世人一代代学习和弘扬，离不开它与时俱进的独特品质。焦裕禄精神从产生形成到发展成熟，成为人民群众学习和弘扬的优秀精神文化，它的内涵是随着时代的发展变化而不断丰富发展的。探讨焦裕禄精神内涵的演变和发展过程，概述焦裕禄精神的基本内涵和特征，是新时代学习和弘扬焦裕禄精神的内在要求。

第一节 焦裕禄精神内涵的演变和发展

焦裕禄精神以其独特而鲜明的内涵而被世人所传颂。焦裕禄精神是新时代中国特色社会主义的精神动力，是实现中华民族伟大复兴的力量源泉，因此，充分挖掘焦裕禄精神的内涵，发挥这一精神的能动作用，意义重大。一种精神从产生到被人们熟知、学习、模仿并上升为民族精神的过程中，其内涵是不断被充实的。对于焦裕禄精神而言，随着时间的推进，它的内涵越来越丰富。人们结合新时代的特点，对焦裕禄精神的挖掘越来越深入。本章以河南省学习焦裕禄精神的文件史料为依据，从历史角度去爬梳全国学习焦裕禄精神的几个阶段，并总结每一阶段学习焦裕禄精神内涵的不同侧重点，探索焦裕禄精神与时俱进的品质。

一、为人民服务的革命精神（1964—1965）

1964 年 5 月 14 日，焦裕禄因肝癌逝世，《人民日报》于 5 月 20 日报道了焦裕禄逝世的消息。两天之后，《河南日报》发表社论文章，号召学习焦裕禄同志为人民服务的革命精神。中共开封地委于同年 11 月 10 日发布了《关于学习已故的前兰考县委书记焦裕禄同志为人民服务的革命精神的通知》，《通知》指出，"地委要求我区各级党组织和全体党员干部，要热烈地响应省委的号召，认真地、深入地开展学习焦裕禄同志的活动"[①]。1964 年 11 月 24 日，《河南日报》发表文章《在改变兰考自然面貌的斗争中鞠躬尽瘁，焦裕禄同志为党为人民忠心耿耿，中共河南省委号召全省干部学习已故前兰考县委书记为人民服务的革命精神》。

1964 年到 1965 年可以说是学习焦裕禄精神的一次小高潮，这一阶段学习焦裕禄精神的特点是范围小、受众窄。说它范围小，是指学习焦裕禄精神活动没有扩大到全国范围，焦裕禄精神还未飞出河南这片土地，还未能润泽全中国。说它受众窄，指的是从河南省委、开封地委文件和传媒报道的内容来看，学习焦裕禄精神的人主要是党员干部。这一阶段，对焦裕禄精神内涵的概括还不够深入，学习焦裕禄精神的侧重点在焦裕禄"为人民服务"的革命精神，这仅仅只是内涵丰富的焦裕禄精神中的一部分。

二、活学活用毛主席著作的精神（1966）

掀起学习与宣传焦裕禄精神的第二次高潮是从《人民日报》上的一篇文章开始的。1966 年 2 月 7 日，穆青等人在《人民日报》发表连载文章《县委书记的榜样——焦裕禄》，文章聚焦焦裕禄带领兰考人民治"三害"的

---

① 中共开封地委文件：《关于学习已故的前兰考县委书记焦裕禄同志为人民服务的革命精神的通知》（1964 年 11 月 10 日），兰考县档案局藏。

全过程，赞扬焦裕禄带领兰考人民走向自力更生的革命精神。这篇报道以叙事的形式梳理了焦裕禄一生特别是在兰考县一年多时间里的突出贡献，把一个榜样形象展示在公众面前。通篇报道中，并没有出现"焦裕禄精神"一词，也没有对焦裕禄精神的内涵进行概括，但整篇的叙述中却蕴含着需要读者去发现的精神实质。

中共河南省委于同年 2 月 8 日下发了《中共河南省委关于学习焦裕禄同志的通知》，号召全省进一步学习焦裕禄精神。对比第一次开封地委下发的学习焦裕禄精神的文件，这一次河南省委下发的文件在篇幅上比前者要长。从内容上看，这份文件更加详细地介绍了焦裕禄的突出精神表现，并对焦裕禄精神的内涵进行了初步的概括："省委号召全省党员干部，都要以焦裕禄同志为榜样，学习他活学活用毛主席著作的精神，学习他全心全意为人民服务的世界观，学习他为革命、为人民的高贵品质，学习他大无畏的革命气概和实事求是的科学态度，学习他群众路线的作风和革命的工作方法"[①]。一连五个"学习"，结合焦裕禄的生平事迹，从五个方面概括了焦裕禄精神的内涵，为学习焦裕禄精神划出了重点，指明了方向。

三、全心全意为人民服务的精神（1990—1994）

1990 年 3 月 12 日，中共十三届六中全会通过了《中共中央关于加强党同人民群众联系的决定》。《决定》提出了党要加强与群众联系的要求，而焦裕禄精神中的为民情怀、全心全意为人民服务的群众路线作风与党的十三届六中全会精神高度契合，为贯彻落实全会精神，进一步发扬党密切联系群众的优良传统和作风，全国各地掀起学习焦裕禄精神的第三次高潮。

---

① 中共河南省委文件：《中共河南省委关于学习焦裕禄同志的通知》（1966 年 2 月 8 日），兰考县档案局藏。

1990 年 7 月 9 日，穆青、冯健、周原在《人民日报》发表题为《人民呼唤焦裕禄》的文章。20 世纪 90 年代人民为什么呼唤焦裕禄？回顾 20 世纪 90 年代的时代背景，可以发现：改革开放好政策取得了初步成效，人民物质生活水平得到了提高，同时涌现出了一批急民所急、忧民所忧、乐民所乐的好干部，如孔繁森、郑培民等人，他们两袖清风、舍己为公、心系群众，是全体党员干部的楷模。然而，随着经济社会的发展，一部分党员干部也出现了背离党的宗旨的问题：心里只有利益，而没有百姓，攀比心理作祟，腐败之风盛行。这种时候呼唤焦裕禄精神，就是对党的群众路线优良传统的呼唤，是对为人民服务的宗旨的呼唤。

1990 年，中共河南省委下发关于深入学习焦裕禄精神的文件，文件分析了新形势下学习焦裕禄精神的重大意义，并从六个方面概括了焦裕禄精神的内涵实质："全心全意为人民服务，鞠躬尽瘁，死而后已；深入实际，调查研究，实事求是；不畏艰苦，不怕困难，勇于斗争；艰苦奋斗，廉洁奉公，身体力行；关心群众疾苦，密切联系群众；抓典型，树样板，推动工作"①。六条共 75 个字，对焦裕禄精神内涵的概括已初步形成结构清晰的体系，只是还不够凝练。

1991 年 2 月 9 日，江泽民同志莅临兰考焦裕禄烈士陵园，为焦裕禄纪念馆亲笔题词"向焦裕禄同志学习，全心全意为人民服务"，题词内容突出了焦裕禄精神的核心，强调了学习焦裕禄精神的重点。

1994 年 5 月 13 日，胡锦涛同志在纪念焦裕禄逝世 30 周年大会上发表重要讲话。讲话提出了新时期学习焦裕禄精神的"四个应该"：应该像焦裕禄那样全心全意为人民服务，密切联系群众，一切为了群众，事事相信和依靠群众。应该像焦裕禄那样坚持党的实事求是的思想路线，一切从实际出发，讲真话，办实事，大胆开拓，创造性地工作。应该像焦裕禄那样不怕困难，不畏艰险，顽强拼搏，艰苦创业。应该像焦裕禄那样廉洁奉

---

① 中共河南省委文件：《中共河南省委关于深入学习焦裕禄精神的决定》(1990 年 5 月 7 日)，兰考县档案局藏。

公，勤政为民。①

这一时期，结合时代背景和相关文件，对焦裕禄精神内涵的概括，我们可以发现以下几个特点：首先，概括凝练程度不够；其次，侧重点在焦裕禄精神中"为民"情怀这一内涵上；再次，全国范围内掀起了学习焦裕禄精神的热潮，但学习的重点人群还是党员领导干部。

四、亲民爱民、艰苦奋斗的精神（2009）

2009年3月31日至4月3日，时任国家副主席的习近平同志在兰考视察工作，瞻仰焦裕禄墓。在兰考全县干部群众大会上，习近平同志把焦裕禄精神概括为"亲民爱民、艰苦奋斗、科学求实、迎难而上、无私奉献"20个字。同时对于学习焦裕禄精神，习近平同志还提出了相应的"五个学习"，这是对焦裕禄精神首次精练的概括，使焦裕禄精神更加理论化和具体化，也为广大干部和群众学习焦裕禄精神指明了方向。同年4月6日，中共河南省委下发了第四次学习焦裕禄精神的文件——《中共河南省委关于新形势下深入学习大力弘扬焦裕禄精神、加强党性修养、切实改进作风、推动科学发展的决定》。这份文件把党员和干部作为学习焦裕禄精神的主要对象，并对学习焦裕禄精神活动提出了实践性要求，即重温焦裕禄事迹、缅怀焦裕禄功德、学习焦裕禄品质、弘扬焦裕禄精神、创焦裕禄式业绩。这说明这一阶段学习焦裕禄精神的活动进一步落实到了实处。在经历了前三次的精神理论学习之后，这次的学习是对广大党员干部能否内化焦裕禄精神的考验，是把时效性放在前位的学习。

五、公仆情怀、求实作风、奋斗精神、道德情操（2014）

2014年3月17日至18日，中共中央总书记习近平在兰考调研指导

---

① 胡锦涛：《在纪念焦裕禄同志逝世30周年大会上的讲话》，《人民日报》1994年5月14日。

党的群众路线教育实践活动时指出："很多东西存在的时间虽然短暂，但这短暂铸就了永恒，焦裕禄精神是这样，井冈山精神、延安精神、雷锋精神等革命传统和伟大精神都是这样。"[①] 习近平总书记指出，学习焦裕禄精神与党的群众路线教育实践活动高度契合，要求广大党员干部要结合新时代、把握新特点，大力学习和弘扬焦裕禄精神。习近平总书记结合时代特点对焦裕禄精神的内涵又做出了一次科学而贴切的概括："心中装着全体人民、唯独没有他自己"的公仆情怀，凡事探求就里、"吃别人嚼过的馍没味道"的求实作风，"敢教日月换新天"、"革命者要在困难面前逞英雄"的奋斗精神和"任何时候都不搞特殊化"的道德情操。这一次学习焦裕禄精神主要是以党的群众路线教育实践活动的形式进行的，把学习和弘扬焦裕禄精神贯穿于党的群众路线教育实践活动始终，要求广大党员干部充分认识学习焦裕禄精神的重要性。习近平总书记要求党员干部把焦裕禄精神作为一面镜子，从公仆情怀、求实作风、奋斗精神、道德情操等四方面学习焦裕禄精神。

总体上，第五次学习和宣传焦裕禄精神，其学习内容全面而又系统，这是前所未有的，对焦裕禄精神内涵的挖掘最透彻，国家和政府层面的重视亦是前所未有的，学习范围波及全国。但从学习的主体上看，党和国家层面更多的是针对党员干部提出了要求，试图通过党员干部自觉学习和践行焦裕禄精神来带动群众参与，因此，如何实现焦裕禄精神学习与践行的全民参与是理论界和实践界需要深入探索的命题。

第二节　焦裕禄精神的内涵要义

焦裕禄精神从 20 世纪 60 年代产生至今，已历经了半个世纪的风雨洗

---

① 《习近平在调研指导兰考县党的群众路线教育实践活动时强调：大力学习弘扬焦裕禄精神　继续推动教育实践活动取得实效》，《人民日报》2014 年 3 月 19 日。

礼。今天,它仍然同井冈山精神、延安精神、雷锋精神等伟大的民族精神一样,是中华民族宝贵的精神财富。焦裕禄精神是以焦裕禄的名字命名的中华民族的文化精神符号,是共产党人全心全意为人民服务的集体意志的人格化体现,其内涵随着时代的变化,不断地得到丰富和发展。总的来说,"焦裕禄精神是在中国社会主义建设事业的历史实践中产生、发展和不断丰富的,在中华民族伟大复兴的进程中得以升华的,以自强不息、艰苦奋斗和全心全意为人民服务为核心内涵的一种社会性价值观。"① 焦裕禄精神是由焦裕禄个人优秀的品质凝结升华成宝贵的精神文化的,因此,探讨焦裕禄精神的内涵就有广义和狭义两个角度。

从广义的角度出发,焦裕禄精神内涵是指以焦裕禄的崇高品质为基本内涵的、在实践中不断丰富和发展的、为人们所敬仰和追求的精神文化。随着社会的不断发展,焦裕禄精神已经成为由多种元素构成的精神复合体,具有多重内涵。

党和国家领导人多次视察兰考,高度赞扬焦裕禄精神并概括总结了焦裕禄精神的内涵。2009 年,时任国家副主席的习近平同志视察河南,专程到兰考拜谒焦裕禄墓。在全县干部群众座谈会上,习近平同志发表"结合新的实际大力弘扬焦裕禄精神"的讲话,将焦裕禄精神的内涵概括为:亲民爱民、艰苦奋斗、科学求实、迎难而上、无私奉献,并且做了细致的阐述:"牢记宗旨、心系群众,'心里装着全体人民、唯独没有他自己'的公仆精神;勤俭节约、艰苦创业,'敢教日月换新天'的奋斗精神;实事求是、调查研究,坚持一切从实际出发的求实精神;不怕困难、不惧风险,'革命者要在困难面前逞英雄'的大无畏精神;廉洁奉公、勤政为民,为党和人民事业鞠躬尽瘁、死而后已的奉献精神"②。2014 年 3 月,习近平总书记再次来到兰考,调研指导党的群众路线教育实践活动,他再次概述了焦裕禄精神的内涵:"'心中装着全体人民、唯独没有他自己'的公仆情怀,

---

① 高二旺:《焦裕禄精神的文化重构》,《长春理工大学学报(社会科学版)》2012 年第 7 期。
② 习近平:《结合新的实际大力弘扬焦裕禄精神》,《求是》2009 年第 10 期。

凡事探求就里、'吃别人嚼过的馍没味道'的求实作风，'敢教日月换新天'、'革命者要在困难面前逞英雄'的奋斗精神，艰苦朴素、廉洁奉公、'任何时候都不搞特殊化'的道德情操。"①2009 年，时任中央书记处书记、中央组织部部长李源潮同志来到兰考缅怀焦裕禄，并在纪念馆题词，将焦裕禄精神的内涵概述为"亲民爱民、执政为民，艰苦奋斗、无私奉献，实事求是、真抓实干，坚持原则、清正廉洁"。

焦裕禄精神发源于河南，是河南精神文化的宝贵财富。河南省委、省政府非常重视对焦裕禄精神的学习。2009 年，时任河南省委书记、省人大常委会主任徐光春同志三次到兰考视察工作，把焦裕禄精神的内涵概括为"忠诚、爱民、科学、创造、实干、奉献"。同年 12 月，时任河南省委书记卢展工同志将焦裕禄精神内涵总结为三个方面：一是对党和人民的忠诚，二是对党的事业和人民事业的责任，三是对党的事业和人民事业的实践。②

当然，学术界研究焦裕禄精神的学者也尝试在其专著中概述焦裕禄精神的内涵。如在魏治功等人的《焦裕禄读本》中，将焦裕禄精神的内涵解读为"服务群众、艰苦奋斗、求真务实、知难而进、敬业奉献"③。在《焦裕禄传》一书中，作者认为焦裕禄身上体现了"'天下为公'的奉献精神，'厚德载物'的人格精神，'经世致用'的责任精神，'仁者爱人'的博爱精神，'革故鼎新'的变革精神，'克勤克俭'的艰苦奋斗精神"④。

从狭义的角度出发，焦裕禄精神内涵是指焦裕禄本人的言行和事迹所表现出来的先进思想、道德观念和崇高品质的理论概括和总结。焦裕禄精神内涵虽然丰富多样，但就其本质而言，焦裕禄本人的言行和事迹才是焦裕禄精神内涵最直观的展现和最终的归宿。

---

① 《习近平在调研指导兰考县党的群众路线教育实践活动时强调：大力学习弘扬焦裕禄精神 继续推动教育实践活动取得实效》，《人民日报》2014 年 3 月 19 日。

② 魏治功等：《焦裕禄读本》，河南人民出版社 2011 年版，第 205 页。

③ 魏治功等：《焦裕禄读本》，河南人民出版社 2011 年版，第 200 页。

④ 何香久：《焦裕禄传》，河南文艺出版社 2012 年版，第 5 页。

　　焦裕禄始终坚持做人民的公仆，始终保持与人民群众的血肉联系，到群众中去听取群众的要求和意见，而且还经常要求身边的领导干部也要放下架子拉下面子，走进群众，听取群众的声音。他在一次电话会议上说道："要教育党员干部一定虚心诚恳，越虚心诚恳，群众越谅解，越能得到群众的拥护。捂着盖着群众越不满意。自己宽，群众严，自己虚心诚恳，群众就从宽"①。求实是焦裕禄精神内涵的重要元素，正如他在《关于农村工作总结报告和今后的任务》中总结的："社员按劳力技术分工，老头老婆婆看门前地看食堂看菜园，生产队喂的母猪生十一头小猪，让劳力少有困难的社员喂"②，坚持实事求是，一切从实际出发，让劳动力不足的家庭承担较轻的工作，同时也能增加生产队的收入。焦裕禄常说："事在人为，路总是人走出来的，困难是要人去克服的，英雄面前无困难，困难能变成动力，困难能促使人向自然革命"③，他鼓励领导干部"下决心改变过去面貌，教育党员干部不做自然的奴隶，树立人定胜天，战胜自然的英雄气概，要有革命的精神，要学习人民日报上《看愚公怎样移山》一文中沙石塔党员支部的英雄气概。要顶住自然灾害，树立雄心壮志"④。他是这样说的，也是这样做的，面对兰考严峻的自然条件，他咬紧牙关一步一个脚印地带领兰考人民与"三害"作斗争，用自己的行动诠释了什么是英雄的大无畏精神。焦裕禄始终将人民的利益放在第一位，无论是在工作上还是生活中都将清廉自律作为自己的人生信条，严格要求自己的同时也深刻地影响着他人。在他得知县机耕队的队员存在工作作风问题时，严肃地批评道："你们如果用手中的公权来谋取自己的私利，你们就会站在人民的对立面，这是最危险的！所有的腐败都是由特权导致的，这一点大家一定要引以为鉴，一定要记住。"⑤焦裕禄精神内涵的奉献精神体现在工作上严于律己，他要

① 焦裕禄：《关于当前运动问题——焦书记电话会议记录稿》，兰考县档案局藏：案卷号 23。
② 焦裕禄：《关于农村工作总结报告和今后的任务》，兰考县档案局藏：案卷号 24。
③ 焦裕禄：《关于农村工作总结报告和今后的任务》，兰考县档案局藏：案卷号 24。
④ 焦裕禄：《关于农村工作总结报告和今后的任务》，兰考县档案局藏：案卷号 24。
⑤ 何香久：《焦裕禄传》，河南文艺出版社 2012 年版，第 74 页。

求："干部带头劳动，办事民主。队要分工，队长总是先让别人先报，自己往最困难的地方去。"① 领导干部要乐于奉献自己，服务群众。

从广义和狭义的角度来看，焦裕禄精神展现的是中国共产党人伟大的亲民爱民的公仆情怀、求真务实的工作作风、艰苦奋斗的精神状态、廉洁自律和无私奉献的高尚品德、坚定不移的理想信念。因此，笔者将从以下几个方面对焦裕禄精神的基本内涵进行阐述。

一、亲民爱民、执政为民的公仆情怀

党执政为民与全心全意为人民服务的宗旨是一脉相承的。中国共产党自成立以来一直代表中国最广大人民的根本利益，焦裕禄执政为民、亲民爱民的公仆情怀，是党员干部应弘扬的优良品质，是践行党的宗旨的具体体现。公仆情怀是焦裕禄精神的核心，也是焦裕禄精神历经 50 多个春秋仍然镌刻在人民心中的主要原因。

焦裕禄精神的公仆情怀包含以下两方面关系：

1. 亲民爱民是执政为民的情感渊源。历史发展证明，无论是过去，还是现今，一个被广大人民群众所拥护、所爱戴的官员，根源就在于亲近民众、爱护民众。因此，亲民爱民包含着两个方面的内涵。

第一，亲近民众，不摆架子。焦裕禄是典型的平民官员，从小在苦日子里长大，过着普通穷苦百姓的生活，节俭朴素的生活习惯在他当上干部之后也丝毫没有改变。他从来不摆架子，不会因为自己是干部而自我感觉高人一等，对待百姓总是嘘寒问暖，苦中送乐。焦裕禄曾经发出过这样的质问：为人民服务还分职位高低吗？我们都是人民的勤务员啊！② 这既是他给自己的答案和要求，也是他给广大党员干部树立的标杆和榜样。焦裕禄把自己当作"勤务员"，这是他对自己与民众关系的定位，从而拉近了

---

① 焦裕禄：《关于农村工作总结报告和今后的任务》，兰考县档案局藏：案卷号 24。
② 魏治功等：《焦裕禄读本》，河南人民出版社 2011 年版，第 190 页。

与民众的距离，强调了服务意识。1962 年 12 月 12 日，焦裕禄来兰考报到后的第六天，就到老韩陵村召开群众座谈会。夜幕降临时分，他独自去牛屋找饲养员萧位芬，悉心询问他对改变兰考面貌的看法，焦裕禄诚恳地问道："改变兰考面貌，人人有份，您年纪大，有生产经验，我今天就是来学习请教的。"① 焦裕禄始终相信群众是有大智慧的，他愿意去汲取群众的智慧，向群众请教。这不仅能提高群众参与的积极性，还能增强制定策略的时效性与实用性。焦裕禄式亲民爱民不仅是做"勤务员"，而且还要做群众的"带路人"。他这样论述领导干部与群众的关系："咱们是群众的带路人。现在群众都在看着我们，越在困难的时候，领导干部越要挺身而出"②。"勤务员"重在带着服务意识走进群众中，去亲近群众，去和群众打成一片；而"带路人"则要具备群众所没有的胆识和担当，敢于站在群众的前面，去爱护群众，急群众所急。焦裕禄式的亲民爱民是焦裕禄公仆情怀的第一要义，也是焦裕禄执政为民的基础和前提。

第二，爱护民众，以民为天。兰考是令很多干部"头疼"的重灾区，很多有资历和能力的干部在听到要去兰考任职时都借故逃离，唯有焦裕禄接下了这个重担，他坚定地说："感谢党把我派到最困难的地方。越是困难越磨练人，请地委放心，不改变兰考面貌，我决不离开那里。"③ 到兰考之后，焦裕禄就马不停蹄地开始了工作。他骑着那辆破旧的自行车走村访舍，碰见群众有困难就上前帮一把，看到群众愁眉不展就上前询问，用本子记录，把群众的困难和忧虑都记在心里。在一个寒冷的雪天，焦裕禄带着干部给各个公社发放救灾棉衣，一万多件棉衣还没发完，干部们就已累得筋疲力尽，可还剩一个公社没发放，其他干部都建议明天送，但焦裕禄想到群众在冰雪严寒的天气里等待棉衣的场景，坚持顶着寒风，忍受着身体的疼痛，深一脚浅一脚地把剩下的棉衣送到了群众手里。在风沙肆虐的时候，焦裕禄顶着风沙去摸风口；在大雨倾盆的时候，他披个雨衣就往外

---

① 魏治功等：《焦裕禄读本》，河南人民出版社 2011 年版，第 72 页。

② 魏治功等：《焦裕禄读本》，河南人民出版社 2011 年版，第 190 页。

③ 何香久：《焦裕禄传》，河南文艺出版社 2012 年版，第 82 页。

面走，去查看灾情严不严重。他细致入微地关心着群众生活中的每一件事，而对于自己身体的不适，总是一忍再忍。在群众面前，他总说他是人民的儿子，是毛主席派他去看望群众的。他真正地把群众放在了最重要的位置，亲民爱民在他眼里就如同吃饭、穿衣一样，是再寻常不过的事。

2. 以民为本是焦裕禄执政为民公仆情怀的核心。民本思想古而有之，《尚书·五子之歌》有言："皇祖有训，民可近，不可下。民惟邦本，本固邦宁。"儒家经典《孟子》也强调："民为贵，社稷次之，君为轻。"近代的马克思主义理论本质上也是强调民本主义的。焦裕禄是中华传统民本思想和马克思主义理论的践行者，他公仆情怀中的以民为本这一核心内容主要体现在两方面：

第一，关注民生、为民谋福。所谓"民生"指的是民众的生计和生活状态，从马斯洛需求层次理论角度来看，民生是指民众最基本的需求——生理需求，包括衣食住行等方面。只有基本需求得到满足，人才有时间和精力去追求更高的需求。这个理论同样适用于民众这个群体，只有这个群体的生计可以维持了，才可以凝民心聚民意去进行更高层次的追求。焦裕禄出身贫苦家庭，他深深理解民众所需，民生问题一直扎根在焦裕禄的心中。他初到兰考，并没有立即动员兰考人民前往"三害"最严重的前线去治理"三害"，他首先做的是参加三级干部会议，把关注兰考百姓生活与生计的思想灌输给广大领导干部，这是重中之重，也是根本。1962年12月6日，焦裕禄马不停蹄地修改了会议总结报告，对领导干部问题增加了五点意见，其中第二条就是：从生产入手，解决生产、生活上的突出问题。12月7日，在三级干部会议上，焦裕禄强调：对于灾区的住房、烧柴、疾病等问题，都要随时注意解决。对牛屋普遍进行一次检查，修补破房，堵塞风洞，增加保暖设备。会议结束后，焦裕禄带着干部深入基层，了解群众的生活。12月9日，城关区老韩陵村的各家各户都感受到了焦裕禄的嘘寒问暖。焦裕禄走进群众家里，询问他们吃的怎么样，烧的怎么样，有粮食、有棉被没有。经过一番深入调查，焦裕禄了解到了村民所需。于是就开始想村民所想，着手解决事关群众生活生计的问题。为改善村民生活，12 月 17 日，焦裕禄起草了《关于城关区韩陵公社进行巩固集体经济发展农业生产第一步工作情况的报告》，《报告》提出了很多发展韩陵公社农业的措施，例如种泡桐和花生，发展种植业；鼓励大家养牲畜，提出了科学养牲畜的"五注意"。焦裕禄把解决民众之需放在首位，关注民生、为民谋福的理念渗透到了焦裕禄的血脉之中，他始终把解决民生问题作为出发点和落脚点，"一切为了人民利益"已经成为他的行动准则。①

第二，尊重民权、倾听民意。民权，从字面上看是民众的权利，生而为人，人人平等。焦裕禄精神中的尊重民权主要是人人平等、不分地位高低和贵贱，尊重民众最基本的生存权和人格权，权为民所用。这与中华民族传统儒家思想中所讲的民权是一脉相承的。中国共产党之所以能够取得革命的胜利，一个重要的原因是得民心。民心是指人民的心理取向，有认同才会有所取向，而在这种取向性中存在着一定成分的互动机制。民众权利得到了尊重，民众就会靠近尊重他们的人和组织。焦裕禄在社员张传德家，看到他的爱人正抱着一个重病的小孩不停地流泪，焦裕禄立即给县医院院长高芳轩打了电话，郑重地把患儿托付给他，希望他好好给这个孩子治病，并且写了封信，让张传德带着信件去了县医院。之后，焦裕禄又曾 3 次打电话询问病情，经过一段时间治疗后，小孩的病痊愈了。焦裕禄逝世后，为表示继承焦裕禄遗志，小孩便改名为张继焦。② 焦裕禄虽然已去世 50 多年了，但在兰考人民乃至全国人民心间，焦裕禄的名字永存，以焦裕禄名字命名的焦裕禄精神历久弥新。这是焦裕禄关爱民众、尊重民权所带来的持久效应。

二、矢志不移、心中有党的理想信念

理想信念是人对具有可实现性的未来目标的坚信不疑并身体力行的

---

① 魏治功等：《焦裕禄读本》，河南人民出版社 2011 年版，第 70—74 页。

② 魏治功等：《焦裕禄读本》，河南人民出版社 2011 年版，第 162 页。

一种价值观念。习近平总书记曾形象地把理想信念比喻成共产党人精神上的"钙"。在医学上，钙是构成人体骨骼和牙齿的主要成分。一个人如果没有了钙就相当于没了牙齿、没了骨头，那么这个人便丧失了咀嚼功能和直立行走功能；一个共产党人如果没有了理想信念，那他就不能够立足于民众之中，就没有行走的正能量。正如习近平总书记所说的，就会得"软骨病"。焦裕禄精神诞生于社会主义建设初期，焦裕禄为全体共产党人做出了榜样示范：始终保持着共产党人的先进性和纯洁性，始终保持着共产党人的初心和使命，听党话、感党恩、跟党走，有着坚定的理想信念。

焦裕禄自参加革命开始，就一直把共产主义理想信念作为引路航标，始终坚持不懈地朝着这个方向前进，哪里需要他，他就往哪里去。他把这一理想信念化作实实在在的行为举动。焦裕禄曾被日本侵略者抓进监狱并送到抚顺的煤矿场做苦力，矿场恶劣的环境锻造了焦裕禄不怕吃苦、顽强隐忍的性格。1945年，焦裕禄得知日本投降后，历经艰辛，返回家乡。从此，焦裕禄开始接触共产主义思想，并在心中埋下了一颗革命的火种。1945年焦裕禄的家乡开始进行土地改革，焦裕禄对共产主义的认识进一步加深。1946年春，焦裕禄加入了中国共产党，开始为实现共产主义而奋斗。在革命斗争过程中，焦裕禄的革命意识和党性意识得到了升华，[1]共产主义理想信念也进一步坚定。广大人民群众艰苦的生活环境让焦裕禄更加明确了要带领人民群众改善环境改善生活的信念。1949年新中国成立后，为了改变国家一穷二白的现状，以毛泽东同志为核心的第一代中央领导集体带领新中国进入了大规模经济建设的快车道。焦裕禄在这一时期，从农业战线转至工业战线。"始终保持共产党人的精神状态，是任何一个共产党员保持党的先进性，保持党的生机和活力的主观要求。共产党人担负着领导中国社会主义事业和实现伟大民族复兴的历史责任和神圣使命，没有好的精神状态，就不能有所作为，就不配先进分子的光荣称号，

---

[1] 吴宏亮：《焦裕禄精神》，中共党史出版社2018年版，第34页。

就要被群众所抛弃。"① 焦裕禄从农业转战至工业，始终秉承着良好的精神状态投身于新中国建设，正是坚定的共产主义理想信念，推动着焦裕禄始终以民为本、为民奋斗。

焦裕禄用毛泽东思想武装自己，手里时时刻刻都揣着本毛泽东著作，遇到问题，常常以毛泽东思想作指导，进行分析解决。毛泽东思想是中国共产党集体智慧的结晶，是新民主主义革命、社会主义革命和建设时期指引人民前进的力量之源。焦裕禄工作越忙，就越是抽空读毛泽东原著。这是他的生活习惯，更是他的坚定信仰，他始终把毛泽东思想作为指导工作的准则和引领生活的价值观。他曾总结过学习毛泽东著作学的到底是什么："学习《为人民服务》，要学会像张思德那样全心全意为人民服务；学习《纪念白求恩》，要学会像白求恩那样树立爱国主义和国际主义思想；学习《愚公移山》，要学习像愚公搬山那样除掉兰考的'三害'。"② 焦裕禄不仅自己时时学、处处学毛泽东思想，他对家人和其他领导干部也提出了学习毛泽东思想的期许和要求，在弥留之际把《毛泽东选集》作为遗产留给子女，教育他们要为党的事业而奋斗。担任兰考县委书记期间，他时常召开干部会议，要求大家集体学习马克思列宁主义、毛泽东思想，学习党章等，始终坚持爱国主义、集体主义、社会主义。

焦裕禄心中有党，对党忠诚，始终把党摆在首位，这是焦裕禄精神中理想信念坚定的思想基础。回归焦裕禄所处的时代大背景，当时社会物资相对匮乏，需要大力发挥人的主观能动性去创造物质财富。1962年，焦裕禄接受党的安排来到很多人都不愿去的兰考县任职。在焦裕禄心里，兰考虽然穷，虽然有"三害"，但他仍觉得那是一片充满希望的土地，是个"大有作为的地方"。在百废待兴的年代，一个人内心如果没有坚定的共产主义理想信念，就无法扑下身子，做出无愧于时代、无愧于人民的业绩。坚定的理想信念，对党的热爱，对党指引的道路的坚持是焦裕禄精神的"驱动器"，焦裕禄精

① 康凤云：《论新时期共产党人的精神状态》，《武汉科技学院学报》2005年第2期。
② 魏治功等：《焦裕禄读本》，河南人民出版社2011年版，第186页。

神集中体现了共产党人既脚踏实地，又追求远大理想的优良品质。

三、实事求是、求真务实的工作作风

求真务实的工作作风是中国共产党的优良传统，也是焦裕禄精神的灵魂。毛泽东同志在新民主主义革命时期倡导实事求是；邓小平同志在改革开放初期强调解放思想、实事求是；江泽民同志强调解放思想、实事求是、与时俱进；胡锦涛同志在第十六届中央纪律检查委员会第三次全体会议上发表重要讲话强调大力弘扬求真务实精神、大兴求真务实之风；①习近平总书记指出："实事求是，是马克思主义的根本观点，是中国共产党人认识世界、改造世界的根本要求，是我们党的基本思想方法、工作方法、领导方法。"②求真务实与实事求是是一脉相承的，它们的本质内涵是相同的。"求"是指探索、追求，"真"是指事物的本质和规律，"务"指的是致力于、全心全意去做，"实"指的是不以人的意志为转移的客观存在。用马克思主义基本原理分析焦裕禄精神内涵中的求真务实的工作作风，存在如下关系：

1.焦裕禄精神中的"求真"是内容，"务实"是形式

焦裕禄精神走向成熟阶段是在焦裕禄生命个体的认识水平达到最高的时期，也就是在兰考县的时候。此时焦裕禄在"求真"的路上已经积累了丰富的科学认识，这是指导其"务实"的思想理论基础，焦裕禄在兰考的工作实践是用"务实"这一形式践行"求真"精神的。把"求真"与"务实"相结合、内容与形式相统一，是焦裕禄精神求真务实本质内涵的必然要求。

2.焦裕禄求真、务实精神是相互依存、缺一不可的

焦裕禄求真精神是务实精神的支点，务实精神是求真精神的外延

---

① 《胡锦涛文选》第二卷，人民出版社 2016 年版，第 151 页。

② 《习近平新时代中国特色社会主义思想三十讲》，学习出版社 2018 年版，第 326 页。

与体现。"求真"在一定程度上是以觉悟的形式反映在焦裕禄身上，焦裕禄在身患重病、身体状况非常差的情况下，仍然坚持到治理"三害"的前线亲自指挥，这是焦裕禄自身觉悟的集中表现，这种高于常人的觉悟让他在重病的状态下依然充满工作热情，而工作中的任何成果的反馈又会加深觉悟，这就是"求真"与"务实"相互作用、相辅相成的结果。

3. 焦裕禄求真、务实精神在一定条件下相互转化

从马克思主义角度分析，求真与务实是认识与实践、理论与实际、规律与主观能动性的关系。

在实践中，成功治理好兰考的"三害"，是焦裕禄求真务实工作作风的生动体现。焦裕禄在治理内涝、盐碱、风沙时，坚持以马克思主义唯物辩证法为指导，特别注重科学求实的原则，一切从兰考的实际出发，探灾情、定计划。秦寨大队是盐碱灾害的重灾区，有盐碱地 3314 亩，占总耕地面积的 60%。针对这种情况，焦裕禄制定了深翻盐碱地的计划，给秦寨大队拨救济粮，提供铁锹等工具，号召人民把盐碱地翻个个儿；赵垛楼是一个低洼易涝的老灾区，在洪涝灾害的影响下，粮食几乎绝收。焦裕禄了解到赵垛楼的情况后，就立即组织干部和群众，规划排水沟渠，抢救庄稼；韩村是个内涝、盐碱、风沙"三害"肆虐的地区，韩村群众生活困难，生产积极性低。焦裕禄通过实地考察，号召群众通过卖干草进行生产自救；针对兰考的风沙灾害，焦裕禄走访群众，得知兰考有种泡桐的历史，在沙地种上泡桐，既能防风固沙，也能给兰考带来经济效益。"吃别人嚼过的馍没味道"[①]，焦裕禄在处理问题时都亲力亲为，掌握第一手资料，还经常和群众讨论，寻求解决问题的最佳办法。从群众中来，到群众中去，这就是实事求是的路线。解决内涝、盐碱、风沙这三大自然灾害，要按客观规律办事，实事求是。焦裕禄在科学求实原则的指引下，决心要亲手掂掂"三害"的分量，一切从实际出发，最终在自然灾害面前掌握了主动权。

---

① 何香久：《焦裕禄传》，河南文艺出版社 2012 年版，第 61 页。

四、无私奉献、廉洁自律的高尚品德

艰苦朴素、廉洁奉公、"任何时候都不搞特殊化"是习近平总书记对焦裕禄高尚品德的集中概括，展现了以焦裕禄同志为代表的中国共产党人无私奉献、廉洁自律的优秀品质。因此，焦裕禄精神蕴含的高尚品德体现在两个方面：

1. 体现为鞠躬尽瘁、死而后已的无私奉献品质

"奉献"一词在《现代汉语字典》中的解释有两种：①恭敬地交付；呈献。②奉献出的东西；贡献。奉献的表达方式多种多样，有"壮士一去不复返"的奉献；有"春蚕到死丝方尽，蜡炬成灰泪始干"的奉献；有"落红不是无情物，化作春泥更护花"的奉献；有为了祈求风调雨顺，而献出自己的金钱财物等对神明的奉献。而焦裕禄作为共产党人，他的奉献是无私的，是高于一般人觉悟的奉献。"焦裕禄心里，装着全体党员和全体人民，唯独没有他自己。"① 正是对焦裕禄无私奉献精神的集中概括。

焦裕禄无私奉献精神是马克思主义价值观的体现。马克思主义认为，个体的价值就是个体对社会某种需要的满足。社会价值和自我价值是人的价值的两方面。焦裕禄在有限的生命里忘我地投入社会主义建设实践活动中，不仅给社会创造了物质财富，还留下了一笔弥足珍贵的精神财富。焦裕禄无私奉献精神是焦裕禄社会价值的充分体现。

焦裕禄无私奉献精神是共产党人本质的体现。毛泽东同志曾说过："享受让给人家，担子拣重的挑，吃苦在别人前头，享受在别人后头。这样的同志就是好同志。"② 焦裕禄就是这样的好同志、好党员、好干部。焦裕禄的一生从山东北崮山村，到山东渤海，再到河南；他的身份从民兵，到中国共产党员，到车间主任，再到兰考县委书记。他短暂人生的每一步都是朝着共产党人的最高品质迈进，无论是身处何地、以何种身份，他都

---

① 穆青等：《县委书记的榜样——焦裕禄》，《人民日报》1966 年 2 月 7 日。
② 《毛泽东选集》第四卷，人民出版社 1991 年版，第 1162 页。

毫不保留地把自己奉献给国家，奉献给人民。

　　焦裕禄无私奉献精神集中体现在为人民服务。焦裕禄曾经说过："我们为人民服务是具体的不是抽象的，现在正是我们为人民大有作为的时候，不然的话，我们就对不起党，对不起烈士，对不起人民对我们的期望。"① 之所以说焦裕禄无私奉献精神集中体现在焦裕禄为人民服务上，有如下几个原因：其一，焦裕禄为人民服务带有自愿性，他是发自内心地自觉主动要把自己的一生奉献给人民的。其二，焦裕禄为人民服务不求任何回报。焦裕禄为人民服务是一种单向度的，不求回报的，他为人民服务从来不是为了从人民那里获得物质回馈，也不是企图获得任何社会荣誉。哪怕在焦裕禄去世之后，焦裕禄身上的诸多荣誉是其为人民服务的出发点，更是焦裕禄无私奉献高尚情操被社会和国家肯定的闪光点。

　　2. 体现为廉洁自律、心中有戒的高尚品质

　　"国家是阶级统治的工具，国家的性质由占统治地位的阶级的性质所决定。"② 在奴隶社会、封建社会以及资本主义社会中，国家政权都掌握在少数剥削阶级手中，而占人口绝大多数的劳动群众则被排除在政治生活之外，处于被统治地位。不同于剥削阶级专政的旧制度，新中国是人民当家作主的社会主义国家，人民是国家的主人，国家的一切权力属于人民。作为一名中共党员，焦裕禄始终牢记自己的公仆身份，牢记自己手中的权力是由人民所赋予的，权力的行使必须是也只能是为人民服务。

　　廉洁奉公是焦裕禄工作的基本原则。为官期间，他从不用手中的权力为自己、为子女或亲戚谋取好处。早在尉氏县担任县委副书记时，针对当时县机耕队中存在的官僚作风、特权思想等问题，他曾告诫道："同志们，你们想一想，拖拉机的主人是谁？是人民！你们掌握拖拉机的权力是谁给的？是人民！可是你们如果利用手中的公权来谋取自己的私利，你们就会站在人民的对立面，这是最危险的！所有的腐败都是由特权导致的，这一

---

　　① 魏治功等：《焦裕禄读本》，河南人民出版社 2011 年版，第 190 页。

　　② 本书编写组：《政治学概论》，高等教育出版社 2011 年版，第 46 页。

点大家一定要引以为鉴，一定要记住。"① 到兰考任职后，焦裕禄仍始终坚持原则，拒绝搞特殊化、反对以权谋私。当他得知县里为了关照他，送给他家一袋大米时，他婉言谢绝："群众都在疾苦中，我不能搞特殊化。"② 当有干部提出要装潢县委领导干部办公室时，他坚决反对："坐在破椅子上不能革命吗？灾区面貌没有改变，还大量吃着国家的统销粮，群众生活很困难。富丽堂皇的事，不但不能做，就是连想也很危险。"③ 当亲戚多次来信要求他帮忙找工作时，他向亲戚说明情况："现在国家安排人员都是有计划的，我不能利用自己的职权给自己的亲属安排，不能带头违反党的政策。"④ 而当涉及自己的孩子时，他的态度依然是这般坚决。有一次，焦裕禄发现大儿子国庆没花钱看了场白戏，不仅严厉地批评了他，命令他把戏票钱如数送回戏院，还亲自起草了一个《党员干部十不准》的文件，要求县委领导干部在任何时候都要严格遵守党的纪律，绝不能搞特殊化。在大女儿守凤初中毕业找工作之际，县里的许多单位都纷纷送来了招工表，焦裕禄知道后，不仅把那些招工表全部都退了回去，而且还让女儿到县食品加工厂最苦的酱菜组干最累的送酱油的活。在焦裕禄看来，权力是由人民赋予的，因此，只能用于为人民谋利益，特权思想和以权谋私的行为都是要不得的。

五、艰苦奋斗、迎难而上的精神状态

艰苦奋斗精神是中国共产党的传家宝，焦裕禄艰苦奋斗精神是党的艰苦奋斗精神的具体体现。艰苦奋斗的标准是随着时代发展而不断改变着的，它可以是指物质上的艰苦，也可以指精神上的艰苦状态，但更多指的是物质层面的；而奋斗更偏向于指精神面貌，艰苦奋斗反映了精神与物质的统一。焦裕禄艰苦奋斗精神主要体现在两方面：

---

① 何香久：《焦裕禄传》，河南文艺出版社 2012 年版，第 74 页。
② 吴宏亮：《焦裕禄精神永放光芒》，大象出版社 2014 年版，第 112 页。
③ 穆青等：《县委书记的榜样——焦裕禄》，《人民日报》1966 年 2 月 7 日。
④ 吴宏亮：《焦裕禄精神永放光芒》，大象出版社 2014 年版，第 112 页。

1.物质上崇尚节约

焦裕禄到兰考县时，面对兰考贫困落后的现状，没有抱怨、没有迟疑，毅然决然地带领兰考人民为改变兰考穷苦落后的面貌而努力奋斗。他在生活上极其节俭，吃苦在前，享受在后，身上的衣物布满一个又一个补丁。他以自己的一言一行保持极致节俭的生活习惯，他还教育家人要坚持节俭的作风。他通过表彰和教育等形式敦促兰考县其他领导干部也内化节俭之风。1962年，焦裕禄到兰考任职的这一年正好是兰考受灾最严重的一年，10万亩的禾苗在盐碱地上枯萎，20万亩的麦子被风沙掩盖，30万亩的庄稼被洪水冲毁①，广大的兰考人民过着食不果腹、衣不避寒、居无定所的日子，更有大批的民众聚集在火车站准备外出乞讨谋生。面对着这样的状况，焦裕禄没有退缩，他豪气冲天地说道："兰考这块地方，是同志们用鲜血换来的。先烈们并没有因为兰考人穷灾大，就把它让给敌人，难道我们就不能在这里战胜灾害？"②于是，他靠自己的两条腿和一辆自行车走访调研了149个生产大队中的120多个，饿了就吃一口自带的干粮，渴了就喝一口河水，累了就躺在茅草堆上睡一晚，就这样摸清了大小风口84个，沙丘1600个，绘制了详细的河流沟渠图，为治理盐碱、内涝、风沙，在最艰苦的环境中竭尽所能，坚持不懈。"大自然这个强盗，把咱们害苦了，咱们只要有口气，都得跟它拼"③。1963年6月10日，焦裕禄在《关于农村工作总结报告和今后的任务》的文件开头就表彰了带头节俭的大队："勤俭办社好，没发现这个队的干部贪污浪费，多吃多拿。"④焦裕禄虽然在身份上是领导干部，但他始终是以人民公仆的姿态，崇尚并践行节俭。兰考是重灾区，每年国家都会发放救济粮和救济款，以前的兰考人民大多指着国家的救济过日子，焦裕禄到了兰考以后，根据各个公社的实际

---

① 何香久：《焦裕禄传》，河南文艺出版社2012年版，第82页。

② 穆青等：《县委书记的榜样——焦裕禄》，《人民日报》1966年2月7日。

③ 兰考县革命委员会：《毛主席的好学生——焦裕禄同志言论摘抄》，河南人民出版社1967年版，第65页。

④ 兰考县档案局：《焦裕禄起草、修改、批阅的文件手稿》，《兰考县委全宗285卷》，案卷号24，第4—5页。

情况，领导人民依靠自己的双手和当地的资源自力更生、艰苦奋斗，拼出一条活路。外出乞讨的人回家了，国家的救济让给了更贫困的地方，多余的粮食和物品也分给了更需要的群众，人们的生活越来越滋润。

兰考每一份成果的取得，每一个困难的克服，每一户家庭的幸福都跟焦裕禄的辛苦付出息息相关。越是艰难的环境，越是能考验人的能力和品质，越能锻炼人的意志。焦裕禄在兰考这么艰苦的环境斗争过、奋斗过，他的能力已经得到了全兰考人民甚至全中国人民的认可，他艰苦奋斗、勤俭节约的精神值得每一个中国人学习。

2. 精神上的自强不息、迎难而上

自强不息、迎难而上是一种内在的精神气质和心态。精神状态对于一个在艰苦环境中的个体来说至关重要，如果面对"艰苦"没有自强不息、迎难而上的奋斗，那么个体不但改善不了"艰苦"的外在条件，还会消减个体内在良好的精神品质。焦裕禄面对兰考十分恶劣的自然灾害，以自强不息的精神面貌，带领兰考人民自力更生，最终在实践中摸索出治理"三害"的一套科学方案，从而改变了兰考的面貌。这是焦裕禄以自强不息、迎难而上的精神面貌进行奋斗的创新实践成果。"在困难面前，要干，要革命，要依靠自己的力量战胜天灾。"[①]焦裕禄完全有不去兰考工作的理由，他也知道兰考是块不好啃的硬骨头，但他选择迎难而上，帮助兰考人民改变旧面貌。到了兰考以后，面对着一片片的内涝地、白茫茫的盐碱地、一望无际的风沙和正逃荒的人民，他没有动过放弃的念头，而是准备大干一场。人人都在嘀咕"这个县委书记肯定干不了多久又要跑的"，焦裕禄置之不理，一门心思要改变兰考面貌。在干部队伍里也有常常跟他唱反调的人，每开一次讨论会，就批评他走资本主义路线，做的决策上头没有文件，甚至向上级领导反映不实情况。他顶住压力，凡是对兰考人民有利的事情，即使上头文件没有允许，他也会竭力执行。焦裕禄在兰考

---

① 中共兰考县委宣传部、中共博山区委宣传部、中共开封市委宣传部：《焦裕禄》，经济日报出版社 1990 年版，第 138 页。

的 470 多天里，他要抗争的不仅仅是"三害"、领导干部的思想，更有他身上时不时让他疼痛的"硬疙瘩"。焦裕禄与病魔作顽强的斗争，疼痛时，就用一个杯盖顶住疼痛部位，再拿粗布条一缠，就继续工作了，实在疼得厉害就用钢笔、用扫帚代替杯盖，他办公室坐的椅子被他顶出了一个大窟窿。焦裕禄这种迎难而上的奋斗精神鼓舞了兰考广大干部和群众，大家都愿意在他的带领下为改变兰考面貌出一份力。

值得注意的是，焦裕禄艰苦奋斗精神的形式虽然是属于那个特定年代的，但是其内容实质永不过时，艰苦奋斗在任何时候都不能因为经济发展和时代进步而被抛弃，它应该成为促进社会主义现代化强国建设的不竭动力。

第三节　焦裕禄精神的基本特征

从历史变迁和时代发展的角度去看，焦裕禄精神具有独特的特征。这些特征，反映出焦裕禄精神平凡而伟大的特性。因此，充分把握这些特征，有利于进一步加深焦裕禄精神的研究，有利于拓宽焦裕禄精神研究的视角。焦裕禄精神的特征主要体现在以下四点：

一、民族性与时代性相统一

焦裕禄精神的民族性是指其受中华民族文化精神影响，具有鲜明的民族特色。爱国奉献是中华民族的传统美德，更是民族精神的核心所在，表现为"天下兴亡，匹夫有责""先天下之忧而忧，后天下之乐而乐"等，焦裕禄精神中所蕴含的公仆精神正是他爱国爱民、无私奉献的集中反映；勤劳勇敢、自强不息是中华民族的群体特征，面对极度贫困的兰考，焦裕禄用共产党人坚韧不拔的意志，带领全县人民自力更生、艰苦创业、战胜困难的精神，正是勤劳勇敢、自强不息的民族精神在当代的展现；清正廉洁是中华民族对历代为官者的基本要求，焦裕禄一生清廉、刚正不阿，堪称党员干部的道德楷模，焦裕禄是民族精神的人格化载体。由此可见，焦裕禄精神是中国共产党人对中华传统美德和民族精神的继承和发展；是中华传统美德和民族精神的集中体现；是中华传统美德与民族精神的有机统一。

焦裕禄精神从开始形成至今，历经50多个春秋，已经成为中华民族精神的一部分。焦裕禄精神之所以能影响一代又一代的人，就是因为它是中华民族精神的重要组成部分，它的民族性特征决定了其辐射范围遍及整个中华民族。

焦裕禄精神还具有明显的时代性。焦裕禄精神自形成以来，其内在的精神品质和基本特征并不是一成不变，而是处于动态发展中的。这既与焦裕禄精神内部张力有关，也与时代环境变换相连。焦裕禄精神诞生于20世纪60年代河南兰考，是顺应社会主义建设初期需要而诞生的，然而，实际上，时间、地点、空间不能成为焦裕禄精神的限制元素，焦裕禄精神是永恒的、发展的，它随着时代的前进步伐，面对新时代新问题，以开放性姿态不断完善自我、丰富自我。因此，焦裕禄精神才能够历久弥新、跨越时空。在理解焦裕禄精神的时代性特征这一问题上，需要把握两层内在关系：一方面，焦裕禄精神的内在核心是客观的，是不以社会意识为转移的。另一方面，焦裕禄精神的外在表现形式是打上时代烙印的，因而具有时代局限性。焦裕禄精神的价值发挥有其特殊的一面，在不同时期，焦裕禄精神会出现不同的外在表现形式，这些随时代变换而不断更新的表现形式为焦裕禄精神源源不断地注入新的生机和活力。

二、个体性与社会性相统一

焦裕禄精神是民族精神象征的符号之一，它是一个整体，是焦裕禄在实践中所表现出的精神境界、思维方式和道德品质的总的概括与升华。焦裕禄精神的创造主体，是焦裕禄这个具体的生命个体。焦裕禄是焦裕禄精神的创造者，是焦裕禄精神的第一传承者和所有者。没有焦裕禄，就没有焦裕禄精神。焦裕禄之所以成为榜样模范人物，是因为他强大的精神铸就了他。因此，焦裕禄精神首先是具有个体性特征。

尽管焦裕禄精神表现出个体性的特点，但不可忽视其社会性特征的一面。马克思主义认为，人的本质是一切社会关系的总和，人在社会关系中衍生出的精神品质与这个社会脱离不开。马克思认为："社会生活在本质上是实践的。"① 焦裕禄精神不是凭空诞生的，不是焦裕禄个体与生俱来的，而是焦裕禄在长期实践以及后人的传承与发扬中而逐渐形成和完善的。焦裕禄积极参与社会实践，才得以使自己的精神具有丰富的内涵，才得以使自己成为焦裕禄精神的载体。离开了社会和实践，焦裕禄精神不可能形成。

焦裕禄精神是焦裕禄作为生命个体的精神状态的总结与提炼，而这个精神状态的达成归功于实践，因此，可以毫无疑问地认为焦裕禄精神具有个体性与社会性相结合的基本特征。

三、抽象性与实践性相统一

焦裕禄精神是以抽象的潜在形态呈现的，它是基于焦裕禄生活生产实践之上的思想与价值观的沉淀，焦裕禄精神作为个体生存与发展中的精神层面需求，具有高度的抽象性的特点，因此，把握焦裕禄精神往往难以通过直观形式去实现，对焦裕禄精神的定义难以一言而尽，对焦裕禄精神内涵的概括也经历不同阶段的总结与阐释。

焦裕禄精神的抽象性主要表现在：焦裕禄精神是焦裕禄生产生活中的灵魂层面升华，它主要体现在焦裕禄的价值理念、道德情操。这些是看不见也摸不着的，但在实际生活中，精神依附在生命个体上，通过生命个体

---

① 《马克思恩格斯选集》第一卷，人民出版社 2006 年版，第 60 页。

行为表现出来。焦裕禄精神在形成之初是渗透在焦裕禄的意识和实践当中，是通过焦裕禄的生命个体内化，而最终以实践形式外化的。这种内化于心，外化于行，知行合一的过程是焦裕禄精神抽象性特征的集中表现。

焦裕禄精神具有抽象性并不代表人们对其无能为力，因为它还具有实践性。焦裕禄精神的实践性主要表现在：其一，焦裕禄精神具有能动性。焦裕禄精神从焦裕禄自觉内化这一形成机制来看，它是来源于焦裕禄的社会生活生产实践的。人的实践是具有主观能动性的，主要表现为人通过实践所积累的智慧与经验，配以自身的实践来形成自己的精神品质，而焦裕禄精神在这一过程中充当的就是"前人的智慧与经验"。其二，焦裕禄精神具有感染力与凝聚力，其价值能实现对客观世界的改造。这与马克思提出的精神生产力是相一致的。焦裕禄精神是社会意识的范畴，是一种积极向上、昂扬奋进的社会意识，如今，它已经深熔铸于中国人民心中，植根于中华民族的血脉中，因而具有强大的感染力、号召力和精神能动性。

四、偶然性与必然性相统一

在长期的革命斗争和社会主义现代化建设实践中，涌现出许多像焦裕禄一样的优秀共产党人，他们为社会主义现代化建设贡献着自己的智慧和力量。焦裕禄是千百万共产党员的优秀代表，因而可以说焦裕禄被树立为典型，既是历史的偶然，也是历史的必然，具有偶然性与必然性相统一的特征。

从偶然性看，当时的社会背景是全国正处于社会主义建设的困难期，全国各地都面临着严重的发展困难，兰考县的状况是当时社会的一个缩影。许多像焦裕禄一样优秀的县委书记为实现县域经济社会的发展默默耕耘。从中国政权体制来看，县委书记是一个平凡而普通的岗位，焦裕禄与中国其他的县委书记一样，在自己平凡而普通的岗位上默默地奉献自己的光和热。而当这种默默贡献恰逢好的历史机遇，就造就了伟大而平凡的焦裕禄精神。

　　从必然性看，焦裕禄出身平凡，即使担任了县委书记也没有忘记初衷，他经常下乡和群众同吃同住同劳动，种泡桐、种花生都是一把好手，群众亲切地称他为"泥腿书记"；到了冬天，挨门挨户到群众家访问，关心群众过冬的粮食、棉衣、被子有没有备足，与养牛的饲养员话家常、了解疾苦等更是常事。① 县委书记这个岗位虽然官不大却责任不小、压力不小，"处在承上启下的关键环节，是发展经济、保障民生、维护稳定、促进国家长治久安的重要基础"②。焦裕禄就是在这样一个工作岗位上，面向基层，与人民群众保持最亲密的联系，坚持共产党人实事求是、科学求真的工作态度，带领兰考全县人民战胜"三害"，改善生活状态，在平凡而普通的工作岗位上做出了不平凡的业绩，孕育出了伟大焦裕禄精神的优秀县委书记。而 20 世纪 60 年代这个火红的年代、激情燃烧的年代，正需要典型人物来激励人民群众克服自然灾害的昂扬锐气。因而，焦裕禄去世后被树立为榜样人物，就成为时代的必然。

---

① 魏治功等：《焦裕禄读本》，河南人民出版社 2011 年版，第 71 页。
② 习近平：《做焦裕禄式的县委书记》，中央文献出版社 2015 年版，第 2 页。

第三章　焦裕禄精神与社会主义核心价值观

社会主义核心价值观是中国特色社会主义文化的灵魂，是实现文化自信自强的内在动力，是凝心聚力的强大力量。焦裕禄精神是党和国家的宝贵精神财富，是中国共产党人精神谱系的重要组成部分。探讨焦裕禄精神和社会主义核心价值观的内在逻辑关联，是新时代中国特色社会主义先进文化发展的必然要求。

第一节　社会主义核心价值观的内涵

社会主义核心价值观以"富强、民主、文明、和谐；自由、平等、公正、法治；爱国、敬业、诚信、友善"24个字，从国家、社会、个人三方面对国家层面的奋斗目标、社会层面的价值取向、公民个人层面的价值遵循进行了详细阐述和缜密规划，内涵丰富，意义重大。

一、社会主义核心价值观的提出

社会主义核心价值观的提出是一个随实践发展而不断完善的过程。2006年10月，党的十六届六中全会通过了《中共中央关于构建社会主义和谐社会若干重大问题的决定》，明确提出"倡导爱国、敬业、诚信、友善等道德规范"①。2007年10月，党的十七大报告系统阐述了社会主义核心价值体系四个方面的内容，提出"加强公民意识教育，树立社会主义民主法治、自由平等、公平正义理念"②。2008年12月26日，中共中央宣传部颁发了《社会主义核心价值体系学习读本》，该读本论述了社会主义核心价值体系的深刻内涵和重大意义，指出"富强、民主、文明、和谐，是对中国特色社会主义共同理想的高度概括，是我国社会主义经济建设、政治建设、文化建设和社会建设的奋斗目标"③"积极倡导爱国、敬业、诚信、友善等道德规范"④"民主法治、自由平等、公平正义的理念深入人心"⑤，在该读本中，社会主义核心价值观已具雏形。2012年11月8日，党的十八大报告系统完整地提出了社会主义核心价值观的"三个倡导"，即倡导富强、民主、文明、和谐，倡导自由、平等、公正、法治，倡导爱国、敬业、诚信、友善。2013年12月，中共中央办公厅印发《关于培育和践行社会主义核心价值观的意见》，要求积极培育和践行社会主义核心价值观。2017年10月18日，党的十九大报告强调了培育和践行社会主义核心价值观的目标和路径："要以培养担当民族复兴大任的时代新人为着眼点，强化教育引导、实践养成、制度保障，发挥社会主义核心价值观对国民教育、精神文明创建、精神文化产品创作生产传播的引领作用，把社会主义核心价值观融入社会发展各方面，转化为人们的情感认同和行为习惯。"⑥2018年3月11日，十三届全国人大一次会议通过宪法修正案，将"国家倡导社会主义核心价值观"写进了宪法。习近平总书记在多次重要讲话中强调社会主义核心价值观，他指出："要在全社会牢固树立社会主

---

① 《中共中央关于构建社会主义和谐社会若干重大问题的决定》，人民出版社2006年版，第23页。

② 《中国共产党第十七次全国代表大会文件汇编》，人民出版社2007年版，第12页。

③ 中共中央宣传部：《社会主义核心价值体系学习读本》，学习出版社2009年版，第15页。

④ 中共中央宣传部：《社会主义核心价值体系学习读本》，学习出版社2009年版，第34页。

⑤ 中共中央宣传部：《社会主义核心价值体系学习读本》，学习出版社2009年版，第22页。

⑥ 本书编写组：《党的十九大报告辅导读本》，人民出版社2017年版，第41—42页。

义核心价值观……"①、"以社会主义核心价值观为引领，构建各民族共有精神家园。"②、"社会主义核心价值观、中华优秀传统文化所具有的强大精神动力，是凝聚人心、汇聚民力的强大力量"③、"党坚持以社会主义核心价值观引领文化建设"④、"要持之以恒抓好理想信念教育，培育和弘扬社会主义核心价值观，"⑤等等。由此可见，习近平总书记高度重视社会主义核心价值观的培育和践行。

二、国家、社会、个人三个层面的社会主义核心价值观

"一个民族的文明进步，一个国家的发展壮大，需要一代又一代人接力努力，需要很多力量来推动，核心价值观是其中最持久最深沉的力量。"⑥社会主义核心价值观是应对世界百年未有之大变局、全面建成社会主义现代强国的伟大精神力量，它在国家、社会、个人三个层面倡导的价值目标为实现第二个百年奋斗目标和中华民族伟大复兴奠定了深厚思想基础，提供了不竭的力量源泉。

1. 国家层面的社会主义核心价值观

在国家层面，社会主义核心价值观倡导建立富强、民主、文明、和谐、美丽的社会主义现代化国家。这是国家的建设目标，也是从价值目标层面对社会主义核心价值观基本理念的凝练，在社会主义核心价值观中居于最高层次，对其他层次的价值理念具有统领作用。

---

① 《青年要自觉践行社会主义核心价值观　与祖国和人民同行　努力创造精彩人生》，《人民日报》2014年5月5日。

② 习近平：《在全国民族团结进步表彰大会上的讲话》，《人民日报》2019年9月28日。

③ 习近平：《在全国抗击新冠肺炎疫情表彰大会上的讲话》，《人民日报》2020年9月9日。

④ 《中共中央关于党的百年奋斗重大成就和历史经验的决议》，人民出版社2021年版，第45页。

⑤ 《习近平在海南考察时强调，解放思想开拓创新团结奋斗坚克难加快建设具有世界影响力的中国特色自由贸易港》，《人民日报》2022年4月14日。

⑥ 《习近平谈治国理政》，外文出版社2014年版，第180页。

　　自近代以来，中华民族一直为实现强国梦想而努力奋斗着。鸦片战争后，中国一步步沦为半殖民地半封建社会，"国家蒙辱、人民蒙难、文明蒙尘，中华民族遭受了前所未有的劫难"①，中国人民生活在水深火热之中，有志之士从那时起，就开始探索中华民族复兴之路。但从洋务运动到维新变法再到辛亥革命，都没能改变中国半殖民地半封建社会的性质，中国人民仍旧处于贫穷与疾苦中，民族独立、人民解放、国家富强是当时中国人民的共同理想。中国共产党成立以后，带领中国人民取得了新民主主义革命的胜利，建立了新中国，赢得了民族独立与解放，但生产力水平、人民生活水平、综合国力都亟待进一步提高，国家富强的梦想远未实现。新中国成立 70 多年来，在中国共产党的正确领导下，中国在经济、政治、文化、社会、生态等方面的建设都取得了重大成就，斩获了骄人的成绩，但中国正处于并将长期处于社会主义初级阶段这个基本国情没有变，国富民强、实现人民对美好生活的向往仍是中国共产党人矢志不渝的奋斗目标。我们不仅仅强调国家的经济发展水平、人民的生活水平，也重视社会状态、民主程度、公民的文化程度和道德水平、生态环境等，也就是说国家的发展不单单是经济发展，而是经济、政治、文化、社会、生态各个方面的系统、协调发展。

　　一百年来，中国共产党带领中国和中国人民一路披荆斩棘、破浪前行。正如习近平总书记在庆祝中国共产党成立 100 周年大会上的讲话中指出的："经过全党全国各族人民持续奋斗，我们实现了第一个百年奋斗目标，在中华大地上全面建成了小康社会，历史性地解决了绝对贫困问题，正在意气风发向着全面建成社会主义现代化强国的第二个百年奋斗目标迈进。"② 有中国共产党的坚强领导，有全国各族人民的不懈努力，有社会主义核心价值观的正确引领，全面建成社会主义现代化强国的目标一定能实现，中华民族伟大复兴的目标也一定能实现。

---

　　① 习近平：《在庆祝中国共产党成立 100 周年大会上的讲话》，人民出版社 2021 年版，第 2 页。

　　② 习近平：《在庆祝中国共产党成立 100 周年大会上的讲话》，人民出版社 2021 年版，第 2 页。

2. 社会层面的社会主义核心价值观

社会主义核心价值观在社会层面倡导"自由、平等、公正、法治"。这是对美好社会的生动描绘，也是从社会层面对社会主义核心价值观基本概念的阐释，还是中国共产党矢志不渝、长期实践的核心价值理念。

原始社会、奴隶社会、封建社会、资本主义社会、社会主义社会、共产主义社会，这是一个逐步发展的过程。现在中国所处的社会主义社会是一个各尽其能并充满创造力的社会，是一个尊重人民美好生活需要的社会，是一个各得其所的社会，是一个和谐相处、共享改革发展成果的社会，是一个已经全面建成小康的社会。社会主义继承了人类一切美好的价值追求：自由、民主、平等、人权，反对剥削。《共产党宣言》指出："每个人的自由发展是一切人的自由发展的条件。"① 马克思恩格斯为着全人类的自由和解放，而不懈奋斗终生。一百年来，中国共产党团结带领全国人民进行了新民主主义革命、社会主义革命和建设、改革开放，实现了人民的自由解放和自由发展。随着时代变化、社会变迁，人民对自由、平等、公正、法治的诉求也在不断提高。习近平总书记在十二届全国人大一次会议闭幕式上讲话指出："要随时随刻倾听人民呼声、回应人民期待，保证人民平等参与、平等发展权利，维护社会公平正义。"② 社会生活中的每个个体都有平等发展的权利，平等地享有法律规定的权利，平等地履行义务，在法律面前人人平等。这种平等的状态一旦被打破，压迫和剥削也会随之而来。党的十八大报告明确指出："公平正义是中国特色社会主义的内在要求。要在全体人民共同奋斗、经济社会发展的基础上，加紧建设对保障社会公平正义具有重大作用的制度，逐步建立以权利公平、机会公平、规则公平为主要内容的社会保障体系，努力营造公平的竞争环境，保证人民平等参与、平等发展的权利。"③ 党的十九

---

① 《共产党宣言》，人民出版社 1996 年版，第 15 页。

② 习近平：《在第十二届全国人民代表大会第一次会议上的讲话》，《人民日报》2013 年 3 月 18 日。

③ 胡锦涛：《坚定不移沿着中国特色社会主义道路前进　为全面建成小康社会而奋斗——在中国共产党第十八次全国代表大会上的报告》，《人民日报》2012 年 11 月 9 日。

大报告也强调："不断满足人民日益增长的美好生活需要，不断促进社会公平正义，形成有效的社会治理、良好的社会秩序，使人民获得感、幸福感、安全感更加充实、更有保障、更可持续。"① 平等和公平是相伴而生的，国家要给人民提供公平的竞争环境，健全社会保障体系，人民才能更平等地参与社会发展。自由、平等、公正的维护和正常运行都离不开法治，自由的范围要靠法律来规定，超出范围的自由就是违法，公平正义和平等也要依靠法律来约束，只有在法治的轨道上，自由、平等、公正才能真正实现，社会才能健康发展。党的十八大以来，以习近平同志为核心的党中央，高度重视法治建设，颁布并实施了《中华人民共和国民法典》，大力推进全面依法治国，维护社会公平正义，保证国家安全、人民幸福。

3. 个人层面的社会主义核心价值观

在个人层面，社会主义核心价值观倡导"爱国、敬业、诚信、友善"，这也是公民应该遵守的基本道德规范。这是从个人行为层面对社会主义核心价值观基本理念的总结，凝聚了全社会的道德共识，涵盖了社会公德、职业道德、家庭美德、个人品德等方面。

"中国梦归根到底是人民的梦，必须紧紧依靠人民来实现，必须不断为人民造福。"② 社会主义核心价值观每个层面价值目标的达成，都要依靠每个公民的不懈努力。在个人的价值目标中，"爱国"要求我们爱祖国的大好河山、爱自己的骨肉同胞、爱祖国的灿烂文化、爱自己的国家。受西方意识形态的腐蚀和影响，一些意志不坚定的人在课堂、网络、媒体、杂志上宣扬西方价值观念、西方意识形态，大肆贬低自己的国家，甚至向党和国家领导人发起攻击，妄图破坏社会主义制度，诋毁党的领导。他们早已把"爱国"这个公民最基本的道德规范抛诸脑后，忘却自己是中华民族儿女的身份。要加强爱国主义教育，让每一个中国人都承担起维护国家权益和国家利益的责任。"必须大力弘扬爱国主义精神，树立高度的民族自

---

① 本书编写组：《党的十九大报告辅导读本》，人民出版社 2017 年版，第 44 页。
② 《习近平谈治国理政》，外文出版社 2014 年版，第 40 页。

尊心和民族自信心……"①"敬业"是对工作职位上的人的基本要求，只有在自己的工作岗位上勤勤恳恳、埋头苦干，职业理想才会实现，个人梦才能实现。中国梦是由千千万万个"个人梦"汇聚而成的，千千万万个个体梦想的实现，就意味着中国梦的实现也不会太遥远。"诚信"是人人都应具备的优良品格，是人与人交往的根本。在物欲横流的现代社会，人们往往会为了物质财富，把诚信、勤奋等这些传统美德抛在脑后，在商业贸易中以假乱真、以次充好，在学业中抄袭、舞弊，在人际交往中欺瞒、诱骗等，这些现象扰乱了正常的社会秩序，给个人、社会、国家都带来了不容轻视的影响。随着互联网、大数据、人工智能、5G等新兴科学技术的发展，网络诚信变得越来越重要，由于网络是一个虚拟平台，也是大众广泛参与的平台，人们可以在网上随意发表自己的观点而不受身份的限制。目前中国在网络方面的法规还不健全，这就给不讲诚信的人提供了可乘之机。"诚信"还是要靠每一个有梦想、有道德的人悉心呵护。习近平总书记强调"要加强诚信建设，倡导遵纪守法、诚实守信的社会风尚。"②"友善"强调社会中人与人之间能够和谐相处，建立良好的人际关系网。中国自古以来就强调"以和为贵"，中国人民一直怀着一颗和平、真诚的心与世界各国交往，与世界各国对话，积极推动构建人类命运共同体。

三、社会主义核心价值观与社会主义核心价值体系的关系

社会主义核心价值观与社会主义核心价值体系既有区别又有联系，二者是辩证统一的关系。社会主义核心价值体系是社会主义核心价值观的基础和前提，是社会主义核心价值观形成和发展的必要条件。社会主义核心价值观是社会主义核心价值体系的内核和最高抽象，体现社会主义的价值本质，决定社会主义核心价值体系的基本特征和发展方向，引领社会主义

---

① 习近平：《在纪念辛亥革命 110 周年大会上的讲话》，《人民日报》2021 年 10 月 10 日。

② 《习近平在海南考察时强调，解放思想开拓创新团结奋斗攻坚克难加快建设具有世界影响力的中国特色自由贸易港》，《人民日报》2022 年 4 月 14 日。

核心价值体系的建构。二者在本质上是一致的，都是建设中国特色社会主义不可或缺的价值文化构成。

1.社会主义核心价值观与社会主义核心价值体系是居于不同地位的价值形态

党的十六届六中全会第一次明确指出："马克思主义指导思想，中国特色社会主义共同理想，以爱国主义为核心的民族精神和以改革创新为核心的时代精神，社会主义荣辱观，构成社会主义核心价值体系的基本内容"①。社会主义核心价值体系是以马克思主义为指导，结合中国的具体实际和奋斗目标而在整个价值体系中居于主导地位，决定了社会主义的前进方向。它的提出表明中国对社会主义的认识又加深了一步，抓住了意识形态的关键问题。社会主义核心价值观是对社会主义核心价值体系的浓缩与提炼，是社会主义核心价值体系的内核。社会主义核心价值观的形成是逐步发展的过程，在不同的历史阶段不同的国家有不同的表现形式，中国的社会主义核心价值观是基于社会主义核心价值体系之上的，从国家、社会、个人三个方面提出了具体要求，是符合马克思主义指导思想，代表社会主义发展方向的科学的价值观。

2.社会主义核心价值观与社会主义核心价值体系是相互联系、不可分割的，二者统一于中国特色社会主义文化建设中

社会主义核心价值体系与社会主义核心价值观在本质上是一致的，它们都是在马克思主义理论指导下，结合中国具体实际而确立的科学的价值目标，都为社会主义的发展提供了价值参考，指明了前进的方向。社会主义核心价值体系与社会主义核心价值观又是相辅相成的，社会主义核心价值观以社会主义核心价值体系为前提和基础，没有社会主义核心价值体系就没有社会主义核心价值观；社会主义核心价值观是社会主义核心价值体系的本质和灵魂，决定了社会主义核心价值体系的本质和最终构建，如果

---

① 《中共中央关于构建社会主义和谐社会若干重大问题的决定》，人民出版社2006年版，第22页。

失去了社会主义核心价值观，社会主义核心价值体系就会失去方向。二者是辩证统一、不可分割的，都是建设中国特色社会主义文化必不可少的一部分。

第二节 焦裕禄精神与社会主义 核心价值观的逻辑关联

在社会主义精神文明建设的宏阔历史中，在坚定中国特色社会主义文化自信的壮丽征程中，焦裕禄精神和社会主义核心价值观的影响和传播不可小觑，要正确、恰当处理好两者之间的关系，把弘扬好焦裕禄精神和培育好社会主义核心价值观作为社会主义精神文明建设中的两项重要任务，推动中国特色社会主义文化事业不断向前发展，汇聚起全面建设社会主义现代化强国、实现中华民族伟大复兴的强大精神力量。

一、焦裕禄精神是社会主义核心价值观的时代体现

2014 年 3 月，习近平总书记在兰考调研时强调，"很多东西存在的时间虽然短暂，但这短暂铸就了永恒，焦裕禄精神是这样，井冈山精神、延安精神、雷锋精神等革命传统和伟大精神都是这样。"[①] 虽然焦裕禄已经去世 50 多年了，但焦裕禄精神却随着时代的发展而熠熠生辉。焦裕禄精神与社会主义核心价值观存在着内在的一致，无论是国家、社会层面，还是个人层面都符合社会的道德评判标准，都是当今社会人们所认可的价值观和应该提倡的正能量。

---

① 《习近平在调研指导兰考县党的群众路线教育实践活动时强调：大力学习弘扬焦裕禄精神 继续推动教育实践活动取得实效》，《人民日报》2014 年 3 月 19 日。

1. 焦裕禄精神与社会主义核心价值观国家层面的要求是一致的

习近平总书记强调："焦裕禄同志以自己的实际行动塑造了一个优秀共产党员和优秀县委书记的光辉形象。做县委书记就要做焦裕禄式的县委书记。"① 焦裕禄作为县委书记的榜样，以他对群众无微不至的关怀感染着每一位领导干部；作为一名好党员，他以"先天下之忧而忧，后天下之乐而乐"的工作态度教导着其他党员；作为人民的好公仆，他把毕生心血甚至生命都倾注在群众身上。学习焦裕禄精神，就要学习他的公仆情怀，这是党员领导干部首先要学习的。社会主义核心价值观在国家层面上要求建立富强、民主、文明、和谐、美丽的社会主义现代化国家，从这一层次上说，更多的是对领导干部提出的要求，领导者要确定一个方向，拟定相关的规则，规范好自身行为，带领全体人民朝着社会主义现代化强国的目标接力奋斗。焦裕禄精神所包含的"亲民爱民、无私奉献"正是社会主义核心价值观在国家层面对党员领导干部所要求的，二者有着密切的联系。

在长期的革命斗争实践中，中国历史和中国人民选择了中国共产党作为执政党。中国共产党带领中国人民推翻了帝国主义、封建主义和官僚资本主义三座大山，创建了新中国；新中国成立以后，党领导人民进行了"三大改造"，走上了社会主义道路，期盼建立富强、民主、文明、和谐、美丽的社会主义现代化国家。毛泽东指出："人民要解放，就把权力委托给能够代表他们的、能够忠实为他们办事的人，这就是我们共产党人。我们当了人民的代表，必须代表得好"② 。中国共产党必须始终代表中国最广大人民的根本利益，全心全意为人民服务。一部辉煌的中国共产党党史涌现出许许多多为人民服务的先锋模范，像县委书记的榜样焦裕禄、人民眼中的"草鞋书记"杨善洲、为防风沙筑起绿色长城的县委书记谷文昌、60年深藏功名坚守初心的张富清等，给人们树立了一个又一个清廉为民的榜样和标杆。人民群众在这些先锋模范的感召下自觉树立了科学的世界观、

---

① 习近平：《做焦裕禄式的县委书记》，中央文献出版社 2015 年版，第 3 页。
② 《毛泽东选集》第四卷，人民出版社 1991 年版，第 1128 页。

人生观、价值观，自觉遵循社会主义道德规范，以更高的标准要求自己，为社会主义现代化建设积极贡献力量；党员干部也把这些模范人物作为楷模，密切党和群众的联系，遇事把人民群众放在首位，全心全意为人民服务。但在领导干部中还是混杂着一些口口声声喊着为人民服务，却假公济私，为了个人利益最大化不惜牺牲与人民群众的血肉联系，把群众的利益置之度外的贪官、庸官、昏官。形式主义、官僚主义、享乐主义等腐朽观念在少数党员干部中有一定市场。因此，在党员干部中掀起学习焦裕禄精神的热潮，帮助他们树立正确的价值观迫在眉睫。

焦裕禄在兰考工作期间，特别重视对干部的培养和教育。为统一领导思想，他把县委委员带到兰考火车站开现场会，让干部身临其境地体验百姓疾苦。兰考的干部对于兰考的灾情心知肚明，整个兰考的工作重心就是"救灾"，救灾怎么救？一些领导干部打起了退堂鼓，要求调离兰考县；一些干部"两手向上"，等着中央的救济。面对这种情况，焦裕禄深知领导干部是改变兰考面貌的关键。"群众在灾害面前两眼望着县委，县委领导挺不起腰杆，群众的积极性就得不到充分发挥。"[1] 焦裕禄以身作则，对待群众如亲人，什么事都亲力亲为，和群众同吃同住同劳动，拉近与群众的联系，给兰考的干部树立了榜样。在焦裕禄的影响下，兰考的干部也满怀信心地投身"救灾"活动中。中国是社会主义国家，倡导的是爱国主义、集体主义和共产主义，领导干部作为党联系群众的纽带，无论在政策方针还是在思想观念上，都起着关键作用。在培育和践行社会主义核心价值观的伟大征程中，广大党员干部要牢记全心全意为人民服务的宗旨，时刻以焦裕禄为榜样鞭策自己，做到权为民所用、情为民所系、利为民所谋，为全面建设社会主义现代化强国、实现第二个百年奋斗目标而不懈努力。

2.焦裕禄精神与社会主义核心价值观社会层面的要求是一致的

社会主义核心价值观要求建成"自由、平等、公正、法治"的美好社

---

[1]　穆青等：《县委书记的榜样——焦裕禄》，《人民日报》1966 年 2 月 7 日。

会，这一美好社会的建立需要全体中国人民秉着实事求是的原则共同努力。"自由、平等、公正、法治"是根据现阶段的国情和社情民情做出的正确目标选择，生活在社会中的每一个个体都希望在法制健全的社会享受作为自由人的权利，获得平等的社会地位。不同阶层的目标选择都来源于实际，根据现实的发展水平而确立相应的价值目标，目标的实现也要科学求实，一步一个脚印。焦裕禄精神内涵中的"科学求实"为社会主义核心价值观社会目标的实现提供了方法论的指导。

科学求实就是要实事求是，一切从实际出发。党和国家历届领导人都非常注重"实事求是"，并将"实事求是"确立为党的思想路线和价值遵循。1938 年 10 月，毛泽东在《论新阶段》的报告中强调"共产党员应是实事求是的模范，又是具有远见卓识的模范。因为只有实事求是，才能完成确定的任务；只有远见卓识，才能不失前进的方向"[①]。改革开放的总设计师邓小平靠"解放思想、实事求是"，开辟了中国特色社会主义的崭新道路："不但中央、省委、地委、县委、公社党委，就是一个工厂、一个机关、一个学校、一个商店、一个生产队，也都要实事求是，都要解放思想，开动脑筋想问题、办事情"[②]。江泽民也高度重视实事求是，一切从实际出发："各级领导机关和领导干部要在改革和建设的实践中，把党的路线方针政策同本地区本部门的具体情况结合起来，勇于探索，大胆试验，及时总结经验，创造性地开展工作。"[③] 胡锦涛在 2006 年 8 月在学习《江泽民文选》报告会的讲话中指明："党的十三届四中全会以来，我们党在实践上的每一个重大发展，在理论上的每一个重大突破，在工作上的每一个重大进步，都是坚持解放思想、实事求是、与时俱进的结果"[④]。习近平总书记强调："领导干部要发扬理论联系实际的马克思主义学风，带着问

---

① 中共中央文献研究室：《建党以来重要文献选编（1921—1949）》第 15 册，中央文献出版社 2011 年版，第 640 页。

② 《邓小平文选》第二卷，人民出版社 1994 年版，第 143 页。

③ 中共中央文献研究室：《十四大以来重要文献选编》（上册），人民出版社 1996 年版，第 39—40 页。

④ 胡锦涛：《在学习〈江泽民文选〉报告会上的讲话》，《人民日报》2006 年 8 月 16 日。

题学，拜人民为师，做到干中学、学中干，学以致用、用以促学、学用相长，千万不能夸夸其谈、陷于'客里空'。"① 实事求是是马克思主义活的灵魂，是毛泽东思想和中国特色社会主义理论体系的精髓，是党的思想路线、领导方法和工作方法。在建设中国特色社会主义的伟大征程中，在社会主义精神文明建设过程中，必须坚持实事求是的思想方法，一切以建设过程中的实际为转移，才能达成既定目标。

新时代要实现"自由、平等、公正、法治"目标，还有很多困难和问题，如一些地区贫富差距过大、法制建设有待健全、个别公民法律意识薄弱等，要清醒地认识到社会主义现代化建设过程中的这些不利因素，"对症下药"。现在所面临的要比当年焦裕禄所面对的困难清晰得多、容易得多，中国已经成为世界第二大经济体，已经迈入中国特色社会主义新时代，已经开启建设社会主义现代化强国新征程。全体党员领导干部在新时代仍然需要向焦裕禄学习，学习他"吃别人嚼过的馍没味道"② 的求实精神，面对困难时摸清"源头"，听取群众意见并在实践中检验的工作方法。实事求是仍然是全面建设社会主义现代化强国进程中必须遵循的根本指针，在任何时候都要秉着实事求是的原则，认清事实，抓主要矛盾，共创美好社会。

3. 焦裕禄精神与社会主义核心价值观个人层面的要求是一致的

随着时代的发展，人们的生活水平越来越高，像"艰苦奋斗""迎难而上"等积极向上、激励人心的口号渐渐淡出一些人的生活圈，取而代之的是一些"尬聊""打 call""佛系青年""干饭人""神兽""内卷""凡尔赛"等网络用语，尤其是一些青年人，不会网络用语就被视为"怪物"，一些中老年人为了拉近与晚辈的距离，也渐渐用起了网络用语。网络用语已经充斥着人们的日常生活，中华传统文化、文明礼仪渐渐淡出了视野，生活中必须遵循的道德规范也被淡忘，不少人都在追寻一些与传统美德无

---

① 习近平：《在中央党校建校 80 周年庆祝大会暨 2013 年春季学期开学典礼上的讲话》，《人民日报》2013 年 3 月 3 日。

② 何香久：《焦裕禄传》，河南文艺出版社 2012 年版，第 61 页。

关的"潮流时尚"。比如现在有很多在校学生认识各种长相相似的外国明星，对他们的特长、喜好了如指掌；但却不认识模范人物，不了解他们的先进事迹，更没兴趣去学习他们的精神。再如，当今社会的"毒胶囊""扶不扶""名人找大师""记者受贿"等一系列社会道德领域的负面事件，都在警醒和提示，现今社会亟须学习和弘扬民族精神，强烈呼唤遵循"爱国、敬业、诚信、友善"的基本道德规范。

在洛阳矿山机器厂担任车间主任时的焦裕禄，"尽管家也在厂区，可他从来没回去过，吃住全在车间里，通常是一个干馍、一杯白开水就打发一顿饭"①；在兰考担任县委书记时的焦裕禄，忍着肝部的剧烈疼痛也要在大雪天给群众送去棉衣："焦裕禄趔趔趄趄进了屋，蹲到一只凳子上，手放在右膝头上，用胳膊顶住肝部。他的脸上大汗淋漓。公社书记忙给焦裕禄倒了杯开水，让他到床上躺一会，他摆摆手。社长抱来一捆火柴，想点个火让他暖暖身子时，他摇摇头说，现在不是取暖的时候，要赶快把棉衣送到群众手中。"②焦裕禄就是这样，即便自己再苦再累，也绝不在困难面前低头，他"敢教日月换新天"的奋斗精神尤其值得青少年学习。习近平总书记强调，"广大青年要牢记'空谈误国、实干兴邦'，立足本职、埋头苦干，从自身做起，从点滴做起，用勤劳的双手、一流的业绩成就属于自己的人生精彩。要不怕困难、攻坚克难，勇于到条件艰苦的基层、国家建设的一线、项目攻关的前沿，经受锻炼，增长才干"。③在中国共产党成立100周年大会上，习近平总书记更是寄语青年："未来属于青年，希望寄予青年。一百年前，一群新青年高举马克思主义思想火炬，在风雨如晦的中国苦苦探寻民族复兴的前途。一百年来，在中国共产党的旗帜下，一代代中国青年把青春奋斗融入党和人民事业，成为实现中华民族伟大复兴的先锋力量。新时代的中国青年要以实现中华民族伟大复兴为己任，增强做中国人的志气、骨气、底气，不负时代，不负韶华，不负党和人民的殷

---

① 何香久：《焦裕禄传》，河南文艺出版社 2012 年版，第 62 页。

② 何香久：《焦裕禄传》，河南文艺出版社 2012 年版，第 115 页。

③ 《习近平谈治国理政》，外文出版社 2014 年版，第 52 页。

切期望!"① 不只是青年人,生活中的每一个人都应该学习焦裕禄"艰苦奋斗、迎难而上"的精神品质,确立人生目标,补足补好精神上的"钙",树立科学的世界观、人生观、价值观,成就"爱国、敬业、诚信、友善"的个人价值目标。

焦裕禄精神作为中华民族精神和中国共产党人精神谱系的重要组成部分,社会主义核心价值观作为整个国家的价值导向,把二者结合起来,共同学习和弘扬,有利于国家、社会、个人三个层面价值目标的实现,有利于坚定文化自信和科学价值观的树立,有利于中华民族伟大复兴中国梦的实现。

二、培育和践行社会主义核心价值观需要弘扬焦裕禄精神

当今世界正经历百年未有之大变局,世界经济重心、政治格局发生重大变化,新科技革命催生了新产业,特别是新冠肺炎疫情的大流行,深刻地影响和改变着世界。如何应对这场大变局,我们要讲好中国共产党的故事、讲好中国抗疫故事,激发正能量,弘扬真善美,践行社会主义核心价值观,用中华优秀传统文化、革命文化、社会主义先进文化培根铸魂、启智润心。社会主义核心价值观既借鉴了马克思主义的科学价值观念,又吸收了中华优秀传统文化精华,兼容了各地区各民族的优秀文明成果。焦裕禄精神是中华民族精神符号和革命文化的典型代表,也是党员干部的价值标杆。新时代培育和践行社会主义核心价值观,需要深学细照笃行并大力弘扬焦裕禄精神。

1.培育和践行国家层面的社会主义核心价值观,需要大力弘扬焦裕禄精神

习近平总书记在 2012 年新一届中共中央政治局常委与记者的见面会

① 习近平:《在庆祝中国共产党成立 100 周年大会上的讲话》,人民出版社 2021 年版,第21 页。

上，明确指出："我们的人民热爱生活，期盼有更好的教育、更稳定的工作、更满意的收入、更可靠的社会保障、更高水平的医疗卫生服务、更舒适的居住条件、更优美的环境，期盼孩子能成长得更好、工作得更好、生活得更好。人民对美好生活的向往，就是我们的奋斗目标。"① 总书记的话语平淡朴实，却句句说进人民的心坎里。"有国才有家"，人民要过上这样的美好生活，国家首先得富强、民主、文明、和谐、美丽。经过改革开放40 多年的不懈努力，中国特色社会主义进入了新时代。新时代要实现"国家梦""人民梦"，就必须弘扬中华优秀传统文化，就需要伟大的民族精神引领正确的航向。

在世情、国情、党情、社情、民情发生深刻变化的情况下，面对错综复杂的国际国内形势，以习近平同志为核心的党中央，大力推进全面从严治党，坚决破除形式主义、官僚主义，继续整治享乐主义和奢靡之风，"四风"② 问题已经严重地影响了党和群众的血肉联系，如果再不制止，听之任之，就会出现毛泽东同志所比喻的"霸王别姬"③。党中央2014 年把第二批党的群众路线教育实践活动的联系地点定在兰考，是因为兰考是焦裕禄工作过和生活过的地方，是焦裕禄精神的发源地。纵然焦裕禄在兰考工作的时间不长，即便他已经去世50 多年了，但每一个兰考人却都能如数家珍地记得他在兰考的点点滴滴。学习和弘扬焦裕禄精神，广大党员干部能以焦裕禄为标杆，发扬焦裕禄的好传统，赓续焦裕禄的好作风，在自己身上查找不足，以更高的标准来要求自己，更好地践行群众路线，拉近与群众的距离。在广大党员干部的带领下，在焦裕禄精神的引领下，全体中国人民"同呼吸、共命运"，一同为实现富强、民主、文明、和谐、美丽的"国家梦"而努力，更好更快地实现第二个百年奋斗目标。

---

① 《习近平谈治国理政》，外文出版社 2014 年版，第 4 页。

② "四风"指形式主义、官僚主义、享乐主义和奢靡之风。

③ 比喻独断专行，脱离群众，最终垮台。

2.培育和践行社会层面的社会主义核心价值观，需要焦裕禄精神的标杆指引

中国是人民当家作主的社会主义国家，人民是国家、社会和自己命运的主人，同时，各级人大代表也是通过人民的选举而产生的。中国也是一个社会主义法治国家，中华人民共和国的公民享有一系列的权利，比如政治权利和自由、在法律面前人人平等等权利，这些权利都受到法律的保护，当合法权利被剥夺或受到损害时，可以运用法律武器维护正当利益。在党的十一届三中全会上，邓小平就深刻指出："为了保障人民民主，必须加强法制。必须使民主制度化、法律化，使这种制度和法律不因领导人的改变而改变，不因领导人的看法和注意力的改变而改变。"[1] 党的十九大也强调："全面依法治国是国家治理的一场深刻变革，必须坚持厉行法治，推进科学立法、严格执法、公正司法、全民守法。"[2] 所以说，依法治国是党治理国家的基本方略。焦裕禄在兰考工作时期，虽然法治不如现在健全，但他依旧严于律己，从不利用职务赋予他的权力为自己和家人谋取利益，还亲自起草了《党员干部十不准》要求干部廉洁自律。对待兰考的人民，焦裕禄更不会以高人一等的姿态自居，他总是说他是人民的儿子，是毛主席让他去看望人民的。焦裕禄廉洁奉公、一视同仁的工作态度值得当代党员干部学习。

改革开放 40 多年来，中国已经成为世界第二大经济体，人们生活水平也在不断提高，人民的权利意识、公平意识不断增强。而当前中国社会还存在一些不公平现象，如果公平问题不能得到妥善解决，就会引发民众的不满，就不能很好地做到以人民为中心。"蛋糕"做大了，但怎么分好？关键还是要看人民的意愿，从最广大人民的根本利益出发，把更多的成果更公平地惠及全体人民，让全体人民共享改革发展成果。在兰考工作期间，焦裕禄虽然面临种种困难，群众甚至不能填饱肚子，但人民群众还是

---

① 《邓小平文选》第二卷，人民出版社 1994 年版，第 146 页。

② 本书编写组：《党的十九大报告辅导读本》，人民出版社 2017 年版，第 38 页。

愿意听从焦裕禄的指挥，就是因为焦裕禄是一个为人民做实事的好官，群众点点滴滴的事他都记挂在心上。

在中国特色社会主义新时代，全体党员干部要更严格地要求自己，要依照法律法规办事；普通民众要更好地运用法律武器，维护自身权益；全社会要营造公平、正义、自由的社会环境，就必须大力学习和弘扬焦裕禄精神。

3.培育和践行个人层面的社会主义核心价值观，需要大力呼唤焦裕禄精神

学习和弘扬焦裕禄精神，有助于全社会个人品质的提升。焦裕禄艰苦奋斗、迎难而上的工作态度，对于劳动者来说无疑是一座指引他们拼搏前进的灯塔；焦裕禄爱民亲民的精神品质，是调节人民群众与党员干部关系的一剂良药；焦裕禄无私奉献的优秀人格，是教会大家生命的价值在于奉献而不是索取的一本教科书；焦裕禄实事求是的工作方法，是帮助人们搬走成功路上绊脚石的锦囊妙计。

中国特色社会主义进入了新时代，全国各族人民都在为实现中华民族伟大复兴的中国梦而奋斗。新时代呼唤民族精神，新时代需要伟大民族精神的引领。焦裕禄精神作为中华民族精神的重要组成部分，给全国人民树立了精神丰碑和价值榜样。榜样的力量是无穷的，学习和弘扬焦裕禄精神，有利于个人道德品质的提升，有利于社会主义核心价值观建设，有利于中华民族伟大复兴中国梦的实现。

第三节　弘扬焦裕禄精神促进社会主义核心价值观建设的实践路径

习近平总书记高度重视社会主义核心价值观的培育和践行，2020年在山西考察时就强调："要充分挖掘和利用丰富多彩的历史文化、红色文

化资源加强文化建设，坚持不懈开展社会主义核心价值观宣传教育，深入挖掘优秀传统文化，引导广大干部群众提升道德情操、树立良好风尚、增强文化自信。"① 焦裕禄精神既是优秀的党史文化，又是典型的红色文化。新时代弘扬焦裕禄精神和培育社会主义核心价值观必须有机结合起来，国家、社会和个人三方面齐心协力，共建社会主义文化强国，坚定文化自信，让中国文化、中国声音、中国故事在世界潮流中占据重要位置。

一、国家层面：把控大政方针导向

新时代弘扬焦裕禄精神促进社会主义核心价值观建设的方式途径多种多样，但主要方向的把控、主流方式的确定还是在于国家。在国家层面，要掌握整个社会的主流意识形态，确定好路线、方针、政策，制定好完善的法律法规，带动、鼓励大家学习弘扬中华民族精神和时代精神，传承赓续中国共产党人精神谱系，帮助人们树立正确的世界观、人生观和价值观，在全社会形成崇尚先进、见贤思齐的社会氛围。

1.培养更多焦裕禄式的好党员、好干部

虽然焦裕禄离开我们 50 多年了，但焦裕禄精神仍然受到党和人民的高度重视，主要是因为焦裕禄精神跨越时空、历久弥新，集中体现了党的坚定信念、根本宗旨和优良作风，能够为兴党强国提供丰富精神滋养，因而应该得到继承和发扬；另一方面，中国还需要更多像焦裕禄这样的好党员、好干部、好公仆，党和人民迫切希望有更多的焦裕禄式党员干部出现。2013 年 6 月 28 日，习近平总书记在全国组织工作会议上指出："概括起来说，好干部要做到坚定信念、为人民服务、勤政务实、敢于担当、清正廉洁。"② 广大党员干部怎样才能把焦裕禄这面"镜子"照好，成为党和人民需要的好干部？

① 《习近平在山西考察时强调：全面建成小康社会　乘势而上书写新时代中国特色社会主义新篇章》，《人民日报》2020 年 5 月 13 日。
② 《习近平谈治国理政》，外文出版社 2014 年版，第 412 页。

一方面，党要积极培养好党员、好干部。在中国特色社会主义新时代，中国共产党要担起实现第二个百年奋斗目标、实现中华民族伟大复兴中国梦的历史重任，关键在于人才的选拔、干部的培养。培养干部，首先要加强党性教育，公仆意识、宗旨意识教育，加强思想道德教育。党的干部必须信仰马克思主义，坚定社会主义的理想信念，严格遵循党章的规定，牢固树立以人民为中心的意识，全心全意为人民服务。其次，要给广大党员干部提供更为广阔的平台。利用好图书、报纸、电视、广播、网络等方式，宣传和弘扬中华民族精神和时代精神，同时也要为党员干部提供合适的锻炼机会，让他们能更好地磨炼自己，把理论运用到实践，学以致用。最后，完善监督体系。有效的监督体系既可以弘扬先进人物事迹，传承伟大精神，也可以发现党员干部的不足，及时指出和帮助改正。党的十八大以来，反腐倡廉建设取得显著成效，党中央以高压的态势、以壮士断腕的决心依法惩处违法乱纪、贪赃枉法的腐败分子，给那些违背党的宗旨、脱离了人民群众的党员干部敲响了警钟。同时，先进模范人物的挖掘和表彰活动也积极有效地开展，一大批好党员、好干部如雨后春笋般地涌现出来。奖惩分明既是党的要求，也是人民的期盼。

另一方面，党员干部要加强自身修养。内因是事物变化发展的决定性因素，好干部的形成关键还是要靠党员、干部自身。"四风"问题之所以有一定市场，归根到底还是因为部分党员干部自身修养还没有达到党和人民的要求，理想信念还不坚定。"只有理想信念坚定，用坚定理想信念炼就了'金刚不坏之身'，干部才能在大是大非面前旗帜鲜明，在风浪考验面前无所畏惧，在各种诱惑面前立场坚定，在关键时刻靠得住、信得过、能放心。"①党员干部对于手中权力的大小、肩上责任的轻重，心里要有一杆秤，行使多大权力，就要承担多大的责任，在各种"糖衣炮弹"面前坚定理想信念、抵制诱惑，考虑和处理问题都从老百姓的利益出发。党员干部始终要以焦裕禄为学习的标杆，常常拿焦裕禄的先进事迹来比对自己，

① 《习近平谈治国理政》，外文出版社2014年版，第413页。

查找不足。同时，党员干部还要管好"身边人"，不能让亲属利用自己的职务牟取个人利益。2016年1月12日，习近平总书记在第十八届中央纪律检查委员会第六次全体会议上就语重心长地嘱咐道："要操这点心，家里那点事有时不经意可能就溜过去了，要留留神，防微杜渐，不要护犊子。干部子弟也要遵纪守法，不要以为是干部子弟就谁都奈何不了。触犯了党纪国法都要处理，而且要从严处理，做给老百姓看。"① 党员干部要把自己和身边人都管好，做焦裕禄式的好党员、好干部。

2. 规范传播和弘扬主流意识形态的渠道

随着"互联网+"、大数据等新技术的发展，传播主流意识形态的方式也变得日趋多样化，难以把控。目前，网络成为主流意识形态传播过程中不可忽视的一股力量。由于它具有开放、自由、持续、虚拟等特点，从而受到大众的喜爱，其使用频率大大超过电视、广播、报纸等传统媒体方式。这种快节奏的传播方式一方面有效地加快了传播速度、拓宽了传播范围，把整个世界都安放在一张"网络网"中，人们足不出户就可以知道世界各地的信息，一封邮件的传送和收取只需要几秒钟的时间，生活在不同半球的人可以通过网络对话拉近距离，如同生活在一个"地球村"中，生活节奏加快，效率大大提高，这都是网络带来的便利；另一方面，随着网络的发展，一些良莠不齐的信息都堆积到网络平台上来，严重影响了人们接受正确、科学信息的效率，网络安全问题也凸显出来。网络安全是国家安全中重要的一环，这些问题也引起了国家的高度重视，中国也正采取积极有效的措施维护网络的健康发展，促进各种传播方式的协调发展。

习近平总书记在2016年4月的网络安全和信息化座谈会上强调，维护网络安全要树立正确的网络安全观。网络安全是关系到国家主权、国家安全、人民安全的重要问题。在学习和弘扬焦裕禄精神，培育社会主义核心价值观过程中，网络是必不可少的传播工具。中华民族精神、中国共产党人精神谱系也需要通过网络的传播让世界人民熟知和认可。所以，在焦

---

① 《习近平谈治国理政》第二卷，外文出版社2017年版，第166页。

裕禄精神和社会主义核心价值观传播过程中，国家应该健全和规范传播渠道。传播和弘扬主流意识形态，网络是重要途径，但不能成为唯一受到重视的渠道，其他各种方式只要有利于主流意识形态的传播，有利于中华民族精神、中国共产党人精神谱系的弘扬，都应该得到重视和规范。只有这样，焦裕禄精神和社会主义核心价值观才能从方方面面进入人们的生活，影响人们的思维方式。

二、社会层面：营造见贤思齐氛围

在国家层面，有国家路线、方针、政策的导向，有相关法律法规的规范，也有中华民族精神、中国共产党人精神谱系的学习实践活动，为弘扬焦裕禄精神和社会主义核心价值观的培育打下了基础。在社会层面，要积极营造好中华民族精神、中国共产党人精神谱系的学习氛围，加大学习力度，完善焦裕禄精神和社会主义核心价值观的传播路径。

1.完善焦裕禄精神和社会主义核心价值观的具体传播路径

在国内随着脱贫攻坚取得决定性胜利、小康社会全面建成、第一个百年奋斗目标完全实现，第二个百年奋斗征程已经开启；在国际上则面临世界百年未有之大变局，主流文化的发展和传播也面临着新的机遇和挑战。在这种国内外环境都发生变化的情况下，焦裕禄精神和社会主义核心价值观怎样在文化发展的洪流中凸显自己，被全社会认同和接受，传播路径的选择是十分重要的。

丰富焦裕禄精神和社会主义核心价值观的具体传播路径，首先要改变传播者和接受者之间不平等的关系。"智者见智，仁者见仁"，每个人对于焦裕禄精神和社会主义核心价值观都有不同的理解和看法，如果单纯地由传播者对接受者传授，接受者没有反馈，这样的传播是不成功的。传统的传播方式，如报纸、书籍和广播存在一定的缺陷，接受者只能被动地接受，没有思想交流的平台。所以，这些传统的传播方式要注重交流平台的提供，注意接受者思想的反馈。而网络传播很好地弥补了传统传播方式这样的缺陷，它能给大家提供一个思想交流的平台，供大家去讨论和交流。其次，要丰富传播的方式。随着科技的发展，新兴的传播方式正在突起，比如微信、QQ、微博、博客、抖音等，对于这些新鲜事物，要加以利用，对不同的群体，采取不同的传播方式。比如老年人对于网络传播方式会比较难以接受，他们还是习惯于从报纸和书籍中汲取各种思想。各种传播方式之间也可以融合，取长补短。最后，要构建大众化的话语体系。焦裕禄精神和社会主义核心价值观要以大众喜闻乐见的方式传播出去，话语的表述也要生动形象、言简意赅，才能被大众真正地理解。

培育和践行社会主义核心价值观必须要借助一定的载体。载体是社会主义核心价值观培育与践行必不可少的成分之一。培育与践行社会主义核心价值观目标的实现、内容的实施以及方法的运用，这些都离不开载体。焦裕禄精神是社会主义核心价值观的具体体现，焦裕禄是践行社会主义核心价值观的典范，因此，把焦裕禄精神作为培育和践行社会主义核心价值观的载体，科学地把握焦裕禄精神内涵与社会主义核心价值观的契合点，是培育和践行社会主义核心价值观的重要举措。

用焦裕禄精神开展广泛的形式多样的教育实践活动、宣传学习活动等，是以焦裕禄精神为载体培育和践行社会主义核心价值观的具体体现。习近平总书记在河南省兰考县调研指导党的群众路线教育实践活动时指出，教育实践活动的主题与焦裕禄精神是高度契合的，要把学习弘扬焦裕禄精神作为一条红线贯穿活动始终，做到深学、细照、笃行。[1] 虽然党的群众路线教育实践活动的主体是共产党员，但是他们具有榜样示范作用，他们带头学习焦裕禄精神，坚持群众路线，做到"三严三实"，能为广大人民群众培育和践行社会主义核心价值观提供示范、指明方向。要充分发挥焦裕禄精神的载体功能，广泛开展以学习焦裕禄精神为主题的实践活动，将焦裕禄精神有机渗透到人们生活中去，这样既能满足人们的精神生活需求，又能培育和践行社会主义核心价值观。

---

① 祁念立：《用焦裕禄精神开展教育实践活动》，《人民日报》理论版 2014 年 4 月 15 日。

2.加大中华民族精神和时代精神的宣传力度

中华民族精神和时代精神在传承和弘扬过程中面临着一些挑战，在国际上受到西方"普世价值"的入侵和历史虚无主义的诋毁，很多优秀的民族精神和时代精神被歪曲、肢解甚至是丑化，对中华民族精神和时代精神不了解的民众，只是抱着一个"看客"的身份去关注事件的发展，并不在意中华民族精神和时代精神的失与得；在国内由于公民个体思想道德素质的差异和传统文化的传播效果的参差不齐，民族精神和时代精神的保护和传承没有引起全社会的广泛关注。因此，要运用各种方式加大中华民族精神和时代精神的宣传力度，引起社会共鸣。

首先，可以利用大屏幕、公交站牌、报栏等形式在群众随处可见的地方设立以中华民族精神和时代精神为内容的宣传栏。公交站、地铁站、超市、广场等地方都是人们生活中经常去的地方，在这些地方宣传中华民族精神和时代精神，可以让各个阶层、各个年龄段的群众都能更加关注民族精神和时代精神。广告牌、出租车显示屏等滚动播出民族精神和时代精神的公益广告内容，有利于随时跟进当前的主流意识形态，节约资源。通过这种形式的宣传，让中华民族精神和时代精神深入人们的日常生活中，加深人们对它的理解。

其次，在学校教育中加大中华民族精神和时代精神宣传的比重。在义务教育阶段，加大民族精神和时代精神中典型人物和故事在课本中的比重，吸引学生把更多注意力放在民族精神和时代精神上。习近平总书记曾深情回忆道："我当时上初中一年级，政治老师在念这篇通讯①的过程中几度哽咽，多次泣不成声，同学们也流下眼泪。特别是念到焦裕禄同志肝癌晚期仍坚持工作，用一根棍子顶着肝部，藤椅右边被顶出一个大窟窿时，我受到深深震撼。后来，我当知青、上大学、参军入伍、当干部，我心中一直有焦裕禄同志的形象，见贤思齐，总是把他当作榜样对照自己。"②在

① 穆青等：《县委书记的榜样——焦裕禄》，《人民日报》1966年2月7日。
② 习近平：《做焦裕禄式的县委书记》，中央文献出版社2015年版，第32—33页。

高等教育阶段，积极培养学生对中华民族精神和时代精神的兴趣，成立相关的社团、组织，鼓励对中华民族精神和时代精神的学术研究。学校教育中，民族精神和时代精神的宣传往往比较单调和枯燥，可以利用漫画、音乐、电影、论坛等学生乐于接受的形式进行宣传。

最后，积极发展与中华民族精神和时代精神相关的旅游路线。随着人们对生活质量要求的提高，旅游成为节假日最频繁的选择。外出旅游不但是一个身心放松的过程，更是一个学习的过程。与中华民族精神和时代精神相关的旅游路线丰富了人们对旅游路线的选择，同时给旅游地带来经济效益，促进当地经济发展和文化的宣传。例如，可以发展与焦裕禄精神相关的红色旅游路线，从焦裕禄的出生地山东博山到洛阳矿山机器厂再到兰考，一方面可以让人们更为深入具体地了解焦裕禄，体会焦裕禄精神；另一方面可以促进当地经济的发展，增加当地群众的收入，提高经济发展水平。

3.以焦裕禄精神作为培育和践行社会主义核心价值观的教育资源

焦裕禄精神能成为培育和践行社会主义核心价值观的教育资源，是由焦裕禄精神内在特质和社会主义核心价值观的特点所决定的。焦裕禄精神的内在特质和外在表现形式为其成为教育资源提供依据。焦裕禄精神是由内在的价值观、思维方式和外在的语言、符号、行为等因素构成的。其中，内在的价值观念是焦裕禄精神的核心。培育和践行社会主义核心价值观的基本任务是向人们传递社会主义主流核心价值观念，使人们的行为与思想符合正确的价值观。焦裕禄精神蕴含着许多核心价值观的内容，这是作为教育资源的依据之一。同时，焦裕禄作为普通人、共产党员、领导干部、父亲、丈夫等多重身份，与社会上每个人都有身份契合，以这样亲民的人物模型作为教育资源，更具有吸引力、渗透力，使人们更乐意参与其中，实现共同培育、一起践行。

焦裕禄精神历久弥新是因为其丰富的内涵对人们具有强烈而又持久的吸引力，它能填补人们匮乏的精神世界，给人以强大的精神力量。焦裕禄精神诞生于社会主义建设之初，但其内涵随着时代的发展而不断丰富和完善，因此，焦裕禄精神具有时空穿透力，影响深远。当今人们处在一个多元化价值的社会里，就人民的心理机制而言，更加趋向于形成与自身共同或有共通性的价值观念。从这个角度来说，焦裕禄精神不同于以某个事件为契机而诞生的民族精神，它是个体精神最终的升华，是来自于生活却高于生活的精神文明，这一点迎合了人们愿意认同的心理机制。因此，把焦裕禄精神作为教育资源，有利于社会主义核心价值观教育的大众化。

三、个人层面：提升素质增强自觉

生活在社会中的每个公民都有义务为弘扬焦裕禄精神和社会主义核心价值观贡献出自己的力量。公民要时刻以焦裕禄为榜样，提升个人的思想道德素质，培养践行社会主义核心价值观的自觉性。

1. 时刻以焦裕禄为榜样，提升个人的思想道德素质

党的十九大强调要"推进社会公德、职业道德、家庭美德、个人品德建设，激励人们向上向善、孝老爱亲、忠于祖国、忠于人民"①。个人思想道德素质的提升是全民思想道德素质提升的关键。在当前社会中，个别公民的个人思想道德素质呈现出一些问题。首先，公民的理想信念不坚定甚至缺失。尽管党和国家一直在强调马克思列宁主义、毛泽东思想、中国特色社会主义理论体系，但这些思想在部分公民心里只是一个文字符号，并没有真正消化吸收。在个人理想信念方面，有些公民没有明确的理想目标，对未来没有细致的规划，浑浑噩噩地生活着，走一步算一步。其次，一些人个人诚信问题突出。诚信是公民的基本道德规范，但假冒伪劣、坑蒙拐骗、缺斤少两的事时有发生。假如人与人之间连最基本的信任都没有了，只生活在虚伪和谎言中，整个社会将变得冷漠和不堪。最后，一些公民个人缺乏提升思想道德素质的自觉性。生活在社会中的个人在人际交往中，都希望得到别人的肯定和褒奖，遇到困难时也常常从别人身上找原因，

---

① 本书编写组：《党的十九大报告辅导读本》，人民出版社 2017 年版，第 42 页。

很少能沉淀下来检讨自己。这些方面的问题都是在提升个人思想道德素质过程中需要面对的。

提升个人思想道德素质，要以伟大民族精神为依托，焦裕禄精神作为中华民族精神的一部分，能够有效地推动公民提高个人道德素质。首先，焦裕禄精神中"爱民亲民""艰苦奋斗""迎难而上"的思想内核，能够很好地帮助公民树立伟大理想，鼓励人们坚持不懈地实现梦想。习近平总书记强调理想信念是精神上的"钙"，理想信念不坚定就会得"软骨病"。焦裕禄到兰考就树立了消灭风沙、盐碱、内涝三大自然灾害的奋斗目标，直至生命的最后一刻还在关注着兰考，公民要以焦裕禄为榜样，树立伟大理想并为之奋斗，筑牢信仰之基，补足精神之钙。其次，以焦裕禄为榜样，树立诚信意识。不管在工作中还是在生活中，焦裕禄总是以诚待人，既能设身处地地为他人着想，也能言而有信地兑现承诺，深受人们的尊敬和爱戴。如今在信息化高速发展的时代，诚信更加需要人们去维护。每个人都树立诚信意识，诚实守信，那么社会上就会少很多让人尴尬和绝望的场面，社会主义精神文明建设也会前进一大步。最后，公民时刻要以基本道德规范要求自己，积极提高自身的道德修养。基本道德规范是对人们最基本的要求，在履行基本道德规范的同时，要以焦裕禄为"镜子"对照自己，查缺补漏，改正缺点，弥补不足，各方面都以基本道德规范的标准来要求自己，积极参与社会事务，提升各方面的能力。焦裕禄在社会公德、职业道德、家庭美德、个人品德方面都是公民个人学习的榜样，是公民个人提升思想道德素质的精神导向。

2. 培养公民个人弘扬焦裕禄精神、践行社会主义核心价值观的自觉性

焦裕禄精神的弘扬与社会主义核心价值观的培育和践行主要还是要依靠公民的自觉性，即使外部环境再优越，公民对焦裕禄精神和社会主义核心价值观没有从心底认同和接受，就不会自发地去弘扬和赓续，社会主义核心价值观建设的过程也会变得毫无意义。

培养公民个人弘扬焦裕禄精神践行社会主义核心价值观的自觉性，首先公民要有对价值观的感知能力。作为单独的个体，每个人既是家庭、单

位中的一员，社会中的一员，整个国家的一部分，也是整个世界的一个个体。形形色色的事物都与每个人有着千丝万缕的联系，不可能割裂任何部分而单独存在，每个人受到周围事物影响的同时也对周边事物产生着影响，每个人的思想、选择也是如此。世界的发展一日千里，各种意识形态、价值观念充斥着整个文化世界。面对五花八门的价值观念，如何做出科学判断、正确选择，是关系每个个体发展的大事。对于各种价值观每个人要有判断的能力，什么是社会所倡导的价值观、什么是每个人应该抵制的价值观；什么是正确的价值观、什么是错误的价值观，每个人的心里都要有一杆秤。

其次，公民对焦裕禄精神和社会主义核心价值观要有认同感。在对各种价值观有一个初步判断之后，再根据国家的大政方针来树立科学的价值观。焦裕禄精神和社会主义核心价值观在整个精神文明中居于核心地位，是新时代中国特色社会主义建设的风向标。对焦裕禄精神和社会主义核心价值观的内容公民要有足够充分的了解，在了解的基础上加以认同，然后以它的目标指向为公民行动的指南。如果公民对于焦裕禄精神和社会主义核心价值观没有认同感，那么说明公民对价值观的感知就出现了偏差，就没有树立起正确的价值观。增强公民对焦裕禄精神和社会主义核心价值观的认同感，能够为公民弘扬焦裕禄精神、践行社会主义核心价值观提供不竭的动力。

最后，公民要参与实践，积极弘扬焦裕禄精神、践行社会主义核心价值观。公民在感知和认同焦裕禄精神和社会主义核心价值观的基础上还要积极投身于实践。在实践过程中，不但有利于公民自身对焦裕禄精神和社会主义核心价值观的进一步认同和理解，完善自己的价值观，而且还有利于焦裕禄精神和社会主义核心价值观在实践中向前发展。公民要自觉抵制消极、腐朽的价值观，比如个人主义、金钱至上等价值观很容易误导群众，公民要自觉抵制它的干扰，树立正确的价值观；踊跃弘扬和履行积极、科学的价值观，在实践中检验和巩固已有的价值观，壮大社会主义核心价值观建设队伍，促进社会主义精神文明建设，增强中华民族的文化自信。

第四章 焦裕禄精神与党的作风建设

打铁必须自身硬，全面从严治党永远在路上。在实现了第一个百年奋斗目标，脱贫攻坚取得决定性胜利，小康社会全面建成的新时代背景下，全面从严治党面临新机遇新挑战，接下来的任务更艰巨、更复杂。面对中华民族伟大复兴的战略全局和世界百年未有之大变局，中国共产党更应常怀忧患意识，时刻保持"赶考"的清醒，全面从严治党，特别是要加强党风廉政建设。中国共产党成立 100 多年来，一直高度重视作风建设。毛泽东在 1945 年党的七大作的《论联合政府》的报告里就提出了党的三大优良作风；邓小平在党的理论工作务虚会上强调了党风与社会风气的关系："为了促进社会风气的进步，首先必须搞好党风，特别是要求党的各级领导干部以身作则。党是整个社会的表率，党的各级领导同志又是全党的表率。如果党的组织把群众的意见和利害放在一边，不闻不问，怎么能要求群众信任和爱戴这样的党组织的领导呢？"① 习近平总书记也高度重视党的作风建设对改革的影响："推动改革发展事业，关键在党，关键在广大党员干部要有优良的工作作风。"②

诚然，在党的作风建设方面，当下仍旧存在一些问题，正如习近平总书记所讲的："我们要清醒看到，我们党长期执政，党员干部中容易出现承平日久、精神懈怠的心态。有的觉得现在已经可以好好喘口气、歇歇脚，做做安稳官、太平官了；有的觉得'船到码头车到站'，不思进取、

---

① 《邓小平文选》第二卷，人民出版社 1994 年版，第 177 页。
② 人民日报社评论部：《"四个全面"学习读本》，人民出版社 2015 年版，第 286 页。

庸政懒政混日子；有的为个人打算多了，患得患失、不敢担当却贪图名利、享受；有的习惯当'传声筒'、'中转站'，遇到困难绕着走、碰到难题往上交，缺乏攻坚克难的锐气和斗志。"① 少数党员干部思想迷失、工作消极、作风腐化、生活堕落，严重影响了党的形象。凡此种种，对第二个百年奋斗目标和中华民族伟大复兴中国梦的实现，必然会带来消极影响。因此，全面从严治党仍需加强。

县委书记的好榜样焦裕禄，用赤诚初心诠释了共产党人爱民为民的朴素情怀，用踏实行动践行了共产党人全心全意为人民服务的根本宗旨，在天地之间书写了共产党人的浩然正气和责任担当。2014年，习近平总书记在兰考县调研指导党的群众路线教育实践活动时指出，大力弘扬焦裕禄精神，坚持高标准严要求，在对标立规中查找差距，在上下互动中解决问题，在攻坚克难中提振信心，在思考辨析中把握规律。② 2020年1月，习近平总书记在"不忘初心、牢记使命"主题教育总结大会上的讲话中要求领导干部要深刻认识自身的责任，时刻保持警醒，经常和焦裕禄、谷文昌、杨善洲、张富清这样的英雄模范相对照，来检视自身、剖析自身、反躬自省。

坚定不移推进党的作风建设，因为"党的作风就是党的形象，关系人心向背，关系党的生死存亡。执政党如果不注重作风建设，听任不正之风侵蚀党的肌体，就有失去民心、丧失政权的危险"③。全党必须按照习近平总书记的要求，大力弘扬焦裕禄精神。每一位党员干部都要努力学习焦裕禄精神，向焦裕禄同志看齐，从今天做起，从小事做起，像焦裕禄同志那样，对待群众、对待组织、对待事业、对待同志、对待亲人、对待自己，真正做到生命不息，奋斗不止。

---

① 习近平：《在党史学习教育动员大会上的讲话》，《党建》2021年第4期。

② 《习近平在调研指导兰考县党的群众路线教育实践活动时强调：大力学习弘扬焦裕禄精神　继续推动教育实践活动取得实效》，《人民日报》2014年3月19日。

③ 《习近平关于党风廉政建设和反腐败斗争论述摘编》，中央文献出版社、中国方正出版社2015年版，第8页。

第一节 党的作风建设亟须加强焦裕禄精神的学习

"变民风易，变士风难。变士风易，变仕风难。仕风变，天下治也。"① 党的作风建设关系党的性质，关系人心的向背，影响社会风气，决定党的命运，关系社会主义现代化建设的兴衰成败。党的作风主要集中体现在五个方面：一是理论联系实际的作风；二是密切联系群众的作风；三是批评和自我批评的作风；四是谦虚谨慎、艰苦奋斗的作风；五是民主集中制的作风。习近平总书记告诫全党："党的作风就是党的形象，关系人心向背，关系党的生死存亡。"② 党的十八大以来，以习近平同志为核心的党中央高举反腐利剑，"四风"得以遏制，党风有很大改善。但也要清醒看到，有的顽疾还难以根治，有的和先进标杆——焦裕禄还有不小的差距。目前，中国共产党党风方面比较突出的问题主要表现为思想作风信念不坚定、工作作风办事不扎实、生活作风行为不检点、学习作风态度不端正、领导作风独断不民主。

一、理想信念不坚定的思想作风，需要学习焦裕禄精神以扭转

思想作风是指干部在思想认识、思想行为方面的一贯态度和行为。人的所有社会实践都是由思想产生的，有什么样的思想，就有什么样的行为。因此，思想作风建设是中国共产党党风建设中的关键。中国特色社会主义新时代，个别党员干部思想作风不正的问题主要表现为理想信念动摇、责任心不强、对个人利益想得太多等。

理想像大炬，似灯塔，照亮前行路，引领未来奋斗方向。正如 2021

---

① （明）吕坤：《呻吟语·治道》。

② 《习近平关于党风廉政建设和反腐败斗争论述摘编》，中央文献出版社、中国方正出版社 2015 年版，第 8 页。

年习近平总书记在广西考察时指出的"革命理想高于天，理想信念之火一经点燃就会产生巨大的精神力量……信仰、信念、信心是最好的防腐剂。要始终抓好党风廉政建设，使不敢腐、不能腐、不想腐一体化推进有更多的制度性成果和更大的治理成效。"① 坚定了理想信念，就没有战胜不了的困难，就没有跨越不了的沟坎；坚定了理想信念，就能牢记初心使命，就能秉公行使权力，就能扣好党风廉政建设的"第一粒扣子"。

中国共产党已成立 100 多年，在全国执政也有 70 多年，但一部分党员领导干部承平日久，经不起利益的诱惑，理想信念丧失，违反中央八项规定，官商勾结，攫取巨额经济利益，生活腐化堕落。有些人甚至将个人利益摆在集体利益前面，为了一己私利，不惜违法乱纪，损害公共利益。习近平总书记一针见血地指出理想信念缺失的表现："在我们党员、干部队伍中，信仰缺失是一个需要引起高度重视的问题。在一些人那里，有的以批评和嘲讽马克思主义为'时尚'、为噱头；有的精神空虚，认为共产主义是虚无缥缈的幻想，'不问苍生问鬼神'，热衷于算命看相、求神拜佛，迷信'气功大师'；有的信念动摇，把配偶子女移民到国外、钱存到国外，给自己'留后路'，随时准备'跳船'；有的心为物役，信奉金钱至上、名利之上、享乐至上，心里没有任何敬畏，行为没有任何底线。"②

这些党员领导干部与焦裕禄在思想作风方面存在着极大的差距。他们思想把关不严，为利益所侵蚀；而焦裕禄拥有坚定的共产主义理想信念，焦裕禄在他战斗的一生中，无限忠于毛主席，无限忠于毛泽东思想，无限忠于毛主席的革命路线。③ 两者形成对比，反映的是当前部分党员干部在思想方面存在的问题：缺乏公仆意识，忘记了党的宗旨，丧失了理想信

① 《习近平在广西考察时强调：解放思想深化改革凝心聚力担当实干　建设新时代中国特色社会主义壮美广西》，《人民日报》2021 年 4 月 28 日。

② 《习近平关于党风廉政建设和反腐败斗争论述摘编》，中央文献出版社、中国方正出版社 2015 年版，第 8 页。

③ 《焦裕禄同志墓碑碑文》，兰考县档案局藏：案卷号 8。

念，在权力与利益的交锋中，轻易让利益占了上风，使得权力被利益所俘，导致以权谋私、贪污腐化。这些思想堕落的干部严重损害了党的先进性和纯洁性。

二、官僚主义的工作作风，需要学习焦裕禄精神以遏制

工作作风是人们在工作中所体现出来的行为特点，是贯穿于工作过程中的一贯风格。习近平总书记强调："推动改革发展事业，关键在党，关键在广大党员干部要有优良的工作作风。"① 工作作风上的问题如果长期存在，势必会导致群众对党的不满，也就失去了党和群众的血脉关系。目前，个别党员干部工作作风不实的问题主要表现为对工作缺乏热情，不用心、不尽力，不作为、乱作为，存在官僚主义和形式主义的现象等。

随着党风廉政建设向纵深方向推进，一些党员领导干部工作作风不实的现象也越来越凸显出来。一是在工作岗位上表现相当懒散，缺乏最起码的敬业精神。口号喊得震天响，行动起来轻飘飘。无视工作纪律，迟到早退时有发生，上班期间打麻将、炒股票等现象更是屡禁不绝。二是每日得过且过，对事业缺乏奋斗的热情。从不积极主动地思考如何解决问题，而是消极被动地等着上级的安排。工作拖沓敷衍，遇事推诿扯皮，回避矛盾和问题。三是官僚主义严重，不作为、乱作为。要么事不关己高高挂起，要么不经调查研究，瞎指挥。只想当官不想做事，只想表现不想负责。工作作风不实的干部违反了中央八项规定，破坏了法律法规的既定规则，既影响了正常工作的有序进行，也损害了人民群众的公共利益，给党和政府抹黑，使国人心寒。

这些党员干部的行为与焦裕禄在工作中的表现形成了强烈的反差。一个在职期间玩忽职守，在岗不作为，公车私用；一个是执政为民、兢兢业业，就算死了也要求党组织将他运回兰考，埋在沙丘上，看着后人把沙丘

<hr/>

① 人民日报社评论部：《"四个全面"学习读本》，人民出版社 2015 年版，第 286 页。

治好。通过和焦裕禄的比照，可以清晰地看到部分党员干部的"动力缺乏症"：工作纪律不强、工作作风不实、工作热情不旺、工作劲头不足、工作动力不大、工作要求不高的慵懒作风。

三、奢靡的生活作风，需要学习焦裕禄精神以摒弃

生活方式是一个人日常生活中体现出来的思想觉悟、道德水准、知识水平、性格品质。一个共产党员若没有科学严谨的生活作风，就很容易在外来诱惑的侵蚀下腐化为干部中的蛀虫。现今，一些党员干部生活作风不检点，主要表现为热衷于个人享受，认为住房越大越好，车子越豪华越好，菜肴越精美越好，穿戴名牌，住高档宾馆，喝美酒吃佳肴，打牌赌博，道德败坏，生活放荡等。

习近平总书记 2021 年 3 月 1 日在中央党校（国家行政学院）中青年干部培训班开班仪式的讲话中强调了我国目前所处的时代方位和面临的困难挑战，明确指出加强党的作风建设的极端重要性："当今世界，百年未有之大变局正加速演进，我国正处在实现中华民族伟大复兴的关键时期，全面建成小康社会取得伟大历史性成就……同时我们在前进道路上仍面临着许多难关和挑战。风险越大、挑战越多、任务越重，越要加强党的作风建设，以好的作风振奋精神、激发斗志、树立形象、赢得民心……年轻干部要时刻警醒自己，培育积极健康的生活情趣，坚决抵制享乐主义、奢靡之风，永葆共产党人清正廉洁的政治本色。"①

生活作风奢靡的党员干部与焦裕禄存在着本质的区别。一个是人生价值功利化、生活方式享乐化；一个是生活极其简朴，坐破藤椅、穿破衣裳，并能严格要求自己亲属的县委书记。对比焦裕禄，这些党员干部存在生活作风不检点、奢侈浪费的现象，他们忘了现在良好的物质生活条件是

① 《习近平在中央党校（国家行政学院）中青年干部培训班开班式上发表重要讲话强调：立志做党光荣传统和优良作风的忠实传人　在新时代新征程中奋勇争先建功立业》，《人民日报》2021 年 3 月 2 日。

老一辈人勤俭节约、艰苦奋斗的成果。一个官员生活作风好坏，直接影响到党的形象、干群关系的稳定和国家的兴衰。因此，加强党员干部的生活作风建设就显得尤其重要了。

四、不端正的学习作风，需要学习焦裕禄精神以改进

"业精于勤，荒于嬉。"学习是文明传承之途，人生成长之梯，政党巩固之基，国家兴盛之要。党员干部良好学风的树立是党员干部加强自身修养，执政党执政能力提升的基本要素。当前，关于党风建设中学习作风不端的具体表现为有的党员、干部对理论学习不重视，把自学变不学；有的想起来就学一学，三天打鱼、两天晒网，学习的自觉性不够；有的拿学习来装门面，浅尝辄止、不求甚解，不经过科学严谨的分析调查；有的学习碎片化、随意化，感兴趣的就学、不感兴趣的就不学等①。

习近平总书记多次强调学习的重要性："中国共产党人依靠学习走到今天，也必然要依靠学习走向未来。"②并主张构建方式灵活的党员干部终身学习机制。党的十八大以来，以习近平同志为核心的党中央开展了一系列学习教育活动，如群众路线教育实践活动、"三严三实"专题教育、"两学一做"学习教育、"不忘初心、牢记使命"主题教育、党史学习教育等，但仍有一些党员干部心浮气躁，思想消极，不认真学习理论，不深入思考问题，对马克思主义理论、毛泽东思想、中国特色社会主义理论体系只求学过看过。不善于解放思想，用科学的理论指导工作，习惯于凭经验想问题、办事情，缺乏创新精神。业务素养提升的主观能动性不强，对法律法规、市场经济的理解不够，只在上级下任务的时候去"临时抱佛脚"。这样的学习态度导致了这些官员"雷语"频发，为人民所耻笑。

---

① 习近平：《在"不忘初心、牢记使命"主题教育总结大会上的讲话》，《求是》2020 年第13 期。

② 习近平：《在"不忘初心、牢记使命"主题教育总结大会上的讲话》，《求是》2020 年第13 期。

焦裕禄在兰考期间从毛泽东原著学、从社会实践学，生命不息，学习不止。只要一有空就翻开随身携带的《毛泽东选集》，对马克思主义理论和毛泽东思想进行回顾和领悟。在具体的工作实践中，也会不断地从《毛泽东选集》中寻找解决问题的方法，向当地群众请教"三害"的治理办法。焦裕禄不仅自己学，还经常带领县委班子成员一起学，在一个风雪交加的夜晚，到火车站看望了逃荒的灾民后，又带领大家学毛泽东的《为人民服务》《纪念白求恩》《愚公移山》等著作："我们学习《为人民服务》，要学会像张思德那样全心全意为人民服务；学习《纪念白求恩》，要学会像白求恩那样树立爱国主义和国际主义精神；学习《愚公移山》，要学会像愚公搬山那样除掉兰考的'三害'。"[①]焦裕禄的认真学习精神与这些官员不求上进、不思进取的学习态度相比，高下立见。

中国共产党向来是一个十分善于学习的政党。通过不断学习，取得了中国革命的最后胜利；通过不断学习，取得了改革开放的成功；通过不断学习，取得了全面建成小康社会的伟大成就。未来要实现中华民族伟大复兴的中国梦，要实现共产主义的理想，中国还有许多新矛盾新问题需要解决。这就要求全党上下一定要善于学习新理论新知识新技能，紧跟时代步伐，用新观念、新思路、新办法解决新挑战新困境。只有这样，才能不做"不知有汉，无论魏晋"的桃花源中人；只有这样，才能与时俱进，才能不负全体人民的重托，才能如期实现伟大梦想伟大目标。

五、家长制的领导作风，需要学习焦裕禄精神以纠正

中国共产党作为无产阶级政党，在社会主义条件下，干部的领导作风应该是无产阶级世界观和方法论在各级领导活动中的体现。现今，一些党员领导干部作风不正的主要表现为主观主义、家长制、"一言堂"，宗旨错位，群众意识淡薄等。

---

① 博山焦裕禄纪念馆：《焦裕禄的80则贴心话》，人民日报出版社2017年版，第61页。

习近平总书记 2021 年 1 月 2 日在十九届中央纪委五次全会上，特别强调领导作风建设，明确指出："要深入开展党的优良传统和作风教育，完善作风建设长效机制，把好传统带进新征程，将好作风弘扬在新时代。"①

一些党员领导干部因长期在体制内工作，自认为遇事较有经验，就产生自满自得的骄傲情绪，再加上平时不注重对民主集中制理论的学习和积累，致使很多本应相互讨论、交换意见的会议成了领导干部"拍脑袋"的"一言堂"，在重大问题上，完全是个人说了算。长此以往，势必会影响到同志之间的团结和工作的推进。中国共产党的形象体现在每一个党员身上，特别是领导干部身上。作为党的领导干部，身上滋生这种不正之风，虽然只在少数干部队伍中存在，但是败坏的却是党的形象，影响的却是党的凝聚力。

焦裕禄病故后，当地群众对他的高度赞赏与个别官员落马后单位对他的痛心疾首之间的区别，不仅仅在于个别腐败官员的严重贪污违纪，更重要的是他们的领导作风迥然不同。焦裕禄在县委会上从不把自己的意见强加给别人，对每个委员的意见都能耐心听取。而个别干部则刚愎自用、独断专行。领导作风关系到领导形象、关系到领导性质，也关系到领导活动的成败。所以说，领导作风上存在的问题，是不容忽视的重要问题。

第二节　弘扬焦裕禄精神对加强党的作风
建设的价值意义

改革开放以来，特别是中国特色社会主义进入新时代以来，中国共产

---

① 《习近平在十九届中央纪委五次全会上发表重要讲话强调：充分发挥全面从严治党引领保障作用　确保"十四五"期间目标任务落到实处》，《人民日报》2021 年 1 月 23 日。

党担负的历史重任、所处社会环境、工作条件和焦裕禄所处的时代相比，已经发生了翻天覆地的变化。但是焦裕禄作为一名党员干部，在兰考任职期间鞠躬尽瘁、死而后已，其光辉业绩至今为人民称颂。焦裕禄精神更是在人民群众心中树立起了一座永不磨灭的丰碑，永远值得后人学习和弘扬。用焦裕禄精神指导党的作风建设的意义在于：一是以党风淳民风正社风，二是在社会上树立良好的精神风向标。

一、有利于为党风民风社风建设树立价值标杆

党风与民风、社风紧密相连，相互影响、相互作用，党风的优劣决定了民风、社风的好坏，而民风、社风的好坏又反过来影响着党风。调查发现，党风的引领和带动作用是社会各界的普遍共识。83.1%的受访者表示"没有好的党风，就不会有好的民风"；74.8%的受访者认为"干部的言行举止对自己有示范作用"；70.2%的受访者认为"越是基层的干部，其言行举止对自己的示范作用越大"。① 邓小平曾经指出："端正党风，是端正社会风气的关键。"② 党风引领民风、社风，党风正则民风社风淳。

焦裕禄精神对于反"四风"具有极其重要的意义，焦裕禄一身正气、两袖清风，是反"四风"的优秀样板和教材。焦裕禄精神与"四风"顽疾一一对症下药，切中要害，具有强烈的指导性和针对性。形式主义空有其表、华而不实，学习焦裕禄的求实作风，要自觉摒弃形式主义。焦裕禄凡事身体力行，抱着为人民谋福利、办实事的思想，把积极有所作为和尊重客观规律结合起来，大兴求真务实之风，治理兰考"三害"，帮助兰考人民脱贫致富。他靠着一辆自行车和一双铁脚板，走访了兰考149个生产大队中的120多个。官僚主义当官做老爷、高高在上，学习焦裕禄的公仆情

---

① 人民论坛问卷调查中心：《党风、民风如何相互作用、相互影响——关于社会风气变革内在逻辑的调查报告》，《人民论坛》2016年第12期。

② 《邓小平文选》第三卷，人民出版社1993年版，第237页。

怀，坚决杜绝官僚主义。焦裕禄与老百姓同呼吸、共命运，一句"我是你们的儿子"，充分体现了他将自己置身于人民公仆地位的为官准则。狂风呼啸、大雨倾盆，他深夜一个人跑出去，只为看看县城里的水能不能排出去，群众的住房牢不牢固。享乐主义不思进取、得过且过，学习焦裕禄的奋斗精神，就要克服享乐主义。焦裕禄拥有一种人定胜天的豪气，勇于承担党和国家交给他的艰巨任务，在困境中时刻保持革命斗志，锐意进取、攻坚克难，发挥党员干部迎难而上的表率作用。他清醒地认识到"没有抗灾的干部，就没有抗灾的群众"。因此，他教育当地干部："党委书记要带头深入抓重点，蹲下来总结经验，蹲下来才能看到'蚂蚁'，深入下去才能发现问题。"① 奢靡之风挥霍无度、骄奢淫逸，学习焦裕禄的道德情操，狠刹奢靡之风。焦裕禄生活俭朴、勤俭办事，他坚决反对干部搞特殊化，拒绝县里给他的救济，坚决地退回渔场送来的鱼。他教育孩子珍惜粮食，掉地上的杂面馍要捡起来吃掉。让焦裕禄精神融入党的作风建设之中，就是要把焦裕禄的作风当作镜子，来照一照当前党建中仍然存在的"四风"，引导广大党员干部向焦裕禄学习，以正党风、淳民风、净社风。

在新时代，以党风淳社风，要在全社会树立良好的精神风向标，就必须要坚持团结稳定鼓劲、以正面宣传为主的方针，这是积极稳妥推进文化改革、提高文化软实力、增强文化自信的重中之重。要弘扬社会正能量，就要树立一个良好的精神风向标，号召全国人民以其为榜样，不断地对照检查自己，引导全党、全社会树立积极向上、昂扬进取的良好社会风尚。焦裕禄以其生动感人的事迹，给广大人民留下了深刻的印象，在群众中深受爱戴，在党内备受推崇，是实行榜样教育的一个典型人物。焦裕禄精神是在社会主义建设实践中产生的，是中华民族传统美德的集中体现，是能够引导社会正向发展的能量。在新时代，大力宣传焦裕禄牢记宗旨、心系群众的公仆精神，勤俭节约、艰苦创业的奋斗精神，实事求是、调查研究的求实精神，不怕困难、不惧风险的大无畏精神，廉洁奉公、勤政为民的

---

① 焦裕禄：《兰考县委关于公社党委书记紧急会议的报告》，兰考县档案局藏：案卷号 26。

奉献精神，能为全体党员和全国人民树立一个优秀的精神风向标。弘扬焦裕禄精神，是扭转"四风"的金钥匙，是实现中华民族伟大复兴中国梦的强大正能量。

二、有利于改进党员干部工作作风

在中国特色社会主义进入新时代，国际国内环境复杂多变，世界正经历百年未有之大变局，中国正处于中华民族伟大复兴关键时期，挑战与机遇并存。习近平总书记忧党忧民，特别强调加强党的建设："全党要更加自觉地坚定党性原则，勇于直面问题，敢于刮骨疗毒，消除一切损害党的先进性和纯洁性的因素，清除一切侵蚀党的健康肌体的病毒，不断增强党的政治领导力、思想引导力、群众组织力、社会号召力，确保我们党永葆旺盛生命力和强大战斗力。"① 全体党员在面对更棘手的问题和更严峻的考验时，应该常以焦裕禄精神激励自己，加强工作作风建设，赢得人民群众的信任和拥护。

1.有利于党员干部坚持艰苦奋斗的政治本色

改革开放 40 多年来，中国取得的成绩举世瞩目。这些成绩，是老一辈共产党员始终坚持为人民服务，发扬艰苦奋斗的优良传统和作风，带领广大人民群众创造出来的。在物质和精神财富空前丰富的新时代，党员干部本应该凭借优良的工作条件为国、为党、为民营造更为舒适的发展环境、更为稳定的执政环境、更为和谐的生活环境、更为美丽的生态环境。可惜的是，一些党员干部在成绩面前骄傲自满，沉迷于物质享受，害怕艰苦、追求奢靡，以致陷入贪污腐败的深渊而无法自拔，给党、国家和人民带来巨大损失和恶劣影响。

艰苦奋斗、勤俭节约事关一个国家、一个民族、一个政党的兴衰成败："一个没有艰苦奋斗精神作支撑的民族，是难以自立自强的；一个没

---

① 本书编写组：《党的十九大报告辅导读本》，人民出版社 2017 年版，第 16 页。

有艰苦奋斗精神作支撑的国家，是难以发展进步的；一个没有艰苦奋斗精神作支撑的政党，是难以兴旺发达的。"①焦裕禄始终保持艰苦奋斗作风，穿着打满补丁的衣裳，坐着破了洞的藤椅，与当地群众同吃同住同劳动。中国共产党作为百年大党，从她产生那天起，就始终代表着先进生产力的发展要求、始终代表中国最广大人民的根本利益。中国共产党从最初50多名党员，发展壮大到今天9500多万名党员，带领中国人民披荆斩棘奔向第二个百年奋斗目标，需要大力传承艰苦奋斗优良作风。焦裕禄所表现出的艰苦创业、踏实苦干的奋斗精神，永远值得中国共产党人赓续和弘扬。

2. 有利于党员干部恪守廉洁自律的为官原则

社会主义市场经济是一把双刃剑，在带来经济收益的同时，也存在利益驱动的消极影响。党员干部通常身居要职，手中把控着许多社会稀缺资源，更容易受到腐朽风气的入侵。有些党员干部，平时不注意学习积累，政治鉴别能力较低，在金钱和美色的诱惑下，很快就成了俘虏。他们利用职务之便为他人谋取利益，非法收受他人巨额财物；徇私舞弊，滥用职权，致使国家和人民利益遭受特别重大损失；无视党的政治规矩，严重违反组织纪律，大肆卖官鬻爵，带坏了干部队伍，败坏了社会风气；支持、纵容亲属利用其特殊身份擅权干政，谋取巨额非法利益，严重破坏了党内政治生活，损害了当地政治生态，性质极其严重，影响十分恶劣。这些案例都是因为腐败分子没有抵抗住外来诱惑，最终都受到了法律的制裁。"为政清廉才能取信于民，秉公用权才能赢得民心。"②

焦裕禄在兰考期间，始终严守党纪党规，洁身自好、克己奉公，就连别人送来的几条鱼，都一一退回去，绝不利用手中权力为自己的子女、亲属谋取任何好处。当前，社会主义市场经济体制还处于发展和完善阶段。在这个过程中，由于各项制度还不完善，总会有些人投机取巧、蝇营狗

---

① 《胡锦涛文选》第二卷，人民出版社2016年版，第6页。

② 《习近平谈治国理政》，外文出版社2014年版，第385页。

苟。尤其是 2020 年以来的这两年，国际局势复杂多变，国内改革发展稳定任务艰巨，特别是新冠肺炎疫情的大流行，党面临的任务空前艰巨，这就要求党员干部牢记全心全意为人民服务的宗旨，深入学习焦裕禄廉洁自律、迎难而上的伟大精神，提高拒腐防变的能力，永葆党的先进性，顶住风险和挑战，提升政治判断力、政治领悟力、政治执行力，夺取疫情防控的最后胜利，不断地将中国特色社会主义事业推向一个又一个的高潮。

3. 有利于党员干部践行党的群众路线

群众路线是中国共产党在新民主主义革命时期运用马克思历史唯物主义观点指导中国革命而得出的科学经验总结，是党的根本工作路线，是毛泽东思想和中国特色社会主义理论体系的重要组成部分。群众路线的基本内容是：一切为了群众，一切依靠群众，从群众中来，到群众中去。焦裕禄精神就是焦裕禄在坚持和践行党的群众路线的基础上逐步形成的。焦裕禄在《关于城关区韩陵公社进行巩固集体经济发展农业生产第一步工作情况的报告》中写道："在这次巩固集体经济工作中，应因地制宜，要根据政策原则和群众意见提出几个方案，让群众讨论几个反复，最后认真选择，要切忌走形式、走过场，对县委的方案死搬硬套，千篇一律的工作方法"[1]，该文件反映了焦裕禄在工作中注重收集和听取群众的意见，认真汲取群众的智慧，杜绝形式主义，坚持了从群众中来、到群众中去的群众路线。坚持党的群众路线，贯穿了百年党史始终。正是有人民群众的信任和支持，中国共产党才能够克服重重困难，浴火重生，走向辉煌，正如习近平总书记指出的："我们党的百年历史，就是一部践行党的初心使命的历史，就是一部党与人民心连心、同呼吸、共命运的历史。大革命失败后，30 多万牺牲的革命者中大部分是跟随我们党闹革命的人民群众；红军时期，人民群众就是党和人民军队的铜墙铁壁；抗日战争时期，我们党广泛发动群众，使日本侵略者陷入了人民战争的汪洋大海；淮海战役胜利是

---

[1]　兰考县档案局：《焦裕禄起草修改的文件》，《兰考县委全宗 298—307 卷》，案卷号 28，第 63—64 页。

靠老百姓用小车推出来的，渡江战役胜利是靠老百姓用小船划出来的；社会主义革命和建设的成就是人民群众干出来的；改革开放的历史伟剧是亿万人民群众主演的。历史充分证明，江山就是人民，人民就是江山，人心向背关系党的生死存亡。赢得人民信任，得到人民支持，党就能够克服任何困难，就能够无往而不胜。反之，我们将一事无成，甚至走向衰败。"①党的群众路线与焦裕禄精神高度契合，焦裕禄践行党的宗旨，做到一切为了人民，一切想着人民，急群众之所急，愁群众之所愁，盼群众之所盼，以人民为中心，始终把人民摆在最重要的位置，始终把为人民服务作为工作的出发点和落脚点，为了人民的利益而鞠躬尽瘁，死而后已。群众呼唤的是焦裕禄精神的回归。弘扬焦裕禄精神为良好的党风建设指明了正确的方向，开拓了凝聚人民群众伟力的崭新路径。

4.有利于党员干部严守党的政治规矩

《吕氏春秋·不苟论》阐述方圆和规矩的辩证关系："欲知平直，则必准绳；欲知方圆，则必规矩。"讲规矩、守规矩既是老百姓安身立命的道德规范，也是马克思主义政党的鲜明特质。习近平总书记认为："在所有党的纪律和规矩中，第一位的是政治纪律和政治规矩"②，从党的十八大以来查处的高级领导干部违纪违法案件看，破坏党的政治纪律和政治规矩问题很严重。有的搞政治阴谋，野心膨胀，试图分裂党；有的搞"独立王国"，个人凌驾于组织之上；有的拉帮结派，搞团团伙伙；等等，违背党的政治纪律政治规矩。

遵守政治纪律、政治规矩，养成良好的工作作风是党永葆先进性的重要保证。近年来，随着脱贫攻坚取得决定性胜利、小康社会的全面建成，人们物质生活水平不断提高，少数党员干部把为民执政、廉政奉公等共产党员的优秀品质抛诸脑后，把政治规矩丢弃，在追逐利益的道路上愈滑愈远，出现一些生活作风、工作作风、领导作风和思想作风上的问题。2021

---

① 习近平：《在党史学习教育动员大会上的讲话》，人民出版社 2021 年版，第 15 页。
② 《习近平谈治国理政》第二卷，外文出版社 2017 年版，第 155 页。

年 7 月 27 日，中央纪委国家监委公布了 2021 年 6 月全国查处违反中央八项规定精神问题统计表。数据显示，2021 年 1—6 月，全国各级纪检监察机关共查处违反中央八项规定精神问题 46991 起，其中有形式主义、官僚主义问题，有享乐主义、奢靡之风问题，有在履职尽责、服务经济社会发展和生态环境保护方面不担当、不作为、乱作为、假作为，严重影响高质量发展问题等。[①] 如今，我国正处于全面深化改革的关键期，中国共产党作为中国特色社会主义事业的领导核心，时代不允许、历史不允许、人民也不允许其内部出现破坏政治纪律、政治规矩的问题。人民群众期待更多的党员干部像焦裕禄一样，听党话、感党恩、跟党走，对党绝对忠诚，维护中央的权威，响应中央的号召，自觉与党中央保持高度一致，做遵守政治纪律的明白人，严守政治规矩的清醒人。

三、有利于端正党员干部生活作风

加强党员干部人性、德性和党性建设，是加强党员干部生活作风建设的前提和关键。而人性、德性、党性建设，与一个人的人格密切相关。从心理学角度来看，人格是一个复杂的结构系统，它包括气质、性格、认知系统、调控系统等方面，一个人人格的形成是内因和外因共同作用的结果。焦裕禄式人格是焦裕禄精神的外在表现形式，它的形成与塑造的过程对当代党员的人格塑造有借鉴和影响功效。恩格斯曾说过："外部世界对人的影响表现在人的头脑中，反映在人的头脑中，成为感觉、思想、动机、意志，总之，成为'理想的意图'，并且以这种形态变成'理想的力量'"[②]，这句话意在表明一个人行为的产生是在外部影响和大脑机能共同作用下，再经过已有认知系统的加工，最终形成具有稳定性、社会性、独特性的人格。焦裕禄精神是中国共产党人精神谱系的有机组成部分，是影

---

① 陆丽环：《精准施治　一严到底——解读全国查处违反中央八项规定精神问题半年报》，《中国纪检监察报》2021 年 7 月 29 日。

② 《马克思恩格斯选集》第四卷，人民出版社 1972 年版，第 228 页。

响党员干部个体人格形成的重要因素。焦裕禄精神对党员干部的健康人格塑造主要通过三方面来完成：其一，人性；其二，德性；其三，党性。

1. 有利于塑造党员干部的人性

一个合格的共产党员首先是尊重人性、注重提升人性的。党的十九大通过的最新版《中国共产党章程》中有关党员的要求第二条，"中国共产党员是中国工人阶级的有共产主义觉悟的先锋战士""中国共产党员永远是劳动人民的普通一员"。这两条规定中，前者需要共产党员提升人性，永葆先进性；后者需要共产党员尊重人性，坚持群众路线。提升人性的程序是由内而外、由己及人的；而尊重人性是内外平行进行的。焦裕禄是典型的尊重人性、提升人性的党员典范。他尊重人性、提升人性对内表现为自我精神的自律与自控；对外表现为"为民执政、为民勤政"，以人民为中心的思想始终贯穿焦裕禄精神当中，具体表现在焦裕禄坚持群众路线的实践中。在新时代，尽管物质生活水平提高了，但是作为带领中国人民进行中国特色社会主义建设并朝共产主义迈进的中国共产党人，其精神层面中的人性光辉不能蒙上尘埃。焦裕禄精神是新时代党员干部的精神养料，要把弘扬焦裕禄精神作为一条红线贯穿党员干部教育实践之中。焦裕禄精神是党员干部洗清双眼的一股清泉，洗清双眼，透过共产党人澄澈的眼眸，才能洞察到那埋藏在内心深处的人性光辉是否蒙上灰尘。

2. 有利于培养党员干部的德性

焦裕禄精神不仅是纯净共产党员人性的清泉，也是滋养共产党人德性的沃土。刘少奇在《论共产党员的修养》一书中写道："共产党员是在不断反革命的斗争中去改造社会，改造世界，同时改造自己的"①，这里面所说的"改造自己"，就包含了共产党员改造自身内在道德。尽管新中国成立之后，中国人民完成了新民主主义革命任务，进入了社会主义革命、社会主义建设时期，但这并不意味着共产党员就可以放松自我。共产党代表最广大人民的根本利益，共产党员与人民群众是血与肉、鱼与水一样的关系，

---

① 刘少奇：《论共产党员的修养》，人民出版社 1997 年版，第 3 页。

这就要求共产党员要时刻发挥先锋模范作用，要不断改造自我，加强自身的德性修养。改革开放 40 多年来，随着物质生活水平的不断提高，一些共产党员沉溺于灯红酒绿中不可自拔，站在人民的对立面上，贪污腐败、无所不为。党的十八大以来，多名副省级以上领导干部被查处。这些领导干部走上背离群众、损害群众利益的道路，很大程度上因为他们自身道德修养还不够。焦裕禄作为县委书记的榜样，他常常称自己是"人民的儿子"，焦裕禄精神所体现出来的德性修养正是新时代党员干部应该学习和践行的。

3. 有利于增强党员干部的党性

焦裕禄精神展现出了焦裕禄加强自身党性修养的精神境界，焦裕禄无论是在思想上，还是在工作中，始终是与中国共产党保持高度一致的，党号召的坚决执行，党禁止的坚决杜绝，坚持用马克思主义理论、毛泽东思想来指导工作和生活实践，无论条件多么恶劣，都始终坚定共产主义信仰不动摇，都始终坚定地听党话，感党恩，跟党走。共产党人的党性修养，从根本上而言，就是用马克思主义的世界观来武装自己，用共产主义价值观来改造自己，加强自己的理论修养，维护党的利益、全心全意为人民服务。习近平总书记对坚持党性做出了要求："党性和人民性从来都是一致的、统一的。坚持党性，核心就是坚持正确政治方向，站稳政治立场，坚定宣传党的理论和路线方针政策，坚定宣传中央重大工作部署，坚定宣传中央关于形势的重大分析判断，坚决同党中央保持高度一致，坚决维护中央权威。"① 因此，新时代大力弘扬焦裕禄精神，有利于发挥榜样的作用，有利于共产党员以焦裕禄为镜子，端正自己的思想，锤炼党性，发挥先锋模范作用，为人民谋福祉。

四、有利于扭转党员干部学习作风

中国共产党之所以成为执政党，是历史的选择、人民的选择。然而，

---

① 《习近平谈治国理政》，外文出版社 2014 年版，第 154 页。

社会在进步，时代在发展，中国共产党已经带领中国人民开启了实现第二个百年奋斗目标的新征程，未来的道路充满未知和坎坷，怎样更好地应对风险和挑战，怎样更好地为人民执政掌权，就必须不断地学习，加强执政反应力、执政判断力、执政领悟力建设，以人民为中心，铭记党百年奋斗历程，砥砺百年初心，获得人民支持。

1. 有利于党员干部学习科学的工作方法

科学执政，就是结合实际不断探索和遵循共产党执政规律、社会主义建设规律、人类社会发展规律，以科学的思想、制度和方法领导中国特色社会主义事业。习近平总书记在庆祝中国共产党成立 100 周年大会上的讲话中强调了科学执政、民主执政、依法执政："新的征程上，我们必须坚持党的全面领导，不断完善党的领导……不断提高党科学执政、民主执政、依法执政水平，充分发挥党总揽全局、协调各方的领导核心作用!"① 领导干部要坚持以马克思主义理论为指导，尊重客观事实，依据科学的制度，通过科学的方法来解决在具体的行政过程中所出现的种种问题，这是一个马克思主义执政党执政成功的前提条件。

焦裕禄在兰考执政期间，始终坚持科学的工作态度。他曾提出："在风雨里走一走，最容易掌握'三害'的规律，只有掌握了这个，才能打败凶恶的敌人。"② 他对于兰考实际存在的自然灾害、人民饥饿贫穷的客观现状，既没有搞"经验主义"，仅凭主观臆测，"一刀切"地解决问题，也没有虚报瞒报，向上级宣扬种种不实信息。而是实实在在地本着科学的态度，一步步地探查治理兰考"三害"的客观规律，总结出一套科学有效的治理方案。

2020 年以来，新冠肺炎疫情肆虐全球，国际局势不稳定因素增多，中国的经济、社会结构剧烈变动，人们的交往方式、生活方式发生深刻变化。为适应党所处的历史方位的新变化，中国共产党必须大力弘扬焦裕禄精神，深入学习焦裕禄精神中科学求实的内涵有利于中国共产党尽快实现

---

① 习近平：《在庆祝中国共产党成立 100 周年大会上的讲话》，人民出版社 2021 年版，第 11 页。

② 魏治功等：《焦裕禄读本》，河南人民出版社 2011 年版，第 194 页。

科学执政的目标。

2.有利于党员干部学习民主的领导方法

民主执政，就是坚持为人民执政、靠人民执政，保证人民当家作主，坚持和完善人民民主专政，发展中国特色社会主义民主政治，推进社会主义民主政治的制度化、规范化、程序化，以民主的制度、民主的形式、民主的手段，支持和保证人民当家作主。领导干部要牢记为人民服务的宗旨，在权力行使的过程中，让人民当家作主，打江山，坐江山，一切为了人民，一切依靠人民，江山就是人民，人民就是江山。这是马克思主义执政党的本质要求。

焦裕禄之所以能在兰考艰苦的环境中，带领广大干部群众成就一番事业，关键就在于他坚持为人民执政、依靠人民执政。他教育当地干部："要好好记住，当工作感到没办法的时候，你就到群众中去，问问群众，你就有办法了。"[①] 他总结的十条工作经验第一条就是要依靠群众，第二条是要发扬民主。

中国共产党作为马克思主义政党，是中国工人阶级的先锋队，同时也是中国人民和中华民族的先锋队。党只有始终坚持一切为了群众、一切相信群众、一切依靠群众的马克思主义根本观点，坚持把实现好、维护好、发展好最广大人民的根本利益作为全部执政活动的根本出发点和落脚点，才能不断得到人民群众的支持和拥护，才能为民主执政奠定坚实的群众基础。大力弘扬焦裕禄精神，深入学习焦裕禄执政为公、勤政为民的精神，有利于党员干部始终坚持民主执政。

3.有利于党员干部学习依法治国的执政本领

党的十九大报告明确指出："领导十三亿多人的社会主义大国，我们党既要政治过硬，也要本领高强。"[②] 首先是中国共产党的执政地位是在领导中国人民进行革命、建设和改革的长期实践中形成的，是历史的选择，

---

① 魏治功等：《焦裕禄读本》，河南人民出版社 2011 年版，第 196 页。
② 《习近平谈治国理政》第三卷，外文出版社 2020 年版，第 53 页。

是宪法的明文规定和党章的基本要求，具有充分的法理依据。其次，党的领导要靠执政来体现，全党必须不断强化依法治国意识，依据宪法和民法典等法律，提高执政本领。中国共产党要增强学习本领、增强政治领导本领、增强改革开放本领、增强科学发展本领、增强群众工作本领、增强狠抓落实本领、增强驾驭风险本领。把加强党的领导、人民当家作主与依法治国有机统一起来。党员干部要学习法律、遵守法律、维护法律、运用法律，要改革和完善党的执政方式，依法规范权力、依法制约权力、依法监督权力，提高科学判断和应对复杂局面的能力。

焦裕禄有良好的自律意识，亲手制定《党员干部十不准》① 对当地干部进行约束，坚决反对干部搞任何形式的特殊化。焦裕禄自己发挥模范带头作用，拒绝了组织上照顾他家却不合规定的救济金，回绝了部下违反政策给自己女儿安排的工作，坚持让儿子将看白戏的钱还给剧院等。

焦裕禄精神不论是过去、现在还是将来，都应该成为党员领导干部永远的标杆和榜样。党员干部要做到心中有党、心中有民、心中有责、心中有戒，才能更好地为人民服务。才能增强党的执政基础，巩固执政地位。大力弘扬焦裕禄精神，学习他重视党的纪律规定，坚决不搞特殊化的精神，有利提高党员干部的依法执政能力。

五、有利于整顿党员干部领导作风

纵观焦裕禄一生，可以看出，他是一个对制度建设非常重视，甚至严苛的人。他除了以身作则、用自己的精神感染身边的党员干部和亲人、严以律己之外，还制定了一系列成文或不成文的规章制度来促进党风、家风、民风建设。1962 年 12 月 23 日，焦裕禄刚来兰考不久，就代表兰考县委在县委扩大会议上谈到如何分配的问题时，提出了"大力贯彻政策，

---

① 焦裕禄：《关于鼓足干劲搞好生产做好工作勤俭过春节防止浪费的通知》，兰考县档案局藏，《兰考县委全宗 295—297 卷》：案卷号 27，第 3 页。

确定林权，建立责任制""确定防护林组织，订立公约，加强现有林木的管理，严禁乱砍乱伐，牛羊啃树，毁林开荒，要赏罚严明，及时兑现。对严重破坏森林应分别情节给予批评教育"① 等要求，从这个文件可以看出，焦裕禄亲民爱民的方式并不是溺爱，而是严慈相济，讲究原则的。这些制度规定从直接效果上看，是为了保护用来治理"三害"的树木，从长远来看对兰考的民风社风建设是非常有利的。会上，焦裕禄还分析了兰考县党员干部的作风现状，对于少数作风偏离了党员干部要求的人，他指出，"我们对党员干部应该坚持政治教育、坚持法治教育、坚持组织生活、坚持制度"②。他提出要对党员干部"搞几个不准和几个提倡"。之后，焦裕禄制定了《党员干部十不准》，对当时兰考的党风建设起到重要作用。《十不准》也为新时代党的制度建设提供了典范和参照。"各级党委和各部门的负责同志，是当家的、大权在手……更应该小心、谨慎、模范的执行党的纪律，带头发扬党的优良传统，生活不要特殊，谁的家属都一样。应该教育下边的干部爱护领导要有个正确的态度。不能违犯政策，不能给领导同志错误特殊待迁（遇）。"③ 焦裕禄在一次关于社教问题的电话会议中指出："干部要定一些公约，根据'六十条'，三大纪律，八项注意，怎么样执行，订出公约，要向群众公布一下，共同监督。"④ 焦裕禄在农村工作总结报告上指出："坚持制度赏罚严明。干部动员开家庭会，动员家属好好劳动，执行制度，不准侵犯集体。由于干部和干部家属模范执行制度，生产队的李子一个也未少。"⑤ 这些制度的制订是为了转变当时兰考党员干部

① 兰考县档案局：《焦裕禄起草修改批阅的文件手稿》，《兰考县委全宗 242—271 卷》，案卷号 22，第 18—20 页。

② 兰考县档案局：《焦裕禄起草、修改、批阅的文件手稿》，《兰考县委全宗 242—271 卷》，案卷号 22，第 24—25 页。

③ 兰考县档案局：《焦裕禄起草、修改、批阅的文件手稿》，《兰考县委全宗 242—271 卷》，案卷号 22，第 28 页。

④ 兰考县档案局：《焦裕禄起草、修改、批阅的文件手稿》，《兰考县委全宗 242—271 卷》，案卷号 23，第 163 页。

⑤ 兰考县档案局：《焦裕禄起草修改批阅的文件手稿·关于农村工作总结报告和今后的任务》，《兰考县委全宗 285 卷》，案卷号 24。

的作风，把广大党员干部的精力集中到建设兰考、治理"三害"的问题上。焦裕禄制定这些制度的影响不是短暂的、局域的，而是长远的、全面的，对现今完善中国共产党相关制度同样具有借鉴意义。加强党员领导干部领导作风建设，把权力关进制度的笼子里，把笼子织密织牢，对提高党员干部的自我净化、自我完善、自我革新能力，改善领导作风，推动全面从严治党，大有裨益。

第三节　弘扬焦裕禄精神促进党的作风建设的实践路径

焦裕禄精神诞生在兰考县。县一级行政机构在全国行政框架中，地位非同小可。古语云："县集而郡，郡集而天下，郡县治，天下无不治。"① 县作为中国行政框架中的基本单位，始终是衡量社会和谐与善治状态的一个显著标杆：低于县的层级（乡、镇）并不具备全面的治理功能；而高于县的层级（地级市、省）则距离民众较远，幅员更广，治理功能基本上是县一级的放大。县一级在党的组织结构和国家政权结构中处在承上启下的关键环节。县委书记是党的县级地方组织（委员会）负责人，同时还是党的县级委员会委员和常委，在一个县拥有最大的影响力，其职责是：坚持党的基本路线，贯彻执行党的方针、政策；把握好正确的政治方向；善于团结好委员会一班人；抓好党风建设，督促、检查党的各项工作等。邓小平同志曾感叹："当好一个县委书记并不容易，要有全面的领导经验，对东西南北中、党政军民学各方面的工作都能抓得起来。"② 习近平总书记在会见全国优秀县委书记时指出："县委是我们党执政兴国的'一线指挥部'，

---

① （汉）司马迁：《史记》。

② 《邓小平文选》第二卷，人民出版社 1994 年版，第 36 页。

县委书记就是'一线总指挥'，是我们党在县域治国理政的重要骨干力量。"① 县委书记对于一个国家来说，作用之大，不言而喻。

焦裕禄参加革命工作 18 年间，一贯听党的话，遵循毛主席的指示，对党忠心耿耿，为人民鞠躬尽瘁，为无产阶级革命事业奋斗了一生。焦裕禄不愧为党的好干部、县委书记的好榜样、人民群众的好公仆。他的事迹，感动了一代又一代的中国人。虽然他所处时代的工作环境与今天相比已经大不相同，但他的精神历久弥新，大力学习弘扬焦裕禄精神，可以全面、有效地促进党的作风建设。

一、弘扬焦裕禄精神　思想作风要坚定信仰

焦裕禄能解决兰考那么多任官员都没处理好的"三害"问题，关键还是在于他不仅有坚定的意志，还善于做思想政治工作。因此，在党的作风建设过程中，要弘扬焦裕禄精神，引导广大党员干部在思想方面不断加强认识，发扬钉钉子精神，打牢学习焦裕禄精神的坚实根基。

1. 定期组织马克思主义理论的学习活动

马克思列宁主义、毛泽东思想、中国特色社会主义理论体系是中国共产党的指导思想，它们是 100 多年来世界无产阶级革命和中国革命、建设、改革实践经验的理论总结，是全党全国各族人民打赢脱贫攻坚战和全面建成小康社会的思想保证，是中国共产党带领全国人民实现第二个百年奋斗目标、实现中华民族伟大复兴中国梦的行动指南。

弘扬焦裕禄精神，首先要定期组织学习党的指导思想的活动。马克思列宁主义是指导中国共产党思想和行动的经典理论，毛泽东思想、中国特色社会主义理论体系是马克思主义中国化的理论成果，特别是习近平新时代中国特色社会主义思想，统揽伟大斗争、伟大工程、伟大事业、伟大梦想，引领全党全国人民意气风发走进新时代。它们为党的各项工作提供科

---

① 习近平：《在会见全国优秀县委书记时的讲话》，《求是》2015 年第 17 期。

学的方法论指导。习近平总书记高度重视党员干部的理论学习"党员干部一定要加强理论学习、厚实理论功底，自觉用新时代党的创新理论观察新形势、研究新情况、解决新问题"①。焦裕禄在工作之余就常常拿起《毛泽东选集》《毛主席语录》，深入学习毛泽东思想，提高自身的思想认识，这是他在艰苦条件下始终坚定不移为人民着想，解决人民困难的强大力量来源。

其次，要创新学习方式。传统的上党课、学党章固然是学习的一种方式，但"互联网＋"、大数据时代，要有互联网思维，在网络平台上以更现代化的方式组织干部学习马克思主义理论，学习习近平新时代中国特色社会主义思想。网络学习对于年轻党员更具吸引力，也更有效果。焦裕禄当年担任兰考县委书记时，总能根据各个党员干部的性格特点，有针对性地引导他们学习毛泽东思想、学习党的大政方针，有效保证了整个兰考干部能够上下一心，拧成一股绳，心往一处想，劲往一处使，替党分忧，为民办事。

再次，要像焦裕禄一样，将理论与实际相结合。通过对马克思主义理论和习近平新时代中国特色社会主义思想的学习，一方面坚定党员干部的马克思主义信仰和共产主义的理想信念，使党员干部牢固树立起以人民为中心、全心全意为人民服务的意识；另一方面也要把马克思主义的科学方法运用到实际工作中，指导工作实践。定期组织马克思主义理论的学习活动，能够更好地帮助党员干部坚定理想信念，找准矛盾所在，及时发现问题，适时调整政策，锐意进取、埋头苦干。

2. 不断开展党的思想政治教育工作

党的思想政治工作是党开展的解决人的思想、观念、政治立场问题、提高人们思想觉悟的工作。它是其他一切工作的思想保证和精神动力。思想政治工作是中国共产党的优良传统，是中国共产党取得革命、建设、改革成功的政治密码。新时代要不断加强和改进思想政治工作，要坚持好思

---

① 《习近平在中央党校（国家行政学院）中青年干部培训班开班仪式上发表重要讲话》，《人民日报》2022年3月2日。

想政治教育工作这个传家宝和生命线，适应新形势、解决新问题、开创新局面。

　　焦裕禄是开展党内思想政治工作的典范。弘扬焦裕禄精神，就要向焦裕禄同志学习，经常性地富有艺术性地开展党内的思想政治教育工作。焦裕禄到兰考不久，就意识到兰考除"三害"的关键是："首先除思想上的病害，特别是要对县委的干部进行抗灾的思想教育。"① 领导干部思想顽疾不除，就无法开展治理"三害"的工作。在新时代，一方面要求领导干部如焦裕禄般具有政治敏锐性，适时引导党员干部在加强党性修养中提高精神境界。党员领导干部要善于观察群众的精神状态。在群众出现明显的情绪低落、积极性不高的现象时，要及时对其开展必要的思想工作，防微杜渐，避免这种低落情绪和消极思想蔓延。

　　另一方面要求党员如焦裕禄般发挥模范带头作用，以积极的精神面貌带动广大群众投入工作实践。1963 年 3 月 9 日，焦裕禄顶着狂风，冒着飞沙，先后跑了 5 个村庄。哪里风大往哪里去，哪里沙堆高往哪里去。② 共产党员要以焦裕禄为榜样，在日常的工作和生活中，保持良好的精神风貌，以积极的工作热情，在群众中起领头雁的榜样模范作用。

　　习近平总书记多次强调党的思想政治教育工作的重要性："要强化教育功能，围绕革命、建设、改革各个历史时期的重大事件、重大节点，研究确定一批重要标识地，讲好党的故事、革命的故事、英雄的故事……"③ 做好思想政治工作，不仅能有效地促进党员干部和人民群众发挥主观能动性，坚定社会主义信仰信念，积极地为中国特色社会主义建设事业贡献自己的一份力量。而且做好思想政治工作，"事关党的前途命运，事关国家长治久安，事关民族凝聚力和向心力"④。

---

　　① 　魏治功等：《焦裕禄读本》，河南人民出版社 2011 年版，第 188 页。

　　② 　魏治功等：《焦裕禄读本》，河南人民出版社 2011 年版，第 101 页。

　　③ 　《习近平在中共中央政治局第三十一次集体学习时强调：用好红色资源赓续红色血脉 努力创造无愧于历史和人民的新业绩》，《人民日报》2021 年 6 月 27 日。

　　④ 　《中共中央国务院印发〈关于新时代加强和改进思想政治工作的意见〉》，《人民日报》2021 年 7 月 13 日。

二、弘扬焦裕禄精神　工作作风要求真务实

焦裕禄能带领全县干部群众，彻底改变兰考面貌，最主要的还是在于他工作认真细致，能将党的好政策落到实处。因此，在党的作风建设过程中，要弘扬焦裕禄精神，引导广大党员干部遇事想在前面，干在实处，彰显焦裕禄式务实的工作作风和处事态度，提高践行党的宗旨，服务群众的能力和水平。

1.努力完善对干部务实作风的考察机制

弘扬焦裕禄精神，在对干部工作进行评测时要创新考核内容设置，全方位地考察干部的"德、能、勤、绩、廉"五个方面，将五个评测指标综合起来，以考核结果作为官员升迁或调整的唯一标准，杜绝"带病提拔"的现象。要重用那些像焦裕禄同志一样全心全意为人民服务的求真务实的好干部。

干部务实作风考核工作，还要注意吸收广大群众的参与。焦裕禄制定兰考治理和发展方案，是在充分吸取群众意见的基础上完成的，因此，兰考的工作才能出实效，才能有治理"三害"的成果和业绩。今后在制定考核办法时，要设立民意信箱，充分听取民众意见；在选择考核主体时，要根据被考核单位的相关职能，吸收有代表性的民众广泛参加。

党的十九大对好干部标准提出了具体要求："要坚持党管干部原则，坚持德才兼备、以德为先，坚持五湖四海、任人唯贤，坚持事业为上、公道正派，把好干部标准落到实处。"① 这既是好干部标准，也是干部务实作风考核的参照。努力完善对干部工作的考察机制，让"德才兼备、以德为先"成为选拔干部的根本原则。要更好地把握干部选拔与任用标准，避免出现因用人失误，而给中国特色社会主义事业造成损害。要掌握好干部务实作风考核指标，确保干部坚守务实作风，为人民多办实事，多办好事，多解愁事，做焦裕禄式好党员好干部。

---

① 《习近平谈治国理政》第三卷，外文出版社 2020 年版，第 50 页。

2. 加大对"不作为、乱作为"的惩处力度

一些地区的党政机关，在日常工作中，不按规定落实上级的工作部署，见难题就推、遇矛盾就躲，敷衍塞责、贪图享乐，导致群众去党政部门办事常常遭遇"门难进、脸难看、事难办"的尴尬；也有一些行政部门，在权力行使的过程中，见利益就上，违法行政、越权执法的案例屡见不鲜，说到底还是以权谋私。老百姓对于这些政府部门"不作为、乱作为"的工作作风抱有很大的意见。

弘扬焦裕禄精神，要依法加大对"不作为、乱作为"的惩处力度，首先就是要理清相关部门的责任。建立政府部门的"责任清单"，哪个地方出了问题，就追溯到哪个地方的责任主体，并追究主管部门的相关责任。其次，要将有关处罚落实到位。要杜绝"走过场"式的处罚，纪委监委部门除对相关责任主体开具处罚通知外，还要跟踪处罚的落实情况，对于包庇、造假等行为要依法查处，贯彻党的十九大和十九届二中、三中、四中、五中、六中全会精神，落实中央全面依法治国工作会议精神，科学立法、严格执法、公正司法，加大对"不作为、乱作为"的惩处力度，在官员头上挂起"达摩克利斯之剑"，增强务实观念、责任意识，遵循习近平总书记对领导干部要求的"各级党组织和领导干部要有很强的责任意识，守土有责、守土负责、守土尽责，无论什么时候，该做的事，知重负重、攻坚克难，顶着压力也要干；该负的责，挺身而出、冲锋在前，冒着风险也要担。发现了问题、发现了问题的苗头就要及时处理，不能麻木不仁，不能逃避责任。"① 能够有效地促使党员干部将工作落到实处。

三、弘扬焦裕禄精神　生活作风要勤俭节约

焦裕禄能广受人民群众爱戴，焦裕禄精神能深深影响几代中国人，本

---

① 《习近平在中共中央政治局第二十七次集体学习时强调：完整准确全面贯彻新发展理念确保"十四五"时期我国发展开好局起好步》，《人民日报》2021年1月30日。

质上是因为他在生活上能够做到廉洁自律、勤俭节约。因此，在加强党的作风建设中，弘扬焦裕禄精神，就要引导广大党员干部在生活方面做到严谨、简朴、节约，要传承焦裕禄式"清廉"的为官品质。

1. 对党员干部进行家风教育

孟子说："天下之本在国，国之本在家，家之本在身。"家风好坏，是事关国家稳定祥和、社会事业发展的一个重大问题，是培育践行社会主义核心价值观的有效载体。"每一位领导干部都要把家风建设摆在重要位置，廉洁修身、廉洁齐家，在管好自己的同时，严格要求配偶、子女和身边工作人员。"① 这是习近平总书记对广大党员干部的淳淳教诲和殷切希望。焦裕禄的家风堪称典范，从不占集体一分便宜，儿子看的白戏，焦裕禄要求儿子给送回戏票钱；女儿的工作，焦裕禄反对特殊照顾，要求安排在最苦最累的食品厂酱菜组，焦裕禄对厂长说："你们不要以为这是我的女儿，就另眼看待，应该对她要求的更严一些。"②

弘扬焦裕禄精神，要对党员干部进行家风教育。通过要求党员干部立家训、传家风、树新风的方式，使得每一个党员家庭拥有良好家风。在此基础上，要注重"好家风"家庭评比活动的开展，对于家风教育优秀的家庭要大力宣传、积极表彰，鼓励全社会向它看齐。对党员干部进行家风教育，一方面是帮助党员干部树立正确的人生观和价值观，帮助他们认清手中的权力是来自于人民，认清自己的人民公仆角色，促使他们规范家庭成员的行为活动，自觉同特权思想和特权现象作斗争。另一方面是以好家风带动党风、政风和民风。党员干部养成了良好家风，在工作和生活中就会自觉地以家风和家训严格要求自己，带动党风、政风、民风的根本转变。对党员干部进行家风教育，是加强廉政文化建设，解决党内腐败问题的基础工程，对巩固百年大党的执政地位有着极其重要的意义。

① 习近平：《在第十八届中央纪律检查委员会第六次全体会议上的讲话》，人民出版社2016年版，第12页。

② 赵瑜：《焦裕禄家风》，河南文艺出版社2018年版，第154页。

2. 大力提倡勤俭节约的生活作风

勤俭节约是中华民族的传统美德，也是中国共产党的优良传统和传家宝。但是随着社会的进步和经济条件的改善，这种美德正逐渐被一些人淡忘。在个别党员干部中奢靡之风抬头，浪费现象悄然流行，一些人热衷于竞奢斗富，以致国家的大量资源和财富被无端耗费。

焦裕禄勤俭节约的生活方式，给人们留下了深刻的印象。作为一名县委书记，他衣服和被子上打满补丁、杂面馍掉地上捡起来吃的俭省行为，都彰显了他作为一名党员干部的勤俭节约的优良生活作风。焦裕禄曾说过："坐在破椅子上不能革命吗？"[1]"富丽堂皇的事，不但不能做，就是连想都很危险。"[2]

勤俭节约体现了中华民族的价值取向和道德风尚。唐代诗人李商隐《咏史》一诗留下了历史警示："历览前贤国与家，成由勤俭败由奢。"习近平总书记一直提倡勤俭节约，坚决反对铺张浪费："浪费之风务必狠刹！要加大宣传引导力度，大力弘扬中华民族勤俭节约的优秀传统，大力宣传节约光荣、浪费可耻的思想观念，努力使厉行节约、反对浪费在全社会蔚然成风。"[3] 因此，要大力弘扬焦裕禄精神，提倡勤俭节约的生活方式，遏制当前仍然存在的奢靡之风。

提倡勤俭节约的生活作风，首先应该树立起正确的节俭意识。在物质条件丰富的时代，要学会忆苦思甜，培养居安思危的忧患意识。要在全社会营造节约光荣、浪费可耻的浓厚氛围。其次，要常思当前生活的来之不易，珍惜大自然的馈赠，尊重其他物种生存和使用资源的权利，真正构建起人与自然和谐共处的融洽关系。再次，要养成良好的节俭习惯。以俭修身、以俭兴业，从生活中的细节做起，从一张纸的双面使用、一桶水的重复利用做起，聚沙成塔、集腋成裘，节约资源，保护环境，践行绿水青山就是金山银山的理念。赓续中华民族勤俭节约的生活作风，既顺应了国家

---

① 博山焦裕禄纪念馆：《焦裕禄的 80 则贴心话》，人民日报出版社 2017 年版，第 175 页。

② 博山焦裕禄纪念馆：《焦裕禄的 80 则贴心话》，人民日报出版社 2017 年版，第 178 页。

③ 《十八大以来重要文献选编》（上），中央文献出版社 2014 年版，第 119 页。

倡导生态文明、建设美丽中国、实现中华民族永续发展的根本要求和时代呼唤；更是抵制享乐主义、奢靡之风，永葆共产党人清廉本色的重要保证和必备要素。

四、弘扬焦裕禄精神　学习作风要踏实勤奋

焦裕禄能成功找到解决兰考"三害"问题的科学方法，关键还在于他善于主动学习，懂得运用科学的方法去解决问题。因此，弘扬焦裕禄精神，就要引导广大党员干部在学习方面进行科学合理的安排，既学习马克思主义基本原理，特别是习近平新时代中国特色社会主义思想，掌握蕴含其间的基本立场、观点、方法；也学习专业知识和专业技能，做好本职工作，敦促党员干部养成焦裕禄式"勤奋"的学习习惯和学习作风，使自己的思维方式、工作方法更好适应事业发展和时代发展的需要。

1.培养党员干部学习的自觉性

焦裕禄的学习自觉性毋庸置疑，在田间地头，他常向当地老人请教根治"三害"的方法，也善于把先进人物作为镜子，检查自己工作上的缺点和不足。他随身携带《毛泽东选集》和《毛主席语录》，经常从中寻找解决问题的方法和思路。

"非学无以广才。"百年中国共产党要保持青春风华，就要不断地学习，这是马克思主义学习型政党的基本要求，也是中国共产党的优良传统。党员干部的学习自觉性，是党不断发展进步的基础。习近平总书记号召大家终身学习、勤奋学习："要树立终身学习的理念，养成善于学习、勤于思考的习惯，实现学以养德、学以增智、学以致用。要适应新一轮科技革命和产业变革的需要，密切关注行业、产业前沿知识和技术进展，勤学苦练、深入钻研，不断提高技术技能水平。"[1] 要弘扬焦裕禄精神，大力培养

---

① 习近平：《在全国劳动模范和先进工作者表彰大会上的讲话》，人民出版社2020年版，第7—8页。

这种自觉性，为实现第二个百年奋斗目标贡献自己的才智和力量。

"非志无以成学。"要提高党员干部的学习自觉性，首先是广大党员必须树立远大的志向。这个志向是什么？就是发展中国特色社会主义，实现共产主义。拥有坚定的共产主义信仰、坚定的中国特色社会主义信念和对实现中华民族伟大复兴的坚强信心，是中国共产党党员自觉学习的不竭动力。

其次，要实现目标，除了拥有主观的因素，还需要客观条件对其进行引导。量化党员干部的学习成效，将党员干部的学习教育工作采取积分式管理，是培养党员干部学习自觉性的一个重要方法。"学习强国"的成功经验就很值得借鉴，学习强国 APP 平台由中央宣传部主办，2019 年 1 月1 日正式上线，这个平台有互动式党员移动学习教育平台，以每个阶段的重大事件、重大活动为主线，精心设计了签到信息、点学点做、点评点赞、竞赛答题等多个互动模块。在学习强国群，可以讨论学习方法、交流学习经验，晒积分，促学习。每个党员一个账号，实时更新分数及排名，促使大家你追我赶。不少同志都觉得，"学习强国"改变了他们的生活方式，掌握国际国内时政新闻，看电视电影，了解历史人物和时代楷模故事，感受祖国秀美河山，学习最新科技知识，学习精品课程等，都是从"学习强国"获得，"学习强国"成了离不开、信得过的学习好平台，也成了党员干部自觉学习的好阵地。

2.注重对专业知识的储备和积累

专业知识的储备和积累是胜任工作的必要保证。公务人员行使的是国家行政权力，从事的是国家机关的事务性工作，其专业素养关系着国家事务工作的开展与国家政策的落实。弘扬焦裕禄精神，向焦裕禄学习，学习他运用马克思主义、毛泽东思想的理论和方法，科学吸取当地治理自然灾害的优秀经验，注重对治理"三害"专业知识的储备和积累。

中国特色社会主义新时代的党员干部，一方面要熟练掌握马克思主义理论，特别是习近平新时代中国特色社会主义思想的基本理论和基本方法，善于运用辩证唯物主义和历史唯物主义指导各项工作。马克思主义立场、观点和方法是解决中国实际问题的科学遵循和有效工具。在纷繁复杂的形势中，它能够帮助共产党人准确把握矛盾关系，找准问题的关键所在。理清了头绪，抓住了主要矛盾，解决问题才会更加轻松。

另一方面，要加强现代经济、法律、科技、文化等各种知识的积累，努力形成"复合型"知识结构。习近平总书记号召中青年干部"学习经济、政治、法律、文化、社会、管理、生态、国际等各方面基础性知识，学习同做好本职工作相关的新知识新技能。"[1] 社会在发展、时代在进步，特别是新冠肺炎疫情暴发以来，世界正经历百年未有之大变局，人们的工作方式、生活方式、出行方式都发生了深刻变化。在具体的工作实践中，新问题新矛盾不断出现，许多原来熟悉的方法可能会渐渐失去效用，这时，尤其需要更新知识体系，不断改进工作手段和工作方式，以提高工作水平和工作效率。

注重对专业知识的储备和积累，是牢牢抓住工作的主动权，做好本职工作的必要条件。中国特色社会主义新时代的党员干部只有不断学习新知识，开阔新思路，才能切实提高中国共产党为人民服务的本领。

五、弘扬焦裕禄精神　领导作风要改进完善

焦裕禄能够带领当地干部为兰考人民办实事办好事，开创兰考发展新局面，核心在于他具备率先垂范、协商民主的优良领导作风，在于他能正确地理解和执行民主集中制原则。因此，弘扬焦裕禄精神，就要引导广大党员干部在领导方面注意方式方法，学习焦裕禄的领导方式和工作方法，改进和完善领导作风。

1. 坚持民主和集中的辩证统一完善领导作风

民主集中制是中国共产党的根本组织制度，是在民主基础上的集中和

---

[1] 《习近平在中央党校（国家行政学院）中青年干部培训班开班仪式上发表重要讲话》，《人民日报》2021年9月2日。

集中指导下的民主相结合的制度。民主与集中是辩证统一的关系，民主是集中的前提和基础，集中是民主的指导和归宿。正确理解和把握民主集中制原则对于发展党内民主具有重要意义。习近平总书记多次讲到了民主集中制的极端重要性："坚持民主集中制是强化党内监督的核心。当前，党内集中不够和民主不够的问题同时存在……强化党内监督，必须坚持、完善、落实民主集中制，把民主基础上的集中和集中指导下的民主有机结合起来……"[①] 焦裕禄作为县委书记，在县委会上，他从不把自己的意见强加于别人，对于每一个委员的意见，他都能耐心听取，正确的予以采纳，不正确的就解释清楚。焦裕禄经常鼓励同志们大胆发表自己的意见和看法，经常和县委班子成员交心谈心，在重要问题上通过协商达到一致。

弘扬焦裕禄精神，坚持民主和集中的统筹兼顾，其一，就是要善于进行正确的集中，领导干部面对集体讨论意见的时候要不怕得罪人，敢于集中，善于集中，综合多方意见考量，及时作出决断。班子成员在执行集体决定时要有全局观念，哪怕有不同意见，也要服从集体安排，要贯彻民主集中制原则。其二，要充分发扬民主。领导干部在集体决策中要把位置摆正，不能将个人意志凌驾于组织之上，要坚持与其他成员地位平等的原则，杜绝"一言堂"现象。对重大问题、重要人事的任免以及大额资金使用，要坚持经过集体讨论，按少数服从多数的原则，由集体做决策，要避免民主讨论只表决不决策的现象。坚持民主和集中辩证统一，民主集中制是中国共产党组织制度和领导制度的特点和优势，是中国革命、建设、改革成功的重要保证，是新时代实现第二个百年奋斗目标、实现中华民族伟大复兴中国梦的根本遵循，它的贯彻执行是中国共产党领导成功的先决条件。

2.民主监督常态化改进领导作风

权力的本性决定了它具有两重性，运用好了，它能用来为人民服务；

---

① 习近平：《在第十八届中央纪律检查委员会第六次全体会议上的讲话》，人民出版社2016年版，第22页。

运用不当，它也会腐蚀人的灵魂。所以说，不受监督的权力必然导致腐败，民主监督作为一种非权力性监督，它对加强和改善党的领导，提高党的执政能力，就有着极其重要的意义和作用。

焦裕禄时时联系群众，事事依靠群众，他常常教育当地干部"工作要细致，处理问题时政策要稳，要多听一下群众的意见"①。一切权力属于人民，要坚持以人民为中心。弘扬焦裕禄精神，实现决策接受民主监督的常态化，必须时时刻刻接受人民群众的监督。要依托政务公开栏、政府官网等载体，将经过民主表决后形成的决策，依法按时公开；要以诚恳的态度认真听取群众呼声，积极采纳群众提出的重要意见。

中国共产党领导的多党合作和政治协商制度是我国的一项基本政治制度，要实现决策接受民主监督的常态化，也要接受民主党派和党外人士的监督。各民主党派依法享有参政议政的权力，政府部门的重大决策除向人大报告外，也应该通知政协部门，保证各民主党派参政议政的权力。实现决策接受民主监督的常态化，有利于改进国家机关和国家公务人员的工作，维护公民的合法权益，激发广大公民关心国家大事、为社会主义现代化强国建设出谋划策的主人翁精神。

---

① 魏治功等：《焦裕禄读本》，河南人民出版社 2011 年版，第 195 页。

第五章　焦裕禄家风及其当代价值

党的十八大以来，习近平总书记多次强调党员干部要注重家风："家风是社会风气的重要组成部分。家庭不只是人们身体的住处，更是人们心灵的归宿。家风好，就能家道兴盛、和顺美满；家风差，难免殃及子孙、贻害社会，正所谓'积善之家，必有余庆；积不善之家，必有余殃'。"[1] 在新时代，家风建设更应成为党员干部的"必修课"。研究焦裕禄家风，探讨焦裕禄家风的内涵要义、价值意蕴和传承路径，有利于弘扬焦裕禄精神，有利于为党员干部加强家风建设树立榜样，有利于推进新时代家风建设。

第一节　焦裕禄家风产生的时代条件及历史来源

家庭是社会的细胞，家庭是人生的"第一课堂"；家风是社风的缩影，是弘扬清风正气的支撑。焦裕禄家风是焦裕禄精神在家庭生活中的集中体现，是由焦裕禄及其家人身体力行和言传身教的风尚和格调。它产生于一定社会物质生活环境之下，有其形成的特定的时代条件和历史来源。

一、焦裕禄家风产生的时代条件

家风是一种家庭文化，是一个家庭或家族在长期的延续过程中形成的

---

① 《习近平谈治国理政》第二卷，外文出版社 2017 年版，第 355 页。

文化和道德氛围，包括道德品质、精神状态、审美情趣、素质品格等，体现的是家庭文化的传承。家风是家庭伦理和家庭美德的凝练和总结。家风作为一种文化规则，它约束家庭成员严格遵守家庭道德准则，也促使家庭成员在健康、向上、友爱的氛围中幸福生活。家风的形成离不开它所处的时代，每一种家风都不免带有明显的时代印迹。

1.革命和建设的时代：焦裕禄家风产生的环境条件

焦裕禄 1922 年出生于兵荒马乱的年代，所处的环境条件是十分恶劣和艰苦的。其原生家庭是山东省淄博市博山县北崮山村的一个贫农家庭，抗日战争初期，由于受到越来越残酷的剥削和压迫，其父被逼上吊自杀。日伪统治时期，焦裕禄做过劳工、挖过煤，多次受到日寇残害。1946 年，也就是在他 24 岁时，加入了中国共产党。1950 年与徐俊雅结为夫妻，组建了家庭。少年时被日本侵略者和国民党反动派欺压的艰苦生活与共产党领导下人民当家作主的幸福生活形成的鲜明对比，为焦裕禄养成艰苦朴素的生活态度奠定了原始生活基础，这不仅影响了焦裕禄的一生，也影响着他的妻子和儿女后代的人生。

1945 年抗战胜利以后，他在家乡当了民兵，参加了解放博山县城的战斗。1946 年，加入中国共产党后，他领导民兵参加解放战争的战斗，担任组长参加土改复查工作。解放战争后期，焦裕禄随军到了河南。1951 年之前，一直在尉氏县工作，担任副区长、区长、区委副书记等职，之后被调到陈留地委、郑州地委工作，担任地委宣传部长、第二副书记等职。1953 年，在党的号召下，到洛阳矿山机器厂参加工业建设，担任了车间主任、科长的职务，并在大连起重机厂实习了 1 年多的时间。1962 年，他又被调回到尉氏县，担任县委副书记一职。1962 年 12 月，焦裕禄被调到兰考县，担任县委第二书记的职务，后来升为县委书记。兰考是焦裕禄精神的发祥地，当时的兰考受风沙、盐碱、内涝"三害"影响，连续三年遭受着严重的自然灾害，整个兰考县灾荒肆虐，车站总是挤满了外出逃荒的灾民。新中国成立初期，为恢复和发展国民经济，一切工作都要围绕生产建设这个中心来展开，这是中国经济建设最艰苦的时期。作为一名党员，作为一名领导干部，焦裕禄不惧艰难，满腔热忱地在县委书记的工作岗位上攻坚克难，鞠躬尽瘁，尽心尽力地完成好党和人民的嘱托。

焦裕禄参加革命工作 18 年，1964 年 5 月 14 日因病逝世。焦裕禄丰富的生活、工作经历锻炼了他坚强的意志，造就了有责任有担当、一心为民、勤俭持家、艰苦朴素的焦裕禄。20 世纪 20—60 年代特定的时代背景和焦裕禄个人独特的人生经历，是焦裕禄家风形成的环境条件。

2. 20 世纪 50—60 年代的时代精神：焦裕禄家风产生的思想条件

中国共产党是中国特色社会主义事业的领导核心，代表的是中国先进文化的前进方向和最广大人民的根本利益。中国共产党在马克思主义理论的指导下，结合中国具体实际，在长期革命和建设实践中形成了毛泽东思想等丰富的理论成果，这些理论成果正是指导焦裕禄工作、学习和生活的宝贵精神财富。

20 世纪 50—60 年代是火红的年代，是激情四射的年代，是奋发有为的年代。这个年代涌现出了一大批英雄模范人物："宁可一人脏，换来万家净"的时传祥，忠于党和人民、为共产主义而无私奉献的雷锋，"宁可少活二十年，拼命也要拿下大油田"的"铁人"王进喜，奋不顾身的救火英雄向秀丽等榜样人物，他们身上影射出的是对共产主义的坚定信仰和信念，全心全意为人民服务、大公无私的责任意识，这些都是中国 20 世纪 50—60 年代时代精神的集中体现，是焦裕禄攻坚克难的精神支柱和奋斗动力。

古语云："故天将降大任于斯人也，必先苦其心志，劳其筋骨，饿其体肤，空乏其身，行拂乱其所为，所以动心忍性，曾益其所不能。"① 焦裕禄就是这样在艰苦环境磨炼下一步步成长起来的。1962 年冬天，正是兰考县遭受"三害"最严重的时候，老百姓困苦不堪，焦裕禄接受了党的委派，担任兰考县委书记一职。对于这一调任，他心怀感恩，他感谢党把他派到最艰苦的地方，越是困难的地方，越能锻炼人，他认为这是党对他信

---

① 《孟子·告子下》。

任和托付。① 他坚信，只要坚决贯彻党的方针，奋发图强、自力更生，就一定能改变兰考的面貌。在困难面前他充满着信心，这份信心正是来自于他对党的先进理论持续不断的学习和领悟，有想法有思路，勇于探索和创新，身体力行将党的先进思想理论付诸实践。来到兰考的他一刻也来不及停歇，拖着病痛的身体，用脚步丈量着兰考的每一寸土地。虽然焦裕禄在兰考仅工作了 470 多天，但却给兰考乃至全国人民留下了一个共产党人高大的形象和无价的精神财富，他这种鞠躬尽瘁为党为人民的精神，感染和带领着兰考的干部群众共同努力，奋力前行，造福着兰考一方的百姓。

坚定的信仰信念来自理论上的清醒，一个人是否具有坚定的信仰信念，与他具有的理论水平有着直接的联系。焦裕禄无论工作到多晚，每天都坚持学习，他曾对女儿说："毛主席的书，是做好一切工作的本钱，不学就做不好工作。"② 在他去世后，人们在他病床枕头下发现两本书：《毛泽东选集》《论共产党员的修养》，这两本书是焦裕禄给女儿留下的最后礼物，他告诉女儿："在那里面，毛主席会告诉你怎么做人，怎么工作，怎么生活……"

新中国成立初期不仅是社会主义经济建设的起步阶段，同样也是国家制度建设、文化建设、政治建设的起步阶段。焦裕禄在参加革命工作的18 年时间里，毫不犹豫地响应党的号召，听从党组织的安排，与人民同甘苦共患难，对党忠诚，为无产阶级革命事业奋斗了一生。焦裕禄不仅以共产党人的标准严格要求自己，也同样以这个标准来要求家人，用共产党人的精神来引导家人形成正确的价值观念，规范家人的行为，这正是焦裕禄家风形成的思想理论条件。

二、焦裕禄家风形成的历史来源

焦裕禄的故乡山东，是诞生孔、孟二圣，具有深厚文化底蕴的地方。

---

① 任彦芳：《焦裕禄身后：我与兰考的悲喜剧》，广东人民出版社 2013 年版，第 9 页。
② 魏治功等：《焦裕禄读本》，河南人民出版社 2011 年版，第 186 页。

焦裕禄出生于山东博山，那里民风淳朴，重信守礼、重义守道。焦裕禄家风的形成，既来源于博大精深的中华优秀传统家风，也来源于革命前辈的优良红色家风。中华优秀传统家风与老一辈无产阶级革命家的家风为焦裕禄家风的产生奠定了坚实的思想理论基础。

1. 中华优秀传统家风为焦裕禄家风产生提供了厚实的历史根基

自古以来，中国人始终把家庭建设摆在重要位置，有重视家规、遵守家训、淳正家风的文化传统。中国数千年的传统文化包含博大精深的人生哲理和处世之道，家风是中国传统文化的重要表现形式。焦裕禄家风的产生离不开中华优秀传统文化，具体来说是离不开中国的优秀传统家风。

中国古代历来讲究修身齐家治国平天下，以仁义礼智信的五常之道作为伦理道德的指导。所谓"正人必先正己，治国必先治家"①，为人需谨小慎微，要懂得自重、自省、自警和自励，不断加强自身修养，始终保持良好的精神风貌，成为家庭其他成员的楷模，同时也要加强对家庭甚至是家族的关心、治理，严格规范家庭成员行为，为后世子孙立规立矩。良好的家风是国运昌盛的精神根基，中国历史上家风故事、家训典籍汗牛充栋，著名的如岳母刺字"精忠报国"；诸葛亮《诫子书》中对儿子的谆谆教诲；《朱子家训》中的勤俭持家、尊敬师长；《颜氏家训》中的人伦亲情、教育观念；《曾国藩家书》中的治家、劝学、交友思想；司马光的《训俭示康》家训；北宋包拯"后世子孙仕宦，有犯赃滥者，不得放归本家；亡殁之后，不得葬于大茔之中"的训诫②；等等，这些家风典范无一不承载着优秀传统文化的精髓，为焦裕禄家风的产生提供了厚实的历史文化根基。

焦裕禄生长在一个有教养的家庭，爷爷是一位世事练达、聪明能干的人，父亲是一位老实人，母亲是一位有血气、有志气、充满智慧的女人。焦裕禄家人认为，就算卖房卖地也得让孩子上学，学知识、学文化。

---

① 张艳国：《〈论语〉智慧赏析》，人民出版社 2020 年版，第 241 页。

② 沈锡麟：《包拯》，中华书局 1984 年版，第 27 页。

夜里，焦裕禄的母亲也总是一边做着针线活，一边陪着焦裕禄读书，当焦裕禄念着："三才者，天地人；三光者，日月星。"母亲就告诉他："禄子，天上一颗星，地上一个人，人行得正，走得端，天上的星就是亮的，一旦走偏了路，他的星也就暗了。你要记住啊。"焦裕禄便回答母亲："娘，我记住啦！记一辈子！"① 就是这样一个家庭，培养了焦裕禄崇高的道德品质。焦裕禄上小学时，老师在课堂上讲解《孟子》提问道：焦裕禄同学，你能解释下什么是浩然之气吗？焦裕禄的回答得到了老师的赞赏，他说，"浩然之气"就是天地正气，一个人有了这正气，就能顶天立地；一个国家有了这正气，就不会被打垮！在焦裕禄的心中，真正的男人就应该像《孟子》里所说的那样"富贵不能淫，威武不能屈"，做人就要做这样的人。

焦裕禄从小就在接受温良恭俭让、忠孝廉耻勇、淡泊处世、严于律己、宽以待人等中华优秀传统家风的教养，这为他以后的工作、生活奠定了基础。这样的好传统在他组建的家庭中继续传承着。

2. 革命前辈的红色家风为焦裕禄家风产生提供了丰厚的历史滋养

中国共产党以马克思列宁主义为指导思想，红色家风作为中国共产党人家庭建设的反映，其理论来源离不开马克思主义家庭观。马克思主义认为，无产阶级的家庭不同于资本主义社会的家庭，本质上不是一种金钱关系，而是一种完全平等的关系，情感则是维系家庭成员关系的基础。马克思、恩格斯强调父母在教育子女过程中作为榜样的重要作用，父母与子女之间的情感体现的是一份亲情，传承的是一份事业——共产主义事业。

红色家风是老一辈无产阶级革命家和各个历史时期的优秀共产党人，在长期革命实践、社会主义建设和改革开放历史进程中形成的家庭风尚，体现在理想信念、道德品行、廉洁自律、亲情友情等方面的精神风貌、群体意识和政治品格，是中国共产党人精神和优良传统的重要组成

---

① 何香久：《焦裕禄传》，河南文艺出版社 2012 年版，第 23 页。

部分。① 中国共产党在长期革命、建设、改革实践中，培育和形成了宝贵的精神财富——红色家风。红色家风是无数共产党人经验和智慧的结晶，在革命前辈的言传身教中得以继承和弘扬。老一辈革命家给后辈树立了光辉典范，他们要求子女树立以天下为己任的人生信念，认为作为革命的后代，作为党的儿女，就应该像自己的父辈那样，时刻把国家和民族的利益放在首位，从党的利益出发，不应该有任何个人私利。

正是许许多多老一辈革命家对马克思主义信仰的坚定，对社会主义、共产主义信念的恪守，才凝聚成了这独具气质的红色家风。红色家风蕴含的是公正为民的精神境界和忠诚担当的行为准则，这是流淌在血脉里的红色基因，是中国共产党优良传统的重要组成部分，是涵养焦裕禄家风的重要历史来源。焦裕禄作为优秀共产党人，清廉一生，勤俭一生，为民一生，通过实干造福百姓，对家属严加管束，其独具红色气质的焦裕禄家风是对革命前辈红色家风的传承和弘扬。

第二节　焦裕禄家风的内涵及表现形式

"家是最小国，国是千万家"，对焦裕禄家风，习近平总书记在许多场合，特别是在一些领导干部会议上，经常提及并高度赞扬："领导干部的家风，不仅关系自己的家庭，而且关系党风政风。各级领导干部特别是高级干部要继承和弘扬中华优秀传统文化，继承和弘扬革命前辈的红色家风，向焦裕禄、谷文昌、杨善洲等同志学习，做家风建设的表率，把修身、齐家落到实处。"② 焦裕禄不仅给世人留下了不朽的焦裕禄精神，还留下了值得广大党员干部家庭及普通百姓家庭学习的焦裕禄家风。焦裕禄不

---

① 柯华等：《红色家风的内涵及其时代价值》，《中国井冈山干部学院学报》2015 年第 8 期。
② 《习近平谈治国理政》第二卷，外文出版社 2017 年版，第 356 页。

仅对自我约束严格，以身作则，对妻子也是严格要求，对子女更是严格管教。① 他是一位严慈相济的父亲，经常对子女进行正面教育，该批评教育时就严厉批评教育，并监督其及时改正错误，但从不打骂。焦裕禄家风具有丰富的内涵和表现形式。

一、焦裕禄家风的内涵

焦裕禄虽然没给子女留下什么贵重的物品，但却留给了他们最为宝贵的财富——焦家家风。焦家家风质朴却意义深远，这是焦裕禄在长期潜移默化教育的过程中，形成的焦家成员共同认可和遵守的思想作风、精神追求、生活方式及价值理念。

1.一心为民的家国情怀

"苟利国家生死以，岂因祸福避趋之。"② 这是林则徐因主张禁烟被贬，与家人分别时所作的一首非常有名的诗。这句诗用在优秀共产党员焦裕禄身上就非常贴切：只要对国家有利，我将会不顾生死。绝不会有祸就躲避，有福就去迎受。这种不计个人得失，愿为国献身的气节，正是焦裕禄家风内涵中一心为民、鞠躬尽瘁死而后已的家国情怀的体现。

家国情怀是立身养德之本，有国才有家，爱国与爱民在本质上是一致的。焦裕禄深知自己是谁，依靠的是谁，为的又是谁。在他心中装着全体人民，唯独没有他自己。他说，我是县委书记，但我的权力是人民给的，我是人民的儿子，是为民谋福利，不是占便宜来的。他总是教育子女要吃苦在前、勤俭办事。焦裕禄对社会主义、共产主义事业的坚定信仰和信念，对百姓的热爱，让他保有着积极向上的精气神，不惧怕任何困难。就像他刚来兰考时所说的："不改变兰考面貌，我绝不离开兰考！"③ 就是这样一份于家为国之情怀，鼓舞着兰考人民在社会主义建设的道路上一往直

---

① 胡安志等：《清正廉洁焦裕禄》，河南人民出版社 2013 年版，第 67 页。
② 林显强：《中国历代民族英雄诗文选注》，花城出版社 2008 年版，第 277 页。
③ 魏治功等：《焦裕禄读本》，河南人民出版社 2011 年版，第 4 页。

前。"为官一任，造福一方"①，他用短暂的一生谱写了一首为人民服务的赞歌，润物无声地将爱党爱国爱人民的情怀，植入了家人的心灵深处。焦裕禄最小的儿子焦保钢，2013 年因工作积劳成疾，脑出血昏迷 8 个月去世。在世期间，做副乡长时，踏实肯干。通过多年基层经历，焦保钢积累了丰富的工作经验，2000 年被调往河南省公安厅工作，做刑警队长时，办案骁勇干练。焦裕禄一心为民的家国情怀就是这样在焦家一代代传承着。

注重家风饱含的是一个"情"字，"国家好，民族好，大家才会好。"②焦裕禄就是著名诗人臧克家先生诗文中所说的那类人："有的人，他活着为了多数人更好地活"。焦裕禄家风所具有的家国情怀正是一个人对自己国家和人民表现出来的深情大爱，是对国家富强、人民幸福所展示出来的理想追求。

2. 任何时候都不搞特殊化的清廉本色

焦裕禄严格遵守党规党纪，从不利用自己手中的权力，为自己和家属谋取任何好处。他亲自起草了非常具有针对性的《党员干部十不准》，具体地规定了干部的廉洁自律行为，任何干部任何时候都不能搞特殊。③

《党员干部十不准》就是在焦裕禄无意间得知儿子国庆因为是焦书记的儿子免费看了场白戏后，经过思考起草的。焦裕禄批评国庆，作为县委书记的儿子，更应该守规矩，不能搞特殊。县委书记是为人民服务的，没有看白戏的权利，一张戏票是小便宜，如果从小不注意，长大了就会去占大便宜，就更危险了。在父亲的教诲下，国庆低下了头。第二天一早，焦裕禄就让儿子国庆把戏票钱给补上了。

焦裕禄临终前嘱托妻子："你辛苦一点，要教育好孩子，多叫他们参加劳动……生活上要艰苦一些，不要随便伸手向组织提要求。"④这不仅是丈夫的遗训，也是焦家不成文的家规。几十年的生活里，徐俊雅始终坚守

---

① 习近平：《做焦裕禄式的县委书记》，中央文献出版社 2015 年版，第 67 页。
② 《习近平谈治国理政》，外文出版社 2014 年版，第 36 页。
③ 何香久：《焦裕禄传》，河南文艺出版社 2012 年版，第 119 页。
④ 何香久：《焦裕禄传》，河南文艺出版社 2012 年版，第 147 页。

着丈夫的嘱托。焦裕禄去世时，徐俊雅只有 33 岁，子女大的也就十几岁，小的还不满四岁，再加上家里两位年迈的老人，一家九口靠的是徐俊雅每个月 50 多块钱的工资和 13 块钱的抚恤金。即使生活再艰难，徐俊雅也从没向组织开过口。丈夫临终的交代，她坚守了一辈子！在毛主席号召知识青年"上山下乡"的时期，正值青春年少的二儿子焦跃进把想留在县城的想法婉转地告诉了母亲，母亲严厉地教育跃进："别人能下基层，为什么你不能去？记住，干好了你是焦裕禄的儿子，干不好，你也是焦裕禄的儿子。"①在母亲的坚持下，焦跃进去了农村锻炼，一天下来能搬 2000 多块砖，每天累到不行。就在这期间，他总是能听到当地老农讲述关于父亲的只言片语，父亲高大的形象在他心里更加丰满了，父亲精神的力量就这样一直影响着他。后来曾在很多部门"当过家"的他，从未利用自己的权力给任何一位亲属安排过工作。焦跃进说："在我心中，父亲从来都没有走远过。"

注重家风寄托的是个"廉"字，家风是一面镜子，折射了一名党员干部的作风问题，任何时候都不搞特殊化的清廉本色正是焦家家风党性修养的集中体现。

3. 从严治家的责任与担当

从严治家不是一件小事，而是关系到小到一个家庭，大到社会和国家的大事，这体现的是一份责任和担当。焦裕禄做人严，对自己对家人都严，严到近乎苛刻的程度。焦裕禄家风的形成同样离不开妻子徐俊雅的支持与恪守。焦裕禄在世时严格要求家人，在他逝世之后，徐俊雅严格遵守他的嘱托，对子女要求同样严格。

从严要求自身，从不搞特殊化，要求子女要热爱劳动，要干一行爱一行，要保持艰苦朴素的品质，这些都是焦裕禄家风从严治家的重要体现。在焦裕禄逝世之后，无论儿女们到哪儿，每在父亲的祭日，他们都会聚在一起纪念父亲，此时母亲就会给大家开个家庭会议，母亲会时常提醒他们，你们是焦裕禄的孩子，这点要时刻记住，在外不要打着你们父亲的名号为

① 《焦裕禄家风：千万不能搞特殊》，《郑州晚报》2014 年 3 月 18 日。

自己谋私利。在焦裕禄去世后，徐俊雅连一件像样的衣服都没有穿过。孩子没衣服穿了，她也是含着泪把焦裕禄生前的衣服改小给孩子们穿，因为她时刻记得丈夫临终前的嘱托，日子再苦再难也不要向组织要救济，那时她也才33岁。虽然日子很苦，但是徐俊雅用她一生坚守着丈夫的嘱托，只要她在家，每天一早一晚她都会去丈夫的墓前走一走，生活的难处也只有通过这种方式倾诉，因为生活还得继续。就像她对孩子们说过的："要不是为了老焦临终的嘱托，我就随他去了。"①焦裕禄和徐俊雅共同生活了14年，夫妻感情深厚，这样的嘱托和如此这般的恪守，又何尝不是焦裕禄家风从严治家责任和担当的体现呢?!焦裕禄的言传身教，妻子的坚守和叮咛，子女的遵循，就这样焦家家风一代影响一代，代代相传着。

注重家风彰显的是一个"严"字，作为一家之长，要不断提高对自身的要求，以身作则，做子女最好的教科书，并且要严格要求和管理好亲属，做到从严治家。从严治家透射的是有原则、讲原则、守原则的焦裕禄家风，展现的是焦家修己治家的责任与担当。

4.艰苦朴素的基本生活态度

焦裕禄从小经历磨炼，能吃苦，是在各种苦难中成长起来的党员干部，不忘初心是他的真实写照。良好的家风是带出来、管出来的。

焦裕禄从小教育子女要热爱劳动、艰苦朴素。因为只有热爱劳动才会更加珍惜劳动成果，才不会有不劳而获的不良心思。学校一放"农忙假"，焦裕禄便会带着孩子们去地里拾麦穗。在家，焦裕禄也会带着孩子们在屋前屋后种菜，平时让孩子们自己的事自己做，自己担水、扫地、倒垃圾。孩子们看着别人都是买水喝的，就很不理解，为什么自己家不直接买水喝而却要担水喝？父亲的回答是：自己能担水，为什么要买呢？自己能办的事就应该自己去办，光想着依靠别人的劳动去生活，长大了就会变成一个怕吃苦、怕困难的人，当然就不会全心全意为人民服务了。然后就教孩子们怎么打水，孩子们从那时候开始就养成了自己担水喝的好习惯。焦裕禄

---

① 焦守云：《父亲焦裕禄留给我们的家风》，《党建》2018年第8期。

除了给子女伙食费以外，几乎不给一点零花钱。已经上初三的守凤，还穿着 9 岁上小学时的花布大衣，袖子接了一回又一回，破烂的地方也补了一回又一回，同学们都笑话她说："你爸爸还是县委书记哩，也不给你做件新衣裳。"① 等到春节放假，守凤就找父亲要求换件衣服，父亲笑了笑说，你看我这县委书记穿的衣服，这有啥丢人的！贪图享受，好吃懒做才是真正的丢人呢！父亲从始至终都是这么要求孩子们的：不和别人比吃穿，要比的是学习和进步。就这样孩子们的衣服总是大的穿了小的穿，能缝能补就继续穿。

一个好的细节会胜过千言万语。有一次，焦裕禄一家人在一起吃饭，小儿子因为不喜欢吃硬馍馍，就扔在了地上，焦裕禄捡起了馍，抱着孩子，严厉却语重心长地教育着，让孩子知道粒粒皆辛苦。这样的教育在焦裕禄的家庭生活中还有不少，初中毕业的大女儿本可以在县城很多家单位找份体面些的工作，可是父亲焦裕禄给她提供了三个选择：一个是跟着师傅学理发，一个是去县委大院打扫卫生，还有就是去食品厂腌咸菜。焦守凤选择了最后一个，当时年龄不大的她，每次干完活回来身上总是带着瘀青，觉得有些委屈，父亲对她说：绝对不能缺了劳动这一课。② 在焦裕禄弥留之际，他把自己一直戴着的一块旧手表交到了大女儿的手中，这也是他唯一能留给女儿的物品，嘱咐着女儿一定要记得准时上班，这块手表一直被女儿珍藏着，提醒着自己要热爱自己的工作，要热爱劳动。

注重家风讲究的是个"淳"字，焦裕禄通过一次次的言传身教，使家人养成了热爱劳动的好习惯，懂得了不能不劳而获的道理。艰苦朴素是中国共产党人的优良传统，这种传统应该慎终如始，应该得到传承，在红色后代中传承，在寻常百姓家传承。焦家质朴的家风，来源于焦裕禄生前的言传身教，更是徐俊雅一生的坚守和叮咛。焦裕禄去世后，徐俊雅含泪收拾遗物，焦裕禄仅有的几件衣服缝缝改改，改给了大儿子，而后又传给了

---

① 焦守凤等：《我的爸爸焦裕禄》，少年儿童出版社 1966 年版，第 19 页。
② 何香久：《焦裕禄》，河南文艺出版社 2011 年版，第 383 页。

小儿子。直到现在，焦家兄弟姐妹都以朴素示人，从不追求享受。

二、焦裕禄家风的具体表现形式

家风可以说是一种无言的教育，润物无声地影响着孩子；家风也可以说是一种有形的教育，它需要关爱和教导，让家庭成员懂得何可为何不可为。

1. 润物无声的表现形式

列宁说过：判断一个人，不是根据他自己的表白或对自己的看法，而是根据他的行动①。重言传身教，润物无声，教育无痕。最高境界的家庭教育不是通过正襟危坐的夸夸其谈，而是要像杜甫诗句里所说的"随风潜入夜，润物细无声"式的心灵沟通和融合，注重细节，潜移默化地感染和影响家人。

焦裕禄去世时，孩子都还小。为了百姓他日夜操劳，至死都没来得及跟家人拍一张合影。但父亲高大的形象已经在焦家子女心里深深地埋下了根，埋下了种子。这颗种子的形成，不正是来自父亲对党的忠诚，对人民的热爱和无私奉献，对工作的尽职尽责，对家人充满柔情的爱吗?! 随着年龄的增长，焦裕禄的子女对父亲越来越理解，越来越感受到他的伟大。对焦裕禄的子女来说，父亲犹如高山，他优秀的品质永远激励着他们前进；母亲犹如大海，她的伟大无私，对父亲理想的认同和支持一直感染着他们，伴随着他们成长。现如今，他们都是共产党员，在自己的岗位勤勤恳恳工作着，为人处世低调，从不搞特殊化。他们认为，作为焦裕禄的子女，目标只有一个，传承好父亲的精神。

人们常说家和万事兴，好的家风不一定要有具体成文的家规家训，家庭和睦、夫妻恩爱、关爱子女，自身所具有的崇高品质和道德情怀也会潜移默化地感染到后辈。焦裕禄作为党员干部，无论是在生活中，还是工作

---

① 《列宁全集》第 18 卷，人民出版社 2017 年版，第 226 页。

中，都把奋发有为、事必躬亲、敢作敢当、甘于奉献这些优秀品质践行到了实处。润物无声式地感化、影响、带领着家人，踏踏实实地生活着，在各自岗位上，勤勤恳恳工作着。

2. 及时严厉指正并纠正的表现形式

当孩子们犯错误时，焦裕禄总是及时严厉地指出孩子们的问题，让孩子们明白其中的道理，并且要求孩子们及时纠正问题；面对孩子们存在的各种疑惑不解，焦裕禄总是耐心地教导着，让孩子们懂得其中的缘由，自觉地规范自己的行为。

当焦裕禄得知孩子看白戏时，就非常生气，当即把家人严厉批评了一顿。他告诉儿子，县委书记是人民的公仆，作为县委书记的儿子，更应该守规矩，没有看白戏的权力，不能搞特殊。一张戏票事小，贪占便宜事大，第二天一早，焦裕禄便让儿子国庆把戏票钱给补上了。焦裕禄对孩子的教育是讲原则，严厉但又充满柔情的，不是简单地批评，更不会放纵不管，而是马上指正，耐心地讲解，并且监督其及时纠正。让孩子明白其中道理，形成正确的价值观念，这样才是具有显著且长远意义的家庭教育。

第三节　焦裕禄家风的价值意义

习近平总书记一再强调家风建设的重要性，焦裕禄家风是焦裕禄精神在家庭生活中的集中体现，其优良家风对于淳正党风、社风和民风具有重要价值意义。焦裕禄家风是社会主义精神文明的重要组成部分，是涵养好家风，促进社会和谐，实现中华民族伟大复兴的重要精神动力。

一、焦裕禄家风对淳正家风、民风、社风的价值意义

家风连着民风，连着社风，好的家风会如春风化雨般影响着越来越多

的人，用实际行动来传递社会的正能量。焦裕禄家风作为家风典范，是民风、社风向好的价值引领。

1. 焦裕禄家风对"兴家风"具有榜样示范意义

古话说："德不孤，必有邻"①，好的家风具有示范作用。家风源于家庭，立足于家庭，其对人性升华、民族凝聚、文明拓展和社会进步具有深远意义。焦裕禄家风作为家风之典范，是对家庭圆满的守护，影响着后人的德行和精神。其产生的榜样示范作用，是社会共同的精神财富。

曾经有一位哲人说过，人的一生其实就是在用自己的实际行动来回答，如何做人、如何做事这两个问题。家庭对一个人的影响是全方位的，一个家庭的家风体现着这个家庭的价值取向，是家庭成员要共同遵守的行为准则，是个人修养的体现，换句话说就是体现了如何做人的问题。焦裕禄家风首先解决的就是如何做人的问题，它培养家庭成员养成了艰苦朴素的优秀品格，教会他们懂得何为礼义廉耻，这也是焦裕禄家风的重要内容之一。焦裕禄家风，是对老一辈革命家、优秀共产党人优秀品质的传承，是对传统家风精华的汲取。传统与现代的融合塑造了堪称时代精华的焦裕禄家风，焦裕禄家风就是传统美德的现代传承，是久经淬炼、跨越时空的优秀家庭风尚的结晶。无论时代如何变化，出现何种新情况，焦裕禄家风所具有的精神气脉都要坚守秉承。

中国古代讲究格物致知，强调重德修身，这些思想精髓是焦裕禄家庭共同的认同。传统家风中"忠君""男尊女卑""宠妻""纵子"等与当今时代强调平等的价值取向相违背的宗法家族观念和等级观念，是焦家家风所摒弃的。伴随着社会的发展，家庭结构、社会结构也发生了变化。家庭规模在向小型化发展，家庭成员间的交往方式出现平等化的趋势，以前命令式、服从式的沟通交流方式逐渐被平等、对话式的协商所取代。焦裕禄家风讲究平等，夫妻子女之间的关系不是人身依附关系，而是平等的同志关系，其融入了家庭民主、男女平等、社会责任等现代文明理念。比如，

① 《论语》，陕西人民出版社 2006 年版，第 73 页。

焦裕禄在教育子女的过程中从来不打骂，总是耐心地和子女交流，给他们提出意见，让孩子懂得道理，内化于心，外化于行；与妻子的关系也是平等、相亲相爱、信任和忠诚的，这种夫妻关系被子女看在了眼里，记在了心里，是子女眼中的一份深情。现代文明环境下，焦裕禄家风是对传统家风美德的发展和完善，其融合了传统文化与现代文明之精髓，在新时代折射出了迷人的光彩，对千千万万家庭家风养成具有很好的示范作用。

孟子说："国之本在家，家之本在身。"① 焦裕禄家风是贴近百姓、带有温度、有血性的集体认同，焦裕禄家风的重要内涵只有融入广大百姓家庭教育中才能得到更好更有力的传承。家庭是人生的第一个课堂，是塑造个人品格修养的重要地方，父母是孩子的第一任老师。一个人个人品德、职业道德、社会公德与家风的优劣有着直接的关系。② 焦裕禄家风对广大群众优良家风的养成具有榜样示范意义，要通过发挥焦裕禄家风的标杆作用，带动全体社会成员提升道德品质，培育良好家风，形成社会共识，将焦裕禄家风的优秀品质内化于心、外化于行，使人人、家家户户都能成为社会主义核心价值观的践行者。

2.焦裕禄家风对"淳民风"具有价值导向意义

无数家庭的家风汇聚在一起，构成了一个国家或民族的精神状态。民风民俗从字面理解离不开一个"民"字，民风民俗来自于人民的共同习惯、生活方式，是一个民族或国家悠久历史文化长期积淀凝聚产生的。推动民风建设就要尊重民意，引导民意和顺应民意，充分发掘和激发人的潜能，充分发挥优良家风在民风建设中的价值导向作用，坚持守法、守信、向善、向上淳朴的民风导向。

中国人身上具有深厚的家庭情结，所谓家和万事兴，家庭观念在中国人看来是十分重要的。中国人向来注重习俗，重视中华民族传统节日，如清明节、端午节、中秋节、春节等，这些都是中国优秀传统文化的重要组

① 《孟子》，中华书局 2006 年版，第 285 页。

② 《习近平在会见第一届全国文明家庭代表时强调：动员社会各界广泛参与家庭文明建设推动形成社会主义家庭文明新风尚》，《人民日报》2016 年 12 月 13 日。

成部分，是民风民俗的重要内涵，具有深厚的文化底蕴。各种节日庆祝的意义更多地在于对家庭情感的维系，体现的是一份孝心、是一份关心，是对家庭的守护。家庭是心灵的港湾，是家人的靠山。国人注重团圆，是重家庭、重家教家风的重要体现。焦家家风十分注重孝文化，讲究朴素，其折射出的家国情怀、道德品质是对中华历史文化的继承和发扬，其体现的是对淳朴民风民俗的敬畏之心。焦家家风同时又彰显着鲜明的时代性，在新时代发挥着积极作用。要充分发挥焦裕禄家风对淳朴民风传承的价值导向作用。

3. 焦裕禄家风对"正社风"具有价值引领意义

家庭邻里和睦，社会才能和谐，焦裕禄家风是社风向善的最好引领。习近平总书记一再强调家风建设的重要性，特别是党员领导干部的家风对社会风气有着重要影响。焦裕禄家风作为红色家风的典型代表，是中华民族宝贵精神财富，能促进千家万户的家庭幸福，是实现中华民族伟大复兴中国梦的重要精神动力。

社风要正，就需要正确价值观的引领，焦裕禄家风是社会主义核心价值观的具体化，是培育社会主义核心价值观的强大正能量。社会主义核心价值观涵盖的内容丰富，传承焦裕禄家风，能够使社会主义核心价值观的践行更加接地气、见成效，对践行社会主义核心价值观具有独特而重要的意义。"要切实把社会主义核心价值观贯穿于社会生活方方面面。……要使社会主义核心价值观内化为人民的精神追求，外化为人们的自觉行动。榜样的力量是无穷的……"[1] 焦裕禄家风是理想与实践的统一，融合了马克思主义理论的精华，吸纳了中华民族精神与时代精神，其内容丰富，个性鲜明。忠诚担当、廉洁质朴的焦裕禄家风是百姓所认同的，是中华优秀传统文化和人类文明优秀成果的体现，对焦裕禄家风的传承是时代的要求。党员领导干部要坚持以身作则，搞好家风建设，发挥表率作用，带头

---

① 中共中央文献研究室：《习近平总书记重要讲话文章选编》，中央文献出版社 2016 年版，第 120 页。

践行社会主义核心价值观，引领全社会形成良好风尚。

习近平总书记在兰考县委常委扩大会议上讲话时指出："取法于上，仅得为中；取法于中，故为其下。"① 标准决定质量，高质量要求高标准。焦裕禄家风所蕴含的理想目标、道德规范，有助于育人化人，引导人们塑造优秀品质，使实践与养成相统一。焦裕禄家风将正确的价值认识变成了直接的现实，将精神世界的力量融入人们的生产生活中，从个人、社会和国家层面上来说，它惠及的不仅是一个家庭，更为整个社会传递着积极向上的情感和催人奋进的动力。传承焦裕禄家风，是践行社会主义核心价值观的现实体现，是引领社会风尚的重要载体。

二、焦裕禄家风对加强党的建设的价值意义

焦裕禄作为人民的公仆、县委书记的榜样、党员领导干部的楷模，其优良家风对加强党的作风建设具有重要意义，在党风、政风建设中具有积极的模范带头作用。焦裕禄家风是对廉洁从政的恪守，是党风向好的最好引领。

1.焦裕禄家风有利于保持党的先进性和纯洁性

中国共产党作为中国特色社会主义事业的领导核心，代表的是中国最广大人民的根本利益。党的先进性是党的生命之本，是党长期执政的基础，是带领人民实现中华民族伟大复兴中国梦的重要力量保障。保持党的先进性和纯洁性最终是要靠全体党员来体现的。

习近平总书记在庆祝中国共产党成立100周年大会上讲话时特别强调，要"坚决清除一切损害党的先进性和纯洁性的因素，清除一切侵蚀党的健康肌体的病毒，确保党不变质、不变色、不变味"。② 全面从严治党，从严治家一直是党对领导干部提出的基本要求，也是中国共产党保持党员

① 习近平：《做焦裕禄式的县委书记》，中央文献出版社2015年版，第36页。
② 习近平：《在庆祝中国共产党成立100周年大会上的讲话》，《人民日报》2021年7月2日。

先进性和纯洁性的重要举措。从《中国共产党章程》，到《中国共产党党员领导干部廉洁从政若干准则》，再到 2015 年发布的《中国共产党自律准则》《中国共产党纪律处分条例》等，对党员领导干部廉洁修身，对其家属子女经商、生活作风等作出了具体的要求。新时代，大部分党员领导干部都能够严格教育、管理子女配偶，带头树立良好家风，但还是有少部分党员领导干部会出现家风不正的现象，致使腐败蔓延。习近平总书记在第十八届中央纪律检查委员会第六次全体会议上的讲话中借用了一句古话："莫用三爷，废职亡家"①②，就是想借此告诫各级党员干部要深刻地认识到严格要求和管理好配偶、子女的重要性，任意放纵自身、家属、亲属利用特殊身份谋取非法利益，最终不免要落得个"废职亡家"的悲惨结局。古语也有云，无规矩不成方圆。焦裕禄家风就是对传统文化规矩的守护，是对党纪党规的谨遵，是对从政廉洁的恪守。广大党员要牢记党纪党规，守住为人处世的基准和底线，守住家庭生活中不可触碰的法律红线和不可逾越的道德底线。

保持党的先进性和纯洁性不仅要求党员加强党性修养，严格遵守党规党纪，反对腐败；关键还在于强化党员思想意识，坚定共产主义理想信念，坚持党的根本宗旨，始终贯彻立党为公、执政为民的理念，顺应时代的发展，在各方面发挥先锋模范作用。焦裕禄是先进党员代表，其优良家风是党员干部家庭学习的榜样。传承焦裕禄家风有利于党员领导干部树立正确的价值观，加强理论的学习和践行，坚定理想信念，保持党员的先进性和纯洁性。一旦有了坚定的理想信念，就会不动摇、不放弃，就会用生命去践行在党旗下的每一句誓言，争取多为党做工作，活出生命的价值。古者有云："定身以行事谓之信"③，怎样的人是让人"害怕"的，是信者。所谓信者无敌，因为信者心中有正义和信念。焦裕禄家风是党的先进性和

---

① （清）汪辉祖：《学治臆说》，商务印书馆 1960 年版，第 38 页。

② 中共中央文献研究室：《习近平总书记重要讲话文章选编》，中央文献出版社 2016 年版，第 367 页。

③ 《国语》，齐鲁书社 2005 年版，第 144 页。

纯洁性的重要体现，不仅是过去那个时代的先进代表，其丰富内涵在任何时代都具有深刻教育意义。树立焦裕禄家风典型有利于提高党的威望，加强党员先进性和纯洁性教育。电影、话剧、宣讲团、实物等都是很好的教育学习形式，焦裕禄同志本人的先进事迹、家庭成员的切身感受、优良家风的传承和践行是每一位党员干部都应加深领悟的。像1990年峨眉电影制片厂拍摄的电影《焦裕禄》，无论放在今天还是以后，其学习教育意义都是十分深远的，值得每一位党员去观摩去学习。对焦裕禄的学习可以通过电影、话剧等文艺创作的方式，使焦裕禄这个英雄人物在学习的过程中更加形象化生动化，也就是感性化；也可以通过实物的形式，通过对焦裕禄纪念馆的参观，在焦裕禄干部学院的学习，使感性认识上升为理性认识，加强理论学习，增加理论认识的高度和深度，真正发挥焦裕禄作为优秀共产党员在党内的先锋模范作用，发挥焦裕禄家风对党员领导干部家风建设的价值意义。

加强党性修养的基础在学，根本在做。党员要通过对焦裕禄家风的学习，充分发挥自身在家风养成中的表率作用。形成具有自身特点的，适应现代社会家庭结构、家庭成员交往方式发展变化的优良家风。面对亲情、友情、同学情、面对可能的诱惑或交易，作为党员干部要坚守底线，做好国家的卫士和守护者，千万不能丧失底线！无论是在生活中，还是工作中，都要把奋发有为、事必躬亲、敢作敢当、甘于奉献这些优秀品质践行到实处。带好头，做好表率，坚决维护党的权威。通过学与做的相互贯通，相互促进，不断提升自身党性修养，保持党员的先进性和纯洁性，使自己成为一名真正合格的共产党员。这些都会在无形中潜移默化地影响着家人、身边人，会成为家人成长的无形的精神力量。作为党员，只有始终坚持在对那些伟大灵魂的敬仰与回味中，加强学习，才可以更好地保持共产党员的先进性和纯洁性，做他们的传人，谱写我们人生新的篇章。①

---

① 鲁献启：《今天我们怎样学习焦裕禄》，河南人民出版社2014年版，第105页。

2. 焦裕禄家风有利于营造良好的政治生态

"人人是环境，个个是生态"，良好的政治生态需要全党上下的共同努力。习近平总书记多次强调净化政治生态的重要性，自然生态要山清水秀，政治生态也要山清水秀。政治生态是党风、政风和社风的综合体现，其核心问题是领导干部的党性、觉悟和作风。

传承焦裕禄家风有利于深化反腐倡廉和党风廉政建设。党风廉政建设直接关系到国计民生，建设廉洁政治生态是中国共产党一贯鲜明的政治立场。党的十八大以来，党中央加大了反腐倡廉力度，对腐败行为展开了追缴和清算。追缴和清算既要依靠法律，对腐败分子进行法律制裁，予以严惩警示；也要依靠文化软实力，从意识形态入手，通过家风养成教育、理想信念教育、道德品质教育，从心灵深处对腐败分子的贪腐思想予以触动。弘扬焦裕禄家风是反腐倡廉的重要举措，焦裕禄家风充分体现了中国共产党人的理想信念和道德品质。"人情"一直是中华民族所看重的，"人情关系"问题也一直是考验党员干部政治觉悟的重要课题。党员的党性修养来源于情，对党的情，对国家的情，对人民的情，"情"可以是种活力，也可以是种欲望。领导干部要讲情，但讲什么情、怎样讲情却是需要注意的。不能被私情、亲情、人情所困，要合理、合规、合纪、合法地表达人情。当下，面对新的国内国际形势，加强对配偶子女的严格要求和管理，显得尤为重要。① 焦裕禄家风作为焦裕禄精神在家庭生活的集中体现，其在党风建设方面的重要性不言而喻。党员领导干部的家风影响着党风，影响着社风和民风。党员干部要用焦裕禄精神严格要求自己，管理好家庭，对一切贪腐思想、腐蚀诱惑保持高度警惕，防微杜渐。

近年来，党风、政风有了很大的改善。当然，也还存在着一些不尽如人意的地方。一些党员干部忘了入党誓词，淡化、动摇甚至丧失了理想信念，不能严格按照党员标准约束自己，以至于出现一些"损公肥私""临

---

① 《习近平在十八届中央纪委六次全会上发表重要讲话强调：坚持全面从严治党依规治党创新体制机制强化党内监督》，《人民日报》2016 年 1 月 13 日。

财变节""吃喝嫖赌抽"等丑恶现象，损害了党的形象和党群关系。焦裕禄家风是党员干部自省、自重和自励的生动教材。每一个党员干部都要像焦裕禄那样，以身作则，管好家人和身边人，做组织、群众信赖的人，做朋友、同事敬重的人，做家人引以为傲的人，做一生问心无愧的人。传承焦裕禄家风，是整顿党风、政风，净化政治生态的一个重要途径。

作为领导干部，不能松懈对自身的严格要求，除了要做好前方的服务性工作，后方家庭的管理同样不可忽视。对家庭管理的好与坏，其实是对领导干部执行力最直接的考验。作为领导干部，要自觉以焦裕禄同志为榜样，以焦裕禄家风为家风表率，进行自我教育和自我完善。党员干部与配偶、与子女之间的感情不仅是一份亲情，还是一份社会主义事业的传承。这份传承需要时间，需要用心去沟通、去经营。要坚持不懈地提高自身修养，管理好自己的家庭，做好人民的公仆，为良好政治生态的形成贡献自己的力量。

3.焦裕禄家风有利于党风建设

家风对党风建设的作用有两面：良好的家风促进党风建设；不良的家风阻碍党风建设。

2015年10月，中共中央印发《中国共产党廉洁自律准则》，其中要求党员干部"自觉带头树立良好家风"。2016年1月12日，习近平总书记在中央纪委全会上强调："每一位领导干部都要把家风建设摆在重要位置，廉洁修身、廉洁齐家。"[1]党的十八大报告提出，"各级领导干部特别是高级干部必须自觉遵守廉政准则，严格执行领导干部重大事项报告制度，既严于律己，又加强对亲属和身边工作人员的教育和约束，决不允许搞特权"[2]。党的十九大报告指出："坚持以上率下，巩固拓展落实中央八项规定精神成果，继续整治'四风'问题，坚决反对特权思想和特权现象"[3]。这其实是中共中央在进行党风廉政建设的过程中，试图从源头来改善党风，从党员

---

① 《习近平谈治国理政》第二卷，外文出版社2017年版，第165页。
② 《十八大以来重要文献选编》（上），中央文献出版社2014年版，第42—43页。
③ 《习近平谈治国理政》第三卷，外文出版社2020年版，第52页。

干部的家风着手，更加注重治本。中央纪委网站上专门设立以"中国传统中的家规"为主题板块，旨在让优良家风刮进每一位党员干部的家中。焦裕禄精神是焦裕禄家风熏陶下的产物，它是中华民族优秀传统家风的榜样实践。焦裕禄家风中蕴含"平民本色、清正廉洁、家国一体、夫妻和睦、注重教育"等重要内涵，这些与党风建设的要求高度契合。焦裕禄曾经在领导干部会议上指出："生活不要特殊，家属也不能特殊，谁的家属都一样"①。1963 年 5 月，为了提高工作效率，防止小孩在县委大院里打闹嬉笑影响工作，焦裕禄动员家属带头搬出县委机关大院。起初，焦裕禄的妻子徐俊雅不乐意，焦裕禄严肃地指出，不能只想着自己，要顾全大局、带头示范。徐俊雅为之动容，搬出了大院，其他同志也纷纷在焦裕禄的带动下，搬出了县委大院。焦裕禄就是这样一位身体力行，时刻严格要求自己、要求家人的模范共产党员，他留给后世的焦裕禄家风是党风建设的宝贵财富。

党风建设是一个长期、复杂、艰巨的工作，因此我们必须以务实的态度、紧迫的意识、创新的思路，弘扬焦裕禄精神，把学习焦裕禄家风贯穿党风建设的始终，从源头上铲除党员干部腐败滋生和蔓延的土壤，保证党带领人民在中华民族伟大复兴的道路上走得更远、更稳。

三、焦裕禄家风对弘扬民族精神的价值意义

莎士比亚有句名言："在命运的颠沛中，最可以看出人们的气节。"个人气节组成民族气节，民族气节是一个民族傲立于世的精神支柱。社会主义核心价值体系强调大力培育和弘扬以爱国主义为核心的民族精神，民族精神是推动民族生存和发展的精神样态和精粹思想，具有历史传承性，也具有时代性，即与时俱进的本质。民族精神是对一定社会历史生活条件的反映，与历史条件、时代任务紧密联系。它需要结合新的时代特点，顺应时代变化发展要求，不断创造富有时代气息、具有旺盛生命力的精神精

---

① 周长安等：《焦裕禄在兰考的 475 天》，中州古籍出版社 2014 年版，第 20 页。

华。焦裕禄家风内涵丰富，彰显出的个人气节具有深远影响，其核心内涵——爱国情怀对弘扬民族精神具有重要价值意义。

1. 焦裕禄家风有利于巩固民族精神的根基

民族精神的核心是爱国主义，焦裕禄家风的核心内涵是一心为民的爱国情怀。巩固民族精神之根基为的就是实现国家的富强、民族的复兴、人民的幸福和社会的和谐。以人民为中心，不断为人民造福是弘扬民族精神永远的价值目标。群众路线是焦裕禄精神的精髓，一心为民是焦裕禄家风的核心内涵。学习焦裕禄精神、传承焦裕禄家风就是要一步一个脚印地深入人民群众当中，和他们融为一体。带着对人民群众的感情，艰苦奋斗，实现人民对美好生活的向往。焦裕禄家风所体现的为民、务实和清廉品质是开展党的群众路线教育实践活动的精神力量，对弘扬民族精神发挥着重要作用。

巩固民族精神之根基关键在于坚持文化自信。文化自信很大程度上，表现为对本民族优秀文化传统的认同和守护。焦裕禄家风是对中华优秀传统文化和时代精神精华的汲取，传承焦裕禄家风对民族精神根基的巩固具有重要意义。习近平总书记在中共中央政治局第十二次集体学习时讲话指出："要继承和弘扬我国人民在长期实践中培育和形成的传统美德……在去粗取精、去伪存真的基础上，坚持古为今用、推陈出新，努力实现中华传统美德的创造性转化、创新性发展，引导人们向往和追求讲道德、尊道德、守道德的生活，让13亿的每一分子都成为传播中华美德、中华文化的主体。"[1] 中华优秀传统文化是中国文化之精华，是民族精神形成的思想基础和文化土壤。讲修养、重家风是中华民族的优秀文化传统，焦裕禄家风正是立足于中华优秀传统文化。传承焦裕禄家风，有利于充分挖掘中华优秀传统文化中的思想道德资源，为巩固民族精神之根基提供思想保障。焦裕禄将"天下兴亡，匹夫有责"的爱国情怀；"天行健，君子以自强不息"的坚韧品质；"富贵不能淫、贫贱不能移、威武不能屈"的惊人气魄；"厚

---

① 《习近平在中共中央政治局第十二次集体学习时强调：建设社会主义文化强国着力提高国家文化软实力》，《人民日报》2014年1月1日。

德载物"的浩然之气等中华传统文化的精髓演绎得淋漓尽致。焦裕禄的这些优秀品质值得后人学习和弘扬。

爱国主义是中华传统文化的主导精神，是中华民族精神的核心。焦裕禄家风体现的是中华传统文化之精髓，是对爱国主义最好的诠释。对焦裕禄家风的传承，很大一部分内容是将中华优秀传统文化的精髓融入人民群众的学习、工作和日常生活中，使人民群众都能成为弘扬优秀传统文化，传承焦裕禄家风，巩固民族精神根基的主体。

2. 焦裕禄家风有利于进一步丰富民族精神的内容

赓续和弘扬民族精神，不仅需要继承以爱国主义为核心的优秀传统文化，更需要结合时代特点，与时俱进，吸收满足时代进步要求的时代精神精华，进一步丰富民族精神的内容，使中华民族精神内涵不断得以丰富和完善。

面对世界百年未有之大变局和中华民族伟大复兴战略全局，面对更多的新情况、新问题、新诱惑，仅仅重视优秀传统文化的传承还不够，还应发挥现代主流价值观的引领作用，并形成规范的制度作为保证。传统与现代的融合才能塑造真正属于时代的好家风，焦裕禄家风就是传统美德的现代传承，是久经淬炼、跨越时代的优秀精神结晶。焦裕禄家风，不仅是对中华优秀传统文化的汲取，还是对时代精神精华的吸收，焦裕禄家风在本质上是顺应时代发展需要的先进文化，其赋予了民族精神新的时代内涵。自觉与时代保持一致，与时俱进，才能永葆生命力。焦裕禄家风内在地体现了社会主义核心价值观的价值诉求，当代民族精神的培育必须以社会主义核心价值观作为主流价值引领，以实现中国梦为共同目标。社会主义核心价值观从公民个人、社会、国家三个层面，提出了价值目标和实践准则，"爱国、敬业、诚信、友善""自由、平等、公正、法治""富强、民主、文明、和谐"。焦裕禄家风所体现的道德准则、价值取向与社会主义核心价值观是一脉相承的。焦裕禄教育子女要热爱劳动，要干一行爱一行；焦裕禄教育子女要始终坚定理想，保持昂扬的精神状态，自觉地维护国家的利益，为共产主义事业而奋斗。其家风体现的不仅是个人的道德品质、行为准则，更是对党和国家的热爱和忠诚。这种家国情怀，是社会主义核心价值观的集中体现，是中华民族的共同渴望和期待，引导着人民为中华民族伟大复兴中国梦的实现而努力奋斗。

当下，人们强调较多的是个性解放，是独立，是自主，是自由。这在一定程度上容易淡化人们的集体意识。民族精神体现着一个民族的凝聚力，它关系着一个民族的未来发展方向。每个人都是民族精神形成的参与者和缔造者。它的实现必须紧紧依靠人民，必须走中国道路，必须坚持中国共产党的领导。[①] 焦裕禄是人民的公仆，是所有党员干部学习的榜样，学习焦裕禄家风是推进党和人民事业发展、实现中华民族伟大复兴的中国梦的强大正能量。[②] 弘扬民族精神，实现中国梦，需要调动一切可调动的积极因素，汲取包括焦裕禄家风在内的强大正能量。中华民族伟大复兴中国梦的实现，任重而道远，必须使人们特别是广大党员干部，具有良好的精神风貌，具备符合时代的高品格、高素质。将焦裕禄家风中所蕴含的忠诚、担当、清廉、质朴等优良作风和高尚情操，落实到党员干部和群众的教育实践活动中，必然会发挥很好的育人效果。把焦裕禄作为榜样，在思想上坚定信仰、积极进取；工作中勇于创新、迎难而上；生活中严格要求、达到武装全党和全国各族人民思想的目标，人民群众永远是弘扬民族精神的主体和生力军。

弘扬民族精神既要不忘本来，也要开辟未来，在继承的基础上不断创新。民族精神的力量不但在于它是过去优秀品质的结晶，而且时代也总能赋予它新的内涵，与新的实际相结合，迸发出永恒的魅力。焦裕禄家风所具有的重民本、崇正义、讲仁爱、守诚信等时代价值，是进一步丰富民族精神的重要源泉。弘扬焦裕禄家风，对新时代建设一支高素质的党员干部队伍提出了具体要求，为新时代弘扬中华优秀传统文化和践行社会主义核心价值观提供了精神动力，进而为丰富民族精神新的时代价值、为中国梦

---

① 林钊：《治国理政新方略》，国家行政学院出版社 2014 年版，第 38 页。
② 《学习弘扬焦裕禄精神》，人民出版社 2014 年版，第 38 页。

的实现凝聚了强大的中国力量。

四、焦裕禄家风是焦裕禄精神的家庭体现

著名诗人臧克家先生说过："有的人活着，他已经死了；有的人死了，他还活着。"焦裕禄逝世已经半个多世纪了，但他留给世人的思想精神却是永恒的。2014年3月，习近平总书记进一步将焦裕禄精神提炼为"心中装着全体人民、唯独没有他自己"的公仆情怀，"吃别人嚼过的馍没味道"的求实作风，"敢教日月换新天"、"革命者要在困难面前逞英雄"的奋斗精神和"任何时候都不搞特殊化"的道德情操。① 习近平总书记指出，虽然焦裕禄离开我们50年了，但焦裕禄精神是永恒的。……只要我们搞中国特色社会主义，只要我们还是共产党，这种精神就要传递下去。② 焦裕禄精神是焦裕禄的精气神，是其个人品质、党性修养、政治觉悟的本质概括，在其家庭生活中也得到具体体现。焦裕禄家风是焦裕禄精神的重要组成部分，是其在家庭生活中的集中体现，加强对焦裕禄家风的研究是弘扬焦裕禄精神的有效途径。

1.忠诚担当式家风是焦裕禄精神的集中体现

忠诚于党、忠诚于人民事业的责任与担当式焦家家风，是焦裕禄公仆情怀精神最集中的体现，亦是焦裕禄精神的核心内涵。

忠诚于党和人民事业的坚定信仰和信念，是焦裕禄攻坚克难的精神支柱和精神动力。在兰考县遭受"三害"最严重的时候，焦裕禄接受党的委派，来到兰考县任职。他感谢党把他派到了最艰苦的地方，他认为这是一份信任。③ 来到兰考的他一步也没停歇。虽然已身患重病，但焦裕禄仍和没事人一样，以满腔热忱投入工作，足迹踏遍兰考的每一寸土地。看着兰

---

① 《学习弘扬焦裕禄精神》，人民出版社2014年版，第1—2页。

② 《习近平在调研指导兰考县党的群众路线教育实践活动时强调：大力学习弘扬焦裕禄精神　继续推动教育实践活动取得实效》，《人民日报》2014年3月19日。

③ 任彦芳：《焦裕禄身后：我与兰考的悲喜剧》，广东人民出版社2013年版，第9页。

考人民所遭受的"三害"苦难,焦裕禄十分心痛。虽然焦裕禄在兰考工作仅有 470 多天,但在他鞠躬尽瘁为人民的精神感染、带领下,兰考的干部和群众与之共同努力,奋然前行,造福着这一方百姓。焦裕禄始终把党和人民事业放在高于一切的位置,就算是生命的最后一刻,他所想的仍然是党和人民。在临终前,他用尽全力断断续续说着的话都是关于兰考的:"我没有完成党交给我的任务,没有实现兰考人民的要求,心里感到很难过……"他对组织提出的唯一要求,就是在他死后,把他运回兰考,埋在沙堆上。他留下遗言:"我活着没有治好沙丘,死后,希望把我埋在沙丘上,死了也要看着兰考人民把沙丘治好。"[1]

坚定的信仰和信念来自理论上的清醒,一个人是否具有坚定的信仰信念,与他具有的理论水平有着直接的联系。焦裕禄每天无论工作到多晚,都会坚持学习。他对女儿说:"毛主席的书,是做好一切工作的本钱,不学就做不好工作。"[2] 在他去世后,人们在他病床枕头下发现两本书:《毛泽东选集》和《论共产党员的修养》,这是焦裕禄病重时留给女儿的,他告诉女儿:"在那里面,毛主席会告诉你怎么做人,怎么工作,怎么生活……"在焦裕禄影响下,妻子和儿女都是共产党员队伍中的一员。

焦裕禄就是这样一位县委书记,这样一名共产党员,这样一位丈夫,这样一位父亲。支撑个人和政党、民族和国家存在与发展的根本,是理想信念。无论世界怎样变化,作为一名优秀的共产党员,忠于党、忠于人民事业的信仰和信念是至高无上的价值取向,任何时候都不会变也不能变。焦裕禄家风和焦裕禄精神在内核方面是一致的,这既是焦裕禄的价值目标,也是焦裕禄对党的完全信赖,对社会主义、共产主义事业的坚定信念,对百姓的热爱。

2.廉洁式家风是焦裕禄精神的重要体现

著名表演艺术家李雪健有一则廉政公益广告,里面有句话叫:一身正

---

[1]　周长安等:《焦裕禄在兰考的 475 天》,中州古籍出版社 2014 年版,第 178 页。

[2]　魏治功等:《焦裕禄读本》,河南人民出版社 2011 年版,第 186 页。

气，两袖清风，说的便是焦裕禄。李雪健说那是一种榜样的力量，一种精神的力量，感染了他，也感染了很多很多的人。党员干部的家风是其作风的重要体现，家风廉洁与否也直接影响着其政治作为，廉洁式家风是焦裕禄精神的重要体现。

清正廉洁，是中国共产党的建党基石，是立党之本，是其先进性和纯洁性的集中体现，彰显的是其立党为公、执政为民的本质要求。党的十九大报告提出："弘扬忠诚老实、公道正派、实事求是、清正廉洁等价值观。"[1] 何为廉？真正的廉不在言，而在行，根本在于心。焦裕禄是人民公认的清廉楷模，其一言一行就是清正廉洁最好的表现。焦裕禄在兰考工作期间，非常重视抓党风廉政建设，特别是在廉洁自律方面。他自身严格遵守党规党纪，从不利用手中的权力为自己，为亲属谋取一丝私利。在调查研究的基础上，制定了一系列好的规章制度、廉洁规定，自己首先带头遵守。他起草了著名的《关于鼓足干劲 搞好生产 勤俭过春节，防止浪费的通知》，要求党员干部切实做到"十不准"，[2] 不贪污，不浪费，勤俭节约，和群众同甘共苦，任何干部在任何时候都不可搞特殊化，这对当时十分贫困的需要建设的兰考来说，具有重要意义。焦裕禄非常重视廉政建设和反腐败斗争，因为他非常清楚一点，领导干部的权力是人民赋予的，是属于人民的，作为权力的执行者，一定要权为民所用，受人民的监督和制约。无论是战争年代还是和平年代，只有时刻做到自重、自省和自警，坚守底线，才能让权力的行使不偏离正轨。

"历览前贤国与家，成由勤俭败由奢。"[3] 中国共产党始终把党的纪律落实到自律上，严于律己，这是党员的政治本色。人生不能越界，底线必须坚守。明底线，守底线是党员干部修身齐家、从政办事的必修课。党员干部要时刻做到手中有尺，心中有矩，正确使用手中的权力。要以焦裕禄为榜样，铭记心中的尺度和底线，廉洁自律，从严治家，坚决同腐败现象

---

① 《习近平谈治国理政》第三卷，外文出版社 2020 年版，第 49 页。

② 何香久：《焦裕禄传》，河南文艺出版社 2012 年版，第 119 页。

③ 《韩非子》，河南大学出版社 2008 年版，第 115 页。

作斗争。

3.质朴式家风是焦裕禄精神的具体体现

热爱劳动、艰苦奋斗是中华民族的传统美德，也是焦裕禄家风的重要内容。毛泽东曾经警告过，一切坏事都是从不劳而获开始的。只有尊重劳动，才能体会到劳动成果的来之不易，也才会懂得珍惜别人的劳动成果。一分耕耘一分收获，劳动创造的不仅是物质财富，还有精神财富。热爱劳动、艰苦奋斗这种崇高品质体现在焦裕禄生活、工作的方方面面，质朴式家风是焦裕禄求实作风和奋斗精神的具体体现。

焦裕禄在生活上，躬行节俭、艰苦朴素。从小种过地，逃过荒，给地主当过雇工，推过小车卖过煤。加入中国共产党后，无论是参加革命初，还是当上县委书记后，他始终保持着劳动人民的本色。他的衣服、袜子总是补了又补，爱人想给他买新的，他便会说"跟贫下中农比比，咱穿的就不错了"①。夏天他也只是花四毛钱买一条蒲席铺，连凉席都不买。焦裕禄在工作中，迎难而上、不怕艰苦。他为人低调，留存下来的照片很少，生前在兰考仅留下的4张珍贵照片，其中3张都是工作劳动时的，这几张劳动照是刘俊生同志趁焦裕禄不注意时，挤在人缝偷偷给他拍下的。照片中的他是喜悦的，他看到泡桐树生长得枝繁叶茂，想着10年后的这里，变成一片林海，当然就非常高兴。焦裕禄经常是卷着裤管，朴实地在群众中劳动、工作。因工作需要，也时常会住在老贫农的草庵子里，蹲在牛棚里，向群众请教经验，和群众一起吃饭劳动。

劳动不仅是人类存在的基础，生存的手段，还是一个人在德、智、体方面臻于完善的源泉。人民的富裕、国家的富强离不开辛勤的劳动，中华民族伟大复兴的实现更需要人民的艰苦奋斗。不忘初心，方得始终，时代在变化，但艰苦奋斗的心不能变。艰苦奋斗是中国共产党的优良传统，这种传统应该慎终如始，应该得到传承，在红色后代中传承，在寻常百姓家弘扬。

---

① 穆青等：《县委书记的榜样——焦裕禄》，《人民日报》1966年2月7日。

第四节　新时代焦裕禄家风的传承路径

在新时代，焦裕禄家风的传承，既要坚持党性原则，坚持马克思主义的指导思想，同时也要结合时代要求，以人民为中心，联系广大人民群众生活和工作实际需求，正确引导社会舆论，凝聚力量，发挥宣传教育真正的影响力。①

一、加大宣传力度为焦裕禄家风的传承营造良好舆论氛围

马克思曾就报纸的功能指出："报刊按其使命来说，是公众的捍卫者，是针对当权者的孜孜不倦的揭露者，是无处不在的眼睛，是热情维护自己自由的人民精神和千呼万应的喉舌。"② 当然，现如今除了报纸、电视等传统媒体形式外，自媒体等新兴媒体不断发展，微博、微信、QQ、APP 等都已成为人们津津乐道的精神交往媒介。对焦裕禄家风的传承，需要加大宣传力度，通过传统媒体与新兴媒体的深度融合，通过创新主旋律创作思路来营造良好舆论氛围。

1. 通过传统媒体和新兴媒体的深度融合加大焦裕禄家风宣传力度

习近平总书记在中央深改组第四次会议上强调："推动传统媒体和新兴媒体在内容、渠道、平台、经营、管理等方面的深度融合，着力打造一批形态多样、手段先进、具有竞争力的新型主流媒体，建成几家拥有强大实力和传播力、公信力、影响力的新型媒体集团，形成立体多样、融合发展的现代传播体系。要一手抓融合一手抓管理，确保融合发展沿着正确方

---

① 中共中央文献研究室：《习近平总书记重要讲话文章选编》，中央文献出版社 2016 年版，第 416 页。

② 《马克思恩格斯全集》第 6 卷，人民出版社 1961 年版，第 275 页。

向推进。"① 新兴媒体生成舆论、影响舆论的能力日益增强，打造新型主流媒体，唱响主旋律，积极占领网络舆论阵地愈加重要。

随着经济的发展，社会的变化，面对快节奏的生活，无论是孩子还是家长都面临各式各样的压力，和睦的家庭是每一个人都渴盼的。真正好的东西不会被社会所遗弃，就像好家风的宣传，只要宣传到位，合大众口味，通过现代的手段，可以将焦裕禄家风典范更加形象地表现出来，让一代又一代，可能并不是特别了解那个时代的后辈们，更加深刻地感受到优良家风传承的重要意义，从而产生实际的教育效果。新型主流媒体要将主要关注对象对准年青一代，利用各式媒介进行全方位、立体式的宣传，突出焦裕禄家风在家庭教育、道德修养、作风建设等方面的模范示范作用，加大对焦裕禄优良家风、家庭的宣传力度。

打造新型主流媒体需要配合有效的监督和管理，不仅要健全基础管理、内容管理、行业管理以及网络违法犯罪防范和打击等工作联动机制，健全网络突发事件处置机制，形成正面引导和依法管理相结合的网络舆论工作格局，而且要重视队伍建设，严格新闻工作者职业资格制度，加强新闻媒体工作者的修养。

2.通过创新主旋律创作思路为焦裕禄家风传承营造良好舆论氛围

从近几年主旋律创作的反馈来看，越来越多的主旋律题材作品不仅取得了好的收视和票房，还获得了好的口碑。能获得好评最重要的原因还在于人，是否能打动人心，怎样的作品才能打动人心呢？当然是走心的作品。

2016年6月，有一部名为《红色气质》的微电影陆续在各大新媒体终端和户外大屏发布，一位95岁高龄的老人瞿独伊，瞿秋白唯一的女儿，以清唱《国际歌》的方式拉开了影片的序幕，"儒雅的书生和壮烈的革命者，哪一个是我的父亲？"一边翻阅着家庭相册，一边讲述着父辈们的无私无畏，以一张照片定格一个瞬间的方式，运用3D还原历史瞬间的手段，让所有故事鲜活、"动"了起来。本部影片最令人动容的地方，是那一幅幅原本幸福

---

① 《习近平关于全面建成小康社会论述摘编》，中央文献出版社2016年版，第117—118页。

完整的"全家福"，因烈士们的牺牲而在照片中虚化，留下一个个悲伤的孩子，影片最后，故去的共产党人在一张张"全家福"中，跨时空地与家人"重逢"了。"日夜操劳的焦裕禄，至死未与家人照过一张合影，片中，借助特效，他终于和家人'合影'了一张'全家福'。"这部只有 9 分 5 秒时长的影片，获得了全国电视纪录片、专题片推选一等奖。它的成功在于"走心"，创作团队具有创新主旋律作品的理念，用心探索和发掘着主旋律作品的正确打开方式，用镜头来叙事，用声画来抒情，没有高调的宣示、没有高谈阔论，只有情感、亲情和心灵的感动。让人们在潜移默化中感悟着一代又一代中国共产党人坚定的信仰与追求、责任与担当、震撼人心的气质与情怀，很好地揭示了其想要表达的主题："人民就是江山，江山就是人民。"

像《长津湖》电影、香港青年爱国歌曲快闪短视频在春节期间央视新闻连续 8 天播出系列活动——新春唱响"我和我的祖国"。以年轻人喜闻乐见的方式，在国庆节和新春最热闹、最幸福的日子里，用荡气回肠的爱国主义影片和歌曲，让大家能够把"家"和"国"紧紧联结在一起，特别是让年轻人感受主流电影和歌曲的魅力，激发民族自豪感和家国情怀等。其取得成功的关键就在于引起人的共鸣，不是居高临下的用话语灌输，而是以极强的节奏感和毫不拖泥带水的方式，以极高的真实还原度引发了观众的最大共鸣。好的宣传教育内容，需要好的创作思路的配合，同时提供宣传力度的支持，才能有效地发挥起传播弘扬主旋律的积极效用。很多时候宣传教育是润物无声，在不知不觉中自然产生影响并发挥作用的，改变人们的某些观念，进而影响到人的行为。创新创作思路可以为焦裕禄家风传承营造良好的舆论氛围，将深沉的家国情怀放进走心的主旋律创作中表现，达到灵魂教育的目的，产生出看得见的影响力。

二、创新宣传手段使焦裕禄家风的传承满足不同受众需求

焦裕禄家风内涵深刻，具有丰富的教育元素，无论何时都是感动和教育后人的最佳教材。其内容既承载了中国传统文化的优秀品质，也是社会

主义核心价值观主要内容的生动体现。在散文《在尼斯》中，巴金说过："读者们不是一块铁板，他们有各人的看法，他们是'各取所需'。"

1. 焦裕禄家风的传承要由单向传输朝双向多边互动发展

马克思认为："自由的出版物是人民精神的慧眼，是人民自我信任的体现，是把个人同国家和整个世界联系起来的有声纽带；自由出版物是变物质斗争为精神斗争，而且把斗争的粗糙物质形式理想化的获得体现的文化……"① 新时代，焦裕禄家风的传承，要将说教式的单方向传输，朝双向多边互动发展。要重视群众的主体地位，只有发挥群众的积极性，才能使宣传教育发挥实效。

随着信息技术的不断发展，受众不再是单纯的被动的信息传播接受者，他们随时可以成为信息的提供者和传播者，并且根据个人需求和兴趣决定其想要传播的内容。传播不再是专业人员的专利，我说你听，也不再是宣传工作的定律。加强对焦裕禄家风的传承，需要将宣传教育方式互动化，通过对受众进行有深度、有广度的调查，寻求新的报道方式和手段，以满足不同受众的多层次需求。

网络通信、各种新的社交平台，是人们信息沟通的重要渠道。焦裕禄家风传承，不仅要加强正面报道和引导，还要注意批评报道，敢于开展新闻批评是一个政党有力量的表现。当今时代"人人都有麦克风"，面对公众的质疑、批评、建议和监督，我们要做的是直面，而不是堵、不是截，更不能利用手中的权力为所欲为，否则，失的不是一则报道，而是公信力。不同类型受众希望看到、听到的内容是不同的，同样的内容可以具有不同的表达方式。一些我们熟知的文化，可以依托专业的新闻人才进行精编筛选，通过重新审视、理解，实现内容与情感的深度契合。坚持正面宣传为主，加强舆论引导，让广大受众看到有态度有观点的宣传报道。发挥广大群众的主体作用，使焦裕禄家风的传承做到由单方向传输向双向多边互动发展。

---

① 《马克思恩格斯全集》第 1 卷，人民出版社 1956 年版，第 35 页。

2. 焦裕禄家风的传承需要将传统家庭美德与时代价值观相融合

要使焦裕禄家风的传承满足不同受众的多层次需求，就必须以内容建设为本。充分发掘焦裕禄家风所蕴含的具体教育内容，融合优秀传统家庭美德与社会主义核心价值观的具体内容。善于运用实例和典型开展宣传，正确引导，一事例一典型，将宣传教育内容具体化、深入化、多元化。满足不同受众的情感需求，是创新宣传教育途径的根本。

对焦裕禄家风的传承要在信息真实、观点正确的基础上，善于运用理性思考。对待复杂的社会问题不能情绪化，更不能煽情，要使宣传教育内容多元化。主流意识形态的内容，须文风朴实、生动、接地气，要让受众产生看的兴趣、听的兴趣，才能为之打动，受其影响。例如焦裕禄在教育子女方面，要求子女热爱劳动。热爱劳动是中华民族的优秀传统美德，如何发挥这种传统美德的作用？可以结合焦裕禄在教育子女方面的一言一行，再结合当前孩子在成长过程中由于缺少劳动教育而产生的不良影响。及至孩子长大后，这些不良影响是怎样一一显现出来的，通过具体事例讲述传承热爱劳动这一中华传统美德的极端重要性，从而发人深省，发挥教育意义。

文化是民族的根，家国情怀是人之根，渗透到人的心窝，滋养着人的灵魂。其内在的力量、能量是巨大的，很多时候只是隐藏在了深处，就像人的潜力，需要发掘，千里马也只有遇到伯乐才成其为千里马。实现宣传教育内容和方式的完美结合是十分重要的，情深意切最动人，最易感染人和影响人，这直接关系到焦裕禄家风传承的影响力。对焦裕禄家风的传承，需要将传统家庭美德与当代中国价值观念相融合，要以人们喜闻乐见的方式和内容去发挥宣传教育的引导力。

三、制定相应制度为焦裕禄家风的传承创建良好社会环境

"制度问题更带有根本性、全局性、稳定性和长期性。"[1] 传承焦裕禄

---

[1]《邓小平文选》第二卷，人民出版社 1994 年版，第 333 页。

家风不是一蹴而就的，它是一项长期的潜移默化的建设工程。除了要加大宣传力度，创新宣传手段之外，还需要借助制度化形式，创建良好的社会环境，加以强化和保障。

1. 通过强化社会参与机制形成焦裕禄家风传承的民族认同感

焦裕禄家风作为优良家风典范，其传承受公民践行程度的直接影响。要将焦裕禄家风的丰富内涵上升为民族共同的价值认同，需要全体社会成员的共同参与和努力。

公众参与，从一方面来讲是一种激励，从另一方面说也会形成一种约束，而这种约束是必然也是必需的。强化社会参与机制，首先要坚持党委领导，充分发挥各级党委和政府的统率作用；其次要发挥工会、妇联、学联、青联、侨联等人民团体的桥梁作用，利用慈善组织、志愿者组织等社会组织，多管齐下，形成合力；再者要发挥学校和教育机构的基础性作用，高校可作为宣传教育的主要阵地；同时发挥社区在宣传中的教育管理功能，在社区积极开展家庭文明建设活动。只有充分调动公民的参与积极性，汇聚各种资源，强化社会参与机制，传承焦裕禄家风才能取得更好的成效。

国家的建设离不开人民，同样，也只有国家强大了，人民的利益才能得到根本的保障，国与家，家与个人是密不可分、紧紧联系在一起的。传承焦裕禄家风的主动性和持续性需要得到进一步的提升，学习践行活动的开展就不仅仅要依靠党中央的号召和党员领导干部的重视，更多的还是要依靠广大群众的主动、自觉参与。焦裕禄家风，体现了党的优良传统，涵养了当代中国所需的价值观念，是符合中国现实需求，凝聚民心，激励全党和全国各族人民为实现中国梦而奋斗的强大精神力量。焦裕禄家风的传承活动，需要从代表全国人民根本利益、引领着中国先进文化发展方向的党员领导干部着手，需要发挥党员的表率作用。但并不止于此，焦裕禄家风传承的根本目的是让主流文化价值发挥时代作用，促进我国现代文明的建设，助力中国梦，中国梦是人民的梦，更加需要全社会的参与。

2.通过奖惩制度的制定强化焦裕禄家风传承的动力

实践证明，激励出动力。有效的激励机制，对于调动人们工作的积极性和创造性有着不可忽视的作用，它有利于组织文化的创立，形成一种尊重人、尊重文化的风气，形成一种努力进取、奋发向上的氛围。关于焦裕禄家风传承的奖惩制度可以分为两类，一类是党员领导干部家庭的传承奖惩制度，一类是普通百姓家庭的传承奖惩制度。

奖惩制度的制定，首先需要提高激励的有效性，坚持以人民为中心，坚持改革创新。激励可以分为内在激励和外在激励。所谓内在激励是指人在完成任务本身所产生的成就感、挑战感；而外在激励指的是来自任务外部的环境，比如待遇、政策、荣誉等。对于青年人来说，内部激励的作用往往会大于外部的激励，因为对于他们来说有比待遇、荣誉更具吸引力的东西，那就是挑战，并且有机会充分展示自己的才能。激励机制的建立，首先要针对不同阶段或不同人的不同需要，从横向和纵向的角度，制定措施，保持激励措施的创新性；其次要严格执行激励措施，激励措施有奖就会有惩，公平公正、严格的执行激励措施才能发挥激励的真正作用，否则不仅没有警醒落后的，还打击了先进的，得不偿失；再次要加强学习培训，提高人们各方面素质和能力，从根本上激励人们更好地投入其中，在注重家庭家教家风建设本身中获得激励。

对焦裕禄家风的传承，要从党员领导干部家风建设着手。治国必先治党，治党务必从严，从严必有法度。① 法度即法令制度，亦即法律，法律是维护国家公平正义的基石，国法是任何人都不能触碰的，它是国家的底线。党内法规作为中国特色社会主义法治体系的重要组成部分，不仅是建设法治国家的有力保障，也是治党管党的重要依据。党内法规，给党员干部的思想和行为提出了严格的标准、要求和举措，每个党员都应该遵守，因为每一位党员代表的是党的形象、国家形象，都应该是把守国门的卫兵，职责要求党员干部既要保护老百姓的利益，更重要的还要维护国家的

---

① 林钊:《治国理政新方略》，国家行政学院出版社 2014 年版，第 169 页。

尊严。要加大执行情况的监督检查，对违反法规的案件进行严肃查处，典型案件要及时通报，"惩治腐败这一手必须紧抓不放，利剑高悬，坚持无禁区、全覆盖、零容忍。"① 促进党员领导干部带头执行维护党规之权威。

法律的生命力在于实施，法律的权威也在于实施，党内法规中要更加明确党员领导干部家风建设的有关内容，针对党员，特别是领导干部的配偶子女，要以法律为准绳，制定约束性文件，做到有章可循有规可依。② 对党员领导干部在家庭建设方面作出的努力，应予以肯定，在政治上多关怀、思想上多关心、精神上多激励，物质上也要进行帮扶，对于一些还不尽如人意的地方要加强正向引导；对广大群众在弘扬焦裕禄家风建设方面的积极参与和贡献，也要予以奖励和表彰。

① 中共中央文献研究室：《习近平总书记重要讲话文章选编》，中央文献出版社 2016 年版，第 368 页。

② 《习近平在十八届中央纪委六次全会上发表重要讲话强调：坚持全面从严治党依规治党　创新体制机制强化党内监督》，《人民日报》2016 年 1 月 13 日。

第六章　焦裕禄公仆思想及其当代价值

党的十八大以来，以习近平同志为核心的党中央，加大反腐力度，"老虎苍蝇一起打"，反腐败斗争取得压倒性胜利并全面巩固。但腐败具有顽固性和反复性，稍不留神就会反弹回潮。党的十九大宣布，中国特色社会主义进入新时代，社会主要矛盾发生了深刻变化，如何打造一支坚持以人民为中心的公仆队伍，是时代发展提出的新命题。在新的历史方位下，人民群众对党员干部的要求更高、更严。焦裕禄是人民公仆形象的生动体现，对焦裕禄公仆思想进行研究，有助于培育新时代人民的好公仆，有助于为实现中华民族伟大复兴的中国梦夯实根基。

第一节　焦裕禄公仆思想的理论渊源和实践基础

马克思主义认为，实践是认识的来源。任何一种思想都有它深厚的理论和实践基础。焦裕禄的公仆思想，不是与生俱来的，也不是凭空产生的，而是焦裕禄在吸收中国优秀传统文化精华、继承毛泽东思想精髓的基础上，在其具体的生活和工作实践中逐渐形成和发展起来的。

一、焦裕禄公仆思想形成的理论渊源

所谓实践是认识的来源，是就人类认识的总体而言的，而并不是说每

一个具体的个人要想获得对于某一客体的认识都必须亲身参与实践，获取直接的经验。由于每一个人的生命和活动范围都是有限的，因此不可能做到事事亲身实践，而且文化或理论本身就具有历史的传承性，所以个体可以通过知识的学习和传递来获取间接经验。焦裕禄公仆思想的形成首先源于他对中华优秀传统文化和毛泽东思想的学习。

1. 中华优秀传统文化

马克思主义认为，人与环境是相互创造的。"人创造环境，同样环境也创造人。"① 一方面，一定的环境会提供一定的教育信息，从而影响人们的思想道德认知。另一方面，一定的环境也会形成一定的行为价值导向，从而制约人们的思想道德实践。焦裕禄出生于山东省淄博市博山区北崮山村的一户贫苦家庭，虽然只上了四年的学，但他从小就深受齐鲁文化、孔孟之道的熏染，这无疑为其公仆思想的形成奠定了最初的基础。

首先，焦裕禄公仆思想的形成源于焦裕禄对中国传统民本思想的学习。民本思想是中国传统文化中宝贵的资源，它发端于商周交替之际，兴盛于春秋战国之时。商人革夏命、周人克殷商的历史使得周朝统治者认识到"天命不常"，上天只佑助那些有德的人，而天的意志只有通过体察民情才能知晓，因此，统治者只有做到明德慎罚、怀保小民，才能得到上天的庇护，巩固王朝的统治。这一"敬天保民"的思想反映了周朝统治者对于民众力量的高度重视，开启了后代重民思想的先河。春秋时期，孔子提出了以"仁"为核心的德治思想，强调统治者要"为政以德"而非实施残凶暴虐的苛政，认为"道之以政，齐之以刑，民免而无耻；道之以德，齐之以礼，有耻且格"②。主张实行富民、教民的政策。战国时期，孟子主张在政治上施行仁政，认为民心向背是王朝兴衰的决定性力量，"桀纣之失天下也，失其民也。失其民者，失其心也。得天下有道：得其民，斯得天下矣。得其民有道：得其心，斯得民矣。"③ 他认为君、民、国三者之间，

① 《马克思恩格斯选集》第一卷，人民出版社 1995 年版，第 92 页。
② 张艳国：《〈论语〉智慧赏析》，人民出版社 2020 年版，第 17 页。
③ 解光宇等：《〈孟子〉读本》，中国人民大学出版社 2016 年版，第 148 页。

"民为贵，社稷次之，君为轻"①，统治者应当"爱民"、"利民"、与民同乐。孟子之后，荀子进一步提出了"君舟民水"的论断，认为"君者，舟也。庶人者，水也。水则载舟，水则覆舟"②。古人对于君民关系的深刻认识为日后焦裕禄准确把握官民关系、党群关系，树立起正确的权力观、地位观和政绩观提供了基本遵循。

其次，焦裕禄公仆思想的形成离不开焦裕禄对中国传统核心价值观的继承。中国的传统文化，实际上，是一个以伦理为核心的文化系统，人们奉行的是以"仁、义、礼、智、信"为主要内容的儒家道德规范，追求的是"修身齐家治国平天下"的人生境界。所谓"修身"即修德，是第一位的，也是基础性的。孔子曾将"知仁勇"视为"三达德"，认为"君子道者三，我无能焉：仁者不忧，知者不惑，勇者不惧"③。孟子则在孔子的基础上，提出了"四端四德说"，即"恻隐之心，仁之端也；羞恶之心，义之端也；辞让之心，礼之端也；是非之心，智之端也"④。汉代，董仲舒又加入了"信"，并将其与"仁义礼智"四德合称为"五常"。自此，"仁义礼智信"逐渐成为中国传统社会价值体系中最核心的要素，成为仁人志士修身养德的首要条目。但在儒家的思想中，修身并非终点而是起点，其真正的目的在于通过内心的不断修养成为君子，达到内圣，进而齐家治国、经世济民，实现外王。内圣是基础，外王是目的，只有实现了外王，内圣才有意义，才算最终完成。中国传统社会对于"内圣外王"这一理想人格的推崇和追求为日后焦裕禄正确处理个人与社会、个人与国家的关系，树立起科学的世界观、人生观和价值观提供了精神指引。

2. 毛泽东思想

除了中华优秀传统文化之外，毛泽东思想也是焦裕禄公仆思想得以形成的重要源泉。如果说中华优秀传统文化对于焦裕禄的滋养是潜移默化、

---

① 解光宇等：《〈孟子〉读本》，中国人民大学出版社 2016 年版，第 351 页。

② 方达评注：《荀子》，商务印书馆 2016 年版，第 133 页。

③ 张艳国：《〈论语〉智慧赏析》，人民出版社 2020 年版，第 270 页。

④ 解光宇等：《〈孟子〉读本》，中国人民大学出版社 2016 年版，第 75 页。

深入骨髓的，那么毛泽东思想对于焦裕禄的影响便是立竿见影、直达心扉的。

自 1946 年 1 月加入中国共产党以来，焦裕禄便开始系统地接受党的教育，自觉用毛泽东思想武装头脑，将毛主席的教导视作一切工作的最高指示，认真、反复地学。通过学习毛主席的《为人民服务》一文，他认识到中国共产党"完全是为着解放人民的，是彻底地为人民的利益工作的"①，要学会像张思德同志那样真正做到全心全意为人民服务。通过学习毛主席的《纪念白求恩》一文，他认识到要学会像白求恩那样，毫不利己、专门利人，努力成为一个高尚、纯粹、有道德、脱离低级趣味且有益于人民的人。通过学习毛主席的《论联合政府》一文，他认识到共产党员应该"全心全意地为人民服务，一刻也不脱离群众；一切从人民的利益出发，而不是从个人或小团体的利益出发"②，"共产党人的一切言论行动，必须以合乎最广大人民群众的最大利益，为最广大人民群众所拥护为最高标准。"③ 通过学习毛主席的《关于领导方法的若干问题》一文，他认识到在实际工作中必须始终坚持从群众中来、到群众中去，要学会"将群众的意见（分散的无系统的意见）集中起来（经过研究，化为集中的系统的意见），又到群众中去做宣传解释，化为群众的意见，使群众坚持下去，见之于行动"④。可以说，焦裕禄之所以最终能够确立起完全地、彻底地为人民服务的无产阶级世界观，成为人民的好公仆、群众的好领导，最根本的原因就在于他始终遵循毛主席的教导，并将毛泽东思想的立场、观点和方法活用于具体工作之中。

焦裕禄是毛主席的好学生，他不仅自觉以毛泽东思想为准则，改造思想、指导工作，还积极带动身边其他领导干部学习毛主席的著作。例如，在兰考县担任县委书记时，他经常教育县委委员要好好地学习毛主席的著

---

① 《毛泽东选集》第三卷，人民出版社 1991 年版，第 1004 页。

② 《毛泽东选集》第三卷，人民出版社 1991 年版，第 1094 页。

③ 《毛泽东选集》第三卷，人民出版社 1991 年版，第 1096 页。

④ 《毛泽东选集》第三卷，人民出版社 1991 年版，第 899 页。

作，告诫他们"不读报纸不知道天下大事，不看文件不能领会党的政策，
不读毛主席著作就要迷失方向"①；"干劲不足的时候查思想，思想不通的
时候，就要加紧读毛主席的书"②；"干革命工作嘛，总会有困难的。越是
有困难，越要有雄心斗志；越是有困难，越要学习毛主席著作"③。在焦裕
禄心里，毛主席的著作是崇高的也是现实的，不论在实际工作中遇到什么
样的问题和困难都能从中看到出路、找到方法。焦裕禄在病逝之前，曾
拉着长女焦守凤的手说："守凤……你已经工作了……爸爸没有什么送给
你……家里有一套《毛泽东选集》……就留给你了……毛主席会告诉你怎
样工作……怎样……怎样做人……怎样……怎样生活……"④从焦裕禄的
日常言论中，可以明确感受到毛泽东思想在焦裕禄个人成长和发展过程中
的重要性和不可替代性。

二、焦裕禄公仆思想形成的实践基础

虽然通过学习间接经验可以迅速获得前人思想的精髓，且我们所谓的
间接经验归根到底也是他人实践的结果，但要深刻领会前人思想的精神实
质，形成自己的正确认识，仍然需要以本人的直接经验即亲身实践为基
础。焦裕禄公仆思想的形成不是一蹴而就的，而是在其早期艰苦的斗争实
践和后期丰富的工作实践中，逐渐形成和发展起来的。

1. 艰苦的斗争实践

孟子有云："故天将降大任于是人也，必先苦其心志，劳其筋骨，饿
其体肤，空乏其身，行拂乱其所为，所以动心忍性，曾益其所不能。"⑤焦
裕禄的童年是不幸的，在本该无忧无虑、享受美好时光的年纪，他却因家

---

① 焦裕禄干部学院：《永恒的丰碑：焦裕禄的故事》，大象出版社 2014 年版，第 175 页。
② 焦裕禄干部学院：《永恒的丰碑：焦裕禄的故事》，大象出版社 2014 年版，第 174 页。
③ 焦裕禄干部学院：《永恒的丰碑：焦裕禄的故事》，大象出版社 2014 年版，第 174 页。
④ 何香久：《焦裕禄传》，河南文艺出版社 2012 年版，第 147 页。
⑤ 解光宇等：《〈孟子〉读本》，中国人民大学出版社 2016 年版，第 311 页。

境贫困而被迫辍学，开始跟着叔叔推着独轮车去县城卖油运煤，挑起家庭生活的重担。可以毫不夸张地说，他的整个少年时光都是在贫与困的交织、血与火的洗礼中度过的。

1937 年 12 月 28 日，日本鬼子占领了焦裕禄的家乡博山县。焦裕禄的奶奶由于害怕鬼子兵进村而上吊自杀了。不久之后，焦裕禄的父亲因财主日日逼债，最终走投无路也悬梁自尽了。然而灾难并没有就此结束，来不及掩埋父亲的遗体，来不及揩干眼泪，焦裕禄就被抓进了日本宪兵队。关于被抓时的具体情况，他曾在自己的履历表中这样写道："1942 年 6 月份，日寇五次强化治安扫荡到我村，这是（时）正是吃过早饭，我只穿一裤头，躺到床上，急听门口狗叫厉害，我赤着膀子门口一看，两个鬼子，一个翻译官在看我家门牌……便把我带到村外，上汽车……"① 在宪兵队的牢房里，焦裕禄受尽了鬼子的折磨。几个月后，他又被鬼子押送至抚顺大山坑煤矿做苦工，每天工作 15 个小时以上，还要遭受鬼子的侮辱和监工的欺凌。在经过 300 多天暗无天日的地狱生活之后，焦裕禄和工友们最终忍无可忍，奋起反抗，将鬼子监工打死。而为了不让大家都受到牵连，焦裕禄选择独自逃走以一并承担所有罪责。但矿区的警戒十分严密，想要逃走绝非易事，甚至如同直接去送死。幸运的是，在工友和矿警的帮助下，焦裕禄最终成功地逃离了矿区，并在两个多月后，几经周折，重新回到了故乡。可以说，这一时期的苦难与抗争，锻造了焦裕禄炽热的爱国之心和坚韧不拔的意志。

1945 年 8 月，焦裕禄在故乡加入了民兵队伍，开始投身革命。1946 年 1 月，焦裕禄又加入了中国共产党，成为一名光荣的革命战士。1947 年 7 月，为支援和发展新解放区，焦裕禄被中央抽调随军南下。1948 年 2 月，南下工作队来到了河南，焦裕禄被分配到尉氏县彭店区工作。在彭店，焦裕禄带领工作队成员走进村子，深入农户，与贫雇农以情交情、以心交心，迅速建立起了农会和民兵组织，没收了地主的浮财，平分了地

---

① 殷云岭等：《焦裕禄传》，花山文艺出版社 1995 年版，第 33 页。

主的土地，并组织领导民众多次击退邻县敌人的进攻。1948年11月，淮海战役打响。焦裕禄听从中央指示，在尉氏县支前总队的领导下，带领着1000多人的担架队奔赴前线，投入支援中国人民解放军的伟大战斗中。一路上，他们不畏艰险、团结互助、相互支撑，冲破重重阻碍，最终顺利完成了运送任务。可以说，在尉氏县发动领导群众剿匪反霸、组织带领民众支援前线的这段日子，焦裕禄充分了解了普通百姓心中的所思所想，真实感受了人民群众身上所蕴藏的强大力量，并与人民群众建立起了深厚的阶级感情。

2.丰富的工作实践

如果说早期艰苦的斗争实践促使焦裕禄快速成长，那么新中国成立后丰富的工作实践则将他一步步推向成熟。从1953年6月到1964年5月这近11年里，焦裕禄从洛阳矿山机器厂到尉氏县，再到兰考县，尽管工作环境和职位一直在变，但他始终坚持与基层群众共同生活、共同劳动。也正是与基层群众的长期交往，引起了焦裕禄对于党群关系、干群关系的思考。

1953年，中国走上了大规模经济建设的快车道，开始实行第一个五年计划。为了进一步加快工业发展的步伐，党从各领域抽调了大批优秀干部进入工业战线，焦裕禄则于同年6月被选派去筹建洛阳矿山机器厂。1954年8月，焦裕禄作为洛阳矿山机器厂基建工程科副科长被选送到哈尔滨工业大学深造，之后又转到大连起重机厂机械加工车间担任实习车间主任。为了能够尽快地熟悉新业务、胜任新岗位，他刻苦钻研、虚心请教、反复实践，每天与工人们同上同下。有时为了彻底搞清楚每一个零部件的生产工艺，他甚至愿意跟着这个零件跑遍整个工厂。实习期间，焦裕禄曾多次在厂报上发表文章，积极为企业改善经营管理、加强思想政治工作建言献策。临走前，他还为车间的基层干部总结出了十条工作经验。1956年底，实习期满，焦裕禄从人连回到洛阳矿山机器厂，担任第一金工车间主任。在此期间，焦裕禄常常深入车间，或研究机床部件，或了解生产情况，或考察工人的思想动态。而为了顺利完成厂党委下达的紧急任务，他更是日夜不离车间，始终与工友们共同奋斗在生产一线，反复与技术人员商讨、试验，直到所有问题都得到解决。可以说，"洛矿"的九年，练就了焦裕禄求真务实的工作作风和依靠群众的工作方法。

1962年6月，焦裕禄服从中共河南省委安排，又再次回到了阔别十年的尉氏县，出任尉氏县委副书记。在这里，他亲自下乡了解各村情况，主动帮助困难农户种麦子拉耧，积极解决村民的生产工具问题，解决群众反映强烈的县机耕队作风问题，并成功化解了尉氏县与邻县的多年纠纷。1962年12月，仅在尉氏县待了短短半年，焦裕禄又被调到了兰考，担任兰考县委书记。面对自然灾害肆虐、贫穷落后的兰考，焦裕禄并没有消极悲观、被动应付，而是选择乐观应对、迎难而上。他教育干部，积极促进县委领导班子思想革命化；深入群众，广泛发动兰考人民大众起来抗灾自救。他以身作则，组织带领"三害"调查队跋涉5000余里，对兰考120多个生产大队进行了走访调研，将全县的风口、沙丘、河渠全部绘图编号，并在总结群众经验的基础上，创造性地制定了植树挡风、淤泥盖沙等简便易行而又科学有效的"三害"治理方法，带领广大兰考人民在较短的时间内走出了贫穷饥饿的困境。可以说，尉氏的半年和兰考的470多天，最终造就了焦裕禄"乐为公仆、善为公仆"的光辉形象，铸就了伟大、崇高的焦裕禄公仆思想。

第二节　焦裕禄公仆思想的内涵及特征

焦裕禄是人民公仆的优秀典范。虽然说，他本人并没有提过"人民公仆"这几个字，但其公仆思想早已载之于言、见之于行。可以说，焦裕禄用自己的实际行动，书写了乐为公仆、善为公仆的一生，塑造了先进党员、优秀干部的光辉形象，铸就了伟大、崇高的焦裕禄公仆思想。

一、焦裕禄公仆思想的内涵

在吸收中华优秀传统文化精华、继承毛泽东思想精髓的基础上，焦裕禄逐渐在实践中形成了以民为本，人民至上；为民服务，廉洁奉公；勤俭节约，舍己为民的公仆思想。其中，以民为本，人民至上是焦裕禄公仆思想的第一要义；为民服务，廉洁奉公是焦裕禄公仆思想的核心内容；勤俭节约，舍己为民是焦裕禄公仆思想的精髓所在。

1. 以民为本，人民至上

"政党是阶级的组织，是阶级斗争发展到一定历史阶段的产物。"[①] 世界上任何一个政党都有它自己的理想目标和价值追求，选择为谁立命、为谁谋利一直是每个政党都必须解决的根本性、原则性问题。中国共产党自成立之日起，就把"人民"二字深深地刻在了自己的旗帜上，把为实现人民解放和幸福视为己任。作为一名中共党员，焦裕禄始终坚持党的人民立场，关心群众、相信群众、依靠群众，始终把人民群众放在心中的最高位置，把实现人民群众利益视作工作的最终目的。

焦裕禄视人民群众为衣食父母，时时刻刻想着群众、念着群众。在兰考任职期间，他常常教育县委领导干部"我们不是人民的上司，我们都是人民的勤务员，必须和群众同甘苦共患难"[②]，"共产党员应该在群众最困难的时候，出现在群众面前；在群众最需要帮助的时候，去关心群众、帮助群众"[③]。他是这样说的，也是这样做的。在兰考工作的470多天里，焦裕禄时常深入各个村子，钻进农民的草屋和牛棚，与普通民众同吃、同住、同劳动，和他们拉家常，了解他们的疾苦，倾听他们的心声。而每当群众的生活遇到什么困难时，他总是想尽一切办法、克服重重阻碍，第一时间将党的关怀送到群众的身边。1963 年 12 月 9 日晚，北风呼啸、大雪纷飞，焦裕禄望着窗外的风雪，心里惦记着群众的安危。彻夜未眠的他

---

① 本书编写组：《政治学概论》，高等教育出版社 2011 年版，第 142 页。

② 何香久：《焦裕禄传》，河南文艺出版社 2012 年版，第 115 页。

③ 穆青等：《县委书记的榜样——焦裕禄》，《人民日报》1966 年 2 月 7 日。

立即让县委办公室通知各公社做好雪天工作，以保证群众有东西可吃、有房子可住。第二天天刚亮，他就率领着县委干部走出办公室查看雪情，顶着风雪上门为群众送救济粮款。当来到梁孙村一座低矮破旧的茅屋时，屋里只有一对相依为命的老人，老大爷身患重病躺在床上，老大娘也双目失明。焦裕禄一进屋，便坐在老人的床头嘘寒问暖。老大爷问：你是谁？他则亲切回答道："我是您的儿子，是毛主席让我来看望您老人家的。"①这一天，焦裕禄从早到晚一共跑了十几个村子，访问了几十户贫农，把粮款送到了群众的手里，把温暖送到群众的心里。在焦裕禄看来，干部是群众的仆人，群众是干部的主人。群众的困难急于一切，群众的需求先于一切，群众的利益高于一切。

焦裕禄视人民群众为真正的英雄，充分相信群众、紧紧依靠群众、紧密团结群众。在兰考任职期间，他常常教育县委领导干部要多多听取群众的意见，告诉他们"你们要在困难当中成就一番革命事业，必须首先联系群众，向群众学习"②，"要好好记住，当工作感到没办法的时候，你就到群众中去，问问群众，你就有办法了"③，"治沙、治碱、治水工作，既是专业工作、技术工作、经济工作，又是群众工作，也是政治工作。一定要有广大群众参加，没有群众参加不可能搞好"④。他是这样说的，也是这样做的。在实际工作中，焦裕禄牢固树立"人民群众是历史的创造者，是人类社会发展的决定性力量"的思想，自觉贯彻党的群众路线，始终坚持从群众中来，到群众中去的工作方法。为了有效治理"三害"，彻底改变兰考面貌，焦裕禄深入全县各个村庄，拜群众为师，向群众学习。在老韩陵大队，他从饲养员萧位芬那里学到了在沙地上适合种植泡桐和花生的知识。泡桐既可以挡风压沙，又可以卖钱，而花生秧子则可以喂牲口，发展牲畜养殖。在张村，他从老百姓翻土包坟头的做法中，认识到可以用淤土

---

① 博山焦裕禄纪念馆：《焦裕禄的80则贴心话》，人民日报出版社2017年版，第33页。

② 焦裕禄干部学院：《永恒的丰碑：焦裕禄的故事》，大象出版社2014年版，第181页。

③ 焦裕禄干部学院：《永恒的丰碑：焦裕禄的故事》，大象出版社2014年版，第182页。

④ 魏治功等：《焦裕禄读本》，河南人民出版社2011年版，第195页。

和胶泥来固定沙丘。在独角楼村，他从生产队深翻土地、用底下的淤泥将盐碱压下再种上麦子的做法中，学到了应该如何治理盐碱地。他将这些兰考群众在同自然灾害的长期斗争过程中逐渐积累下来的宝贵经验，一点一点地集中起来，进行总结、宣传，进而推广至全县，发动广大民众一同起来抗灾自救。在焦裕禄看来，人民群众是真正的英雄，群众中蕴藏着无穷的智慧与能量，而也正是群众的支持与帮助给予了他克服困难、战胜灾害的勇气与信心。

2. 为民服务，廉洁奉公

"国家是阶级统治的工具，国家的性质由占统治地位的阶级的性质所决定。"[1] 在奴隶社会、封建社会以及资本主义社会中，国家政权都掌握在少数剥削阶级手中，而占人口绝大多数的劳动群众则被排除在政治生活之外，处于被统治地位。不同于剥削阶级专政的旧国家，新中国是人民当家作主的社会主义国家，人民是国家的主人，国家的一切权力属于人民。作为一名中共党员，焦裕禄始终牢记自己的公仆身份，牢记自己手中的权力是由人民所赋予的，权力的行使必须是也只能是为人民服务。

为人民服务是焦裕禄工作的根本准则。他到兰考，既不是去当官享福，也不是去发财致富，而是去吃苦、去革命、去为兰考人民排忧解愁的。早在上任之前，焦裕禄就已经知道，兰考是当时河南省最穷、最困难的一个县，但他还是毫不犹豫地接受了任务，并表示不改变兰考面貌，绝不离开。初到兰考时，面对火车站内大批外出逃荒的灾民，焦裕禄并没有责怪他们，而是对县委委员们说："同志们，你们看，他们绝大多数人，都是我们的阶级兄弟。是灾荒逼迫他们背井离乡的，不能责怪他们，我们有责任。党把这个县36万群众交给我们，我们不能领导他们战胜灾荒，应该感到羞耻和痛心……"[2] 焦裕禄受命担任兰考县委书记，心里想着的不是自己持有多大的权力、拥有多高的地位，而是面对着多大的困难、担

---

①　本书编写组：《政治学概论》，高等教育出版社 2011 年版，第 46 页。

②　穆青等：《县委书记的榜样——焦裕禄》，《人民日报》1966 年 2 月 7 日。

负着多重的责任。为了彻底治服"三害"，造福广大兰考人民，焦裕禄脚踏实地、埋头苦干，深入兰考全县，开展调查研究。他从全县的干部、群众当中挑选了120人，成立了"三害"调查队，开始在全县范围内查风口、探流沙、追洪水。在一年多的时间里，仅靠着一辆自行车和一双脚，焦裕禄便对全县的120多个生产大队进行了走访和调研。每当风沙最大的时候，他便带头顶着狂风下去查风口、探流沙；每当大雨倾盆的时候，他便带头蹚着深水前去查看洪水流势。而无论是追沙还是查水，焦裕禄都要追到沙落大地、看到水入河道，才肯罢休。也正是这次全面而细致的调查，使得焦裕禄在较短的时间内基本掌握了水、沙、碱产生发展的规律，为最终去除"三害"、改善民生奠定了基础。在焦裕禄看来，干部的职位就是为人民服务的岗位，干部的职权就是为人民服务的工具，为人民服务必须做到身体力行、真抓实干。

廉洁奉公是焦裕禄工作的基本原则。担任县委书记期间，他从来没有用过手中的权力为自己、为子女或是亲戚谋取过任何好处。早在尉氏县担任县委副书记时，针对当时县机耕队中存在的官僚作风、特权思想等问题，他曾说过："同志们你们想一想，拖拉机的主人是谁？是人民！你们掌握拖拉机的权力是谁给的？是人民！可是你们如果利用手中的公权来谋取自己的私利，你们就会站在人民的对立面，这是最危险的！所有的腐败都是由特权导致的，这一点大家一定要引以为鉴，一定要记住。"① 之后到了兰考，焦裕禄仍始终坚持原则，拒绝搞特殊化、反对以权谋私。当他得知县里为了关照他送给他们家一袋大米时，他说："群众都在疾苦中，我不能搞特殊化。"② 当有干部提出要装潢县委领导干部办公室时，他说："坐在破椅子上不能革命吗？灾区面貌没有改变，还大量吃着国家的统销粮，群众生活很困难。富丽堂皇的事，不但不能做，就是连想也很危险。"③ 当亲戚多次来信要求他帮忙找工作时，他说："现在国家安排人员都是有计

---

① 何香久：《焦裕禄传》，河南文艺出版社2012年版，第74页。

② 吴宏亮：《焦裕禄精神永放光芒》，大象出版社2014年版，第112页。

③ 穆青等：《县委书记的榜样——焦裕禄》，《人民日报》1966年2月7日。

划的，我不能利用自己的职权给自己的亲属安排，不能带头违反党的政策。"① 而当涉及自己的孩子时，他的态度依然是这般坚决。有一次，焦裕禄发现大儿子焦国庆没花钱看了场白戏，不仅严厉地批评了他，命令他把戏票钱如数送回戏院，还亲自起草了一个《党员干部十不准》的文件，要求县委领导干部在任何时候都要严格遵守党的纪律，绝不能搞特殊化。在大女儿焦守凤初中毕业找工作之际，县里的许多单位都送来了招工表，焦裕禄知道后，不仅把那些招工表全部都退了回去，还让女儿到县食品加工厂最苦的酱菜组干最累的送酱油的活儿。在焦裕禄看来，权力是由人民赋予的，因此，只能用于为人民谋利益，特权思想和以权谋私的行为都是要不得的。

3. 勤俭节约，舍己为民

马克思、恩格斯在《共产党宣言》中指出："过去的一切运动都是少数人的或者为少数人谋利益的运动。无产阶级的运动是绝大多数人的、为绝大多数人谋利益的独立的运动。"② 中国共产党是以马克思主义为指导的无产阶级政党，始终坚持全心全意地为人民利益而奋斗，除了无产阶级和广大劳动人民的利益之外，没有别的特殊利益。作为一名中共党员，焦裕禄努力践行党的宗旨，全心全意地为人民服务，始终坚持与人民群众同甘苦、共命运。

焦裕禄时时处处以人民利益为重，严于律己、勤俭节约，不铺张、不浪费。自 1945 年参加革命到担任兰考县委书记，他始终保持着劳动人民的本色，常常解开外衣、卷起裤腿与普通民众一起下地干活，往往民众身上有多少泥，他的身上就有多少泥。他曾说："新干部不参加劳动，就不能明确树立阶级观点、群众立场；老干部长期不参加劳动，思想就要起变化，要变颜色。"③ 因此，不论工作有多忙，他总是坚持参加集体劳动，并要求下乡的干部随身携带劳动工具。在兰考任职期间，焦裕禄还时常教

---

① 吴宏亮：《焦裕禄精神永放光芒》，大象出版社 2014 年版，第 112 页。
② 《马克思恩格斯选集》第一卷，人民出版社 1995 年版，第 283 页。
③ 吴宏亮：《焦裕禄精神永放光芒》，大象出版社 2014 年版，第 51 页。

育县委领导干部"我们必须贯彻中央和毛主席提出的勤俭建国、勤俭办社、勤俭持家、勤俭办一切事业的方针,不论公家和私家都不要浪费一文钱,可以不用的钱坚持不用,应花的尽量少花,可以不办的事情坚持不办,一切从生产出发,从节约出发"①;"我们当干部是为人民服务的,不能讲究吃穿,应该同人民群众同甘共苦"②;"领导干部要时刻保持艰苦朴素的作风,生活上向低标准看齐"③;"牙刷旧了可以扔,但节约思想永远不能扔"④。他办公室里的桌子、柜子等配件都是当初筹建兰考县委时买的,时间久了许多地方都已经破损了。有人劝他直接换个新的,但他并没有同意,而是将它们修了修,继续使用。另外,他的被子、衣服、帽子、鞋子、袜子等东西也都是缝了又缝,补了又补,始终舍不得换。他有一床被子盖了好几年,里里外外全是补丁。县委的同事都劝他换床新的,他却说:"我的被子破了,是需更换新的,但应该看到,灾区的群众比我更需要。其实,我这就很好,比我要饭时披着麻包片,住在房檐底下避雪强多了。"⑤有时候,一些衣服和袜子实在已经烂得不成样子了,他的妻子徐俊雅便气得把衣袜扔在一边,不给他补,他却拿起针线自己动手补。在焦裕禄看来,一个忘记了人民利益的干部是可耻的,勤俭节约、艰苦朴素是每一个干部应尽的义务,而任何铺张浪费的行为都是对人民的背叛。

焦裕禄心里装着全体人民而唯独没有他自己,为了彻底改变兰考贫穷落后的面貌,造福广大兰考人民,他用尽了自己全部的力量、倾尽了自己所有的心血。虽然家中人口众多,生活较为困难,但他坚决拒绝救助,并常常将自家的粮食和钱送给那些需要帮助的群众。他说:"兰考,是个重灾县,人民的生产、生活都很困难,我们应该首先想到他们。要把这些钱用到改变兰考面貌的伟大事业上去,用到改善兰考人民的生活上去。"⑥虽

① 焦裕禄干部学院:《永恒的丰碑:焦裕禄的故事》,大象出版社 2014 年版,第 180 页。
② 焦裕禄干部学院:《永恒的丰碑:焦裕禄的故事》,大象出版社 2014 年版,第 179 页。
③ 博山焦裕禄纪念馆:《焦裕禄的 80 则贴心话》,人民日报出版社 2017 年版,第 203 页。
④ 博山焦裕禄纪念馆:《焦裕禄的 80 则贴心话》,人民日报出版社 2017 年版,第 163 页。
⑤ 吴宏亮:《焦裕禄精神永放光芒》,大象出版社 2014 年版,第 55 页。
⑥ 吴宏亮:《焦裕禄精神永放光芒》,大象出版社 2014 年版,第 55 页。

然疾病缠身、饱受折磨，但他从来都不把自己的病放在心上，仍旧不知疲倦地奋力工作。暴雨天，为了弄清洪水流势、掌握水的规律，他强忍着肝痛靠着一根木棍在一片汪洋中探寻，画下一张张水的流向图。开会时，为了不耽误工作、影响别人，他常常拿一个硬东西借着椅子顶住肝部。久而久之，藤椅都被他顶出了个大窟窿。有人问起来，他便说："病是个欺软怕硬的东西。你压住它，它就不欺侮你了。"①组织上劝他安心休养，他却因工作忙、走不开而拒绝了，给他请来名医、开了药，他却嫌药太贵而不肯买。他说："灾区群众生活很困难，花这么多钱买药，我能吃得下吗?"②即使最后不敌病魔，住进了医院，他仍然惦记着群众、惦记着兰考。每当县里有同志来看望他时，他总是不停地询问兰考的情况、询问"三害"治理的成效。而直到生命的最后一刻，他心里想着的还是兰考人民。他说："我……没有……完成……党交给我的……任务。……没有实现兰考人民的要求……心里感到很难过……我死了不要多花钱……省下来钱支援灾区建设……我只有一个要求……请组织上把我运回兰考……埋在沙丘上……活着我没有治好沙丘……死了也要看着兰考人民把沙丘治好。"③在焦裕禄看来，干部不仅不能以权谋私，而且还要有舍己为民的精神，要有为人民利益鞠躬尽瘁、死而后已的决心。

二、焦裕禄公仆思想的特征

焦裕禄公仆思想是焦裕禄在社会实践的基础上，选择接受外部客观因素影响，主动进行内部转化的结果。它既具有一般性思想的共同特征，又具有其自身的独特性。具体来说，焦裕禄公仆思想具有鲜明的时代性、坚强的党性以及突出的实践性。

---

① 穆青等:《县委书记的榜样——焦裕禄》,《人民日报》1966 年 2 月 7 日。
② 穆青等:《县委书记的榜样——焦裕禄》,《人民日报》1966 年 2 月 7 日。
③ 吴宏亮:《焦裕禄精神永放光芒》,大象出版社 2014 年版,第 121 页。

1. 鲜明的时代性

马克思主义认为："社会存在决定社会意识，社会意识是社会存在的反映。"① 人们的思想意识、价值观念离不开他们所处的时代和具体的环境。由于焦裕禄本人是在一定的社会环境中出生和成长的，其世界观、人生观、价值观必然会受到他所在的特定的历史环境的影响，因此，其公仆思想也就不可避免地带有那个时代的印记。

焦裕禄出生在风雨飘摇、动乱不安的战争年代，小小年纪的他便承受了丧失亲人的无尽痛苦，目睹了山河破碎、民不聊生的悲惨景象，受尽了侵略者非人的折磨。尽管灾难不断，但他并没有就此放弃、向命运屈服，而是挺起脊梁、奋力反抗。1945 年，在经历了九死一生之后，焦裕禄重新回到了故乡，加入了民兵队伍，开始走上革命的道路，组织带领广大群众打土匪、斗恶霸、搞土改。青少年时期的这些特殊经历使得焦裕禄逐渐由一个普通农民成长为一名革命战士，并最终成为一位为民服务的好公仆。长期的苦难与斗争锻造了焦裕禄不畏困难、坚忍不拔的品格，使他之后不论在什么工作岗位，不论遇到什么样的困难和问题，都毫不退缩、积极应对、顽强拼搏。长期的苦难与斗争造就了焦裕禄同广大人民群众的深厚感情，使他之后不论当多大的官、掌多大的权，都始终将人民群众放在心中的最高位置，始终与人民群众同甘苦、共患难，始终全心全意地为人民群众谋利益。长期的苦难与斗争还使焦裕禄切身感受到了人民群众中所蕴藏的伟大力量，充分认识到了人民群众才是党的力量之源、胜利之本，深刻领会到了党群、干群关系的重要性。战争是残酷的，它使生活在这一背景下的人们挣扎求生、备受煎熬，但同时战争又是仁慈的，它使每一个冲破命运束缚的战士化茧成蝶、重获新生。可以说，没有战争与革命的锤炼、血与火的洗礼，就没有最终成熟的焦裕禄公仆思想。

2. 坚强的党性

党性，是一个政党的固有本性，也是这个政党区别于其他政党的根本

---

① 本书编写组：《马克思主义基本原理概论》，高等教育出版社 2015 年版，第 107 页。

特征，主要通过该政党的性质、宗旨、目标、纲领、制度等方面表现出来。中国共产党是中国工人阶级的先锋队，是中华民族和中国人民的先锋队，是中国最广大人民群众利益的忠实代表，是中国特色社会主义事业的领导核心。作为一名中共党员，焦裕禄始终听从党的领导、服从党的安排、遵守党的纪律，始终坚持用党的一切优良特性来改造自己、提升自己。

自 1946 年 1 月加入中国共产党以来，焦裕禄便时刻牢记自己的共产党员身份，坚定不移地听党话、感党恩、跟党走，正如习近平总书记在中国政法大学考察时所讲："焦裕禄同志的事迹归结到一点，就是坚定跟党走，他一生都在为党分忧、为党添彩。"①焦裕禄始终以合格党员的标准严格要求自己，自觉发挥共产党员的先锋模范作用。在实际工作中，他始终坚持党的指导思想，坚持以马克思主义、毛泽东思想作为自己的行动指南。焦裕禄是活学活用毛泽东思想的典范。他到兰考县就职，是带着毛主席的著作去的，每当遇到什么困难，他总是反复地读毛主席的著作，从中汲取营养、寻找思路。一切从实际出发，实事求是；从群众中来，到群众中去等毛泽东思想的精髓都是他解决实际问题的有力武器。焦裕禄是为民服务的典范。在实际工作中，他始终坚持党的人民立场，坚持全心全意为人民服务的宗旨。作为一名人民的勤务员，他始终与人民群众保持着密切的联系，始终以人民群众的集体利益为重，想群众之所想、急群众之所急。他将给兰考人民带来严重灾难的"三害"视为自己可恨的敌人，将兰考人民摆脱灾害、开创美好生活的愿望视为自己毕生的事业。焦裕禄是廉洁奉公的典范。在实际工作中，他始终严格遵守党纪党规，保持清正廉洁的政治本色。他到兰考不是为了当官发财，而是为了造福人民。他将手中的权力看作是人民的嘱托，始终坚持公私分明，审慎用权。他从不以权谋私、占公家半点便宜，且对于党员干部中存在的特权问题，也是明令禁

---

① 《习近平在中国政法大学考察时强调：立德树人德法兼修抓好法治人才培养　励志勤学刻苦磨炼促进青年成长进步》，《人民日报》2017 年 5 月 4 日。

止、坚决反对。焦裕禄是共产党员的楷模、领导干部的典范。他的每一次成长与进步，都与党的教育密不可分。可以说，没有党组织的谆谆教导和悉心培育，就没有最终成熟的焦裕禄公仆思想。

3. 突出的实践性

马克思主义认为，实践是认识的来源，同时，实践也是认识的目的和归宿。认识本身不是目的，它从实践中来，最终仍然要回到实践中去。焦裕禄公仆思想作为一种理性认识，并非只是单纯抽象的价值观念的简单集合，实际上，它还内在地包含着知与行的统一，具有突出的实践性。

一切从实际出发、实事求是、求真务实、真抓实干是焦裕禄工作的一贯作风。在他的心目中，做人民的公仆、为民服务从来都不是一句口号、一句空话，而是一个个实实在在的行动。为了彻底改变兰考面貌、造福广大兰考人民，焦裕禄积极推动县委领导班子思想革命化。他带领县委委员深夜前往火车站接受思想教育，点燃他们心中为民革命的热情；组织领导干部学习《为人民服务》《纪念白求恩》《愚公移山》等毛主席的著作，激发他们与自然灾害抗争的斗志；引导领导干部重温兰考革命斗争的历史，增强他们克服困难、战胜灾害的决心。为了彻底改变兰考面貌、造福广大兰考人民，焦裕禄亲自对兰考全县的自然灾害状况进行了调查研究。在一年多的时间里，他同"三害"调查队的成员一起顶着风、冒着雨、踏着沙，走遍了兰考的各个角落，完成了对全县风口、沙丘、河渠的勘察与测量，摸清了"三害"的底数和分量，制定了科学易行的改造兰考的具体规划。为了彻底改变兰考面貌、造福广大兰考人民，焦裕禄还走访了各个公社，深入各个村庄，收集广大群众在长期斗争中积累下来的抗灾救灾经验，并在全县树立起"韩村的精神，秦寨的决心，赵垛楼的干劲，双杨树的道路"这四个先进典型，激励广大兰考群众起来抗灾自救。在兰考工作的这470多天里，焦裕禄始终坚持扑下身子、埋头苦干，向实处用功。"我们为人民服务是具体的不是抽象的"[1]，他是这么说的，更是这么做的。

---

[1] 焦裕禄干部学院：《永恒的丰碑：焦裕禄的故事》，大象出版社2014年版，第178页。

第三节 焦裕禄公仆思想的当代价值

伟大的思想往往具有穿越时空、历久弥新的力量。虽然焦裕禄同志已经离开我们 58 年了，但他那为民服务的公仆思想始终保持着强大的生命力。半个多世纪以来，他鞠躬尽瘁、舍己为民的先进事迹一直为人们所传颂，他为民、务实、清廉的光辉形象一直活在人们的心中。焦裕禄公仆思想是中国共产党"为民执政"思想发展史上的一座丰碑，是党和国家宝贵的精神财富。它充分浸染了中华民族的传统美德，集中体现了共产党人的先进品格。在全面从严治党、奋力实现中华民族伟大复兴的今天，学习和弘扬焦裕禄公仆思想，仍然具有十分重要的现实意义。

一、巩固中国共产党执政地位的内在要求

古人云："政之所兴，在顺民心；政之所废，在逆民心。"[1] 民心向背是决定一个政党、一个政权兴衰成败的根本性因素。中国共产党的执政地位不是与生俱来的，也不是自封的，而是中国社会历史发展的必然，是中国人民的选择。历史和人民之所以最终选择中国共产党，最根本的原因就在于党自成立之日起就公开宣布自己是中国工人阶级的政党，并在长期的革命斗争实践中始终与人民群众保持着密切的联系，始终代表着最广大人民群众的根本利益。无产阶级政党为人民而生、因人民而盛，但是一旦违背了人民的意志、损害了人民的利益、失去了人民的信任，它也必将被人民和历史所抛弃、走向衰败。在这一点上，苏联共产党便是最好的例子。它在只有 20 万党员的时候赢得了十月革命的胜利，夺取了国家的政权；在只有 200 万党员的时候战胜了实力强大的德国法西斯，保卫了自己

---

[1] 李山译注：《管子》，中华书局 2016 年版，第 5 页。

的国家；却在拥有近 2000 万党员、执政 70 余年之时轰然垮台。虽然苏联共产党最终丧失政权是诸多因素复合作用的结果，但最根本的还是因为它逐渐背离了无产阶级政党的性质，脱离了人民群众。苏共垮台的事实告诉我们，"党的先进性和党的执政地位都不是一劳永逸、一成不变的，过去先进不等于现在先进，现在先进不等于永远先进；过去拥有不等于现在拥有，现在拥有不等于永远拥有。"① 中国共产党能否实现长期执政，归根到底取决于党能否始终坚持并践行全心全意为人民服务的宗旨，密切联系群众，为群众谋取实利。

"密切联系群众是我们党的最大政治优势，脱离群众是我们党执政后的最大危险。"② 在革命战争年代，敌强我弱的客观事实决定了中国共产党只有密切联系群众才能维持生存、实现发展。而在党领导革命胜利、实现全国执政之后，外部环境由战争转向了和平，没有了敌人的残酷压迫和疯狂"围剿"，一部分共产党人便认为联系群众似乎已经没有原来那么迫切、那么重要了。执政党的地位，一方面，使党获得了更好地为广大人民群众服务的条件，但另一方面，也使得党在联系群众这一问题上面临着新的严峻的考验。随着改革开放的持续深入、社会主义市场经济的不断发展，一些党员干部的理想信念慢慢动摇、群众观念渐渐淡化，开始出现脱离群众的不良现象。如部分领导干部在工作上不求实效、弄虚作假，沉溺于文山会海、热衷于"形象工程"，高高在上、脱离实际，对于人民群众的疾苦视而不见；在生活上贪图享受、挥霍无度，奉行及时行乐、追求物质享受，不思进取、精神懈怠，甚至滥用手中的权力为自己或家人谋取私利。"经济发展了，人民生活水平提高了，不等于党同人民的联系就更加密切了、必然密切了，有时候反而是疏远了。"③"中国共产党始终代表最广大人民根本利益，与人民休戚与共、生死相依，没有任何自己特殊的利益，从来不代表任何利益集团、任何权势团体、任何特权阶层的利益。任

---

① 《习近平谈治国理政》，外文出版社 2014 年版，第 4 页。

② 胡锦涛：《在中国共产党成立 90 周年大会上的讲话》，《人民日报》2011 年 7 月 2 日。

③ 习近平：《做焦裕禄式的县委书记》，中央文献出版社 2015 年版，第 155 页。

何想把中国共产党同中国人民分割开来、对立起来的企图，都是绝不会得逞的！9500多万中国共产党人不答应！14亿多中国人民也不答应！"① 当前，要持续解决好人民群众深恶痛绝的"四风"问题，加强党群、干群关系，巩固百年中国共产党的执政地位，就要大力学习和弘扬焦裕禄公仆思想，帮助广大党员干部彻底认清"我是谁""为了谁"的问题，牢固树立为人民服务的宗旨意识。

二、实现中华民族伟大复兴的现实需要

马克思主义认为："人民群众是社会历史的主体，是历史的创造者，是社会变革的决定性力量。"② 一个政党能否成就一番伟大的事业，关键在于它能否始终坚持深入群众，从人民群众丰富的生产、生活实践中汲取智慧，能否始终做到团结群众，充分调动起人民群众的积极性、主动性和创造性。从某种意义上来说，一部中国共产党党史，就是一部依靠群众、勇于胜利的历史，诚如习近平总书记指出的那样："我们党的百年历史……就是一部党与人民心连心、同呼吸、共命运的历史。大革命失败后，30多万牺牲的革命者中大部分是跟随我们党闹革命的人民群众；红军时期，人民群众就是党和人民军队的铜墙铁壁；抗日战争时期，我们党广泛发动群众，使日本侵略者陷入了人民战争的汪洋大海；淮海战役胜利是靠老百姓用小车推出来的，渡江战役胜利是靠老百姓用小船划出来的；社会主义革命和建设的成就是人民群众干出来的；改革开放的历史伟剧是亿万人民群众主演的。"③ 100多年来，中国共产党充分相信群众、紧紧依靠群众、紧密团结群众，取得了新民主主义革命的胜利，建立了中华人民共和国，实现了民族独立和人民解放；完成了对农业、手工业和资本主义工

---

① 习近平：《在庆祝中国共产党成立100周年大会上的讲话》，人民出版社2021年版，第11—12页。

② 本书编写组：《马克思主义基本原理概论》，高等教育出版社2015年版，第142页。

③ 习近平：《在党史学习教育动员大会上的讲话》，人民出版社2021年版，第15页。

商业的社会主义改造，确立了社会主义基本制度；实行了改革开放新的伟大革命，开创并发展了中国特色社会主义道路。党的十八大以来，中国特色社会主义进入新时代，脱贫攻坚战胜利收官，小康社会全面建成。可以说，党自1921年成立以来，所取得的每一个成就、所获得的每一项荣誉，都与人民群众息息相关，都是广大人民群众智慧与力量的结晶。而一旦离开了人民群众的支持和帮助，党将无法夺取任何新的胜利，也将失去自己存在的意义，所有美好的愿望和美丽的梦想也都将成为泡影、化为乌有。对于一个政党而言，没有什么东西比人民群众的信任更加宝贵，也没有什么东西比人民群众的拥护更加有力。历史和现实告诉我们，人民群众中蕴藏着无穷的智慧与无限的能量，是我们克服一切困难、战胜一切敌人、完成一切任务的根本保证。

奋进第二个百年奋斗目标，实现中华民族伟大复兴的中国梦，是当代中国共产党人所肩负的重要历史使命。这一伟大事业的顺利开展和有序推进，除了要依靠党的领导之外，同样离不开广大人民群众的支持和帮助。正如习近平总书记所讲的："实现中国梦必须凝聚中国力量。这就是中国各族人民大团结的力量。中国梦是民族的梦，也是每个中国人的梦。只要我们紧密团结，万众一心，为实现共同梦想而奋斗，实现梦想的力量就无比强大，我们每个人为实现自己梦想的努力就拥有广阔的空间。"① 中国梦归根结底是人民的梦，需要紧紧依靠广大人民来实现。人民群众对于美好生活的向往和追求为中国梦的实现注入了强大的动力；人民群众对于民族复兴事业的鼎力支持和广泛参与为中国梦的实现奠定了坚实的基础；人民群众对于复兴征程中艰难险阻的无所畏惧和沉着应对为中国梦的实现提供了可靠的保证。人民群众是中华民族的主体，是实现中华民族伟大复兴中国梦的中坚力量。只有充分相信群众、紧紧依靠群众、紧密团结群众，才能集中民智、汇聚民力，才能让中国梦在神州大地上开花结果，变为现实。当前，要做好群众工作，充分调动起广大人民群众的积极性、主动

---

① 《习近平谈治国理政》，外文出版社2014年版，第40页。

性、创造性，凝聚起全国各族人民团结奋斗的伟大力量，就要大力学习和弘扬焦裕禄公仆思想，帮助广大党员干部彻底认清"我是谁""依靠谁"，牢固树立唯物主义群众史观。

三、加强党员干部队伍建设的鲜活教材

"党员是党的肌体的细胞和党的活动主体，党员队伍建设是党的建设的基础。"① 判断一个政党先进与否，不仅要看这个政党的性质、宗旨、纲领等宏观层面的东西，更要看这个政党成员的思想理念、行为作风等微观层面的东西。"焦裕禄同志是人民的好公仆、干部的好榜样。"② 他的公仆思想和公仆行为对广大党员干部具有重要的教育和示范作用，是加强党员干部队伍建设的鲜活教材。新时代学习和弘扬焦裕禄公仆思想，就是要以焦裕禄同志为榜样和标杆，向焦裕禄同志学习，做党的好干部、人民的好公仆。

1. 牢记公仆身份，恪守为民情怀

"我是谁"，是每一位党员干部入职、上任前都必须弄清的一个基本问题。因为，只有首先弄清了"我是谁"，党员干部才能真正认清自己、摆正位置，才能更好改造自己、提升自己。《中国共产党章程》第六章第三十五条明确规定，"党的干部是党的事业的骨干，是人民的公仆，要做到忠诚干净担当"③。习近平总书记在2014年听取兰考县和河南省党的群众路线教育实践活动情况汇报时的讲话中强调，要"坚持不懈强化宗旨意识，解决好党员、干部是人民公仆的角色定位问题"④。他明确指出："人民是国家的主人，干部是人民的公仆。公仆公仆，一要为公，不能有私心；二要为仆，不能有官气。公仆对人民负责，天经地义。这种关系不能颠倒。任何党员、干部，只有为人民服务的责任和义务，没有当官做老爷的

① 《十八大以来重要文献选编》（中），中央文献出版社2006年版，第563页。
② 习近平：《结合新的实际大力弘扬焦裕禄精神》，《求是》2009年第10期。
③ 《中国共产党章程》，人民出版社2012年版，第50页。
④ 习近平：《做焦裕禄式的县委书记》，中央文献出版社2015年版，第64页。

权力。"① 当前，部分党员干部出现脱离群众、作风不正、贪污腐败等这样或那样的问题，表面上看是受外部客观环境变化的影响，但外因始终是通过内因而起作用的，说到底还是因为这些干部没能彻底地弄清"我是谁"，没能准确地摆正自己的位置，没能真正地认识到当干部就是做人民的公仆、人民的勤务员。作为一名党员干部，首先要解决好"我是谁"的问题，要始终牢记自己的人民公仆身份，时刻提醒自己手中的权力是由人民赋予的，自己最大的责任是为人民服务、为人民谋取利益。

认清身份、准确定位，是领导干部摆正同人民群众关系的必要前提。但作为一名党的干部，光有人民公仆的角色定位是不够的，关键还要有对人民群众的深厚感情。感情体现的是政治立场和宗旨意识，蕴藏的是方法和力量，衍生的是责任和担当。党员干部对群众有没有感情，感情深不深，在很大程度上，决定着他们工作时的态度和为民服务的成效。焦裕禄之所以时刻惦记着群众的安危，冒着风雪为群众送棉衣、送粮款，将个人生死置之度外，始终坚持奋斗在治理"三害"的一线，正是源于他对广大兰考群众真挚而深厚的感情。只有解决好感情的问题，领导干部才能乐为公仆，才能真正做到为人民服务。新时代学习焦裕禄公仆思想，做焦裕禄式的好公仆，就要牢记公仆身份，恪守为民情怀。广大党员干部要向焦裕禄同志那样，牢固树立宗旨意识，始终保持对人民的赤子之心，保持同群众的血肉联系，自觉将人民群众放在心中的最高位置。从无止境的文山会海中走出来，从无意义的社交应酬中摆脱出来，沉下身子、放下架子、扎根基层，主动到条件艰苦、困难突出的地方走一走、看一看，倾听群众的呼声，了解群众的疾苦，反映群众的愿望。

2. 坚持知行合一，切实改善民生

古人云："知者行之始，行者知之成。圣学只一个功夫，知行不可分作两事。"② 没有"知"，"行"便无从谈起；没有"行"，"知"则无法完成。

---

① 习近平：《做焦裕禄式的县委书记》，中央文献出版社 2015 年版，第 64 页。
② 王建军译注：《传习录新解全译本》，民主与建设出版社 2016 年版，第 45 页。

知中有行，行中有知，二者相互依存、不可分离。全心全意为人民服务，是中国共产党的根本宗旨，是党一切工作的出发点和归宿，是每一个共产党人都必须遵循的价值选择。作为一名党的干部，光有为民服务的公仆情怀是不够的，关键还要有服务人民的实际行动。为人民服务，从来都不是一个纯粹的理论问题，而是一个理论性与实践性相统一的问题，甚至在某种意义上它的实践色彩更加浓厚。因为，为人民服务并不在于你说了些什么，说得多么头头是道，而在于你真正做了些什么，做出了怎样的成效。正如习近平总书记所讲的那样："检验我们一切工作的成效，最终都要看人民是否真正得到了实惠，人民生活是否真正得到了改善，人民权益是否真正得到了保障。"① 与过去相比，现在的领导干部学历越来越高、理论水平越来越高、知识面越来越广，对于党的指导思想、性质、宗旨等更是烂熟于心、耳熟能详。但学历高了，不等于为人民服务的效果就更好了。有的干部思想是进步了，而行动却落后了，出现为官不为甚至背叛人民、以权谋私的不良现象，表现出严重的知行反差。身为人民的公仆，党员干部不仅要牢记为民服务的宗旨，更要努力践行宗旨，真正做到知行合一，将为民服务的公仆情怀最终落实到改善民生上来。

为人民服务，就要对人民负责，担当起该担当的责任。"是否具有担当精神，是否能够忠诚履责、尽心尽责、勇于担责，是检验每一个领导干部身上是否真正体现了共产党人先进性和纯洁性的重要方面。"② 敢于担当是落实行动的前提条件，是领导干部必须具备的基本素质。有多大的担当，便能干多大的事业。"干事"是领导干部的天职。正所谓，"空谈误国，实干兴邦"。没有行动、没有落实，再好的设想也只是幻想，再美的承诺也只是空谈。"干部心系群众、埋头苦干，群众就会赞许你、拥护你、追随你；干部不务实事、骄奢淫逸，群众就会痛恨你、反对你、

---

① 《习近平谈治国理政》，外文出版社 2014 年版，第 28 页。

② 中共中央文献研究室：《习近平总书记重要讲话文章选编》，中央文献出版社 2016 年版，第 61 页。

疏远你。"① 焦裕禄之所以被历史和人民所铭记、所推崇，正是因为他不畏困难、迎难而上，自觉承担起改变灾区面貌、造福兰考人民的重任，将自己的职位看作是为人民服务的岗位，始终坚持真抓实干的工作作风，身体力行、埋头苦干。新时代学习焦裕禄公仆思想，做焦裕禄式的好公仆，就要像焦裕禄那样，在知行合一上下功夫，在真抓实干中见成效。广大党员干部必须明确自己的责任和义务，做到在其位、谋其政、尽其心、履其责，勇于担当、崇尚实干、狠抓落实。在任何情况下，始终将实现好、维护好、发展好最广大人民群众的根本利益视作自己工作的出发点和落脚点，以保障和改善民生为重点，切实解决好群众最关心的实际利益问题。

3.崇尚科学精神，提高服务本领

党员干部对人民真心诚意，体现的是一种态度、一种情怀；为民真抓实干，体现的是一种精神、一种作风；帮民消忧解愁，体现的则是一种智慧、一种能力。为人民服务，仅凭美好的愿望和饱满的热情是远远不够的。正所谓，"责重山岳，能者方可当之"。要想守护一方水土、造福一方百姓，领导干部除了要有一颗为人民服务的真心，一份苦干实干的决心，还要有一身破除一切困难和阻碍的本领。习近平总书记就讲过干部的工作态度："干部干部，干是当头的，既要想干愿干积极干，又要能干会干善于干"②。敢作为、勇担当，背后是勇气，是责任，更是能力。党员干部工作能力的大小直接决定着他们为民服务的成效。只有练就一番过硬的本领，领导干部才能真担当、真干事、真负责，才能保证为民服务的质量和水平，真正帮助群众解决困难，带领群众谋求发展，不断提高群众的满意度和幸福感。当前，许多领导干部虽然有为人民服务的热心，有努力工作的干劲，并且也付出了大量的时间和精力，但由于不懂方法、缺乏本领，到头来也只能是盲动和蛮干，而最后的结果也常常是不尽如人意。作为一

---

① 《习近平关于党风廉政建设和反腐败斗争论述摘编》，中央文献出版社、中国方正出版社 2015 年版，第 71 页。

② 《习近平关于全面从严治党论述摘编》，中央文献出版社 2016 年版，第 141 页。

名党的干部，要始终保持危机感，以时不我待的精神，不断增强本领，用过硬的能力和素质，为服务人民提供可靠的保障，不仅要做到为民干事，更要确保为民干成事。

一个人的本领和能力不是与生俱来的，也不是从天上掉下来的，而是通过后天的学习和实践获得的。正所谓，"没有革命的理论，就不会有革命的运动"①。思想是行为的先导，只有在思想上始终保持先进性，才能在实践和行动上得心应手。科学的理论来源于实践，但又高于实践，它一旦形成便能给人们的行为提供科学的指导，使人们在认识规律、把握规律、运用规律的基础上更好地推动实践向前发展。习近平总书记在中央党校建校 80 周年庆祝大会上强调，认识并解决好新老问题，"唯一的途径就是增强我们自己的本领。增强本领就要加强学习，既把学到的知识运用于实践，又在实践中增长解决问题的新本领。"②焦裕禄之所以能够在较短的时间内基本掌握兰考水、沙、碱发生、发展的规律，制定出一系列科学有效的"三害"治理方法，正是因为他始终坚持用毛泽东思想武装头脑，并将毛泽东思想的精髓活用于实际工作之中。新时代学习焦裕禄公仆思想，做焦裕禄式的好公仆，就要像焦裕禄那样，坚持学用结合、学以致用，不断在学习中深化实践，在实践中提升能力。广大党员干部要在学习上狠下功夫，把实干精神和科学态度结合起来，自觉用党的指导思想去研究和解决现实工作中出现的各种问题，努力将理论学习的成果转化为实际工作的能力，不断提高自身的综合素质，提高自己解决实际问题的能力和服务人民的水平。

4.提升道德修养，永葆清廉本色

古人云："才者，德之资也；德者，才之帅也。……是故才德全尽谓之圣人，才德兼亡谓之愚人，德胜才谓之君子，才胜德谓之小人。"③"才"所体现的是一个人的能力和水平，"德"体现的则是一个人的品质和素养。

---

① 《列宁全集（1902 年 1 月—1902 年 8 月）》第 6 卷，人民出版社 1986 年版，第 23 页。

② 《习近平谈治国理政》，外文出版社 2014 年版，第 402 页。

③ （宋）司马光：《资治通鉴》，中国工人出版社 2016 年版，第 152 页。

没有"才"的支撑，"德"便无法发挥作用；而没有"德"的指引，"才"便容易失去方向。"德"是"才"的统帅，"才"是"德"的辅佑，二者相互促进、互为补充、相得益彰。作为党的干部，绝不可偏废其中任何一方，不仅要有一身过硬的工作本领，还要有一身良好的道德修养。高尚的道德修养，显现出来的是一种不令而行的人格魅力，一种非权力的影响力，具有感召人、凝聚人的神奇力量。针对干部道德修养问题，习近平总书记强调，面对纷繁复杂的社会现实，党员干部特别是领导干部务必把加强道德修养作为十分重要的人生必修课。努力以道德的力量去赢得人心、赢得事业成就。① 当前，少数领导干部由于不注重个人道德修养，放松自我要求，在金钱、美色、权力等形形色色的诱惑面前，迷失了方向，遗失了初心，思想开始发生转变，价值取向日渐扭曲，道德防线慢慢瓦解，最终因腐败堕落而走向了人民的对立面。身为一名党的干部，要常怀律己之心，常修为政之德，不断提升道德境界，增强道德定力，严守道德底线，时刻注意以德修身、以德树威、以德服人，始终保持人民公仆的本色。

清正廉洁，是中华民族传统的为官准则，是共产党人最基本的政治操守，是新时代每一名党员干部都必须具备的道德品格。正所谓，"廉者，政之本也"②。"为政清廉才能取信于民，秉公用权才能赢得人心。"③判断一名党员干部是否称职合格，最基本的便是看他是否滥用了职权，是否做到了清正廉洁。《中国共产党章程》第一章第二条明确规定："中国共产党党员永远是劳动人民的普通一员。除了法律和政策规定范围内的个人利益和工作职权以外，所有共产党员都不得谋求任何私利和特权。"④ 焦裕禄之所以能够发动广大兰考人民，在全县范围内掀起一场轰轰烈烈的对抗"三害"的斗争，正是因为他始终保持着劳动人民的本色，

---

① 《习近平在河南考察时强调：深化改革发挥优势创新思路统筹兼顾 确保经济持续健康发展社会和谐稳定》，《人民日报》2014 年 5 月 11 日。

② 汤化译注：《晏子春秋》，中华书局 2011 年版，第 413 页。

③ 《习近平关于党风廉政建设和反腐败斗争论述摘编》，中央文献出版社、中国方正出版社 2015 年版，第 71 页。

④ 《中国共产党章程》，人民出版社 2012 年版，第 22 页。

与人民同甘苦、共患难，始终坚持廉洁奉公的工作准则，从不搞特殊化。新时代学习焦裕禄公仆思想，做焦裕禄式的好公仆，就要像焦裕禄那样，严守政治底线，反对以权谋私，保证清正廉洁。广大党员干部要自觉树立起正确的世界观、人生观和价值观，严格遵守党纪党规，始终把廉洁奉公视作为官任职的第一准则，正确行使好人民所赋予的权力，坚持在服务人民、奉献社会中实现自我价值，真正做到立身不忘做人之本、为政不移公仆之心、用权不谋一己之私，堂堂正正做人、干干净净做事、清清白白为官。

第四节　焦裕禄公仆思想价值的实现路径

马克思主义认为："社会存在决定社会意识，社会意识对社会存在具有能动的反作用。"[①] 先进的思想、科学的理论能够对社会的发展起积极的促进作用。但思想和理论本身并不能完成自我实现，它们只有被群众所掌握，通过指导人们的实践活动才能真正地发挥作用。新时代，要充分发挥焦裕禄公仆思想的价值，就要大力开展学习弘扬焦裕禄公仆思想活动，不断拓展掌握的广度与深度，使之转化为改造社会的物质力量。

一、把握学习要求，明确学习目标

要求是标准，目标是方向。要求严格，才能保证活动质量；目标明确，才能保证活动成效。新时代大力开展学习弘扬焦裕禄公仆思想活动，充分发挥焦裕禄公仆思想的价值，首先必须准确把握学习弘扬焦裕禄公仆思想的总体要求，明确学习弘扬焦裕禄公仆思想的具体目标。

---

① 本书编写组：《马克思主义基本原理概论》，高等教育出版社 2015 年版，第 108 页。

1.准确把握学习弘扬焦裕禄公仆思想的总体要求

焦裕禄是人民公仆的优秀典范。他用自己的实际行动，书写了乐为公仆、善为公仆的一生，塑造了先进党员、优秀干部的光辉形象，铸就了伟大、崇高的焦裕禄公仆思想。新时代大力开展学习弘扬焦裕禄公仆思想活动，目的在于通过充分发挥焦裕禄公仆思想的价值，进一步加强党员干部队伍建设，为巩固中国共产党执政地位提供坚强的思想保证，为实现中华民族伟大复兴凝聚强大的中国力量。学习弘扬焦裕禄公仆思想，充分发挥焦裕禄公仆思想的价值，必须切实做到深学、细照、笃行。所谓深学，就是要求广大党员干部一点一滴地了解焦裕禄的生平事迹，一字一句地学习焦裕禄的经典言论，一步一步地领悟焦裕禄公仆思想的核心要义，真正做到将焦裕禄公仆思想学深悟透。所谓细照，就是要求广大党员干部把焦裕禄视作旗帜、视作标杆，以焦裕禄为标准，对照寻找差距，仔细查找自己在思想意识、价值观念、工作能力、道德境界等方面存在的问题和不足，努力向焦裕禄看齐。所谓笃行，就是要求广大党员干部以焦裕禄为学习的榜样，不断加强自身党性修养、切实提高实际工作能力、积极转变工作作风、努力提升道德修养，像焦裕禄那样对待组织、对待群众、对待事业、对待自己，真正做到"心中有党、心中有民、心中有责、心中有戒"①。

2.明确学习弘扬焦裕禄公仆思想的具体目标

新时代大力开展学习弘扬焦裕禄公仆思想活动，充分发挥焦裕禄公仆思想的价值，就必须明确学习弘扬焦裕禄公仆思想的具体目标。学习弘扬焦裕禄公仆思想，一要促使广大党员干部的思想境界进一步提高，牢固树立起马克思主义的世界观、人生观和价值观，自觉坚持正确的地位观、权力观和政绩观，始终坚持"立党为公、执政为民"的工作理念，始终保持共产党人的政治本色。二要促使广大党员干部的作风形象进一步转变，做到始终坚持深入基层、不畏艰难、实事求是、严于律己，时刻保持密切联系群众、艰苦奋斗、求真务实、清正廉洁的工作作风，真正树立起为民、

---

① 习近平:《做焦裕禄式的县委书记》，中央文献出版社2015年版，第2页。

务实、清廉的人民公仆形象。三要促使广大党员干部的群众工作能力进一步增强，毫不动摇地坚持和贯彻党的群众路线，充分相信群众、紧紧依靠群众、紧密团结群众，始终保持对人民的赤子之心，保持同群众的血肉联系，切实做好人民群众的知心人、暖心人和领路人。

二、发挥干部示范作用，兼顾民众参与

所谓抓住重点，就是要抓住主要矛盾。所谓统筹兼顾，就是要兼顾次要矛盾。主要矛盾在事物发展过程中处支配地位、起决定作用，因此，抓住了主要矛盾，其他问题便会迎刃而解。而次要矛盾虽处从属地位，但其发展和解决的状况也影响和制约着主要矛盾的解决。新时代大力开展学习弘扬焦裕禄公仆思想活动，充分发挥焦裕禄公仆思想的价值，必须坚持两点论与重点论的统一，既要充分发挥领导干部的带头示范作用，又要积极引导普通民众广泛参与其中。

1. 充分发挥领导干部带头示范作用

俗话说："村看村，户看户，群众看党员，党员看干部。"领导干部能否以身作则、率先垂范，将直接影响到各项活动能否顺利开展、能否取得成效。新时代，要充分发挥焦裕禄公仆思想的价值，就必须牢牢抓住领导干部这一"关键少数"，不断强化领导干部的模范带头意识，要求他们时刻当好先锋、做好表率。各级领导干部，尤其是一把手要主动把自己摆进活动当中，自觉做焦裕禄公仆思想的继承者、弘扬者和实践者。带头在学习焦裕禄公仆思想上下功夫，力争学早一点、学多一点、学深一点、学实一点，真正做到入脑入心、触及灵魂。同时，还要带头在践行焦裕禄公仆思想上出成效，努力以自己的实际行动影响他人，推动形成一级做给一级看、一级领着一级干的良好局面，确保学习弘扬焦裕禄公仆思想活动最终达到预期的目标，取得实在的成效。

2. 积极引导普通民众广泛参与其中

焦裕禄公仆思想是焦裕禄在吸收中华优秀传统文化精华、继承毛泽东

思想精髓的基础上，在具体实践中逐渐形成和发展起来的，是中华民族传统美德与共产主义道德相融合的产物。因此，它不仅是党和国家的宝贵精神财富，同时也是广大人民群众的宝贵精神财富。新时代大力开展学习弘扬焦裕禄公仆思想活动，充分发挥焦裕禄公仆思想的价值，除了要牢牢抓住领导干部这一"关键少数"之外，还必须紧紧依靠广大人民群众，积极引导普通民众广泛参与其中。而要想提高普通民众学习弘扬焦裕禄公仆思想的积极性、主动性和创造性，首先，必须纠正长期以来广大人民群众对于各类学习弘扬活动的错误认识，促使他们真正地认识到焦裕禄同志不仅是党员的楷模、干部的榜样，还是人民的典范。学习弘扬焦裕禄公仆思想，不仅仅是党员干部的事，同时也是全体社会成员的事。其次，必须将先进性要求和广泛性要求结合起来，坚持从实际出发，帮助广大人民群众明确学习弘扬焦裕禄公仆思想的具体内容和方向，循序渐进地引导他们由追求广泛性要求向追求先进性要求转变，由常态的道德行为向高尚的道德行为靠拢。再次，还必须积极探索群众参与活动的有效形式，如通过开展专题讲座、主题演讲、辩论赛等途径，为广大人民群众参与学习弘扬焦裕禄公仆思想活动搭建平台、提供机会、创造条件。

三、抓好宣传教育和制度建设

一种思想最终能否被人们所铭记和推崇，不仅要看这一思想本身是否先进科学，而且还要看它能否得到应有的重视。新时代大力开展学习弘扬焦裕禄公仆思想活动，充分发挥焦裕禄公仆思想的价值，必须坚持两手抓、两手硬，既要抓好宣传教育，积极营造学习弘扬焦裕禄公仆思想的良好氛围，又要抓好制度建设，努力推动学习弘扬焦裕禄公仆思想活动常态化。

1. 坚持抓好宣传教育

大力开展学习弘扬焦裕禄公仆思想活动，充分发挥焦裕禄公仆思想的价值，宣传教育是基础。首先，要不断加大宣传教育的力度，积极营造学习弘扬焦裕禄公仆思想的良好氛围。新时代大力开展学习弘扬焦裕禄公仆思想活动，必须坚持普遍宣传与特殊教育相结合。在实现宣传教育全覆盖的基础上，保证宣传教育的实效性。一要拓宽宣传教育的广度，推动焦裕禄公仆思想进机关、进学校、进企业，使焦裕禄公仆思想传播到社会的每一个角落。二要增强宣传教育的针对性，区分层次和对象，针对不同群体的特点和状况，有的放矢地开展宣传教育工作。其次，要不断创新宣传教育的方式，切实增强学习弘扬焦裕禄公仆思想的有效性。新时代大力开展学习弘扬焦裕禄公仆思想活动，必须坚持继承优良传统与改进创新相结合。在充分发挥传统教育方式作用的基础上，积极探索新形势下开展宣传教育工作的新途径、新方法。一要丰富教育形式，除了继续发挥会议学习、专题讲座等传统教育方式的作用之外，还应积极开展实践教育活动，通过举办主题演讲、参观纪念遗址等各式各样的活动，引导人们在主动参与中体验，在体验中践行。二要创新宣传手段，除了继续发挥电视、广播、报纸等传统媒体的作用之外，还应立足信息时代的特点和要求，充分利用微信、微博等网络传播的新渠道，努力形成多层次、立体化的传播格局。

2. 坚持抓好制度建设

大力开展学习弘扬焦裕禄公仆思想活动，充分发挥焦裕禄公仆思想的价值，制度建设是根本。思想的传承、价值的发挥并非是轻而易举、一蹴而就的，既要靠广泛深入的宣传教育，更要靠长期有效的制度机制。新中国成立以来，党的思想政治教育实践证明，任何学习活动不论当时搞得多么轰动、多么成功，如果不能长期坚持下去，最终都将被时间所掩埋、被人们所遗忘。因此，在新的历史条件下，要使学习弘扬焦裕禄公仆思想活动取得实实在在的成效并能长期巩固其成果，就必须把学习弘扬焦裕禄公仆思想作为一个长期性任务、一个永恒性课题来对待，尽快地建立健全相关的责任实施制度机制。大力开展学习弘扬焦裕禄公仆思想活动，充分发挥焦裕禄公仆思想的价值，必须坚决反对一切形式主义的做法，努力建立起一套党委统一领导、党政群齐抓共管、有关部门各负其责、全社会大力支持的领导体制和工作机制，积极促成全党全社会共同学习弘扬焦裕禄公仆思想的强大合力。各级党委和政府要从战略和全局的高度，充分认识和把握焦裕禄公仆思想对于党和国家的重要意义，始终把学习弘扬焦裕禄公仆思想摆在重要位置，切实加强领导。各有关部门则要积极响应、主动配合、密切协作，自觉担负起相应的责任，努力完成各项具体任务，使学习弘扬焦裕禄公仆思想活动真正落到实处。

第七章　焦裕禄治贫思想及其当代价值

治理贫困，既是全球面临的一个重大课题，也是历代中国人民孜孜以求的梦想和期盼，正如习近平总书记所讲的："贫困是人类社会的顽疾。反贫困始终是古今中外治国安邦的一件大事。一部中国史，就是一部中华民族同贫困作斗争的历史。从屈原'长太息以掩涕兮，哀民生之多艰'的感慨，到杜甫'安得广厦千万间，大庇天下寒士俱欢颜'的憧憬，再到孙中山'家给人足，四海之内无一夫不获其所'的夙愿，都反映了中华民族对摆脱贫困、丰衣足食的深深渴望。近代以后，由于封建统治的腐朽和西方列强的入侵，中国政局动荡、战乱不已、民不聊生，贫困的梦魇更为严重地困扰着中国人民。"[1] 党的十八大以来，以习近平同志为核心的党中央立足新的历史方位，提出精准脱贫战略。精准脱贫贵在"精准"，县一级党委和政府处于一线"指挥部"位置，在决胜脱贫攻坚中起着主力军作用。因此，如何加强县域治理能力现代化建设，成为新时代的重要课题。焦裕禄是县委书记的榜样，他最大的贡献就是带领兰考人民直面"三害"，勇于斗争，找到了治理"三害"的有效方法，为兰考人民摆脱贫困奠定了坚实基础。因此，对焦裕禄治贫思想进行研究，有利于为巩固当代脱贫攻坚胜利成果提供强大的思想动力，有利于加强新时代扶贫干部队伍的建设，有利于推进县域治理能力现代化建设。

---

[1] 习近平：《在全国脱贫攻坚总结表彰大会上的讲话》，人民出版社 2021 年版，第 2—3 页。

第一节　焦裕禄治贫思想形成的
理论基础及现实背景

　　焦裕禄治贫思想是在特定的社会历史条件下形成的。一方面，焦裕禄受马克思主义经典作家反贫困理论和中华优秀传统文化的影响，对贫困的治理有了思想理论上的建构；另一方面，在投身社会主义建设中，焦裕禄积累了丰富的治贫经验，为治贫思想的形成奠定了实践基础。

一、理论基础：马克思主义经典作家的反贫困理论

　　1966 年 2 月，新华社发表的长篇通讯《县委书记的榜样——焦裕禄》，让县委书记的榜样、领导干部楷模焦裕禄的感人事迹从此传遍大江南北，焦裕禄的名字响彻中华大地。焦裕禄的英雄事迹为何会广泛传播，为何引起全国人民的共鸣？原因就在于焦裕禄不惧艰辛、迎难而上，拼上老命，大干一场，带领兰考人民治理"三害"、摆脱贫困，书写了一曲荡气回肠的生命赞歌。一部焦裕禄在兰考的工作史，就是一部扶贫史。在兰考工作期间，焦裕禄以身作则，要求全体县委干部都要努力学习马列主义，提升认识水平，用马列主义、毛泽东思想来指导兰考的建设。焦裕禄治贫思想，是马克思列宁主义反贫困理论中国化的具体体现。

　　1. 马克思、恩格斯关于贫困根源与反贫困的理论

　　马克思、恩格斯是世界无产阶级革命运动的发起者和指导者，其指导世界无产阶级革命运动的实践，促成了马克思主义的诞生。马克思主义是一个科学的、系统的、庞大的、完备的理论体系，贫困理论作为马克思主义理论体系的重要组成部分，对于马克思主义理论的传播以及世界无产阶级革命运动的发展都起着极其重要的作用。马克思、恩格斯的贫困理论从根源上剖析了劳动人民贫困的原因，并且提出了解决贫困现象的有效

措施。

（1）马克思、恩格斯贫困思想的基本观点

马克思、恩格斯从初步提出贫困思想到最终形成一个完整系统的理论体系，依赖于对资本主义社会认识的不断深化，依赖于自始至终贯穿其间的历史唯物主义红线。因此，马克思、恩格斯提出了"现实的人"及其"现实的生活过程与活动"① 是认识人类社会与历史发展的逻辑起点。马克思认为"现实的人"就是"在一定生产关系中从事生产劳动并且合乎生产力发展趋势的具体个人"②，即无产阶级。

马克思认为，资本主义生产关系的不平等是导致无产阶级贫困的首要根源。而生产关系的不平等主要体现在剩余价值的生产，马克思指出："剩余价值的生产只不过是超过一定点继续延长的价值生产。如果劳动过程只持续到这样一点，即资本所支付的劳动力价值为新的等价物所补偿，那就是单纯的价值生产；如果劳动过程超过这一限度，那就是剩余价值的生产。"③ 因此，剩余价值的生产就是导致无产阶级贫困的根源所在。但在实际生产中，资本家为了实现资本的快速积累，在压榨劳动者的同时，也不断改进生产技术与工艺，"一旦工具由机器来操作，劳动力的交换价值就会随同它的使用价值一起消失"④。资本积累是通过剩余价值的生产来实现的。那么，机器出现的直接后果是大量手工业者失业，劳动者的供给量增加，而资本对劳动力的需求降低，这种矛盾的存在，使得在资本主义社会出现了独特的相对人口过剩，从而导致社会贫困化。

马克思认为，资本主义生产关系阻碍了社会生产力的发展，这是无产阶级贫困化的第二个根源所在。资本主义生产关系的实质是以私有制为基础的雇佣劳动制度，马克思、恩格斯在分析了资本主义社会经济发展内部

---

① 《马克思恩格斯文集》第 9 卷，人民出版社 2009 年版，第 524 页。

② 甘柯：《马克思主义贫困与反贫困思想的历史梳理及当代应用——以武陵山片区为例》，吉首大学 2014 年硕士学位论文。

③ 《马克思恩格斯全集》第 43 卷，人民出版社 2016 年版，第 197 页。

④ 《马克思恩格斯全集》第 43 卷，人民出版社 2016 年版，第 450 页。

结构时发现，由于生产资料的私有化和生产的社会化之间的矛盾，会导致资本主义社会不定期地爆发经济危机，也就是说，私有制的存在会阻碍社会生产力的发展。需要注意的是，在马克思的观点中，私有制并不是阻碍所有生产力的发展，在手工业阶段，私有制反而会促进生产力的发展，而这里所讲的是大工业大机器生产阶段。马克思在《德意志意识形态》指出："在私有制的统治下，这些生产力只获得了片面的发展，对大多数人来说，成了破坏的力量，而许多生产力在私有制下根本得不到利用。"① 这种片面发展的生产力，在增加资本家财富的同时，也使工人阶级日趋贫困。

马克思认为，在资本主义制度下，存在着"绝对贫困"和"相对贫困"两种形式。劳动者被剥夺了生产资料和生活资料，唯一能出卖的商品就是自身的劳动力，这就意味着一旦劳动者与资本家交换后，劳动者就一无所有了，就会形成"绝对贫困"。当劳动者以自身唯一可自由支配的劳动力作为商品与资本家交换后，劳动者与资本家之间就存在着"被剥削与剥削"的关系，"所有者和劳动者之间的关系必然归结为剥削者与被剥削者的经济关系"。② 因此，只要资本主义生产方式存在，无产阶级就会受到资本家的剥削，并且随着资本主义的发展，程度会愈益加深。而"相对贫困"指的是在资本积累的同时，无产阶级与资本家之间的贫富差距也越来越大，两者之间生活的方式与状况呈现截然不同的状态。马克思指出："在劳动生产力提高时，劳动力的价格能够不断下降，而工人的生活资料量同时不断增加。但是相对地说，即同剩余价值比较起来，劳动力的价值还是不断下降，从而工人和资本家的生活状况之间的鸿沟越来越深。"③ 工人在给资本家创造财富的同时，也让自己变得不那么穷了，但"工人阶级相对地还是像原来一样穷，如果说穷的极端程度没有缩小，那么，穷的极端程度就增大了，因为富的极端程度已经增大"④。

---

① 《马克思恩格斯选集》第一卷，人民出版社 2012 年版，第 195 页。
② 《马克思恩格斯全集》第 42 卷，人民出版社 1979 年版，第 84 页。
③ 《资本论》第一卷，人民出版社 2004 年版，第 597—598 页。
④ 《资本论》第一卷，人民出版社 2004 年版，第 715 页。

（2）马克思、恩格斯的反贫困措施

马克思、恩格斯认为，要解决贫困问题，就必须首先明确解决贫困问题的目标及主体。马克思指出，解决贫困问题，就必须从"现实的人"即无产阶级出发。解决贫困问题，就是解决无产阶级的贫困问题，这就明确了解决贫困问题的目标和主体。马克思认为贫困是一种社会现象，要分析这种现象，寻找它的根源，就必须从社会的基本矛盾出发。马克思、恩格斯在历史唯物主义中分析道，一切社会形态的基本矛盾是生产力与生产关系、经济基础与上层建筑之间的矛盾，它贯穿于人类社会发展的始终，推动着人类社会由低级阶段向高级阶段发展。

马克思、恩格斯认为，要解决贫困问题，就要从贫困产生的根源上解决。因而，首先要消灭私有制，建立公有制，确立生产关系上的平等，才能解决贫困问题。在资本主义高速发展时期，资产阶级政府为缓和国内的尖锐矛盾，制定和采取了一系列反贫困的法律和措施，一些无产阶级革命者认为可以借助资本主义国家的力量来解决无产阶级的贫困问题。但实践证明，这种道路是行不通的。因此，只有"全世界无产者联合起来"，采用暴力革命的手段，推翻资本主义制度，消灭私有制，建立公有制，才能彻底解决无产阶级贫困问题。

其次，要解放和发展生产力。贫困的出现，是由于物质资料无法满足人们的生活需求。如果生产力不发展或慢发展，人们的物质生活和精神生活就无法改善和提高，"那就只会有贫穷、极端贫困的普遍化；而在极端贫困的情况下，必须重新开始争取必需品的斗争，全部陈腐污浊的东西又要死灰复燃。"① 因此，只有大力发展生产力，才能改变生产关系，马克思在《〈政治经济学批判〉序言》中写道："无论哪一个社会形态，在它们所能容纳的全部生产力发挥出来以前，是决不会灭亡的；而新的更高的生产关系，在它存在的物质条件在旧社会的胞胎里成熟以前，是决不会出现的。"②

---

① 《马克思恩格斯选集》第一卷，人民出版社 2012 年版，第 166 页。

② 《马克思恩格斯选集》第二卷，人民出版社 2012 年版，第 3 页。

最后，要促进人的全面发展。在马克思的论述中，要解决贫困问题，关键在于要变革生产关系，而生产关系的改变，是以生产力的发展和人的全面发展为前提的。马克思和恩格斯指出："私有制只有在个人得到全面发展的条件下才能消灭，因为，现存的交往和现存的生产力是全面的，而只有全面的发展的个人，才可能全部占有它。"① 因此，只有人得到全面发展，才能真正占有社会生产力总和，而这种对生产力的占有，"也就是个人本身的才能的一定总和的发挥。"②

2.列宁的贫困与反贫困理论

马克思、恩格斯逝世后，国际工人运动内部修正主义泛滥。修正主义者大肆抨击马克思主义，企图否认马克思主义的科学性。列宁成为当时坚决支持和拥护马克思主义的代表人物，在与修正主义者论战的同时，列宁对马克思主义理论的理解更加深刻。同时，俄国社会民主工党的成立，促使列宁开始以马克思主义为指导思想，来推动俄国革命的发展。

（1）列宁对马克思主义贫困理论的继承和发展

马克思、恩格斯在剖析了资本主义社会资本积累的内部构造后，指出了产生贫困的根源在于生产关系的不平等，即剩余价值的生产。马克思、恩格斯在分析的过程中，强烈鞭挞了资本主义国家存在的社会贫困化现象，正如马克思所说："农业工人的工资被压到最低限度，他总是有一只脚陷在需要救济的赤贫的泥潭里。"③ 列宁继承了马克思、恩格斯对资本主义社会贫困现象抨击的理论。列宁认为在资本主义生产关系下，当资本主义经济发展繁荣时，工厂就会生产大量的产品，而占人口多数的穷人却买不起这些产品，生活难以为继。由于资本主义经济根本矛盾的存在即生产资料私有制和生产社会化之间的矛盾，经济危机就极易引发。"危机表明，如果土地、工厂、机器等不是被一小撮靠人民贫困而获得亿万利润的私有者窃据，那么，现代社会就能够生产出丰富得多的产品来改善全体人民的

---

① 《马克思恩格斯全集》第 3 卷，人民出版社 1960 年版，第 516 页。
② 《马克思恩格斯全集》第 3 卷，人民出版社 1960 年版，第 76 页。
③ 《马克思恩格斯全集》第 43 卷，人民出版社 2016 年版，第 689 页。

生活。"① 列宁认为在资本主义社会中，劳动者的地位是非常低下的，"工人和贫苦农民成年累月的替剥削者做苦工，受到了剥削者无数的欺侮和凌辱，过着极端贫困的生活。"② 资本家只会不断压制劳动者来获得更多的剩余价值。在这种情况下，社会财富虽快速增长，但劳动者的收入却不断下降，这就造成大规模贫困。这种贫困现象的出现，使工人阶级和资产阶级之间的矛盾日益尖锐。在贫困普遍化的社会条件下，"贫困驱使成千上万的人走上流氓无赖、卖身投靠、尔虞我诈、丧失人格的道路"③。列宁强烈地抨击了资本主义社会的丑陋，认为资本主义制度对于劳动者来说是个无穷的剥削制度。

列宁继承了马克思、恩格斯关于"绝对贫困"和"相对贫困"的思想。他首先批判了资产阶级改良者所倡导的"资本主义社会没有发生群众的贫困化"④ 的论断，认为这种论断是非常荒谬的。在资本主义国家，随着机器大工业的持续快速发展，资本家的财富也在迅速增加，但却造成"生活费用在不断的飞涨"，工人阶级为了获得更好的工作环境和工资待遇，"即使在工人进行了最顽强而且非常成功的罢工斗争的情况下，工人工资的增加还是比劳动力必要费用的增加慢得多。"⑤ 这就从现实中反驳了资产阶级改良者的荒谬论断。列宁进一步指出，在生活费用上涨的情况下，"工人的贫困化是绝对的，就是说，他们确实愈来愈穷，不得不生活得更坏，吃得更差，更吃不饱，更多的人栖身在地窖里和阁楼上"，"但是，工人的相对贫困化，即他们在社会收入中所得份额的减少更为明显。"⑥ 因此，列宁认为在资本主义生产关系下，资本家的财富在迅速增长，但劳动者的"绝对贫困化"和"相对贫困化"却愈加明显。

最后，列宁继承了马克思、恩格斯关于资本主义生产关系的不平等是

① 《列宁专题文集（论资本主义）》，人民出版社 2009 年版，第 48 页。
② 《列宁专题文集（论社会主义）》，人民出版社 2009 年版，第 54 页。
③ 《列宁专题文集（论社会主义）》，人民出版社 2009 年版，第 58 页。
④ 《列宁专题文集（论资本主义）》，人民出版社 2009 年版，第 77 页。
⑤ 《列宁专题文集（论资本主义）》，人民出版社 2009 年版，第 77 页。
⑥ 《列宁专题文集（论资本主义）》，人民出版社 2009 年版，第 78 页。

造成贫困根源的思想。马克思、恩格斯认为，在资本主义社会，由于生产关系的不平等即剩余价值的生产，资本家只追逐剩余价值的最大化，就造成资本家不断加深对劳动者剥削的恶果。列宁指出，资本主义社会存在着一组矛盾即资本主义社会财富的不断增长和劳动者的日益贫困化的矛盾。这组矛盾的出现，是由于资本家无限追求剩余价值的最大化而造成的，那么就必然导致劳动者联合起来反抗，推翻资产阶级的统治，这就是采取暴力革命的原因。1919 年 7 月，列宁在答美国记者问时指出："资本主义始终是雇佣奴隶制度，始终是极少数现代奴隶主即地主和资本家奴役千百万工农劳动者的制度。"① 世界大战的爆发，使资本主义的崩溃是不可避免的，群众的革命意识到处在增长着，代替资本主义的是苏维埃共和国。② 列宁在最后指出："因为这种私有制是少数人剥削多数人的根源，是群众贫困的根源，是只能使资本家发财的、各民族间的掠夺性战争的根源。"③

（2）十月革命后列宁对贫困问题的新认识

俄国十月革命后，列宁领导俄国人民建立了世界上第一个无产阶级专政的社会主义国家。在开展社会主义建设时，由于俄国原本经济较为落后，再加上国内外因素的影响，苏维埃共和国仍旧存在着大量贫困的现象。马克思、恩格斯认为，如果采用暴力革命的手段，推翻了资本主义制度，消灭了私有制，从根本上消除了剥削的来源，那么贫困现象将不再出现。列宁对于贫困现象并没有回避，而是坦然地面对。列宁指出，在一个"小资产阶级占优势的国家"，俄国人民参加革命的目的就在于获得更好的生活，摆脱贫困。列宁尖锐地指出，若没有满足广大人民的需求，那么苏维埃政权将不复存在，"战争是铁面无情的，它严酷地尖锐地提出问题：要么是灭亡，要么是在经济方面也赶上并且超过先进国家。"④ 列宁认为，消除贫困，事关向社会主义过渡的成败，事关社会主义事业的历史命

① 《列宁专题文集（论资本主义）》，人民出版社 2009 年版，第 248 页。
② 《列宁专题文集（论资本主义）》，人民出版社 2009 年版，第 249 页。
③ 《列宁专题文集（论资本主义）》，人民出版社 2009 年版，第 249 页。
④ 《列宁选集》第三卷，人民出版社 1995 年版，第 271 页。

运。通过革命手段建立的俄国苏维埃政权，不仅要实现在政治层面上人民当家作主的目标，更要实现经济层面上消除贫困的目标，"俄国不仅成了苏维埃共和国，而且成了社会主义共和国。"[1] 列宁在继承马克思、恩格斯贫困理论的基础上，并没有照搬照套马克思主义理论，而是从本国的实际出发，进一步完善和发展了马克思、恩格斯的贫困理论。

列宁在承认社会主义国家仍旧存在贫困现象的基础上，对帝国主义的经济特征进行了深刻的剖析，阐明了19世纪末20世纪初以来，一些主要资本主义国家出现少数"工人贵族"的问题，揭示了无产阶级贫困的新特点、新形式。19世纪末以来，资产阶级认识到，过度压榨劳动者，会使社会矛盾激化，必然威胁到政权的存亡，于是他们开始采取一些更为隐蔽的措施来分化和瓦解工人运动的领导阶层。马克思、恩格斯在世时也认识到了这一点，但并未进行深刻的阐述。列宁对这个问题极其重视，他在多篇著作中详细论证了"工人贵族"产生的条件和原因，他认为："引起工人运动参加者彼此分歧的一个非常重要的原因，就是统治阶级特别是资产阶级的策略的改变。"[2] 这种策略的转变，就是利用"自由主义"政策，来收买一部分工人代表，这部分被收买的工人代表就成了"工人贵族"。但列宁指出少数"工人贵族"的出现，并未改变整个无产阶级贫困的现象，"全世界的共产党人，维护大多数劳动者的利益，而资本家则用高额工资收买极少数劳动者，使他们成为资本的忠实奴仆。"[3]

列宁在分析了无产阶级贫困的新特征、新形式后，对于如何消除贫困提出了一系列措施。首先，列宁认为："无产阶级取得国家政权以后，它的最主要最根本的需要就是增加产品数量，大大提高社会生产力。"[4] 这是解决贫困的根本措施，即大力发展生产力。只有生产力得到发展，才能满足人民的需求，才能巩固无产阶级政权。其次，列宁认为，要消除贫困，

① 《列宁选集》第三卷，人民出版社1995年版，第477页。
② 《列宁全集》第20卷，人民出版社2017年版，第68页。
③ 《列宁全集》第36卷，人民出版社2017年版，第11—12页。
④ 《列宁选集》第四卷，人民出版社1995年版，第623页。

就必须在党的领导下进行，这就要求必须加强无产阶级政党的建设，"我们应当同过去诀别，着手进行真正的经济建设，改造党的全部工作，使党能够领导苏维埃的经济建设，取得实际的成效。"① 最后，消除贫困还必须依靠贫困的主体——人民群众。在消除贫困的过程中，执政党在加强自身建设的同时，也要发动广大人民群众，人民群众才是反贫困的主体力量，"社会主义建设就不仅仅是作为沧海一粟的共产党的事业，而是全体劳动群众的事业。"②

焦裕禄是久经革命战争考验的优秀共产党员，是深受马克思列宁主义熏陶的优秀干部。按照马克思列宁主义的反贫困理论，社会主义建设初期仍旧存在贫困现象。因此，社会主义国家就必须采取措施消灭贫困，改善人民群众的生活。焦裕禄面对兰考"三害"带来的贫困现象，采取一系列措施，努力带领兰考人民摆脱贫困，让人民群众实实在在感受到了社会主义制度的优越性和先进性，增强了社会主义制度对人民群众的吸引力、感染力。

二、文化渊源：中华优秀传统文化的熏陶与革命文化的影响

任何伟大的精神都具有深厚的实践基础和文化土壤③，焦裕禄作为焦裕禄精神的创立主体，既深受中华优秀传统文化的熏陶和感染，也深受革命文化，特别是共产主义理想信念的影响和启迪。

1. 中华优秀传统文化的熏陶

中国有着5000多年悠久历史和文明，中华优秀传统文化是世代中国人的文化滋养。焦裕禄出生于山东，齐鲁大地的崇尚刚健的自强不息精神，崇尚有为的能动创造精神，崇尚民本的厚德仁民精神，崇尚群体的大公无私精神，因俗简礼的通权达变精神等深刻影响了焦裕禄。

---

① 《列宁全集》第40卷，人民出版社2017年版，第37页。
② 《列宁全集》第43卷，人民出版社2017年版，第95页。
③ 吴宏亮：《焦裕禄精神》，中共党史出版社2018年版，第1页。

在中国传统的政治生活中，有为之君和开明官僚深刻认识到民众的重要性，他们致力于改善广大民众的贫穷生活，以此达到维护统治的目的。如《论语》中写道："子曰：'道千乘之国，敬事而信，节用而爱人，使民以时。'"孔子认为，治国之要，在于取信于民，关爱民生，珍惜农时。① "临之以庄，则敬；孝慈，则忠；举善而教不能，则民劝。"孔子强调统治者为政修身、讲德，从自己做起，增强自身修养，严格要求自我，从而赢得老百姓的尊敬、忠心和积极合作的态度。② 在中国传统政治文化中，统治阶级的政治思想及其实践，主要体现在为政之本、为政之道、为政之德、为政之谋与为政之要上。③ 为政之本，在于得民。孔孟儒家宣扬民为邦本，使民以时；庄道家倡导的顺乎民心，是中国传统政治思想中民本论、重民论的文化内核。④ 在儒家思想中，有许多希冀百姓富裕的思想，从统治者的层面上看，要使"国强民富"，则要求君主实行"仁政"。所谓仁政，即以"仁"的思想来管理国家，实行德治。仁政学说的集大成者是孟子，他提出了儒家学说中的"民本思想"，他认为"民为贵，社稷次之，君为轻。是故得乎丘民而为天子，得乎天子为诸侯，得乎诸侯为大夫。诸侯危社稷，则变置。"⑤ 孟子首次提出"君轻民贵"的思想，极大提升了民众的地位。为政之道，在于与民同忧乐，以民之忧为忧，以民之乐为乐，同甘共苦，乃得大治。⑥ 孟子非常注重与民同乐，"乐民之乐者，民亦乐其乐，忧民之忧者，民亦忧其忧。乐以天下，忧以天下，然而不王者，未之有也。"⑦ 因此，实行仁政，才能

---

① 张艳国：《〈论语〉智慧赏析》，人民出版社 2020 年版，第 5 页。

② 张艳国：《〈论语〉智慧赏析》，人民出版社 2020 年版，第 28 页。

③ 张艳国：《中国传统政治文化的基本内容与文化特征》，《湖北大学学报（哲学社会科学版）》1998 年第 6 期。

④ 张艳国：《中国传统政治文化的基本内容与文化特征》，《湖北大学学报（哲学社会科学版）》1998 年第 6 期。

⑤ 方丽华等译注：《孟子》，中华书局 2010 年版，第 240 页。

⑥ 张艳国：《中国传统政治文化的基本内容与文化特征》，《湖北大学学报（哲学社会科学版）》1998 年第 6 期。

⑦ 方丽华等译注：《孟子》，中华书局 2010 年版，第 22 页。

让百姓安居乐业，过上富裕的生活。为政之德，在于担天下之任，"为政以德，譬如北辰，居其所而众星共之"①。"其身正，不令而行；其身不正，虽令不从。"② 为政之谋，在于高瞻远瞩，深谋远虑，紧紧围绕国家安危而筹划军政大计。为政之要，一是要敬业勤政，二是要薄刑厚德、淳厚教化，三是贵在得贤。③

在中国传统社会中，百姓对未来的生活有美好的憧憬，形成了"大同"和"小康"理想社会的设想。"大同"思想描绘了一个"天下一家，人人为公"的理想社会状态，主张在政治上选择有德行和有才能的人来治理国家，以为天下人的利益服务。它主张政治权力归于天下，而非为一家所有。在伦理上强调天下一家，守望相助，使鳏寡孤独和残疾的人都能得到供养，生活幸福。在经济上强调财富共享，人人为公，不将财物据为己有。孟子的"老吾老以及人之老，幼吾幼以及人之幼"即表达了对于这种社会形态的追求。但在社会动荡、经济凋敝的环境下，"大同"社会只不过是一个理想的社会状态，在现实中几乎没有实现的可能性。于是，以儒家为代表的先贤们又提出了"小康"思想，这种社会模式在经济上主张财产私有，在政治上主张以"礼"来规范社会秩序，强调通过外在的强制力量，对社会生活进行管控，由此来实现国家和社会的稳定，老百姓生活安康。

在中国传统社会，若一个朝代富强安康，老百姓摆脱贫困，安居乐业，则体现了这个朝代的统治者能将老百姓放在首位，真正认识到了"水能载舟，亦能覆舟"。因而，传统文化中的反贫困思想，折射出一个重要理念，即要将老百姓放在首位，一切以民为本，才能使国家富强。焦裕禄生长于孔孟之乡的山东省，深受中华优秀传统文化的洗礼和熏陶，为他治贫思想的形成奠定了文化基础。

---

① 张艳国：《〈论语〉智慧赏析》，人民出版社 2020 年版，第 15 页。
② 张艳国：《〈论语〉智慧赏析》，人民出版社 2020 年版，第 238 页。
③ 张艳国：《中国传统政治文化的基本内容与文化特征》，《湖北大学学报（哲学社会科学版）》1998 年第 6 期。

2. 革命文化特别是共产主义理想信念的影响

纵观焦裕禄的前半生，在革命战争年代，受革命文化的影响和启迪，他从一名深受磨难的普通群众逐步成长为党的优秀领导干部，虽历经劫难，却矢志不渝，初心不改，始终坚定共产主义理想信念。

1922 年焦裕禄出生于山东省博山县的一个贫苦家庭。从小艰苦的环境让焦裕禄深知，必须通过努力奋斗，才能改变家庭的生活状况。焦家也寄希望于焦裕禄来改变家庭面貌，但抗日战争的爆发打破了焦家的梦想。焦裕禄被日本侵略者抓进监狱并送到抚顺的煤矿场做苦力，煤矿场恶劣的环境锻造了焦裕禄不怕吃苦、顽强隐忍的品格。1945 年焦裕禄得知家乡解放的消息后，毅然返回了家乡。从此时起，焦裕禄开始接触共产主义思想，埋下革命火种。1945 年家乡土地改革的进行，焦裕禄对共产主义的认识进一步加深。1946 年春，因表现优异，焦裕禄光荣加入了中国共产党，开始了他为实现共产主义而奋斗的壮丽人生。在革命斗争过程中，焦裕禄的革命意识和党性修养得到了升华。[①] 共产主义理想信念也进一步坚定。人民群众艰苦的生活环境让焦裕禄更加坚定了要带领他们摆脱贫困、共同致富的信念。1949 年新中国成立后，因工作需要，焦裕禄从农业战线转战至工业战线，并以满腔热忱投身于新中国的工业建设。焦裕禄深知"共产党人担负着领导中国社会主义事业和实现伟大民族复兴的历史责任和神圣使命，没有好的精神状态，就不能有所作为，就不配先进分子的光荣称号，就要被群众所抛弃"[②]。正是在革命经历中浸染的革命文化、坚定的共产主义理想信念，推动着焦裕禄以昂扬的斗志投身社会主义建设的洪流，带领兰考人民除"三害"，摆脱贫困。

焦裕禄出身贫寒，成长于革命年代。正是具有远大的共产主义理想信念和对人民的赤子情怀，焦裕禄才能克服兰考恶劣的自然环境，一往无前，带领兰考人民与"三害"、与贫困作殊死搏斗。

---

① 吴宏亮：《焦裕禄精神》，中共党史出版社 2018 年版，第 34 页。

② 康凤云：《论新时期共产党人的精神状态》，《武汉科技学院学报》2005 年第 2 期。

三、现实背景：兰考贫困日益加深

在焦裕禄被任命为兰考县委书记前，是"大跃进"和三年自然灾害时期，全国经济发展都遭遇瓶颈和曲折，农村出现了罕见的萧条和凋敝，贫困人口增多。兰考和全国一样，也经历了这一困难阶段，而且因为兰考特殊的地理位置、自然环境，风沙、盐碱和内涝"三害"肆虐，使得兰考更是雪上加霜，人民缺吃少穿，生产、生活陷入困境。

1. 三年困难时期与国民经济发展方针的调整

1959 年至 1961 年，是新中国成立以来国家最为艰难的三年。广泛的自然灾害和"大跃进"造成的国民经济严重下滑，全国出现了大规模粮食短缺，饥荒遍野。从国家统计局统计数据看，1959 年，国家 GDP 总额 1447.5 亿元，总人口数 6.72 亿（其中人口出生率 24.78%，人口死亡率 14.59%，人口自然增长率 10.19%），主要农作物种植面积 142406.6 千公顷，国家财政收入 487.12 亿元[1]；1960 年，国家 GDP 总额 1470.1 亿元，总人口数 6.62 亿（其中人口出生率 20.86%，人口死亡率 25.43%，人口自然增长率 -4.57%），主要农作物种植面积 150642 千公顷，国家财政收入 572.29 亿元[2]；1961 年，国家 GDP 总额下降到了 1232.3 亿元，总人口数 6.59 亿（其中人口出生率 8.13%，人口死亡率 14.53%，人口自然增长率 -6.4%），主要农作物种植面积 143214 千公顷，国家财政收入 356.08 亿元。[3] 从这组数据可以看出，从 1960 年开始，中国经济发展主要数据呈现出下降趋势，特别是人口总数在不断下降，人口自然增长率出现负数，粮食种植面积也在不断下降。这些情况表明，三年自然灾害给国民经济造成了严重的损害，人民生活日益贫困，出现大规模非正常性人口减少

---

① 数据来源于国家统计局网站：http：//data. stats. gov. cn/easyquery. htm?cn=C01&zb｜=A0D0E&sj=1959。

② 数据来源于国家统计局网站：http：//data. stats. gov. cn/easyquery. htm?cn=C01&zb=A0201&sj=1960。

③ 数据来源于国家统计局网站：http：//data. stats. gov. cn/easyquery. htm?cn=C01&zb=A0201&sj=1961。

现象。

从 1960 年冬开始，为了减少"大跃进"和自然灾害带来的损失，党中央提出了国民经济调整方针即"调整、巩固、充实、提高"。"八字方针"在 1961 年党的八届九中全会上正式通过，其核心就是搞好综合平衡，使农业轻工业重工业之间、生产资料和消费资料之间、积累和消费之间的比例趋于协调，使国家建设和人民生活得到统筹兼顾。"八字方针"的提出，在一定程度上缓解了国民经济发展压力，但由于当时"左"倾错误的影响，"八字方针"并没有得到贯彻落实，国民经济仍旧没有得到恢复和发展。到 1962 年底，国家 GDP 总额仍旧在下降，为 1162.2 亿元，国家财政收入下降至 313.55 亿元[①]。这两项数据说明当时的"八字方针"对国民经济的恢复并没有起到根本性的作用。基于这种情况，刘少奇通过大规模的农村调查，发现了一些问题，因此于 1962 年初召开了新中国成立以来空前规模的中央经济工作会议——"七千人大会"。在大会上刘少奇主张通过分析形势，正视困难，自我批评，总结经验，全党统一认识，全力进行调整，争取尽快恢复国民经济。之后，党中央又相继召开了"西楼会议"和"五月会议"，通过不断调整经济发展方针，为恢复国民经济作出了不懈努力。在 1962 年底，党中央召开了八届十中全会，毛泽东强调在抓阶级斗争的同时，也不要忘了抓经济工作。从 1963 年开始，国民经济开始出现恢复和增长的态势，GDP 总额开始增长。至 1964 年，国家 GDP 总额已经达到了 1469.9 亿元[②]，超过了 1959 年的经济规模。可以说以"八字方针"为开端的国民经济调整措施初见成效。

虽然国民经济得到了恢复和发展，但"大跃进"和三年自然灾害仍旧给中国的经济造成了极大的损失。随着全国尤其是农村人口的快速增

---

① 数据来源于国家统计局网站：http://data.stats.gov.cn/easyquery.htm?cn=C01&zb=A0201&sj=1962。

② 数据来源于国家统计局网站：http://data.stats.gov.cn/easyquery.htm?cn=C01&zb=A0201&sj=1964。

长，① 粮食日益短缺，农村贫困现象日益严重，成为影响国家和社会稳定的最大因素。

2.兰考县面临着严重的"逃荒"现象与"三害"威胁

1956年，"三大改造"完成后，兰考县贫困农民分到了土地，拥有了生产资料，兰考的生产力得到了发展，粮食等基本生活资料逐渐满足了人民的日常生活。兰考百姓不再外逃，逃荒现象消失了，整个兰考县呈现出欣欣向荣的景象。但从1957年冬开始，由于"左"倾错误的影响，兰考良好的发展态势出现了转折。"全民炼钢"运动的掀起，使得原本脆弱的兰考自然生态环境迅速恶化，进而影响了兰考的农业生产，粮食供应不足，逃荒现象又重新出现并日益加重。当焦裕禄调任兰考县时，整个兰考县处于极度混乱和贫穷之中。因为"三害"的威胁，兰考县农业发展滞后，粮食短缺严重，其主要原因就是自然环境。从地理位置看，兰考位于豫东平原，黄河故道中心，废堤故道交织全境，恶劣的历史地理条件是导致兰考"三害"即风沙、盐碱和内涝的主要原因。兰考农业因此发展不足，近20万兰考居民因灾缺粮。国家每年供应给兰考的粮食总量不下于两、三千万斤，但远不能满足兰考人民的需求，由此造成了兰考人民严重的逃荒现象。除自然灾害外，人为因素也是造成兰考走向贫穷的重要原因。从1958年至1960年间，兰考县委没有认真执行党的方针政策，脱离了群众，凭借自己的主观意愿去干，导致许多政策出现了偏差，工作方法出现了问题。如在治水方面，在贯彻以蓄为主的方针后，兰考县委提出了"一亩地对一亩天"的口号，采取了边界围、高路基、格子堤等错误做法，人为地造成了平原地区格子网，致使水流不通，积水扩大，内涝严重，加重了地表盐碱化程度，扩大了盐碱化面积等。因为人为措施的不当，给兰考的经济造成了严重的损害。资料显示，焦裕禄初到兰考时，全县粮食产量仅有5000万斤，比解放前还低。全县9个区中，7个区严重受灾。有灾社队

---

① 从1962年至1964年，我国人口净增长了3000多万，首次突破七亿大关，人口年均增长率达到了40%。数据系根据国家统计局网站提供的1962年和1964年的数据计算出来的。

1524 个，灾民 193192 人，缺粮 1320 万斤，缺草 1802 万斤，缺煤 7130 吨，缺衣 31 万尺，缺房 18000 间，整个兰考土地荒芜，人口外流，呈现出人穷灾大的贫穷凄凉景象。①

1962 年 12 月，面对兰考严重的灾情和贫穷的现状，党把焦裕禄从尉氏县调至兰考任县委书记。对焦裕禄而言，如何迅速改变兰考贫穷面貌，遏制或减缓灾情带来的损失，是焦裕禄的工作重心。由此，焦裕禄逐渐形成了自己独特的扶贫思想，对兰考摆脱贫穷面貌起着重要指导作用。

综上所述，一种思想的形成，既要有深厚的理论渊源，也要有实践的不断探索和检验。焦裕禄治贫思想，既以马克思列宁主义反贫困理论为理论基础，以马克思列宁主义的立场、观点和方法为指导；又在毛泽东思想的指导下，结合兰考的具体实际，在治贫实践斗争逐步形成和发展；也深受中国优秀传统文化的影响，汲取了中华优秀传统文化的精粹。

第二节　焦裕禄治贫思想的主要内涵

1962 年，由于发展农业的需要，焦裕禄从洛阳矿山机器厂调任至河南省尉氏县任县委副书记，主抓农业工作，开始从工业战线转战到农业战线。1962 年冬，焦裕禄在尉氏县工作半年后，根据组织安排，调至河南省兰考县任县委副书记、书记。焦裕禄在尉氏县和兰考县工作期间，分管农业和经济工作。在解决农业发展缓慢问题，帮助人民群众摆脱贫困的实践中，焦裕禄积累了丰富的农村发展和建设思想。焦裕禄高度重视群众脱贫工作，在教育兰考党员干部时强调："领导干部访贫问苦是应尽的职责，可你要是年年只访贫问苦就有问题了。你在那个地方当领导，你治下的老

---

① 殷云岭等：《焦裕禄传》，花山文艺出版社 1995 年版，第 212 页。

百姓不能脱贫，是你的耻辱。"① 焦裕禄不仅以这样的标准要求县委的领导
干部，更以这样的标准来严格要求自己。在治贫过程中，焦裕禄依据兰
考的现状，秉承"为人民服务"的宗旨理念，以思想教育为突破口，坚
定党员干部和人民群众的信心信念；以政治建设为保障，加强党的组织
和作风建设；以经济建设为根本，加强农业建设，发展兰考特色产业；
以文化建设为引领，满足人民群众对于文化娱乐的要求；以生态建设为
支撑，开展植树造林运动以实现"绿色革命"。尽管焦裕禄在兰考工作
的时间不长，但他所形成的多方位多层次的治贫理念对于指导兰考县摆
脱贫困的斗争起着重要的作用。

一、牢记"我们都是人民的勤务员"

国之根本，在于人民；党之根基，在于群众。只有心系群众，才能成
为一名合格的党员干部。为人民服务是党的根本宗旨，是党在长期的革命
斗争中形成的，对密切党群和干群关系发挥着重要作用。焦裕禄在兰考期
间，坚持"为人民服务"的宗旨理念，教导广大党员干部牢记"我们都是
人民的勤务员"。焦裕禄之所以能成为县委书记的好榜样，就是因为他真
正体现了一名共产党人为民服务、心中有民的高贵品质和初心使命，人民
群众就支持他、拥护他、相信他，这是焦裕禄能够带领兰考人民治理"三
害"，摆脱贫穷落后面貌的根源所在。

1.在工作中要处处为群众着想

孟子曰："乐民之乐者，民亦乐其乐；忧民之忧者，民亦忧其忧；乐以
天下，忧以天下，然而不王者，未之有也。"孟子告诫执政者要以老百姓
为根本，这样才能获得老百姓的支持。焦裕禄在兰考工作期间，胸怀"先
天下之忧而忧，后天下之乐而乐"的志向，在工作上处处为民着想，时
刻维护人民群众的根本利益。焦裕禄初到兰考时，兰考外出逃荒人口很

---

① 何香久：《焦裕禄》，河南文艺出版社 2011 年版，第 370 页。

多，焦裕禄便带领县委委员在寒冷的夜晚来到兰考火车站，给干部们上了一堂生动的实践教育课。看着大量贫穷的兰考民众聚集在火车站准备外出逃荒，焦裕禄深情地对随行的县委委员讲道："党把兰考 36 万人民群众交给我们，我们没能领导他们战胜灾荒，应该感到羞耻和痛心。"①在焦裕禄心里，没能让群众过上安定富裕的生活，就是自己工作上最大的不足。为了让兰考群众有饭吃、有衣穿，焦裕禄全身心地投入到改变兰考贫穷面貌的斗争中。在基层调查研究的过程中，焦裕禄严厉查处基层干部侵害群众利益的行为。1963 年 2 月 16 日，焦裕禄路过张君墓区王大瓢村时，发现几家农户房顶上晒有牛皮，焦裕禄详细了解为什么会出现这种现象，当地村民回答由于三年自然灾害的影响和当地干部吃喝浪费现象严重，致使牛没草吃而被饿死，群众的生活变得愈益贫困。焦裕禄立即责成区委进行处理。焦裕禄以群众的利益为出发点，处处为群众着想，既维护了群众的利益，也调动了群众的生产积极性。"心系群众鱼得水，背离群众树断根"，党员干部就是要与群众心连心，处处为群众着想。只有心中有民，人民心中才会有你。②1963 年 5 月 19 日开始，兰考县再次遭受大雨的侵袭，焦裕禄立即召开县委常委会，提出了五条意见，号召广大党员干部深入基层，协助群众参加排水和救苗运动。焦裕禄本人更是亲力亲为，带领干部前往受灾严重的大队和公社。他不顾自己患有严重的疾病，始终带领党员干部奋斗在一线。焦裕禄总是强调"现在，群众都在看着我们，越是在困难的关头，领导干部越是要挺身而出，用咱们的勇气和信心，去鼓舞群众的斗志"③。

"国之兴也，视民如伤，是其福也。"焦裕禄不断强调共产党员应该在群众最困难的时候，出现在群众面前；在群众最需要帮助的时候，去关心群众，爱护群众。焦裕禄将人民的利益诉求作为自己工作的头等大事。1963 年冬，兰考遭遇大雪，焦裕禄十分忧虑群众能不能度过这个寒冷的

---

① 周长安等：《焦裕禄在兰考的日日夜夜》，河南人民出版社 1990 年版，第 12 页。

② 本书编写组：《做焦裕禄式的党员干部》，石油工业出版社 2014 年版，第 43 页。

③ 周长安等：《焦裕禄在兰考的日日夜夜》，河南人民出版社 1990 年版，第 52 页。

冬天，为此而彻夜未眠。第二天天不亮，他就要求县委办公室用电话通知各个公社，做好雪天几项工作。他要求所有农村干部必须深入到户，访贫问苦，要时刻关注群众的生活状况；所有从事农村工作的同志，必须保护好农村的牲口；要安排好室内副业生产；对参加运输的人员，各个大队要热情招待，保障他们的生活；要教育全党，在大雪封门的时候，到群众中去，和他们同甘共苦。焦裕禄亲自带领党员干部下到基层，看望受灾的群众，切实保障人民群众平稳地度过寒冷的冬天。

"我们不是人民的上司，我们都是人民的勤务员，必须和群众同甘共苦共患难。"① 成为一名人民的勤务员，首先就要求心中要有民，因此必须牢固树立群众利益无小事的工作理念。焦裕禄作为县委书记，心中只有人民，唯独没有他自己，他时刻将群众的安危冷暖挂在心中，抓实做细事关群众利益的每项工作，展现了一名优秀共产党员务实亲民的工作作风和优良品格。新时代中国已打赢脱贫攻坚战，但基层党员干部仍必须时刻以人民为中心，只有得到人民的认可和支持，才能持久巩固脱贫攻坚战的胜利成果。

2. 要坚持党的群众路线

群众路线是党取得工作胜利的重要法宝。中国革命、建设和改革的实践证明，中国共产党只有与群众相结合，才能取得斗争的胜利。毛泽东指出，一个政党，如果不能代表人民的立场，不能维护人民的根本利益，那么这个政党就毫无生机和活力。毛泽东时刻告诫党员干部："如果把自己看作群众的主人，看作高居于'下等人'头上的贵族，那么，不管他们有多大的才能，也是群众所不需要的，他们的工作是没有前途的。"② 焦裕禄经常学习毛主席著作和最新指示，时刻牢记党的群众路线，坚决贯彻党的群众路线，通过依靠群众，发动群众来改变兰考的面貌。焦裕禄初到兰考时就告诫广大党员干部，要改变兰考的面貌，就必须紧紧依靠广大人民群

---

① 博山焦裕禄纪念馆：《焦裕禄的80则贴心话》，人民日报出版社2017年版，第17页。
② 《毛泽东选集》第三卷，人民出版社1991年版，第864页。

众，人民群众才是我们力量的源泉。"没有办法，就到群众中去；办法总会比困难多，到群众中走一走，就会找到。"①1962 年 12 月 26 日，焦裕禄在一次座谈会上强调要让党的政策和群众见面，凡是群众提到的问题，要及时解决。12 月 28 日，焦裕禄在县委常委碰头会上再次讲述了密切联系群众的重要性，强调要进一步教育干部改进工作作风，密切联系群众；要发动群众，从事生产。这些讲话表明，焦裕禄将群众路线作为他展开工作的主要武器之一。帮群众摆脱贫困成为推动兰考面貌改变的主要动力。在实践中，焦裕禄依靠群众进行大规模的实际调查，找出了兰考贫穷落后面貌的根源所在——"三害"。如何挖出"穷根"，如何发动人民群众，成为焦裕禄工作的重心。焦裕禄从毛泽东思想中汲取智慧："我们共产党人无论进行何项工作，有两个方法是必须采用的，一是一般与个别相结合，二是领导和群众相结合。""从群众中集中起来又到群众中坚持下去，以形成正确的领导意见，这是基本的领导方法。"②焦裕禄从中得到启示，发动县委干部深入到基层群众中去，寻找除"三害"的根本方法。焦裕禄教育党员干部要进一步发扬党密切联系群众、和群众同甘苦共患难的优良传统，强调："我们共产党人，越是在群众困难的时候，越要联系群众，解决群众迫切需要解决的问题。"③焦裕禄依靠广大人民群众，既找到了除"三害"的有效措施，又带领广大人民群众投身于除"三害"的斗争中去，初步改变了兰考贫穷的面貌。

在基层工作中，人民群众对党的认识直接来源于基层党员干部的作风和态度。焦裕禄在基层调查中发现大付堂大队干部和群众的关系有点紧张，无法形成干群"合力"。对此，焦裕禄专门找到大队支部书记，教他如何与人民群众加强联系。该支部按照焦裕禄的方法，坚决贯彻党的群众路线，密切联系群众，干群关系得到了极大改善。在焦裕禄心中，"一个共产党员，以什么态度对待群众、关心群众，这不是用什么方法的问题，

---

① 博山焦裕禄纪念馆：《焦裕禄的 80 则贴心话》，人民日报出版社 2017 年版，第 7 页。

② 《毛泽东选集》第三卷，人民出版社 1991 年版，第 897、900 页。

③ 周长安等：《焦裕禄在兰考的日日夜夜》，河南人民出版社 1990 年版，第 54 页。

而是为人民服务的思想纯不纯、战友感情深不深的问题。"① 要构建和谐的干群关系，就必须时刻与群众保持联系，倾听群众的呼声，尊重群众的利益诉求。

焦裕禄深知要成为一名群众认同的"人民勤务员"，就必须深深扎根于人民群众之中。焦裕禄在兰考工作的一年多时间里，大部分时间都是和人民群众共同度过的。焦裕禄不停地"登门拜访"，深入了解群众疾苦，深情关怀群众的生活状况。正是这种密切联系群众的工作作风，让基层的百姓从心底里称呼焦裕禄为"老焦"。"老焦"，这不是一个简单的称呼，它体现的是百姓对焦裕禄的认可和拥戴；百姓不是将焦裕禄作为领导来看待，而是把他当作自家人，自己最亲近的人，这就说明焦裕禄真正走进了人民群众的内心。

3. 为人民群众做长工

焦裕禄出生于山东博山县。山东，是礼仪之邦、孔孟之乡，是齐鲁文化和儒家文化的发源地。而儒家文化中占重要地位的则是"孝"文化。"孝"分为"小孝"和"大孝"：对父母尽孝，谓之"小孝"；对国家和人民尽孝，谓之"大孝"。焦裕禄从小受"孝"文化的教育，"孝"对他未来的工作产生了深刻的影响。焦裕禄参加革命后，因工作需要，随军南下，远离了在山东的母亲，不能在母亲身边尽孝，但他在兰考期间，却践行了一名优秀共产党员为国家、为人民的"大孝"！焦裕禄总是强调："咱们不是父母官，人民才是咱的父母呀；咱也不能满足当清官，那是封建社会的官。咱们让父母养活着，咱们理应孝顺父母，咱们不是当清官，要当老百姓的长工啊。"② 焦裕禄作为党的基层领导干部，以人民的"儿子"自居，以做好人民的长工为自己工作的准则。在一个大雪纷飞的夜晚，焦裕禄担心群众能不能度过这个寒冷的夜晚，辗转反侧，夜不能寐。第二天天一亮就带领几个年轻干部冒着大雪去看望困难群众，焦裕禄忍着剧烈的肝痛，顶着大

---

① 博山焦裕禄纪念馆：《焦裕禄的 80 则贴心话》，人民日报出版社 2017 年版，第 3 页。

② 任彦芳：《我眼中的焦裕禄：1965—1966 年采访手记》，广东人民出版社 2011 年版，第 22 页。

风，踏着积雪，走遍了9个村子，访问了几十户困难群众。在这一天里，焦裕禄没有吃过群众一口饭，没烤过群众的一把火，没喝过群众的一口水。在焦裕禄的心里，党员干部就应该是人民群众的儿子，要时刻将群众放在心中的最高位置，要时刻为人民群众做长工。

心中有民，心中有爱，就要在行动中体现出来，焦裕禄强调："我们是全心全意为人民服务的，为人民服务是具体的，不是抽象的。"[①] 焦裕禄做长工，体现在增进民生福祉上。焦裕禄在基层调研过程中听说胡集大队的泡桐树种得不错，就带上除"三害"办公室的同事前往胡集大队了解情况。焦裕禄与一位老大爷交谈时，了解到种植泡桐不仅能致富，还能挡风沙，焦裕禄于是采纳了这位老大爷的建议，开始在兰考大规模种植泡桐，不仅增加了兰考群众的收入，还有效地防止了风沙的侵袭。为民谋利，不在一时，而在一世。焦裕禄作为兰考人民最为优秀的"儿子"，为兰考群众谋取了长久的利益。几十年过去了，泡桐被兰考人民亲切地称为"焦桐"，并且成为兰考亮丽的标志名片，成为兰考人民发家致富的重要途径。焦裕禄以自己独特的眼光和智慧，造福了兰考的子孙后代，践行着"为人民群众当长工"的理想信念。

焦裕禄作为党的县委书记，时刻牢记自己是人民的"儿子"，在工作上处处以人民为中心，为民着想，为民谋利。正是因为这种高尚的品格，焦裕禄才能带领兰考人民摆脱贫困。"为人民当长工"的价值理念，在焦裕禄那个年代发挥了巨大的作用，在当今巩固脱贫成果、建设美丽乡村的伟大进程中，也应发挥相应的作用。

二、发扬"硬骨头精神"

焦裕禄初到兰考时，所面临的不仅仅是兰考严重的自然灾情，更面临着兰考县党员干部思想上的"灾情"。对此，焦裕禄首抓思想教育，从理

---

① 何香久等：《县委书记的楷模：焦裕禄谷文昌》，人民出版社2015年版，第46页。

想信念层面破除兰考县党员干部对于灾情和贫困的畏惧情绪。焦裕禄通过谈话和调查发现，兰考贫困面貌的改变，不仅要依靠党员干部，更需要依靠广大人民群众。因此，焦裕禄从党员干部和人民群众两个方面展开思想教育，坚定干部群众战"三害"斗贫困的信心信念，为改变兰考的贫穷面貌而不懈奋斗。焦裕禄针对党员干部思想动摇、信念不坚定的问题，通过组织党员干部集体学习毛泽东的《穷棒子精神万岁》一文，号召基层党员干部不畏艰难，发扬"穷棒子精神"，对待困难要一不怕二顶着干。绝大多数群众是具有革命精神的，他们渴望用自身的力量改变兰考贫穷的现状，这种精神被焦裕禄称为"硬骨头精神"。① 通过挖掘"硬骨头精神"，激起广大人民群众对于改变贫穷的迫切愿望，坚定与灾情斗争的信念，树立摆脱贫困的信心。

1.党员干部对待困难要一不怕二顶着干

焦裕禄调至兰考是在 1962 年冬，此时兰考正面临着严重的生产困难，全县粮食产量下降到了历史新低。由于粮食不足，农民日常生活难以为继，出现了大规模的逃荒现象。探究兰考为何会出现明显的经济衰退和严重的贫困现象成为焦裕禄打开工作的突破口。一方面，焦裕禄深入基层，通过走访调查，听取广大农民的意见；另一方面，焦裕禄先后与县委副书记、正副县长、县委常委等十几位领导干部交谈。在走访调查和交谈过程中，焦裕禄发现广大农民缺乏摆脱贫困的信心，对政府也缺乏信任；甚至有一部分领导干部对改变兰考贫穷的现状也缺乏信心，个别干部甚至不愿意在兰考工作。焦裕禄认为："要改变兰考的面貌，干部是关键，'干部不领，水牛掉井'，要除掉兰考的灾害，首先要除掉思想上的病害，关键在于县委领导核心的思想观念转变，必须改变县委一班人的精神状态。"② 焦裕禄认为党员干部思想上最大的"病害"，就是对灾害和困难存在畏惧心理，缺乏战胜灾害和困难的信心。对此，焦裕禄采取了一系列措施鼓舞党

---

① 穆青等：《县委书记的榜样——焦裕禄》，《人民日报》1966 年 2 月 7 日。
② 周长安等：《焦裕禄在兰考的日日夜夜》，河南人民出版社 1990 年版，第 10 页。

员干部的斗志，让他们在思想上重新"站起来"。1963 年元月初，焦裕禄
到城关区了解党员干部的思想状况，城关区区长向焦裕禄坦白表达了自己
不愿在灾区工作的想法，焦裕禄不但没有批评这位干部，而且还表扬他敢
于大胆表达自己的真实想法。面对严峻的灾情和贫穷的现状，困难重重，
部分党员干部畏惧艰苦，不愿在灾区工作，焦裕禄则认为"困难地区能锻
炼人的革命意志，能培养坚定的革命精神"①。困难对于一名信念坚定的党
员干部来说，就不是困难，而是一份责任。焦裕禄还和区里其他同志交流
了思想，统一了认识。通过这次谈话，党员干部增强了信心，坚定了战胜
困难和摆脱贫困的决心。针对外出逃荒的现象，焦裕禄不仅专门召开县委
会议，而且还带领县委委员在寒冷的夜晚前往兰考火车站，看望外出逃荒
的群众，焦裕禄动情地对随行的县委委员说道："同志们，这些人大多数
是我们的阶级兄弟，是灾荒逼迫他们到外面去的。这不能怪他们，责任在
我们身上。党把 36 万人民交给我们，我们没有能领导他们战胜灾荒，应
该感到羞耻和痛心。"②焦裕禄在讲话中所展现出来的高度责任感深深地感
染了随行的县委委员。大家一致表示，今后要同心协力，带领群众改变兰
考面貌，为党争光，为民造福。之后，焦裕禄相继组织大家学习了《穷棒
子精神万岁》等文章，进一步增强了党员干部的信心和干劲。焦裕禄一系
列思想动员和讲话，激发了党员干部的革命斗志，广大党员干部对待困难
和艰险充满了信心和决心。扶贫先扶志，焦裕禄在思想上奠定了兰考摆脱
贫困的基础。

　　焦裕禄不仅鼓励党员干部对待困难要树立信心，而且还特别强调要付
诸行动，要干起来。焦裕禄到兰考的第二天，就前往基层进行实地考察。
在灾情严重的城关区调查后，焦裕禄认为兰考是个大有作为的地方。要改
变兰考的面貌，首要的问题是要干，要有革命的行动。为此，焦裕禄首
先组织党员干部集体学习毛泽东的著作，学习毛泽东为人民服务的论述，

---

① 周长安等：《焦裕禄在兰考的日日夜夜》，河南人民出版社 1990 年版，第 11 页。
② 魏治功等：《焦裕禄读本》，河南人民出版社 2011 年版，第 79 页。

焦裕禄强调:"我们常讲为人民服务,为人民服务是具体的,不是抽象的,现在正是我们为人民服务的时候。"① 通过这次学习,让党员干部明白了"为谁干"的问题,明确了干的目标,增强了党员干部的干劲。其次,焦裕禄在除"三害"的工作中,要求基层党员干部要依据实际情况,坚持实事求是,鼓足干劲,深入基层,摸清"三害"发生的规律。盐碱、风沙和内涝,严重影响了兰考经济的发展。为彻底解决"三害"问题,焦裕禄带领广大党员干部进行大规模的实践调查,亲身投入除"三害"的斗争中去。焦裕禄要求"领导干部要深入下去,做些具体的调查研究工作,在困难时期,千万不能浮在上面空喊空叫,走马观花"②。焦裕禄在工作中以身作则,坚持实事求是和调查研究的工作方法,认真负责,让党员干部明白了"怎么干"的问题。最后,焦裕禄通过树立"红旗"的方式,来鼓舞大家的干劲。焦裕禄在赵垛楼大队进行调查时,发现大队干部和人民群众有一股不惧灾害、敢于斗争、自力更生、艰苦奋斗的拼劲儿和韧劲儿。于是,焦裕禄就集中表扬了一批群众和基层领导干部,起草了《一个七季受灾的特重灾队,今年生产一片繁荣景象的调查报告》,对赵垛楼表现出来的干劲和丰收景象进行了充分肯定,对经验进行了总结和提炼,也找出了存在的不足,指明了彻底改变面貌的奋斗方向,鼓舞了全县群众和党员干部与"三害"斗争的激情。"赵垛楼的干劲"的提出,在全县产生了重要的积极影响,全县迅速掀起了学习"赵垛楼的干劲"的热潮,大大地激发了全县党员干部和人民群众干事创业的热情,同时,又让党员干部和人民群众明白了"朝哪干"的问题。

习近平总书记强调:"实干才能梦想成真。"③ 共产党人在面对困难时,既要有敢于斗争的信心和决心,也要有行动的干劲和拼劲。焦裕禄在治贫工作实践中鼓励党员干部对待困难要树立信心,才能勇敢面对困难。他经常强调面对困难,事在人为,路总是人走出来的,困难总是能克服的。英

① 周长安等:《焦裕禄在兰考的日日夜夜》,河南人民出版社1990年版,第14页。
② 周长安等:《焦裕禄在兰考的日日夜夜》,河南人民出版社1990年版,第78页。
③ 《习近平谈治国理政》,外文出版社2014年版,第48页。

雄面前无困难，在一定条件下，困难能转变成工作动力，困难能促使人民向大自然展开革命和斗争。

2.人民群众要树立自力更生的观念

一个贫困地区，要改变贫穷落后的面貌，外力的因素只能起到推动作用，而要从根本上改变贫穷的面貌，关键是内因，是自己革命。当开封地委决定派焦裕禄前往兰考工作时，地委负责人还特意征求过焦裕禄本人的意见，因为兰考面临的问题既有严重的自然灾害，也有兰考人民多外出逃荒、缺乏主动求变的精神。但焦裕禄并没有退缩，而是坚决服从组织的调配。到兰考后，如何发动群众、最大限度地发挥群众力量来改变贫穷的现状，是焦裕禄前期工作的重心。通过调查，焦裕禄发现要改变兰考面貌，首先在于改变人的思想。干部是关键，但群众是基础，群众的思想没有得到改变，治贫就没有群众基础，就不会有成效。焦裕禄认为，改变群众思想的关键在于改变群众"两眼向上、两手向外"的旧观念。20世纪60年代初，兰考和全国各地一样，受三年自然灾害和"大跃进"的影响，兰考地区工农业生产停滞，环境破坏严重，群众生活异常贫困，人民群众大量外出逃荒。群众普遍存在"等靠要"思想，等待国家的救济粮，整个兰考呈现出"两眼向上、两手向外"的景象。为此，焦裕禄和县委其他领导干部经过多次讨论，强调："这办法、那办法，最好的办法就是生产自救，自力更生，有党的领导，有抗灾经验丰富的贫下中农，再大的困难我们也不要怕。"[1] 这是焦裕禄到兰考后，首次提出自力更生的思想。焦裕禄在县人民银行了解贷款指标发放时进一步提出："我们要首先克服'两眼向上、两手向外'的思想，要教育群众发扬'南泥湾精神'。"[2] 焦裕禄在红庙公社双杨树村调查时再次强调："你们要依靠群众，依靠集体，自力更生，团结抗灾，战胜困难，发展生产"[3]。焦裕禄通过一系列讲话强调树立自力更生思想的重要性，他认为，只有自力更生，自己生产，才能战胜灾害，

---

[1]　周长安等：《焦裕禄在兰考的日日夜夜》，河南人民出版社1990年版，第9页。

[2]　周长安等：《焦裕禄在兰考的日日夜夜》，河南人民出版社1990年版，第17页。

[3]　周长安等：《焦裕禄在兰考的日日夜夜》，河南人民出版社1990年版，第20页。

才能改变兰考贫穷的现状。

一种思想的形成和塑造，不仅需要恰当的思想教育，更需要引领群众前进的"旗帜"，只有旗帜鲜明，才能大踏步前进。为了使兰考人民树立自力更生思想，焦裕禄通过不断挖掘榜样事例来鼓舞和引导人民群众树立正确的思想观念。焦裕禄在韩村调研时了解到韩村人民在灾荒期间没有依靠国家的救济，而是选择自己自力更生，割草卖草，渡过灾荒。他在调查报告中写道："韩村人生产自救的胜利，说明了一条真理：事在人为，人定胜天，它给我们以很大的启示：在困难面前应该有不怕困难、不向困难低头，积极斗争的雄心壮志，才能克服和战胜困难。"① 焦裕禄四到韩村，不断总结韩村人自力更生、生产自救的好做法，将其称为"韩村的精神"，号召全县人民学习。榜样的力量是无穷的，在"韩村的精神"的鼓舞下，兰考人民通过生产自救运动，自力更生，极大地改变了自身贫穷的面貌。焦裕禄随后又表扬了几个公社大队，肯定他们在生产自救、自力更生方面所做出的成绩。焦裕禄大力表彰的这些自力更生、战胜困难、改变面貌的先进典型，闯出了道路，给全县人民树立了旗帜，成为全县学习的榜样。

经过长期的革命斗争和工作磨砺后，焦裕禄已经成长为一名"在政治上成熟，思想上坚定，工作上讲究艺术的一位县委书记"② 。面对兰考贫穷的现状，焦裕禄抓住主要矛盾，认为要改变兰考的面貌，首先在于改变人的面貌，基础在于人的思想的改变。只有思想上改变，才会有行动上的改变。焦裕禄引导和鼓励人民群众树立自力更生的思想，是焦裕禄改变兰考面貌的第一步。

三、依靠"党的领导"

"党政军民学，东西南北中，党是领导一切的。"③ 基层党组织是社会主

---

① 周长安等：《焦裕禄在兰考的日日夜夜》，河南人民出版社 1990 年版，第 32 页。
② 殷云岭等：《焦裕禄传》，花山文艺出版社 1995 年版，第 261 页。
③ 《习近平谈治国理政》第三卷，外文出版社 2020 年版，第 16 页。

义建设事业的"主力军"和"领头羊"，是党和基层群众保持密切联系的"纽带"。焦裕禄作为党的优秀县委书记，深知党团组织的重要性，非常重视党支部在基层的领导核心作用。他认为，要改变贫穷的现状，就必须在党的领导下，依靠群众，发动群众。焦裕禄在工作中总结出来的"十条经验"，其中一条就是强调要依靠党的领导。在治贫的实践过程中，焦裕禄从两方面强化县委和基层党组织的建设：一是要强调任何工作都要紧紧依靠党的领导。这就要求必须发挥党支部在基层工作的领导核心作用；县委书记必须要善于当"班长"，团结县委领导班子。二是要不断加强党的建设。尤其是要加强党的作风建设和政治思想工作建设，同时强化党的工作方法教育。通过这两个方面的建设，兰考县委和各级基层党组织在治贫的实践过程中发挥了领导核心作用，在改变兰考贫穷落后面貌的斗争中起着中流砥柱的作用。

1. 强化党支部在基层治贫实践中的领导核心作用

习近平总书记在全国组织工作会议上指出："贯彻党要管党、从严治党方针，必须扎实做好抓基层、打基础的工作，使每个基层党组织都成为坚强战斗堡垒。"[1]焦裕禄在兰考短短的一年多时间里，多次强调要加强基层党支部的建设，充分发挥基层党支部的领导核心作用。1963 年 2 月 3 日，焦裕禄在县委扩大会议上作了关于加强执政党建设的讲话："加强执政党的建设，基层党组织的建设，这是个大问题。"[2]焦裕禄认为加强基层党组织的建设，有助于增强党的领导能力，根本目的在于确保每位共产党员在任何时候都坚持原则，任何环境下都不动摇，要让每位党员干部都深刻认识到自己是人民的勤务员。兰考县情复杂，人民生活贫困，部分党员干部和群众对困难有畏惧之心，要改变兰考的面貌，只有加强党支部的建设，才能坚定信念、战胜困难。3 月 5 日，焦裕禄在县委召开的组织监察会议上又讲了关于执政党建设的问题，阐述了加强执政党建设的重要性，并结合兰考的实际，提出要加强基层党支部的建设，严格执行民主集中制，管

---

① 《十八大以来重要文献选编》（上），中央文献出版社 2014 年版，第 351 页。

② 周长安等：《焦裕禄在兰考的日日夜夜》，河南人民出版社 1990 年版，第 22 页。

好基层干部。5月17日,焦裕禄在听取了检查组对社教运动和生产等问题的汇报后,再次强调要发挥党支部的核心领导作用,基层党支部要切实加强对各个方面工作的领导。8月22日,焦裕禄连续召开了各个阶层代表的座谈会,共同总结赵垛楼大队开展生产救灾的经验。焦裕禄和各位代表一致认为,基层党支部带领群众向灾害作顽强斗争是取得生产救灾胜利的重要因素。在赵垛楼党支部带领下,赵垛楼群众顶风冒沙,顽强地保护了农作物,减少了自然灾害带来的损失,取得了生产救灾的胜利。焦裕禄随后起草了一份调查报告,充分肯定了赵垛楼大队取得的成绩,将党支部带领赵垛楼大队取得胜利的事迹称为"赵垛楼的干劲",并号召广大党员干部和群众学习。1964年3月,兰考除"三害"斗争进入了关键期,为了使各个党支部更好地发挥战斗堡垒和核心领导作用,焦裕禄在3月16日组织基层党员干部集体学习毛泽东《党委会的工作方法》一文中的"党委对主要工作不但一定要抓,而且一定要抓紧"的论述,并结合兰考当前的工作,重点讲解了工作方法,对基层党支部的建设起着重要指导作用。

焦裕禄在兰考工作期间,一直非常重视基层党支部建设。焦裕禄认为,面对兰考严重的自然灾害和贫困现状,要彻底改变兰考的面貌,只有加强基层党支部建设,依靠党的领导,才能改变这种现状。"干部不领,水牛掉井",只有基层党组织发挥领导核心作用,带领人民群众艰苦奋斗,基层工作才会有实效。从实践上看,焦裕禄为了加强基层党组织的建设,采取分派领导干部下乡蹲点的办法,领导基层党支部的工作。县委领导干部是基层党员干部的"领路人",基层党员干部是人民群众的"领路人"。只有加强基层党组织的建设,充分发挥党组织的引领作用,才能取得治贫斗争的最后胜利。无论在任何时期,基层党支部都是加强党和基层群众联系的最重要的"纽带",这不仅需要"党员干部要时刻具有身份角色意识,任何时候都要起带头表率作用"①,更要求党支部在扶贫工作中发挥领导核心作用,为人民群众谋取最根本的利益。

———————

① 焦裕禄干部学院:《跟焦裕禄学做县委书记》,人民出版社2015年版,第130页。

2. 县委书记要善于当"班长"

如果说县委是党执政兴国的"一线指挥部",那么县委书记就是"一线总指挥"。这就要求县委书记必须善于做一名好"班长",团结县委其他领导干部,发挥县委领导核心作用,统筹规划,统领全局。明朝著名清官海瑞曾言:"官之至难者,令也。"也就是说县官难做。焦裕禄到兰考之初,面临的最大问题就是县委领导的思想波动较大。思想的不统一,造成行动上的滞后。焦裕禄以高超的领导艺术,充分发挥"班长"的作用,统一了县委领导集体的思想,团结了广大党员干部,为改变兰考贫穷面貌迈开了坚实的第一步。在工作实践中,焦裕禄首先带领县委机关干部从思想上做出改变。连年的自然灾害,使兰考县委和县政府成了一个"供给部",每年只能专注于救援物资的接收和发放,县委根本无法从事其他生产工作。同时,大部分党员干部面对困难普遍存在着畏惧心理,工作不积极不主动。焦裕禄针对这个问题,与兰考县委副书记进行了交谈,他认为"要改变兰考的面貌,关键要改变县委领导核心的思想。没有抗灾的干部,就没有抗灾的群众"[1]。经过交谈,焦裕禄和县委副书记在这个问题达成了共识:除"三害"首选要除思想上的"病害",特别要对县委班子成员进行抗灾的思想教育。于是,焦裕禄带领县委干部去火车站看望外出逃荒的群众,带领大家集体学习毛泽东思想;带领大家回忆兰考的革命历史。一系列的行动和举措,使得县委领导集体在困难面前站了起来,思想得到了根本性扭转。

其次,焦裕禄为带好县委这个"班",以身作则,作出了榜样。焦裕禄初到兰考时,县委办公场所比较简陋,一位从丰收区来的领导干部提出一个"建设计划":给县委置换一批新的家具、重新装潢县委办公室。焦裕禄坚决反对这个计划:"坐在破椅子上就不能革命吗?……富丽堂皇的事,不但不能做,就是连想都很危险。"[2] 事后,焦裕禄多次找这位领

---

① 穆青等:《县委书记的榜样——焦裕禄》,《人民日报》1966 年 2 月 7 日。

② 本书编写组:《焦裕禄》,河南人民出版社 1966 年版,第 105 页。

导干部谈话，使他认识到了自己的错误，并收回"建设计划"。1963 年春节前后，县委在研究确定救济名单时，考虑到焦裕禄家庭情况和他自身的身体状况，将他加入救济名单。焦裕禄知道此事后，坚辞救济，并语重心长地讲："要教育干部，对于生活上的困难问题，首先要依靠自己省吃俭用去解决，不能两眼向上坐等救济。"[①]焦裕禄全心全意为人民群众着想的高贵品质，感染了全体县委成员，部分党员干部也放弃了救济款。

最后，作为县委"班长"的焦裕禄，从不把自己的意见强加给别人。他不仅对别人严格，对自己更加严格；他不但能使犯错误的同志认识到自己的错误，而且还能使他从内心产生改正错误的强大正能量。在工作期间，县委有一位领导干部犯了错误，许多县委委员主张处分他，焦裕禄则主张遵循"惩前毖后，治病救人"的方针，将这位同志派到兰考最艰苦的地方，磨砺他、考验他。焦裕禄在他临走前既对他提出了严肃批评，也表达了对他的殷切希望，希望他在基层斗争中重拾一名共产党人的优良品格，为建设好兰考作出自己的贡献。这位同志受到焦裕禄激励，果然不负所望，取得了可喜的成绩。焦裕禄善于提出问题，启发大家发表意见，你说得对，他就鼓励你支持你；你说得不对，他就会给你留有思考的余地。

焦裕禄在兰考县委的一系列措施，充分展示了一名合格"班长"的宽广胸襟和博爱情怀。他以高超的领导艺术带领县委领导班子成员改变思想，树立信心，激发斗志；他以身作则，绝不搞特殊化，为兰考的党员干部树立了学习的榜样和标杆；他从不将自己的意见强加给别人，他善于听取别人的意见，对待同志充满了关怀和谅解。正是这些优良的工作作风，使焦裕禄成为一名合格的"班长"，一名优秀的党员干部。

3. 要加强党的政治思想工作

焦裕禄在洛阳和尉氏县工作时就因擅长政治思想工作，被同事们亲切地称为"政治科长"。到兰考工作后，焦裕禄也非常重视政治思想工作。

---

① 本书编写组：《焦裕禄》，河南人民出版社 1966 年版，第 109 页。

1962 年 12 月 6 日，焦裕禄刚到兰考的第二天，就参加了县委正在召开的三级干部会议，当天晚上，焦裕禄在作总结报告时指出："要通过社会主义教育运动，使基层干部和广大群众认清形势，明确方向道路，提高爱国主义、社会主义思想和阶级觉悟"①。这份报告表明，必要的政治思想工作，是开展其他各项工作的前提，也是其他各项工作取得实效的基础。他认为，只有加强党的政治思想工作，才能让广大党员干部明确奋斗目标，提升自身的政治素养；才能让广大人民群众了解党的政策和方针，改变自身贫穷的面貌。为了打开兰考的工作局面，焦裕禄选择政治思想工作作为突破口。1963 年 1 月 9 日，针对兰考部分党员干部对困难存在畏惧心理的情况，焦裕禄认为有必要加强党员干部的政治思想教育，要通过政治思想教育，让党员干部在困难的时候看到光明，看到兰考的美好未来。于是，焦裕禄组织县委班子成员集体学习毛主席著作来进行政治思想教育，帮他们树立起坚定的信念。1 月 14 日，焦裕禄在社教运动汇报会的总结中强调"社会主义教育运动是一切工作的动力，政治工作是灵魂"②。焦裕禄认为加强党的政治思想工作，是推动一切工作的第一抓手，也是改变兰考面貌的根本动力。2 月 3 日，焦裕禄在县委扩大会上强调，基层的各级党组织要认真加强对政治思想工作的领导，尤其是基层群众的政治思想工作。3 月 5 日，在县委召开的组织监察会议上，焦裕禄提出对基层党员干部进行系统的教育，加强政治训练和思想教育。针对严峻的自然灾害给群众带来的不安情绪，5 月 19 日，焦裕禄在县委常委会上主张各级领导干部要深入基层，领导带头，教育群众，加强对群众的思想教育，稳定他们的情绪，帮他们树立战胜灾害的决心和信心。为了更好地加强党的政治思想工作，推进社会主义思想教育运动，6 月 2 日，焦裕禄倡导并由县委办公室主办《新风尚》简报，每期简报都由焦裕禄亲自审阅和修改。简报的创办，体现出了焦裕禄加强政治思想工作的决心和信心。他将政治思想工

---

① 周长安等：《焦裕禄在兰考的日日夜夜》，河南人民出版社 1990 年版，第 1 页。

② 周长安等：《焦裕禄在兰考的日日夜夜》，河南人民出版社 1990 年版，第 15 页。

作以简报形式展现出来，进一步加强了党对基层党员干部的政治思想教育。7月10日，由于自然灾害频发，农业生产遭受严重损失，兰考外流人口逐渐增加，焦裕禄针对这种现象，立即召开了县委会，研究如何制止人口外流，他在会上说："制止人口外流也要加强思想教育工作，正确分析形势，认识外流的危害性。"① 只有加强群众的思想教育，让他们认识到外出逃荒并不能从根本上改变自身贫穷的面貌，要通过生产自救，增加收入，扩大副业门路，大搞多种经营，才是最好的办法。10月19日，在张君墓公社召开的四个公社党委书记座谈会上，针对生产救灾问题，焦裕禄强调，加强政治思想工作是开展生产自救的首要问题。只有先解决思想上的问题，才能采取更加有效的行动。11月5日，焦裕禄在四级会议上作了"肯定成绩，总结经验，认清形势，树立信心，动员起来战胜灾荒"的报告，明确指出："只要我们充分认识有利条件，加强党的领导，加强政治思想工作，调动一切积极因素，不怕困难，奋发图强……灾荒是能够战胜的"②。焦裕禄认为，加强政治思想工作，是战胜灾荒、改变兰考贫穷面貌的关键所在。1964年3月1日，在县委召开的四个大队支部书记以上的干部会议上，焦裕禄再次重申党的政治思想工作的极端重要性："要抓政治工作，做好人的工作，这是革命工作的灵魂，是改变兰考面貌的根本因素。"③

　　政治思想工作是党在长期的革命实践中总结出来的，是党的传家宝和优良工作方法。只有思想上的改变，才会有行动上的变化，焦裕禄以政治思想教育为突破口，顺利地打开了兰考的工作局面，为改变兰考的贫穷面貌奠定了思想基础。焦裕禄常说："在任何时候，任何情况下，都不能忘记党的政治思想工作……只有加强思想工作，道路才明确，革命干劲才足。"④ 在现阶段的工作中，各级党组织和党员干部必须充分运用政治思想

---

① 周长安等：《焦裕禄在兰考的日日夜夜》，河南人民出版社1990年版，第65页。
② 周长安等：《焦裕禄在兰考的日日夜夜》，河南人民出版社1990年版，第104页。
③ 周长安等：《焦裕禄在兰考的日日夜夜》，河南人民出版社1990年版，第132页。
④ 焦裕禄干部学院：《跟焦裕禄学做县委书记》，人民出版社2015年版，第36页。

教育的工作方法，以思想改变促进行动的改变，这样既能保证工作的有效进行，也能更好地保障人民群众的利益诉求，密切党群关系。

4. 要加强党的作风建设

加强作风建设，是党在长期执政过程"确保执政党的纯洁性、先进性，保持党同人民群众的紧密联系"① 的重要法宝。习近平总书记强调作风建设事关改革事业的成败："工作作风上的问题绝对不是小事，如果不坚决纠正不良风气，任其发展下去，就会像一座无形的墙把我们党和人民群众隔开，我们党就会失去根基、失去血脉、失去力量。"② 焦裕禄在治贫实践中也十分注重党的作风建设，他认为只有加强党的作风建设，强化党的执政能力，不断提升自身的素质，才能密切联系群众，才能更好地带领群众摆脱贫困。在 1962 年 12 月 24 日的县委扩大会上，焦裕禄讲道："要加强团结，转变作风，鼓足干劲，完成党交给我们的任务。"③ 针对党员干部特殊化现象，焦裕禄指出各级党委和部门要带头发扬党的优良传统，不能搞特殊化。1963 年 1 月 1 日，焦裕禄收到一封群众来信，反映的是城关区盆窑公社个别干部的问题。经调查发现反映情况属实，焦裕禄严厉指出这些干部的作风严重损害了共产党人的形象，他亲手起草了《看盆窑公社部分党员干部的思想作风恶劣到何种程度》的通报，指出"有少数人已经没有了一点共产党员的气味了"④，要求认真解决和端正干部的作风。通过这次事件，焦裕禄认为要改变兰考面貌，就必须加强干部队伍建设，端正领导干部的作风。为了严格要求各级领导干部，加强自身作风建设，焦裕禄在 1 月 18 日制定了《关于鼓足干劲，搞好生产，勤俭过春节，防止浪费的通知》，要求全县领导干部和党员要切实做到"十不准"。"十不准"的制订，表明了焦裕禄对加强党的作风建设的坚强态度和坚定决心。2 月 5

---

① 康凤云等：《论焦裕禄精神与廉政文化建设的内在关系及价值启示》，《江西师范大学学报（哲学社会科学版）》2017 年第 6 期。

② 《习近平谈治国理政》，外文出版社 2014 年版，第 387 页。

③ 周长安等：《焦裕禄在兰考的日日夜夜》，河南人民出版社 1990 年版，第 6 页。

④ 周长安等：《焦裕禄在兰考的日日夜夜》，河南人民出版社 1990 年版，第 11 页。

日，焦裕禄在《各区团委书记座谈会纪要》上批示道："我们的各级干部，特别是领导干部，要坚持和发扬党的光荣传统，勤勤恳恳，任劳任怨，大公无私，廉洁奉公，艰苦奋斗，勤俭节约，发扬民主，联系群众等党的优良传统。"① 在工作作风上，他特别强调要坚持与群众同甘共苦，不搞特殊化，特别是在灾区工作的同志，要注意生活问题，不然就会脱离群众。针对基层干群关系矛盾突出的现象，焦裕禄于 3 月 11 日起草了《关于机关干部开荒和干部家属安排的通报》，纠正了干部的特殊化，密切了干群党群关系。焦裕禄始终笃信，加强党的作风建设，坚决杜绝领导干部的特殊化现象，是取得除"三害"斗争胜利、彻底改变兰考贫穷面貌的组织保障。

焦裕禄不仅对党员干部要求严格，而且对自身和家庭的要求更为严格。毛泽东在一次讲话中强调："共产党也有他的作风，就是：艰苦奋斗！这是每一个共产党员，每一个革命家的作风"②。焦裕禄认真学习毛主席讲话并践行毛主席所讲的这种革命家艰苦朴素的工作作风。焦裕禄多次强调目前灾区面貌没有改变，人民群众生活依旧贫苦，作为领导干部，不仅对奢侈浪费的事情不能干，更是想都不能想。焦裕禄以他的一言一行，诠释了党的勤俭节约艰苦朴素的作风。当焦裕禄的儿子看电影没有买票时，焦裕禄严厉教导儿子，并补上了电影票钱；前往医院看病时，焦裕禄和其他普通群众一样排队等候；坐公车出行时，焦裕禄不接受群众的让座；焦裕禄说服他的妻子带头搬离政府大院等行为，展现了焦裕禄任何时候都绝不搞特殊化的高尚品质。焦裕禄面对兰考复杂的情况，既加强经济建设，也没有放松党的作风建设，因为他认识到，只有加强党的作风建设，"三害"才能被彻底治理，兰考贫穷的面貌才能被改变，人民群众的生活才会得到改善。

焦裕禄在兰考期间，将党的作风建设放在重要位置，为改变兰考贫穷面貌奠定了坚实的组织基础。一个政党，如果没有良好的党风，就不能真

---

① 周长安等：《焦裕禄在兰考的日日夜夜》，河南人民出版社 1990 年版，第 25 页。

② 《毛泽东著作专题摘编》（下），中央文献出版社 2003 年版，第 2132—2133 页。

正为民谋利益。中国共产党是人民的政党，代表了人民的根本利益。无论在任何阶段，党都必须加强作风建设。只有加强作风建设，才能保证党的战斗力和凝聚力。正如习近平总书记指出的，要"坚定不移推进党风廉政建设和反腐败斗争，坚决清除一切损害党的先进性和纯洁性的因素，清除一切侵蚀党的健康肌体的病毒，确保党不变质、不变色、不变味，确保党在新时代坚持和发展中国特色社会主义的历史进程中始终成为坚强领导核心"。①

四、巩固集体经济，发展农林副业生产

焦裕禄既是一名出色的工业干部，也是一名优秀的农业干部。丰富的工农业工作经验，为焦裕禄在兰考的治贫工作奠定了坚实的基础。焦裕禄到兰考工作时，面临的是恶劣的自然环境和严重的灾荒。他以忘我的工作热情，从兰考的实际出发，制定了兰考经济发展规划，指出要不断巩固集体经济，恢复和发展农业生产。焦裕禄深知要激发群众的干劲，首先要保障群众的基本生活，根本在于要实现经济的发展。焦裕禄指出，兰考县的经济发展，要在"巩固集体经济发展农业生产"的前提下，着力恢复和发展农业生产；广开副业门路，增加集体收入；因地制宜，发展特色产业尤其是林业。

1.着力恢复和发展农业生产

焦裕禄在河南省尉氏县工作时，就主抓农业，对于农业的发展有着丰富的经验。在经过三年自然灾害和"大跃进"的挫折后，中央对国民经济发展政策作出了调整，制定了"八字方针"即"调整、巩固、充实、提高"，有效恢复和发展了国民经济，农村的发展呈现出生机勃勃的新面貌。国家制定了"农业六十条"发展方针，"它的贯彻在一定程度上克服了平均主义，

---

① 习近平：《在庆祝中国共产党成立 100 周年大会上的讲话》，人民出版社 2021 年版，第 19—20 页。

突破了'一大二公'的经济模式，极大调动了人民群众的生产积极性。"① 在这个背景下，焦裕禄从兰考的实际出发，制定了相关的农业发展方针。

焦裕禄到兰考就任的第一天就马不停蹄参加了县委正在召开的三级干部会议，焦裕禄在会议总结报告中就强调要"从生产入手（灾队从生产救灾入手），解决生产、生活上的突出问题"，"树立起办好集体经济，搞好农业生产和各项工作的旗帜"。② 在第二天的会议上，焦裕禄就当前的政治形势、经济形势，巩固集体经济、发展农业生产等问题作了讲话，告诫各级党员干部要"进行调查研究，掌握群众思想动态，带领人民群众巩固集体经济，牢牢占领农村社会主义阵地"。③ 在具体实践中，焦裕禄深入基层调查，向经验丰富的农民求教，寻找兰考农业发展的出路。三访老韩陵，就是焦裕禄问计于民的典型案例。焦裕禄在老韩陵调查时，就如何发展农业生产听取了经验丰富的农民的意见，找到了影响农业发展的根源，带领党员干部和人民群众制定了农业发展规划："一是发展畜牧业；二是多种花生；三是种植泡桐。"④ 在这个方针指导下，兰考县农业开始逐渐得到恢复和发展。1963 年初，焦裕禄在传达中南局扩大会议精神的会议上讲述了兰考农业发展的方向，"1963 年我县农业生产要以粮为纲，大力发展经济作物。"⑤ 指出农业发展的目的是必须保障群众有吃、有穿、有钱花。焦裕禄刚到兰考工作时，兰考的农业现状堪忧，农产品难以满足兰考人民群众日常生活的需求，群众依旧处于贫穷的状态。焦裕禄对此深感揪心，他加快调研的脚步，用不长的时间，走遍了兰考的村村庄庄，寻找到了影响农业发展的根本因素："三害"。不除"三害"，兰考的农业就无法持续发展。焦裕禄对此有深刻认识："要彻底改变兰考面貌，必须治沙、治碱、治水，这是发展我县农业生产的根本出路，是广大人民的迫切要求，也是

---

① 焦守云：《我的父亲焦裕禄》，人民日报出版社 2016 年版，第 116 页。

② 周长安等：《焦裕禄在兰考的日日夜夜》，河南人民出版社 1990 年版，第 1 页。

③ 周长安等：《焦裕禄在兰考的日日夜夜》，河南人民出版社 1990 年版，第 2 页。

④ 周长安等：《焦裕禄在兰考的日日夜夜》，河南人民出版社 1990 年版，第 3 页。

⑤ 周长安等：《焦裕禄在兰考的日日夜夜》，河南人民出版社 1990 年版，第 19 页。

我们义不容辞的光荣任务。"①

　　发展是硬道理，经济发展是贫穷地区脱贫的硬道理。焦裕禄从兰考的实际出发，就农业发展问题进行广泛的调查和深刻分析，寻找出影响农业发展的根本因素，主张通过科学治理"三害"，以互助合作的方式来促进农业生产。

　　2. 广开副业门路以增加集体收入

　　焦裕禄在重视农业发展的同时，也号召广大人民群众广开副业门路，增加集体收入。兰考长期受自然环境的制约，农业发展缓慢，无法满足人民群众的生活需求。焦裕禄坚持实事求是地规划和指导兰考农业发展，也号召兰考各个地区因地制宜地发展相关副业，以增加集体收入，巩固集体经济，保障人民群众的生活。焦裕禄起草的"十不准"就要求"积极搞好集体的副业生产，增加收入，改善生活"②。焦裕禄在基层调查中发现，仅仅依靠农业生产，并不能迅速满足人民群众的生活需求。在发展农业的同时，应该广开副业门路。1963 年 1 月 22 日至 23 日，焦裕禄在全县公社以上党员干部大会上强调："春节后，各公社都要组织劳动力搞副业，可以组织专业队、专业组，专门搞副业。"③焦裕禄认为，农业的发展虽然是根本出路，但迅速有效地解决贫困问题，满足人民群众的基本生存需求，则必须通过副业来实现。焦裕禄号召兰考地区要"因地制宜，能搞啥就搞啥"④。2 月 15 日，焦裕禄在张君墓区召开生产救灾会时强调党员干部"要向群众讲灾情，讲办法，更要讲信心，使他们认清形势，广开副业门路，奋发图强，自力更生，树立起战胜困难的坚强信心"⑤。如何解决兰考人民群众吃饱穿暖问题，制止人口外流，焦裕禄主张不能仅靠国家发放救济粮，只有大力发展生产，扩大副业门路，大搞多种经营，才能从根本上保

---

①　殷云岭等：《焦裕禄传》，花山文艺出版社 1995 年版，第 311 页。

②　周长安等：《焦裕禄在兰考的日日夜夜》，河南人民出版社 1990 年版，第 18 页。

③　周长安等：《焦裕禄在兰考的日日夜夜》，河南人民出版社 1990 年版，第 19 页。

④　周长安等：《焦裕禄在兰考的日日夜夜》，河南人民出版社 1990 年版，第 19 页。

⑤　周长安等：《焦裕禄在兰考的日日夜夜》，河南人民出版社 1990 年版，第 28 页。

障人民群众的基本生活需求，解决人口外流的问题。

欠发达地区要得到发展，在抓农业生产的同时，还要因地制宜，发展地方特色产业，这样才能促进地区多元经济的繁荣。焦裕禄在兰考所采取的经济发展措施，既坚持发展农业以促进粮食生产，也引导人民群众积极发展相关副业以实现增收。新时代巩固精准脱贫胜利成果，面对新阶段新情况新矛盾新问题，广大党员干部要学习焦裕禄这种实事求是的工作作风和以人民为中心的发展理念，结合本地实际，积极引导广大贫困地区继续发展自身特色产业，实现由"外力推动脱贫"向"内力促进发展"的转变，为实现乡村振兴贡献自己的才智和力量。

3.因地制宜发展林业生产

兰考虽然自然环境恶劣，但却特别适合泡桐的生长。兰考大地自古盛产泡桐，以泡桐为原材料制作的乐器，行销海内外，泡桐成为今日兰考经济的支柱产业之一。新中国成立以来，在县委、县政府的领导下，兰考的林业生产尤其是泡桐生产极大增加了兰考人民的收入，促进了兰考经济的发展。但随着"大跃进"的开展，兰考县境内的泡桐几乎被砍伐殆尽，由此造成了兰考县经济的快速下滑和自然环境的进一步恶化。

焦裕禄到兰考后，在城关公社老韩陵大队进行调查时，从几个老农那里了解到兰考的三大宝：泡桐、花生和大枣，当时俗话说得好："要想富，栽桐树；挖穷根，种花生；要过好，栽大枣。"[1] 焦裕禄在调查研究的基础上起草了《关于城关区韩陵公社进行巩固集体经济发展农业生产第一步工作情况的报告》。焦裕禄指出了兰考种植泡桐的巨大经济优势，认为种植泡桐不仅能促进林业生产，还能"以林促农，以林促粮"[2]。于是焦裕禄开始在全县内大规模推广泡桐种植，强调林业生产的重要性。在1963年3月全县林业工作会议上，焦裕禄再次强调"要像抓粮食一样下大力量，下大决心，把林业工作做好"[3]。7月，焦裕禄在找到兰考贫穷根源的基础上，

---

① 殷云岭等：《焦裕禄传》，花山文艺出版社1995年版，第265页。

② 焦守云：《我的父亲焦裕禄》，人民日报出版社2016年版，第153页。

③ 焦守云：《我的父亲焦裕禄》，人民日报出版社2016年版，第165页。

起草了《关于坚决造好护好林，从根本上改变兰考面貌的意见》。焦裕禄指出："林业生产有关我县沙区生死存亡，沙区有林就有粮，沙区无林，一切无从谈起。"① 在焦裕禄的强力推动下，短时间内兰考的林业生产取得了巨大的成就：泡桐种植面积不断扩大，沙区粮食产量得到提升，泡桐产业得到恢复和发展，并逐渐形成多种经营的好局面。焦裕禄因地制宜，号召全县开展林业生产，以桐树育苗和种植为中心，开展育苗造林运动。焦裕禄强调："桐树是摇钱树，在兰考发展桐树是农业经济之本，林业之帅，因此要狠抓泡桐树种植。"② 到 1967 年，兰考荒地上农桐间作的面积达到了 32 万亩，1969 年又发展到了 52 万亩③。在焦裕禄的带领下，兰考成为全国第一个专业的泡桐基地，林业生产成为兰考人民实现脱贫的有力支撑。

现今，兰考全县有四分之一的人从事泡桐生产和加工，全县最大的企业和最大的纳税户也是泡桐开发企业，兰考的泡桐远销至 20 多个国家和地区，泡桐成为兰考经济发展的强劲动力，也为兰考率先摘除"贫困县"帽子、实现精准脱贫作出了重要的贡献。

五、加强精神文明建设

只有物质和精神的双重脱贫，才算是真正的脱贫。物质上实现脱贫而精神文明上未实现脱贫，就谈不上真正脱贫，还必然影响经济社会的良性运转。焦裕禄在兰考的治贫措施中，不仅注重满足兰考人民物质方面的发展需求，也注重满足他们精神文明上的需求。焦裕禄从三个层面开展精神文明建设：一是采取集中学习方式，加强党员干部革命文化学习；二是树立典型，培育和弘扬榜样文化；三是开展文化宣传和基础设施建设，促进农村文娱活动的开展。

---

① 殷云岭等：《焦裕禄传》，花山文艺出版社 1995 年版，第 295 页。

② 任彦芳：《我眼中的焦裕禄：1965—1966 年采访手记》，广东人民出版社 2014 年版，第 59 页。

③ 殷云岭等：《焦裕禄传》，花山文艺出版社 1995 年版，第 279 页。

1.加强党员干部革命文化学习

革命文化是党在长期的革命斗争和社会主义建设时期形成的宝贵精神财富。学习革命文化，既有利于增强党员干部的理想信念，也有利于促进文化水平的提高，从而掌握科学的工作方法。焦裕禄十分重视党员干部革命文化的学习，认为党员干部的素质直接影响着兰考能否成功消除"三害"，实现脱贫。焦裕禄首先带领广大党员干部学习毛泽东著作，他告诫广大党员干部："学习《为人民服务》，要学会像张思德那样全心全意为人民服务；学习《纪念白求恩》，要学会像白求恩那样树立爱国主义和国际主义思想；学习《愚公移山》，要学会像愚公搬山那样除掉兰考的'三害'。"① 在县委常委生活会上，焦裕禄带领大家学习了毛泽东的《关心群众生活，注意关注方法》和《党委会的工作方法》两文，他鼓励大家要时刻学习毛泽东思想，将毛泽东思想的理论精髓具体应用于兰考的伟大治贫实践中，为实现兰考脱贫，消除"三害"而不懈斗争。在学习毛泽东著作的同时，焦裕禄也加强革命传统学习。密切联系群众，是党在革命斗争中形成的优良传统和作风，也是革命斗争取得胜利的重要法宝。焦裕禄告诫广大党员干部要坚决践行党的群众路线，"在困难当中成就一番革命事业，必须首先联系群众，向群众学习。"② "没有调查，就没有发言权。"③ 在治理兰考"三害"的过程中，焦裕禄也教育一线党员干部要经常深入群众进行调查研究，掌握最真实的情况。焦裕禄常讲："一切实际工作必须向下做调查，没有调查，就没有发言权。"④ 正是在加强党员干部的革命传统学习的基础上，焦裕禄才能带领广大党员干部迅速制定治理"三害"、摆脱贫困的三年规划。在学习过程中，焦裕禄发现兰考的党员干部中存在着贪腐现象。针对此问题，焦裕禄着重强调党员干部的廉政思想建设。首先，焦裕禄以身作则，清廉执政，严格要求家人不搞特殊化，给广大党员干部树

---

① 博山焦裕禄纪念馆：《焦裕禄的80则贴心话》，人民日报出版社2017年版，第60页。
② 博山焦裕禄纪念馆：《焦裕禄的80则贴心话》，人民日报出版社2017年版，第78页。
③ 《毛泽东选集》第一卷，人民出版社1991年版，第109页。
④ 焦裕禄干部学院：《跟焦裕禄学做县委书记》，人民出版社2015年版，第127页。

立榜样。其次，焦裕禄通过集中学习，让广大党员干部直面兰考的贫穷状况尚未改变的严峻现实，教育广大党员干部"富丽堂皇的事，想也很危险"①。要发扬艰苦奋斗勤俭节约的革命精神，时刻保持清醒的头脑。最后，针对领导干部特殊化的现象，焦裕禄制定并带头执行"十不准"，为兰考党员干部廉政思想建设和廉政文化建设提供了强有力的保证。

2. 培育和弘扬榜样文化

在治理兰考的工作实践中，焦裕禄通过挖掘榜样、树立典型，积极培育和弘扬榜样文化，为广大党员干部和人民群众提供正确的价值引领。焦裕禄先后树立了"四面红旗"：韩村的精神；赵垛楼的干劲；秦寨的决心和双杨树的道路。在长篇通讯《县委书记的榜样——焦裕禄》中，作者穆青等人对这"四面红旗"做了详细的报道和极高的评价。焦裕禄通过抓典型，树榜样，以典型引路，以榜样导航，指明了兰考的发展方向。焦裕禄在离开兰考的最后一次县委常委扩大会上，就如何抓好典型的问题做了重要讲话："典型一定要少而精，要突出，对突出的典型要大张旗鼓的宣传。"②"四面红旗"代表的是焦裕禄在兰考所倡导、所培植、所发扬光大的整体精神的实质；"四面红旗"成为兰考人民工作和学习的实实在在目标，对促进兰考摆脱贫困起到了重要的作用。通过树立和宣传榜样，逐渐形成了榜样文化。榜样看得见摸得着，榜样就在身边。榜样文化为兰考人民所喜闻乐见，榜样文化也更加坚定了兰考人民改变自身贫穷面貌的决心和意志。

焦裕禄是一个善于抓典型、树榜样的人。但他在抓典型的同时，自身也成为一个优秀的榜样。焦裕禄是一个"心中装着全体人民、唯独没有他自己"的伟大人民公仆。这种公仆情怀，成为兰考党员干部乃至全国党员干部学习的典范。焦裕禄深知，一个好典型、好榜样可以启发人、带动人、号召人走一条好路，那么好人就会多起来，形成风气，形成大势。③

---

① 焦裕禄干部学院：《跟焦裕禄学做县委书记》，人民出版社 2015 年版，第 120 页。

② 殷云岭等：《焦裕禄传》，花山文艺出版社 1995 年版，第 332 页。

③ 殷云岭等：《焦裕禄传》，花山文艺出版社 1995 年版，第 331 页。

实践证明，焦裕禄本身这样的优秀典型，在他逝世后，迅速成为全国党员干部和人民群众学习的榜样，并在宣传和学习的过程中逐渐形成独特的榜样文化，这就是焦裕禄精神。焦裕禄精神是党的宝贵精神财富，为社会主义现代化建设提供了精神引领和价值目标。

焦裕禄在兰考挖掘典型和榜样，通过宣传，逐渐成为榜样文化。这种榜样文化是兰考党员干部和人民群众战胜灾害、实现脱贫的重要精神推动力。现阶段已经取得了脱贫攻坚的伟大胜利，已经全面建成小康社会。但在"两个一百年"的交汇期，向第二个百年奋斗目标奋进的征程中，仍然需要培育和弘扬榜样文化，为把我国建设成社会主义现代化强国提供强有力的精神支撑。

3.注重农村文娱活动建设

长期的自然灾害给兰考农村造成了极大的破坏：经济凋敝、人口流失严重，传统的农村文化结构被打破。新中国成立后，随着社会主义三大改造的完成，农村的发展进入一个新的历史阶段。但当时农村还是侧重于农业建设，需要着力解决农村贫困问题。焦裕禄在兰考基层调研时发现，虽然物质上很贫穷，但兰考广大农民对文艺活动的需求很强烈。于是焦裕禄想农民之所想，盼农民之所盼，认为"……农村没有文娱活动是不行的。"[1] 农村地区既要搞农业生产，也要满足农民对于文娱活动的需求。还可以通过文娱活动，对农民进行社会主义教育。焦裕禄着重强调，农村的文娱活动不但要搞，而且必须要搞好，"搞不好，就会被封建主义、资本主义的东西占据地盘，使封建主义、资本主义的思想泛滥起来，像病毒一样去毒害群众"[2]。焦裕禄将农村文娱活动建设提升至一个重要的位置，为兰考除"三害"、摆脱贫困奠定了重要的思想文化基础。

焦裕禄在强调农村文娱活动建设重要性的同时，还就如何开展农村文娱活动提出了一些建议。首先，焦裕禄认为农村的文娱活动建设要依靠各

---

① 殷云岭等：《焦裕禄传》，花山文艺出版社 1995 年版，第 248 页。
② 殷云岭等：《焦裕禄传》，花山文艺出版社 1995 年版，第 249 页。

级党组织，各级党组织要认真加强对政治思想工作的领导。党的领导，是农村文娱活动建设的政治保证。其次，焦裕禄要求文教局、文化馆要组织适合农民阅读的图书下乡，经常供应一些适合农村演唱的材料。[①] 焦裕禄还建议逐步将过去农民喜爱的俱乐部、夜校恢复起来，教他们学习文化。[②] 聘请转业军人和老党员向农村青年讲述党的革命斗争史，提升他们对社会主义建设的信心。最后，焦裕禄主张坚决取缔封建迷信和黄色的文娱活动，杜绝一切不正当的文娱活动。[③] 通过这些措施，既加强了兰考农村文化建设，也满足了农民对文娱活动的需求，为兰考除"三害"、摆脱贫困提供了强大的精神动力。

六、开展"绿色革命"

兰考的贫困根源在于"三害"，而引发"三害"的根源在于兰考自然环境被严重破坏。"大跃进"时期兰考大量的泡桐等树木被乱砍滥伐，加剧了兰考自然灾害的频发。焦裕禄到任后，在实际调研的基础上，提出要在兰考开展"绿色革命"，从根源上解决"三害"问题。焦裕禄采取了以下措施：一是关心和重视林业人才；二是制定相关林业发展方针，号召全县人民开展植树造林运动。通过这两个方面的工作，兰考的自然环境逐渐转好，"三害"的威胁逐渐下降，人民的生活水平逐步提升。

1. 关心和重视林业人才

古今中外任何社会的发展，核心在于创新，根本在于人才。人才，是推动经济发展和社会进步的核心要素和强劲动力。焦裕禄深知要开展"绿色革命"，改变兰考的自然面貌，离不开人才的支持。1963 年春，兰考县林业局分来三位林业专业技术人才，主要研究泡桐栽培技术。焦裕禄知道后非常兴奋，专门前往泡桐苗圃看望他们，恳切地告诉他们，兰考才是他

---

① 殷云岭等：《焦裕禄传》，花山文艺出版社 1995 年版，第 249 页。

② 殷云岭等：《焦裕禄传》，花山文艺出版社 1995 年版，第 249 页。

③ 殷云岭等：《焦裕禄传》，花山文艺出版社 1995 年版，第 249 页。

们的用武之地："兰考有 95 万亩耕地,可以搞 40 万亩农桐间作,你们是泡桐研究者,到哪儿能找到这么大的研究基地呢?"① 为了确保他们无后顾之忧地研究泡桐种植技术,焦裕禄从思想、生活、政策等各方面提供支持和帮助。从思想精神层面上,焦裕禄在为三位技术人员具体介绍了兰考林业发展的现状和规划后,鼓励他们要善于学习,要善于在困难中学会斗争,要勇于直面困难。从生活层面上,针对三位技术人员来自南方,一时还不适应北方特别是兰考地区的自然环境和生活习俗的状况,焦裕禄想方设法给他们凑了些大米送过去,同时指示粮食部门要充分保障技术人员的生活物资供应。从政策层面上,为了更好更快地研究出泡桐栽植技术,焦裕禄指示相关部门成立专门的桐木实验基地,专门研究泡桐相关技术,他本人还亲自参加了研究基地挂牌仪式。

在焦裕禄的支持和鼓励下,三位专业技术人员迅速研究出了盐碱地泡桐种植技术,提出了"农桐间作"的具体方法,既有效遏制了"三害"对农田的破坏,还实现了"农桐两得"。焦裕禄兴奋地对他们说道:"我们有同一个梦,兰考人民也有同一个梦,明天,这个梦想会变成大地上的现实。"② 按照焦裕禄的设想和安排,泡桐今天在兰考大地遍地开花,逐渐成为兰考林业的主要品种。泡桐既是防沙树,又是致富树,更是焦裕禄留给兰考的一座"绿色银行",为改变兰考的贫穷面貌作出了巨大的贡献。

2. 制定林业发展政策与方针

林业的发展,对于兰考的经济社会发展具有重要的意义。发展林业,不仅能够改变兰考的自然面貌,缓解"三害"带来的威胁;而且也能够促进兰考地区经济产业的发展,增加人民的收入。因此,系统规划兰考的林业发展蓝图,是焦裕禄日思夜虑的重要问题。

如何规划兰考地区林业的发展,制定符合兰考林业发展实际的政策与方针,是在兰考地区开展"绿色革命"的首要前提。焦裕禄坚持从实际出

---

① 焦守云:《我的父亲焦裕禄》,人民日报出版社 2016 年版,第 166 页。
② 何香久:《焦裕禄传》,河南文艺出版社 2012 年版,第 114 页。

发，从基层百姓中获取"灵感"。从 1962 年 12 月召开的县委扩大会议上提出要大搞植树造林开始，焦裕禄就带领县委干部深入基层，调查研究林业发展的具体政策与方针。在韩陵公社，焦裕禄了解到这个公社把桐树包给生产队、坡地桐树包给个人，集体和个人按比例分成，这种做法极大激发了人民的积极性，迅速促进了公社林业的发展。在余寨，焦裕禄却发现由于管理失察、乱砍滥伐，使得原本以种植枣树闻名的地区变成遍地是荒丘的寂寥村落。焦裕禄在基层调查的基础上，召开了县委常委会，专门研究兰考地区造林政策问题。在会议上，县委制定了兰考造林的鼓励政策，实行"六包"：临时包工、小段包工、大段季节性包工、常年包工、专业包工、连续包工。同时实行了"六定"：定完成时间、定劳动报酬、定质量标准、定期检查、定奖惩制度。①"六包"和"六定"是兰考林业发展的一个纲领性要求，极大地提高了整个兰考地区人民的植树造林积极性，迅速有效地改变了兰考地区恶劣的自然面貌。在具体实施过程中，基层地区就植树造林是否要整齐划一出现了争论和矛盾，焦裕禄就强调"双方都有道理，但我们办事、想问题，一定要抓住主要矛盾。眼下的主要问题，是度荒救灾，发展泡桐，就是要先顾吃饭，后顾好看"②。

　　一个地区产业的发展，首先需要明确具体的方针和政策。兰考是一个灾荒严重、自然环境恶劣的地区，要抗灾治贫，就必须要改变恶劣的自然面貌。焦裕禄在调查的基础上制定了兰考林业发展规划，并以共产党员大无畏的勇气和实事求是的精神坚持实行"六包"和"六定"，为兰考地区林业的发展作出了巨大的贡献。"先顾吃饭，后顾好看"的林业发展方针，讲清了植树造林中主要矛盾和次要矛盾的关系、工作中轻重缓急的关系，体现了焦裕禄深厚的哲学素养和高超的领导水平。

　　综上所述，焦裕禄在兰考工作的时间虽然短暂，但他的精神却永远留在了兰考大地上。在不到两年的时间里，焦裕禄带领兰考人民克服了恶劣

---

① 何香久：《焦裕禄传》，河南文艺出版社 2012 年版，第 109 页。
② 焦裕禄干部学院：《跟焦裕禄学做县委书记》，人民出版社 2015 年版，第 110 页。

的自然环境，历史上第一次实现了粮食自给，这个成就对当时周边的贫困县市产生了巨大的震撼。在兰考治贫实践斗争中所形成的焦裕禄治贫思想，其内容之丰富，涵括了"一种理念、两种精神、四个建设"。"一种理念"即"我们都是人民的勤务员"；"两种精神"是"敢于奋斗和自力更生"；"四个建设"是"党的建设、经济建设、文化建设和生态建设"。这三个层面构成了焦裕禄治贫思想的主要内容，也展现了焦裕禄治贫思想的核心理念。

党的十九大报告科学总结了新时代我国社会主要矛盾的变化，指出新时代我国社会主要矛盾已经转化为人民日益增长的美好生活需要和不平衡不充分的发展之间的矛盾，在中国共产党成立 100 多年的今天，面临中华民族伟大复兴的战略全局和世界百年未有之大变局，面对新形势新环境，要实现中华民族伟大复兴目标，根本在于巩固脱贫攻坚成果，一个重要方面在于基层领导干部队伍尤其是县委书记的培养和建设。因此，新时代需要更多焦裕禄式的领导干部，放下架子，扑下身子，深入群众，坚决贯彻执行党的各项方针政策，为实现第二个百年奋斗目标戮力奋斗，勇毅前行。

第三节　焦裕禄治贫思想的实践

古诗云："纸上得来终觉浅，绝知此事要躬行。"讲的就是理论与实践的关系问题。思想理论的形成，都离不开具体实践，实践是检验思想理论是否正确的"试金石"。焦裕禄治贫思想是在改变兰考贫穷落后面貌的具体实践中形成和发展起来的，焦裕禄运用高超的领导艺术，带领兰考广大党员干部和人民群众扎根实践，通过科学的方法，结合兰考的具体实际，制定了相应的治贫措施。因此，探究焦裕禄扶贫思想的实践过程，对于理解焦裕禄扶贫思想内容有重要作用。焦裕禄在实践过程中以过硬本领书写忠诚担当，展现了一名优秀县委书记的精神风貌和良好形象。在工作方法层面，焦裕禄坚持深入基层进行调查研究的方法，坚持一切从实际出发的基本原则，坚持从群众中来到群众中去的群众路线，注重运用"两分法"来总结工作经验。焦裕禄的这些工作方法，给党员干部树立了一个榜样，为兰考广大人民群众摆脱贫困提供了方法论指导。在领导方式层面，焦裕禄作为党的县委书记和县委领导班子的核心，能否运用高超的领导艺术团结广大党员干部，是促进兰考摆脱贫困的重要因素。焦裕禄在兰考既发挥了领导班子"班长"的作用，带领全体党员干部统筹规划，又以身作则，给广大党员干部树立标杆。焦裕禄深入基层，掌握一手情况，通过调查研究，制定发展规划，真抓实干；对待不同的意见，不搞"一言堂"，而是坚持民主集中制，充分尊重其他领导干部的意见。科学的工作方法和民主的领导方式，为焦裕禄在兰考顺利开展治贫工作发挥着举足轻重的作用。为了改变兰考贫穷的面貌，焦裕禄制定和实施了一系列的具体措施。首先，焦裕禄寻找兰考县委、县政府不作为的根源所在，指出要改变兰考贫穷面貌就必须要先改变领导班子的思想，必须要促进县委领导班子思想革命化。在加强县委、县政府领导班子思想建设的同时，积极号召广大党员干部树立不畏艰难的信心，发扬在困难面前逞英雄的大无畏革命精神。焦裕禄和县委领导班子依靠广大人民群众，进行大规模的实践调查，亲自掂量"三害"威胁的分量；在治贫实践的过程中，通过树立治贫榜样以加强人民群众抗灾脱贫的信心。最后，焦裕禄非常注重广大党员干部和人民群众的精神文化建设，加强精神文化建设，一方面有利于提升人民群众的思想认识，另一方面有助于加强党和人民群众之间的密切联系。

　　焦裕禄在改变兰考贫困面貌斗争中所采取的工作方法、领导方式和具体措施，是焦裕禄治贫思想在实践中的直接展示和具体体现，对深入研究焦裕禄治贫思想的内涵有着重要的作用。

一、焦裕禄在治贫实践中的工作方法

　　如果说理论是先导，方法是根本，那么正确的工作方法是实践获得成功的前提。在艰苦卓绝的治贫实践中，焦裕禄作为县委书记，能否掌握和运用合理恰当的工作方法，对于改变兰考的贫穷面貌至关重要。掌握正确的工作方法，不仅是兰考人民对改变自身贫穷落后面貌的强烈愿望，也是对焦裕禄作为一名县委书记的时代召唤。焦裕禄肩负人民的期望，在治贫实践中大胆探索、勇于创新，领导和带领广大党员干部和人民群众掌握正确的工作方法，为改变兰考贫穷落后的面貌作出了巨大贡献。

1. 坚持调查研究的方法

没有调查，就没有发言权。① 调查研究的方法，是党在长期革命斗争和社会主义建设时期的重要工作方法，是中国共产党一百年来的传家宝。在艰苦的革命斗争中，以毛泽东同志为主要代表的中国共产党人深入基层，广泛调研，探索革命政权建设的有效方法。毛泽东先后撰写了《湖南农民运动考察报告》《兴国调查》《寻乌调查》等文章，强调调查研究的重要性。实践证明，要确保党的方针政策不偏离正确的轨道，就只有通过广泛的调查研究。党的十八大以来，习近平总书记更是高度重视调查研究："调查研究是谋事之基、成事之道。没有调查，就没有发言权，更没有决策权。"② 调查研究是党做好各项工作的基本功，也是检验党的方针政策是否与实际情况相符合的重要途径。掌握好调查研究的工作方法，既有助于决策的科学性，也有助于加强与人民群众的联系，反映人民群众的利益诉求。

焦裕禄在治贫实践中不唯上，只唯实，坚持调查研究的工作方法。面对兰考多灾多害的局面，焦裕禄认为必须"要亲自去掂一掂兰考的'三害'究竟有多大的份量，获得第一手资料，作出正确的判断和部署"③。首先，焦裕禄在县委扩大会议上建议设立除"三害"办公室，并立即展开一次大规模的调查研究，以摸清"三害"的具体情况。其次，焦裕禄和县委根据会议精神，以除"三害"办公室为骨干，从全县抽调了120多名干部、老

---

① 《毛泽东选集》第一卷，人民出版社 1991 年版，第 109 页。

② 《习近平关于全面建成小康社会论述摘编》，中央文献出版社 2016 年版，第 191 页。

③ 本书编写组：《焦裕禄》，河南人民出版社 1966 年版，第 73 页。

农和技术员，深入到各个地区，去研究和寻找"三害"发生的规律。最后，焦裕禄带领党员干部走访了许多村镇干部，求教了许多有经验的老农。在兰考的河道旁、洼地里、风沙中，都留下了焦裕禄调研的足迹，焦裕禄和党员干部一道查风口、寻水路，在三个多月的时间里，他们行程 5000 余里，把全县 80 多个风口、200 多个沙丘逐个编了号①，将全县的河流、沟渠等地方也调查得清清楚楚，绘制了一份详细清楚的排涝泄洪图。在调查研究的基础上，焦裕禄和县委掌握了兰考"三害"的基本情况，为除害治贫奠定了基础。基于掌握的第一手资料，焦裕禄立即领导大家制定了除"三害"的具体方案，开始逐步治理"三害"，兰考的贫穷面貌也随之发生改变。从封建时代开始，"三害"一直困扰和制约着兰考地区的发展，也有一些能人贤士付诸过实践，但却无功而返，其根源在于没有掌握正确的工作方法，也就无法抓住贫困的根源。焦裕禄运用调查研究的工作方法，亲自深入基层了解掌握"三害"的分量和发生的规律，而不是"听听报告"，这是焦裕禄能在兰考取得伟大成就的重要保障，也是兰考县委、县政府能迅速有效地制定相应治理方案的根本前提。

焦裕禄在调查研究的过程中不断强调："一个领导，如果他不愿做系统周密的调查研究，而是根据'可能''大概'来指导工作，那么他就不可能很好的完成党交给他的任务。"② 作为一名领导干部，如果不带头深入实际，深入基层，深入群众，那么就无法获得正确的认识，更无法有效地开展工作。焦裕禄以"吃别人嚼过的馍没有味道"的探索精神，依靠调查研究的工作方法，掌握了"三害"发生的规律，为彻底治理好"三害"，带领兰考人民摆脱贫困做好了前期准备。

2. 坚持一切从实际出发，实事求是的原则

实事求是，一切从实际出发，是党的思想路线的核心内容，也是党取得革命斗争胜利的重要法宝。在探索中国革命道路的历史进程中，毛泽东

① 任彦芳：《我眼中的焦裕禄：1965—1966 年采访手记》，广东人民出版社 2014 年版，第 34 页。

② 本书编写组：《焦裕禄》，河南人民出版社 1966 年版，第 76 页。

将马克思列宁主义与中国的具体实际相结合，找到了农村包围城市、工农武装割据的适合中国国情的革命新道路。"这种态度，就是实事求是的态度。"① 中国特色社会主义新时代，习近平总书记同样强调在全面深化改革的关键时期，也必须坚持一切从实际出发，实事求是的认识路线。因为实际事物是具体的，而"本本"是对实际事物研究、抽象的结果，不能成为研究问题和作决策的出发点，出发点只能是客观实际。实践证明，实事求是，一切从实际出发，是制定符合地区发展实际的根本理念和重要方针，背离了这个理念和方针，就会走上错路、歪路或邪路。

兰考地区情况复杂，如何具体有效地开展工作是焦裕禄面临的重要问题。焦裕禄在带领广大党员干部和人民群众进行调查研究时强调"改变兰考的面貌，要根据兰考的实际想问题"②。这就要求县委、县政府的党员干部在开展工作时要结合实际而不能脱离实际，这样才能确保政策的正确性和合理性。焦裕禄以身作则，亲自深入基层，掌握兰考地区的具体情况。在调查兰考的土地时，焦裕禄发现兰考地区土质较差，多盐碱地，这是兰考地区发展受限的主要因素。土质差，既有历史原因，也有耕作不合理的原因。为了详细了解兰考的土质，焦裕禄带领农业局的技术人员，在从城关区到韩村的路上，不断采集各个地区的土壤。通过对采集土壤进行分析，焦裕禄发现，尽管有些地区的土质较差，但也能开发从事农业生产，如韩村的部分土地。于是，焦裕禄和韩村的党员干部共同商量，决定将剩余的荒地开发出来，以此增加韩村的粮食产量。在摸清兰考地区土质情况后，焦裕禄又带领除"三害"工作队，经过40多天的紧张工作，将全县的大小风口、沙丘、沟渠等勘探清楚。针对兰考地区风沙大、沙丘易移动的特点，焦裕禄从实际出发，主张采取"贴膏药、扎针"的方法，来限制沙丘的移动。实践证明，焦裕禄采用的这种方式很有效，兰考从漫天黄沙的一片白变成了树木成林的一片绿。兰考的改变，正是因为坚持了实事求

---

① 《毛泽东选集》第三卷，人民出版社1991年版，第801页。
② 本书编写组：《做焦裕禄式的党员干部》，石油工业出版社2014年版，第88页。

是、一切从实际出发的马克思主义理论原则。

面对复杂的县情，焦裕禄没有只听"报告"和看文件，而是深入基层，从兰考的实际出发，制定相应的治理措施，有效地改善了兰考地区的自然环境，从根本上找到了改变兰考面貌的科学方法。这一切根源所在，就是焦裕禄在工作中坚持了实事求是，一切从实际出发的认识路线。在新时代，培育焦裕禄式县委书记，就必须加强党的认识路线建设，没有正确的认识路线，就不会有正确的工作理念。焦裕禄之所以成为全国县委书记的榜样，根本在于他不仅努力学习党的认识路线，也善于运用党的认识路线。

3. 坚持从群众中来，到群众中去

一个政党的合法性，既要有国家根本大法的确认，也要有人民的认同。中国共产党从成立之初就确立了党的奋斗目标是实现最广大人民群众的根本利益，全心全意为人民服务。这就要求在新民主主义革命和社会主义建设实践过程中必须坚持以人民为中心，必须坚持从群众中来，到群众中去的工作方法。毛泽东特别重视这一点："要联系群众，就要按照人民群众的需要和自愿。一切为群众的工作都要从群众的需要出发，而不是从任何良好的个人愿望出发。"① 群众的力量是无穷的，没有群众的支持，就没有新民主主义革命和社会主义革命的胜利，就没有社会主义建设的成就，就没有改革开放的成功。践行群众路线，是一名合格共产党员的基本要求。

兰考的贫困，既有"天灾"，也有"人祸"。焦裕禄刚来兰考时，兰考人民群众改变自身贫穷的积极性不高，这是兰考地区贫困面貌无法扭转的重要因素。焦裕禄深知要改变兰考贫穷的面貌，改善人民群众的生活，仅仅依靠党的力量还不够，最根本是要依靠广大人民群众。如何调动人民群众的积极性，成为焦裕禄治贫工作的关键问题。焦裕禄认为，要调动兰考人民的积极性，首先在于要坚持党的群众路线，依靠人民、发动人民、信

---

① 《毛泽东选集》第三卷，人民出版社1991年版，第1012页。

任人民，这样才能将人民群众和党紧紧联系在一起。在 1962 年冬，兰考遭遇大风天气，风沙造成全县 20 多万亩小麦基本上绝收。这一现状让焦裕禄忧心如焚，他认为当前最迫切的任务就是寻找到遏制风沙的具体办法。焦裕禄马不停蹄地和县委其他领导干部商量治理方法，提倡到群众中去，听取群众意见。焦裕禄认为："过去在战争年代，依靠群众，创造了许多好办法……现在搞建设，也要靠群众想办法。"① 焦裕禄正是依靠群众，到群众中去，才迅速寻找到了治理风沙的有效办法。经过实践检验证明，从群众中发现的"翻淤压沙"的办法是治理风沙最有效的措施。在治理风沙的过程中，基层干部向焦裕禄反映有群众拖后腿、吹凉风。焦裕禄认为解决的最好办法就是让群众自己教育自己，充分相信群众，迫切希望制服风沙的是人民群众自己。正是因为焦裕禄无条件地相信人民群众，所以才能激发广大人民群众治沙的积极性。党群一条心，成为兰考地区贫困面貌改变的重要内因。科学方法蕴藏于群众之中，又造福于群众，这是一个地区能够发展的关键所在。焦裕禄正是坚持从群众中来，到群众中去的工作路线，从广大人民群众中寻找到治理兰考"三害"的方法，再运用这些方法来指导人民群众改善自己的生活，改变兰考贫穷落后的面貌。

焦裕禄认为，对群众的迫切要求，究竟采取什么态度，是衡量县委为人民服务得好坏的一个根本问题。如何了解人民群众的迫切需求，为人民服务，这就要求党员干部要从群众来，到群众中去。发展的要求和希望来自于群众，发展办法也来自于群众，发展的根本目的还是为了人民群众。焦裕禄作为党的优秀县委书记，正是坚持从群众中来、到群众中去的工作方法，才能取得改变兰考贫穷落后面貌斗争的胜利。

4. 运用"两分法"总结工作经验

"两分法"是马克思主义唯物辩证法的核心观点，运用"两分法"分析问题，是马克思主义者的基本态度。在长期的革命实践过程中，毛泽东非常注重教育党员干部运用"两分法"看待问题。他在《矛盾论》开篇就

---

① 本书编写组：《焦裕禄》，河南人民出版社 1966 年版，第 87 页。

写道："事物的矛盾法则，即对立统一的法则，是唯物辩证法的最根本的法则。"① 这就要求党员干部在实践中要采用"一分为二"的工作方法，具体问题具体分析。

焦裕禄在兰考工作期间，经常强调"领导干部要经常注意用'两分法'总结检查自己的工作"②。要求党员干部尤其是领导干部要注重对部分地区、部分大队和部分群众进行分析，总结概括出这部分群体好的经验是什么，存在的问题又有哪些？在此基础上探讨解决问题的策略和方法。在号召县委和基层党员干部运用"两分法"的同时，焦裕禄也常用"两分法"来总结自己的工作经验。如焦裕禄认为，在全县范围内开展"植树造林"，既能有效防止风沙侵袭，保护脆弱的土壤；又能增加兰考地区绿化面积，拓宽收入渠道。但在实践中却发现，由于植树造林是一项长期工程，存在着无人监管和养护的漏洞，使一项惠民工程存在"形式主义"的风险。在治水方面，焦裕禄先前采用的治水方针主要以排为主，这种方法可以在短期内缓解内涝的威胁，保护农田，但却造成上下游地区矛盾加剧，与邻省县市冲突凸显。在治理盐碱化方面，焦裕禄主张推广的"翻淤压碱"的办法，对于治理土地盐碱化有着很好的效果，但由于兰考地区河床偏高，河水容易倒灌，采用"翻淤压碱"的方法只能缓解盐碱化的程度，并不能从根本上解决盐碱化的问题。焦裕禄坚持"两分法"的工作方法，全面分析兰考除"三害"措施的利弊得失，为进一步探寻更加合理的方案奠定了基础。

县委书记作为县委领导班子一把手，采用什么样的工作方法去审视和反思工作中的经验教训，对基层党员干部的影响是巨大的。焦裕禄任兰考县委书记期间，既对已采取的措施持肯定态度，也对这些措施进行深刻反思。在焦裕禄这种工作作风的影响下，兰考县委和基层党员干部纷纷学习这种工作作风，这是兰考地区在短时间内改变贫穷面貌的关键因素。

---

① 《毛泽东选集》第一卷，人民出版社 1991 年版，第 299 页。

② 周长安等：《焦裕禄在兰考的日日夜夜》，河南人民出版社 1990 年版，第 132 页。

二、焦裕禄在治贫实践中的领导方式

焦裕禄作为党的优秀县委书记，县委领导集体的"班长"，在兰考的工作实践中，展现了他高尚的人格魅力和高超的领导艺术。兰考县委在焦裕禄的领导下，结合兰考实际，分析兰考贫穷的根源，制订兰考发展规划。在兰考，焦裕禄团结一切可以团结的党员干部，以身作则，带领和激励着广大党员干部投身于改变兰考贫穷面貌的斗争中去。

1.发挥领导班子核心作用

毛泽东在《党委会的工作方法》一文第一条就明确指示："党委书记要善于当'班长'。"① 党委书记是领导集体的核心，不仅要敢于当"班长"，而且还要善于当"班长"。焦裕禄作为兰考县委书记，是县委领导集体的"班长"，如何团结县委领导集体，是焦裕禄到兰考后的首要任务。在兰考的工作实践中，焦裕禄以其自身的行动，从思想、工作和队伍建设层面上发挥了核心作用。首先，焦裕禄在促进县委领导集体思想的改变上起到了核心作用。兰考地区自古以来就是河南境内多灾多难的典型，生态环境之恶劣，使兰考成为当时开封地区最贫穷的一个县。这种现状是当时兰考县委干部思想上的一大包袱。他们既想改变兰考的面貌，又惧怕恶劣的自然环境。焦裕禄作为县委书记，初到兰考就发现了县委领导班子思想上存在的这一突出问题。焦裕禄深知要改变兰考贫穷的面貌，就必须先改变县委领导集体的思想面貌，这就需要带领大家在思想上站立起来。焦裕禄一句"拼了老命大干一场，决心改变兰考面貌"，鼓舞了县委领导集体的斗志，激励他们克服思想畏难关。焦裕禄因而成为兰考党员干部心中的"精神支柱"。其次，焦裕禄在领导县委工作上起着领导核心作用。作为县委书记，首要的职责就是统领全局，统筹规划。焦裕禄从机构改革、工作方法上的改变和政策制定等方面做出了安排，在全县范围内开始了有序高效的工作，极大地改变了之前无序混乱、工作目标不明确的状态。最后，焦裕禄

---

① 《毛泽东选集》第四卷，人民出版社 1991 年版，第 1440 页。

在干部队伍建设上起着领导作用。干部队伍的建设，直接决定着党的路线政策方针能否得到顺利贯彻和落实。焦裕禄非常注重干部队伍建设，经常强调要加强干部队伍作风建设，包括工作作风和生活作风等方面。对于犯错误的干部，焦裕禄坚持"惩前毖后，治病救人"的方针，对这些干部进行思想教育，让他们到最艰苦的地方去锻炼。对于得过且过的干部，在查明事情原委的基础上进行处理，决不主观臆断。

焦裕禄从县委干部思想、除"三害"工作和干部队伍建设上着手，敢做善做，改变了兰考县委领导集体的面貌，激发了广大党员干部直面现状、敢于斗争、善于斗争、勇于拼搏的干事创业热情，成为兰考贫穷面貌改变的核心动力。党的县委书记要时刻以焦裕禄为榜样，不仅要在工作上起领导核心作用，更要在思想、党建等各个方面起领导核心作用。

2. 以身作则树立榜样

历史经验已经证明，榜样的作用是巨大的，榜样的力量是无穷的。从革命战争时期到社会主义建设时期，全国涌现出许许多多英雄模范人物，焦裕禄就是优秀县委书记的榜样。焦裕禄深知"榜样是巨大的精神原子弹，榜样的力量是无穷的"①。他不仅在兰考地区内树立勇于摆脱贫困的榜样，更严格要求自己，也给广大党员干部和人民群众树立榜样。在工作方面，焦裕禄处处以身作则，给县委和基层党员干部作出表率。他时时为人民利益考虑，体现了"心中装着全体人民、唯独没有他自己"的伟大公仆情怀。在寒冷的夜晚，焦裕禄彻夜未眠，时刻惦记着群众能不能度过这个寒冷的夜晚，会不会受灾。来不及等到天亮，焦裕禄就安排党员干部给基层的大队传达县委指示，要求他们做好抗灾救灾工作，确保基层群众少受灾害侵袭。当国家的救济棉被运到兰考后，焦裕禄亲自带领县委领导干部将棉被送到基层受灾群众手中。当兰考下暴雨刮大风的时候，焦裕禄拖着患病的身体，带领党员干部深入到基层，帮助人民群众抗击自然灾害。焦裕禄坚持人民利益至上，以身作则，给兰考县委领导干部和基层领导干部树立了

----

① 本书编写组：《焦裕禄》，河南人民出版社 1966 年版，第 84 页。

光辉榜样。在生活方面，焦裕禄坚持艰苦朴素、廉洁奉公的生活作风。艰苦朴素是中华民族的传统美德，是党长期以来形成的优良传统，坚持艰苦朴素、廉洁奉公的生活作风，是一切工作取得胜利的根本保证。焦裕禄在生活上带头示范，决不搞特殊化。当自己的孩子免费看了电影之后，焦裕禄教导他将电影票钱补回去；焦裕禄带领孩子在街上购买东西时，和其他群众一样排队等候；焦裕禄认为县委领导干部家属住在县委大院里对县委办公有不利的影响，就说服自己的夫人带头搬离县委大院；当县委认为焦裕禄家庭生活困难，将他列入救济名单时，焦裕禄坚决退出。这一切都表明，焦裕禄在生活上始终保持艰苦朴素、廉洁奉公的生活作风。在精神文化上，焦裕禄时刻强调要"学习马克思列宁主义……要加强自己的精神文化建设"。作为一名党员领导干部，只有通过不断学习，提升自己的文化水平，加强自身的精神建设，才能更好地服务人民群众。焦裕禄通过不断学习马列主义、毛泽东思想，既提升了自己的文化水平，也促进了自己工作的进步。

榜样的作用，既体现在大事上，也彰显在小事上。焦裕禄作为县委书记，既在领导全局建设上昭示了榜样的作用，也在事关群众切身利益的小事上体现了标杆的价值。无论在工作上、生活上还是在精神文化建设上，焦裕禄处处以身作则，给党员干部树立榜样，这既提升了县委的领导水平，促进了兰考的发展，也加强了领导干部自身的建设，为改变兰考的面貌奠定了基础。

3.制定规划，真抓实干

为政之要，贵在力行，重在履事。一个地区能否改变，不在于"想"，而在于"干"，一切问题，只有在"干"中才能得到解决，而"干"的前提，就是必须要有符合实际情况的规划蓝图。焦裕禄初到兰考时，针对县委领导干部和人民群众缺乏斗志、缺少信心，得过且过，畏难情绪严重的情况，发出了"兰考是个大有作为的地方，问题是要干，要革命"的号召。"干"虽易，如何"干"、怎么"干"好却很难。焦裕禄通过总结工作经验，认为面对兰考的现状，蛮干是行不通的，必须通过细致规划。"规划是龙头，是引领，在经济社会发展中具有重要的社会地位和作用"①。将工作一步步进行，先"画一张蓝图"，再进行下一步工作，事情才能干好，才能干成功。根据这个发展思路，焦裕禄首先带领党员干部发动人民群众，依靠人民群众，全面掌握了兰考"三害"发生的规律。其次，根据这个规律，焦裕禄和县委其他领导干部制定了《关于治沙、治碱、治水三五年的初步设想》（草案），兰考"三害"的治理有了详细的步骤和方法。最后，规划草案一经形成，焦裕禄就带领全县党员干部和人民群众，按照规划，投身于治理"三害"的伟大斗争中。焦裕禄强调"干部不领，水牛掉井"，党员干部必须战斗在一线，真抓实干，才能取得成效。焦裕禄亲自带领党员干部深入基层，指导人民群众治理"三害"，焦裕禄教育广大党员干部"要防止任何自满，泄气情绪，要一鼓作气，学习大庆革命化作风，决心改变兰考面貌。这就需要我们埋头苦干，以求实效"②。成就来自于实干，要想取得成效，就必须抓住"干"字，党员干部面对各种困难，决不能有畏惧之心，要发挥"敢教日月换新天"的奋斗精神，"干"字当头，毫不畏惧，奋发实干。

党的十八大以来，以习近平同志为核心的党中央高度重视实干兴邦，只有实干，才能真心实意地为人民群众谋福祉，一个地区的经济社会要得到高质量的发展，就必须要有实干的精神，"没有一股气呀、劲呀，就走不出一条好路，走不出一条新路，就干不出新的事业。"③县域治理是国家治理的基层单位，县委书记是否具备实干的素质，是县域经济能否稳定快速发展的重要因素。焦裕禄作为兰考县委书记，面对复杂的县情民情，不是盲目行动，冒然前行，而是通过制定规划，有步骤有计划地向前推进。正是这种科学的领导方式，才能引领兰考人民逐渐走向脱贫之路。

4. 坚持民主集中制

民主集中制是党的根本组织原则，在中国共产党发展历史上起着重要的作用。毛泽东强调，"民主集中制是在民主基础上的集中，在集中指

---

① 焦裕禄干部学院：《跟焦裕禄学做县委书记》，人民出版社 2015 年版，第 101 页。

② 本书编写组：《做焦裕禄式的党员干部》，石油工业出版社 2014 年版，第 95 页。

③ 《邓小平文选》第三卷，人民出版社 1993 年版，第 372 页。

导下的民主"①。他在《关于正确处理人民内部矛盾的问题》中对民主集中制做了最为完整而贴切的阐述："民主和集中的统一,自由和纪律的统一,就是我们的民主集中制。"②焦裕禄作为毛泽东的好学生,党的优秀县委书记,在工作实践中坚持民主集中制,为改变兰考面貌发挥了重要作用。

面对兰考积贫积弱的局面,焦裕禄和县委其他领导干部一道寻找改变的方法和策略。在这个过程中,焦裕禄和其他领导干部也产生了许多分歧。面对分歧,焦裕禄坚决贯彻民主集中制,不搞"一言堂",悉心听取和采纳其他领导干部的建议。坚持民主集中制,首先要坚持民主。如何促进兰考的发展和治理"三害",是焦裕禄和县委其他领导干部思考的焦点问题。在实地调查的基础上,焦裕禄让县委副书记起草一份关于改变兰考面貌的方案,并主张将方案拿到县委扩大会议上进行讨论,充分听取其他党员干部的建议和意见。正是这种民主的方式,才能有效地整合大部分党员干部的智慧,激发广大党员干部参与的积极性主动性,为改变兰考面貌出谋划策。当然,由于面临的形势严峻,任务繁重,焦裕禄有时在工作中也存在着一些问题。在一次民主生活会上,有一位县委领导干部对焦裕禄提出了严厉的批评,焦裕禄认为该同志的批评是对的。焦裕禄经常反思自己在工作中的不足,教育党员干部运用批评和自我批评这个提升自我的武器,坚持民主集中制。党员干部要集思广益,不能怕批评,只有这样,才能团结一致,共同努力改变兰考的面貌。

在民主的基础上,焦裕禄也坚持集中指导下的民主。在一次县委常委会上,县委委员就购买议价粮问题展开讨论。有同志认为粮食统购统销政策是个红线,这个红线是不能触碰的。针对这个问题,县委委员达不成一致意见。焦裕禄这时就强调了集中:"同志们,这个问题不再讨论了,咱们有二十九个县委委员,九个常委,是一个高度民主、高度集中的领导集体,任何重要决策,必须要经过这个领导集体的决议后才能实

---

① 中共中央文献研究室:《建国以来重要文献选编》第 9 册,中央文献出版社 1994 年版,第 325 页。

② 毛泽东:《关于正确处理人民内部矛盾的问题》,《人民日报》1957 年 6 月 19 日。

施，但这件事的确是责任重大，又刻不容缓。"① 焦裕禄决定高价购买粮食，把干部群众从饥饿和死亡的边缘拉回来。② 焦裕禄既坚持民主集中制，又考虑兰考当时特殊的社会背景。正是这种领导方式，有效地促进了兰考的发展。

一名优秀的县委书记，必须"在民主集中制的基础上，敢于负责，敢于决策；发挥'操控手'作用，合理授权，充分发挥其他县级领导的主观能动性，分工负责，协调运转；发挥'黏合剂'作用，把不同性格，阅历的干部团结在一起，提升班子的凝聚力"③。

第四节　焦裕禄治贫思想的价值意蕴

从历史发展的角度来看，任何一种伟大的精神无论在过去还是现今都具有重要的价值意蕴。焦裕禄作为焦裕禄精神的价值主体，其治贫思想也是焦裕禄精神的重要组成部分，具有重要的历史价值、理论价值、实践价值以及当代价值。焦裕禄治贫思想是焦裕禄在兰考的工作实践中形成的，对于当时兰考摆脱贫困的斗争具有重要的价值意义。焦裕禄作为毛主席的好学生，是以毛泽东思想作为行动指南的，他的治贫思想在一定程度上是毛泽东扶贫思想在基层的具体运用。焦裕禄作为县委书记，是党的基层领导干部，他的治贫思想是党在早期县域治贫的初步探索，丰富了党的扶贫理论，为解决贫困问题提供了理论借鉴。焦裕禄在兰考的治贫历程，充分展现了一名优秀县委书记的情怀使命与责任担当。实现国家治理体系和治理能力现代化，是中国特色社会主义进入新时代的呼唤和要求。学习焦裕禄，做焦裕禄式县委书记，既是巩固脱贫攻坚成果、建设社会主义现代化

---

① 何香久：《焦裕禄传》，河南文艺出版社 2012 年版，第 132 页。

② 焦裕禄干部学院：《跟焦裕禄学做县委书记》，人民出版社 2015 年版，第 75 页。

③ 焦裕禄干部学院：《跟焦裕禄学做县委书记》，人民出版社 2015 年版，第 40 页。

强国的时代课题，也是实现国家治理体系和治理能力现代化的必然要求。

一、焦裕禄治贫思想的历史价值

焦裕禄治贫思想形成于特定的历史环境下，其根本目的就是带领兰考人民彻底治理"三害"，恢复和促进兰考经济的发展，使兰考人民逐渐摆脱贫穷的面貌。因此，对焦裕禄治贫思想而言，它具有特定的历史阶段性，并深深地打上了时代烙印。在焦裕禄治贫思想的引领下，兰考党员干部和人民群众积极投身于改变贫穷面貌的斗争中，从根本上扭转了兰考贫穷的现状。1964 年焦裕禄逝世后，他的事迹在兰考的周边县市得到宣传，成为周边贫困县市学习的榜样，为那些受制于政策因素的贫困地区提供了强大的精神动力，有效地推动了地区扶贫工作的开展。1966 年焦裕禄的英雄事迹在全国传播开来以后，他的思想和精神更是成为全国党员干部和人民群众学习的榜样，为推动新中国的扶贫斗争提供了文化支撑、实践经验和方法指导。

1. 初步改变了兰考贫穷的现状

焦裕禄在兰考治贫实践最伟大的胜利就是从根源上解决了导致兰考贫穷的问题。兰考贫困的现状，不是短时间内形成的，而是长期的自然灾害导致的。据兰考旧志记载，兰考地区每逢夏秋，都会遭遇暴雨，黄河经常决堤，小泛无数，大泛不少，全县经常被淹，人民颠沛流离，居无定所。从明代嘉靖元年开始，就设立了管河衙门来治理水害，但效果不显著。清朝末期，民族英雄林则徐也曾为防治水患，治河于兰考。[①] 但由于当时国内的环境，林则徐虽做了充分的准备，但却无法集中力量治理河患。新中国成立后，在中国共产党领导下，兰考的自然环境有所改善，自然灾害发生的次数逐渐减少，人民的生活水平也逐渐提高。但从 1958 年底开始，由于政策上的失误和县委领导干部的不作为，兰考的自然生态环境又迅速

---

① 殷云岭等：《焦裕禄传》，花山文艺出版社 1995 年版，第 210 页。

恶化，"三害"开始频发，严重影响了兰考地区社会经济的发展，尤其是农业生产。这种情况的出现，不仅使新中国成立初期兰考呈现出的良好发展态势被打破，也致使兰考群众的生活水平迅速下降，贫困程度进一步加深。至1962年底，兰考的农业生产下降到历史新低，粮食产量远不足以满足群众的日常生活，民众纷纷外逃，兰考地区成为远近闻名的逃荒县。当焦裕禄前往兰考工作时，兰考的自然状况依然恶劣，人民的生活异常贫困，外出逃荒的群众人数不断增加。

面对这种现状，刚从工业战线调至农业战线不足一年的焦裕禄不惧困难，立志要彻底改变兰考贫穷的面貌，"拼了老命也要在兰考大干一场"。面对县委领导干部的思想波动，焦裕禄采取了一系列措施，学习毛泽东著作，重温革命历史，号召党员干部发扬"硬骨头精神"和"穷棒子精神"，敢想敢干，积极探索，发扬不惧困难的大无畏精神，时刻牢记"我们是人民的勤务员"，为改变兰考的面貌而奋勇斗争。面对漫天的黄沙，焦裕禄坚决贯彻中南五省林业会议精神，强调发展林业的重要性"造林在兰考有着特殊的重要意义，沙地没有林，有地不养人，不造林就不能彻底改变兰考的面貌。"①焦裕禄在兰考提出的"建立责任制，实行管理分成"的口号和"先顾吃饭，后顾好看"的发展方针，有效地推动了全县林业的发展。焦裕禄在兰考倡导"绿色革命"，根据兰考的实际情况，综合利用，全面发展，形成了多种种植经营的局面，极大地促进了兰考农业、林业、副业的发展。从实际情况看，焦裕禄在兰考倡导的"绿色革命"取得了重大成就，截至1963年底，全县造林21014亩，育苗773亩，四旁种植146万株，打防风林带186条，堵风口83处。②面对遍地"白雪"，焦裕禄组织和发动群众对全县的盐碱地进行勘察和测量，掌握了全县所有盐碱地的分布状况，改造了盐碱地9万亩。经过改造的盐碱地，农作物普遍生长得较好。经过核查后，面对严重的水患，焦裕禄冒着暴雨，带领党员干部摸清

---

① 殷云岭等：《焦裕禄传》，花山文艺出版社1995年版，第266页。
② 殷云岭等：《焦裕禄传》，花山文艺出版社1995年版，第296页。

了全县大大小小的排水渠和水沟，掌握了第一手的资料，为制定防治水患策略奠定了基础。

兰考人民感恩带领他们摆脱贫困的好书记焦裕禄。至今在兰考大地传唱的一首民歌《焦裕禄是俺们的知心人》中写道："二月里来春风暖融融，兰考的大地翻了身，沙丘上的树木长成了林，洼地的苗苗青又青。"[①] 人民群众通过民歌的方式，来抒发对焦裕禄的赞美。正是焦裕禄带领兰考人民治理了"三害"，解决了长期困扰兰考经济发展的瓶颈，初步改变了兰考贫穷的面貌，使人民群众的生活得到了极大的改善。到 1965 年，也就是焦裕禄逝世后一年，兰考历史上第一次实现了粮食自给自足，从根本上翻了身。

2. 推动了新中国初期的县域治贫斗争

新中国成立前，国家既贫穷又落后，整个社会呈现出"大众贫穷"的特征。尤其是在农村地区，由于农民不占有生产资料即土地，受地主阶级的压迫和剥削，农民处于极度贫困的状态。新中国成立后，随着土地改革的完成，农民在历史上第一次获得了生产资料，生产积极性大大提高，生活也不断得到改善。但受国内外环境和国家经济发展方针侧重于工业建设的影响，对农业发展农村建设重视不够，因此农村贫穷的现状仍未得到彻底改变。在这个阶段，国家采取解决贫困的主要措施是"输血式"救济，即国家下拨粮食等生活品到贫困地区，从物质上救济贫困群众。到 20 世纪 50 年代末，因国家政策的错误引导和自然环境的恶化，国家农业的发展遭受了巨大的损失，经济出现衰退趋势，贫困地区和人口进一步增加。由此引发的连锁反应，使国民经济的发展受到重创，国家财政收入与支出失衡，从而造成"输血式"救济资金不足，农村地区的贫困程度进一步加深。

尽管新中国成立初期国家治贫的总方针是"输血式"救济，但在一些地方尤其是县域地区，在政策允许的范围内也开始逐步探索脱贫致富的道

① 殷云岭等：《焦裕禄传》，花山文艺出版社 1995 年版，第 318 页。

路，以此更好地促进本地区的发展，改善人民的生活。焦裕禄在兰考期间，既重视治理"三害"，又重视民生，做了大量的扶贫救济工作，① 充分彰显了焦裕禄的治贫思想。"三害"的长期存在是造成兰考贫穷的根源，焦裕禄通过运用调查研究的方法，在党的领导下，依靠人民群众，具体问题具体分析，寻找到了解决"三害"的方法，从根本上消除了贫困的根源，彻底扭转了兰考贫穷的局面。消除贫困，不仅要体现在物质上，也要体现在精神文化层面上，两者缺一不可。焦裕禄在带领兰考人民摆脱物质贫困的过程中，也注重加强兰考人民的精神文明建设。正是这种两手抓的做法，使兰考群众不仅从物质上脱贫，更从精神上脱贫。1964 年焦裕禄逝世后，在相关人员的推动和兰考新面貌的影响下，焦裕禄的事迹逐渐得到宣传，他的治贫思想也得到周围贫困县领导干部的学习。从当时的文件看，在焦裕禄逝世大约半年的时间，焦裕禄的事迹得到了人民日报和河南日报的大力宣传，中共开封地委号召全地区的领导干部学习焦裕禄同志为人民服务的革命精神，以此推动当前的工作，推动当前的生产。② 1966 年，中共河南省委和中共开封地委相继下发文件，号召全省和全地区的党员干部学习焦裕禄在兰考的英雄事迹。1966 年 2 月 15 日，《人民日报》刊发的《用焦裕禄精神改造汉源》一文中，汉源县委书记号召全县党员干部学习焦裕禄精神，来改变汉源县的贫穷现状。一系列文件和报道表明，当时周边县市乃至是全国一些地区都将焦裕禄和兰考县作为学习的榜样。这种学习高潮的出现，极大地促进了各个地区贫困现状的改变，为县域治贫斗争提供了思想先导和方法借鉴。

　　焦裕禄治贫思想及其在兰考的成功实践，是中国共产党人基层治理的初步探索，为推动县域治贫提供了一个典型的榜样和有效的方法指导，有力地推动了县域脱贫进程，为改革开放后国家层面展开全面扶贫，特别是党的十八大以来的精准扶贫提供了可资借鉴的局部经验。

---

　　① 　焦裕禄干部学院：《跟焦裕禄学做县委书记》，人民出版社 2015 年版，第 73 页。

　　② 　中共开封地委：《关于学习已故的前兰考县委书记焦裕禄同志为人民服务的革命精神的通知》（1964 年 11 月 10 日），兰考县档案局藏。

3. 提供了治贫实践经验和方法指导

焦裕禄作为兰考县委书记，在兰考工作期间，采取了一系列治贫措施，改变了兰考贫穷的面貌。学习焦裕禄精神，就要学习焦裕禄统筹经济社会协调发展的工作方法和理念，采取切实有效的措施，让贫困群众早日脱贫。①

从焦裕禄在兰考的实践看，焦裕禄首先做到了"心中有党"。在任何时候，做任何工作，忠诚为党，是一名共产党人的基本要求，焦裕禄面对兰考的贫穷现状，不惧艰难，勇于担当，听党话，感党恩，跟党走，对党负责，认真完成党交给的任务。焦裕禄坚持在党的领导下，统一兰考县委的思想，敢于并且善于当"班长"；通过树立"四面红旗"，充分发挥榜样示范的作用；团结一切可团结的同志，坚持"惩前毖后，治病救人"的方针，形成合力致力于兰考的治贫斗争；重视人才的积累，合理有效地发挥人才的作用；深入基层，以身作则；不惧困苦，下乡调研，和基层群众同吃窝窝头，同住牛屋。这些实践经验，是焦裕禄"心中有党"的真实体现，也为党员干部提供了学习的范例。

其次，焦裕禄真正做到了"心中有民"。焦裕禄总是强调"我们是人民的勤务员"。他心系群众，想群众之所想。"雪天通知"的关怀，一场生动的火车站思想教育课，暴雨中抱病查灾的作风，展现了焦裕禄作为一名党员干部的高贵品质。他想群众之所想，忧群众之所忧。三访老韩陵，是焦裕禄问计于民、深入基层的典型案例。② 他雪中送炭，急群众之所急。一句"我是您的儿子"，道出了焦裕禄作为一名共产党人坚守为人民服务理想信念的真谛。"雪夜送棉衣"，更是体现了焦裕禄将群众放在心中最高位置的高尚道德情操。正是焦裕禄这些实实在在的言行，让人民群众从心底认同社会主义好、中国共产党好。他权为民所用，利为民所谋。"违规"的议价粮，焦裕禄冒着被撤职的风险，解决群众的温饱问题。作为县委书记，焦裕禄从不谋一己之私，而是一心为群众着想。

再次，焦裕禄在兰考期间始终做到"心中有责"。"郡县治，天下安"，县委书记能不能做到"心中有责"，事关社会的稳定。他对组织负责，面对党交给的重大任务，他毫不犹豫，迅速开展工作，以扭转思想为前提，和周边县级单位合作，共同发展。他对生产负责，面对严峻的自然灾害，他在除"三害"的同时，也紧抓生产。他对百姓负责，群众利益无小事，一切以群众的利益为中心，任何工作都要为群众服务。

最后，焦裕禄真正做到了"心中有戒"。焦裕禄之所能成为全国人民学习的榜样，与他"心中有戒"密不可分。他心有所畏，他所畏的不是上级，不是权力，而是人民群众。在实践中，他问计于民，不谋私利，真正做人民的勤务员。他言有所戒，他时刻牢记"没有调查就没有发言权"，他从不说空话，而是根据实际调查，总结之后才会发言。他行有所止，廉洁自律，不贪占公家的一分一毫，对于子女更是严格要求。正因焦裕禄心中有戒，才能成为一名优秀的县委书记。

"心中有党，心中有民，心中有责，心中有戒"，既是习近平总书记号召全国县委书记学习焦裕禄的四个方面①，也是焦裕禄在治贫实践中留给我们的宝贵财富。焦裕禄在兰考治贫工作实践中，真正做到了心中有党，心中有民，心中有责，心中有戒，因而才能坚定地领导兰考人民摆脱贫困，从而赢得了兰考人民的真心爱戴和绵长思念。

二、焦裕禄治贫思想的理论价值

焦裕禄精神是党和国家宝贵的精神财富，是中华民族精神的重要组成部分。焦裕禄治贫思想蕴含于焦裕禄精神之中，是焦裕禄精神实质内涵在治贫实践中的真情体现，是焦裕禄为改变兰考贫穷落后面貌而奋斗的理论结晶，折射出焦裕禄作为共产党员和人民公仆的高贵品格。兰考面貌的改

---

① 习近平：《做焦裕禄式的县委书记》，中央文献出版社 2015 年版，第 3 页。

变，是中国共产党人在贫穷落后地区就如何实现发展和摆脱贫困的区域成功实践，是新中国早期治贫的初步探索。焦裕禄治贫思想的形成和产生，丰富了党在基层地区尤其是贫穷落后地区如何治贫脱贫的理论，具有非常重要的理论价值。新中国成立之初，面对复杂的国内国外环境，党和国家不得不集中精力发展重工业，但并不意味着党和国家忽视了农村地区的建设。以毛泽东同志为核心的第一代中央领导集体多次强调要关注农村地区，关心广大农民的企盼，满足广大农民对生活资料的需求。焦裕禄作为毛主席的好学生，在治贫实践中反复强调要时刻学习毛泽东思想，用毛泽东思想武装头脑。可以说焦裕禄在兰考治贫的成功实践，是以毛泽东同志为核心的第一代中央领导集体治贫思想的具体实践，具有重要的实践价值。

1.升华了焦裕禄精神的内涵实质

焦裕禄精神从产生至今，其内涵实质在传承和弘扬中不断得到丰富和发展。从已有的文件看，党和国家对于焦裕禄精神的学习主要集中在三个阶段。1964年，焦裕禄在开封逝世后，兰考县副县长在一次会议上深情讲述了焦裕禄同志的英雄事迹，在场的与会人员都被深深震撼和感动，主持会议的河南省副省长主张立即转变会议主题，号召参会人员向焦裕禄同志学习。1966年，时任新华社社长穆青等对焦裕禄事迹进行深入挖掘后，在2月7日《人民日报》头版刊发了《县委书记的榜样——焦裕禄》通讯后，迅即引发了全社会的共鸣，也标志着第一次学习焦裕禄事迹高潮的兴起。在这次学习中，党和国家号召广大党员干部学习焦裕禄同志大无畏的革命精神，活学活用毛泽东思想的立场、观点和方法，真正做到不为名、不为利、不怕苦、不怕死、一心为革命、一心为人民，完全地、彻底地为中国人民和世界人民服务，对革命无限忠诚，为人民鞠躬尽瘁。① 焦裕禄的英雄事迹和革命精神鼓舞了广大基层党员干部，激发了他们的革命热情。

改革开放后，随着党和国家的工作重心由阶级斗争转到经济建设上

---

① 《向毛泽东同志的好学生——焦裕禄同志学习（社论）》，《人民日报》1966年2月7日。

来，国家经济得到快速发展，人民生活水平日益提高，但伴随着经济的发展，一些消极因素也随之出现。部分党员干部忘记了党的根本宗旨，损害了党的威信，引起了群众的不满，党和国家认为，应当适时地号召全体党员干部尤其是领导干部要重点弘扬和学习焦裕禄精神。"领导干部学焦裕禄，首先就要学习他全心全意为人民服务的精神。"① 焦裕禄是密切联系群众的典范，党员干部要学习焦裕禄密切联系群众的作风，"在建设时期，干部也不能脱离群众，否则，就没有威信，甚至还会与群众形成尖锐的对立，最终站不住脚。"② 党员干部还要学习焦裕禄的艰苦奋斗精神。焦裕禄为改变兰考面貌贡献了自己的全部心血，为治理好"三害"，他生活艰苦，严于律己。改革开放后，物质条件虽然不再艰辛，但"社会主义事业是壮丽的事业，也是艰难的事业，需要广大人民群众艰苦奋斗，首先就需要领导干部艰苦奋斗"③。

2009 年，习近平同志在兰考视察时发表重要讲话，号召全党学习和弘扬焦裕禄精神，他把焦裕禄精神概括为：亲民爱民、艰苦奋斗、科学求实、迎难而上、无私奉献。2014 年，习近平总书记第二次前往兰考考察指导党的群众路线教育实践活动，进一步阐释了焦裕禄精神的内涵实质：公仆情怀、求实作风、奋斗精神、道德情操。习近平总书记高度概括的焦裕禄精神，其实质是始终与人民群众心连心、始终与人民群众保持血肉联系的宗旨意识。

焦裕禄精神的内涵随着时代的发展而不断丰富，但其核心却从未发生改变，焦裕禄精神体现的是全心全意为人民服务的宗旨，是以人民为中心的。从实践上看，焦裕禄治贫思想的内涵与焦裕禄精神的内涵是一脉相承的，都展示了焦裕禄全心全意为人民服务的宗旨和人民至上的理念；都体现了焦裕禄为了广大兰考人民，为了改变兰考贫穷落后的面貌而忘我工作的奉献精神，都昭示了焦裕禄一切为了人民，一切依靠人民的价值旨归。

---

① 《领导干部要学焦裕禄（社论）》，《人民日报》1990 年 5 月 10 日。

② 《领导干部要学焦裕禄（社论）》，《人民日报》1990 年 5 月 10 日。

③ 《领导干部要学焦裕禄（社论）》，《人民日报》1990 年 5 月 10 日。

焦裕禄作为兰考县委书记,是兰考地区治贫脱贫的引路人。他在治贫活动中所体现出的统筹共进、全面发展的大局观更是现今党员干部所要学习和传承的重要思想。

2. 丰富和发展了党的扶贫理论

新中国的成立,标志着中国摆脱了帝国主义、官僚资本主义、封建主义的统治,获得了政治上的独立;中国人民实现了当家作主;广大农民获得了生产资料,成为了土地的主人,但由于旧中国遗留的问题太多,人民群众的生活依旧比较贫穷。因此,如何促进经济发展,改善人民生活,帮助人民摆脱贫困,成为党和政府的紧急任务。当时党和政府从两个方面着手解决贫困问题。一方面,大力发展社会经济,优先发展重工业,增强国家经济实力,增加财政收入,增多就业机会,助力解决贫困问题。"一五"计划的顺利完成,表明国家的经济得到了恢复和初步发展,经济发展体系逐步建立。在这个背景下,国家采取"救济式"扶贫政策,对贫困地区和贫困人口进行物质救济,帮助他们摆脱贫困。

另一方面,在农村实行的农业合作化运动,也是促进人民摆脱贫困的重要措施。在新中国成立之前,由于封建土地私有制的存在,导致农村普遍贫穷落后。新中国成立后,首次在全国范围内展开土地改革,绝大多数农民获得了基本的生产资料,生活有了一定的改善。但因自然灾害频仍,农村农业发展缓慢,农业产量低下,农村人口温饱问题仍难以解决。

焦裕禄治贫思想,主张广大党员干部和人民群众不依靠国家的救济,要自力更生,自己动手,依靠自己,改善生活。焦裕禄认为,单纯地依靠救济和外地支援,困难不但不能克服,更重要的是把人的思想搞坏了,困难就越来越难克服。因此,在困难灾荒面前,只有团结一致,自力更生、艰苦奋斗,积极向困难作斗争,才是正确的出路。在扶贫过程中,"谁是主体",成为扶贫工作首要解决的问题。是以国家救济为主还是以群众自身脱贫为主成为影响扶贫政策的关键因素。改革开放前,由于国家政策的因素,在基层强调集体的力量,对发挥群众自身的力量重视不够。改革开放后,中国的扶贫事业进入了一个新的阶段,扶贫战略上升至国家高度,主张政府救济和群众自身发动起来进行脱贫相结合，共同推动基层地区的脱贫工作。焦裕禄治贫思想，是探索如何发挥自身力量进行脱贫的初步探索，它所体现的理念极大地丰富了党的扶贫理论。

三、焦裕禄治贫思想的当代价值

焦裕禄治贫思想，虽形成于特定的社会历史环境中，但它所体现出的核心理念如"人民至上、求真务实、敢于担当、统筹规划、廉洁自律"等理念在当代仍然具有重要的价值，特别是对加强当代党员干部队伍的建设、培养焦裕禄式县委书记、促进国家治理体系和治理能力现代化具有重要的意义。

1. 加强基层党员干部队伍建设的思想保障

从 2009 年至 2014 年间，习近平总书记先后三次前往兰考县进行调研，号召全党全国学习和弘扬焦裕禄精神。习近平总书记之所以重视焦裕禄精神，其根源在于焦裕禄是党的好干部和优秀县委书记，他的优秀品质正是新时代广大党员干部亟须学习和传承的。党的十八大以来，改革力度之大、难度之艰、影响之深，历史罕见。改革的关键在于人，在于广大党员干部尤其是基层党员干部。如何打造一支能干善干的基层党员干部队伍，赓续和传承好焦裕禄精神，是当务之急。

焦裕禄治贫思想，体现了人民至上的理念，展露了敢闯敢干的奋斗精神，贯彻了群众路线和实地调查的工作作风。学习焦裕禄治贫思想，对加强和改进基层党员干部队伍建设具有重要的引导作用。在当代扶贫事业中，扶贫主体已经由县到乡到村到个人，这对基层党员干部尤其是一线扶贫队伍的素质要求更高。扶贫的目的，是真正确保贫困人民脱贫，走上富裕之路。因此，能不能保障贫困人民的根本利益，确保扶贫的质量，首先，在于基层党员干部能否传承焦裕禄人民至上的理念。习近平总书记在全国脱贫攻坚总结表彰大会上强调："坚持以人民为中心的发展思想，坚定不移走共同富裕道路。'治国之道，富民为始。'我们始终坚定人民立场，强调消除贫困、改善民生、实现共同富裕是社会主义的本质要求。"① 学习焦裕禄，就要学习焦裕禄全心全意为人民的精神。在巩固脱贫攻坚胜利成果的关键期，基层必须要有更多焦裕禄式的党员干部，才能确保基层的持续发展。其次，党员干部要树立敢闯敢干的拼搏精神，展示积极向上的昂扬锐气。一个地区的工作是否能够焕发出生机与活力，取决于当地的党员干部是否具备敢闯敢干的信心。焦裕禄面对兰考恶劣的自然环境，没有退缩，而是迎难而上，将改变兰考贫穷落后的面貌作为自己的奋斗目标，无论面对什么困难，焦裕禄都敢闯敢干，正是因为有着这种昂扬向上的精神风貌，"三害"才能被治理，兰考面貌才能被改变。在当代巩固扶贫成果过程中，要注意帮助广大干部树立信心，敢闯敢干，真正做到为民服务。最后，要引领基层党员干部坚持党的群众路线和实地调查的工作作风。巩固脱贫成果是一项庞大而复杂的工程，由于各个地方的环境和民情不一致，这就要求基层队伍更要深入实地，进行调查研究，获得一线材料，才能精准贯彻落实党的政策和方针。同时，基层扶贫干部要紧紧依靠人民群众，贯彻党的群众路线。新时代事业的主体既是基层党员干部，也是人民群众自身。党员干部只有将自己和人民群众紧密联系在一起，才能真正巩固脱贫成果。

焦裕禄治贫思想对加强基层党员干部队伍建设提供了价值遵循，中国特色社会主义进入新时代，党和国家对广大党员干部提出了更高的要求。为实现中华民族伟大复兴的中国梦，广大党员干部不仅要敢于担当，更要善于担当。要坚持以人民为中心，学习焦裕禄人民至上理念、敢闯敢干精神、密切联系群众作风。这不仅是党和国家对广大党员干部的殷殷嘱托，更是时代和社会发展的迫切呼唤。

2.培养焦裕禄式县委书记的宝贵精神资源

培养什么样的县委书记，事关国家治理体系和治理能力现代化的建设。在党的组织结构和国家政权机构中，县一级是处于承上启下的关键环

---

① 习近平：《在全国脱贫攻坚总结表彰大会上的讲话》，人民出版社 2021 年版，第 13 页。

节，县委书记则是"一线的总指挥"。焦裕禄是县委书记的优秀榜样，他在兰考的治贫实践展现了一名优秀县委书记的初心使命和责任担当。因此，学习焦裕禄的治贫思想，对于培养什么样的县委书记具有重要的意义。在"两个一百年"历史交汇期，全面建成小康社会的今天，尤其需要有一大批焦裕禄式的好干部作为骨干和生力军。

在兰考的治贫实践中，焦裕禄秉承人民至上的理念，深入基层、联系实际；依靠群众、取智于民；统筹规划、把握大局；严守纪律、廉洁自律。这些优秀的品质，是焦裕禄在兰考取得成功的根本保证。焦裕禄在治贫实践中，始终坚持人民至上的理念，充分维护和保障人民群众的根本利益。现阶段少数党员干部为人民服务的意识淡化，以权谋私，不顾人民群众的根本利益，信仰丧失，这是他们走向腐败的根源。因此，要成为焦裕禄式的县委书记，就必须时刻牢记为民服务，坚持以人民为中心的发展思想。学习焦裕禄人民至上的服务理念，就能很好地解决培养焦裕禄式县委书记"为谁服务"问题。习近平同志强调，"一个干部的能耐有多大，最终人民群众看得清清楚楚，组织上也明白"[1]。培养焦裕禄式县委书记，必须学习焦裕禄深入基层、联系实际的优良作风。县委书记是一线"指挥员"，要做出正确并且符合实际的决策就必须深入基层，联系实际。学会深入基层联系实际，是成为一名合格县委书记的基本要求；而善于在深入基层中找准问题，是成为一名优秀县委书记的关键。因此，培养焦裕禄式县委书记，不仅要培养县委书记深入基层联系实际的工作作风，更要培养县委书记善于把握关键问题的掌控能力。培养焦裕禄式县委书记，还必须学习焦裕禄依靠群众、取智于民的创新精神。焦裕禄的个人力量是微薄的，但焦裕禄能够带领兰考人民除"三害"，摆脱贫困，主要在于焦裕禄善于集"智"借"力"。群众的力量和智慧是无穷的，一名优秀的县委书记，必须懂得如何集民众之智、借民众之力来实现发展。培养焦裕禄式县委书记，还必须善于统筹规划，把握大局。焦裕禄面对兰考的复杂情况，通过统筹

---

[1] 习近平：《之江新语》，浙江人民出版社2007年版，第3页。

规划，把握大局，进而循序渐进，逐步推进，这是焦裕禄治贫迅速取得效果的根本。焦裕禄不仅考虑当下，更考虑未来，他所倡导的"绿色革命"，不仅造福于当下，更加造福于兰考的未来。一名优秀的县委书记，必须具备整体观大局观和长远的战略眼光，这样才能真正提升自身的治理能力和治理水平。培养焦裕禄式县委书记，还必须严守纪律，廉洁自律。党的十八大以来，党和国家向腐败出"重拳"，严厉惩处各种腐败，有效肃清了党内腐败分子，营造了风清气正的优良政治生态。可以说，以焦裕禄为价值主体的焦裕禄精神为廉政文化建设提供思想滋养和价值标杆。① 焦裕禄在兰考的治贫实践中，坚决不搞特殊化，以身作则，严守纪律。正是作风上的正派，才能使兰考的党员干部团结一致，为兰考实现脱贫而勠力奋斗。县委书记作风好不好，事关人民群众对党的印象。因此，培养焦裕禄式县委书记，必须要加强作风建设。

习近平总书记这样评价焦裕禄：焦裕禄同志以自己的实际行动塑造了一个优秀共产党员和优秀县委书记的榜样。做县委书记就要做焦裕禄式的县委书记，始终做到心中有党、心中有民、心中有责、心中有戒。② 在推进国家治理体系和治理能力现代化的过程中，培养真正懂得"为谁服务""怎么服务"的焦裕禄式县委书记，是时代发展的要求，更是实现国家治理体系和治理能力现代化的关键所在。焦裕禄精神是党在社会主义建设时期形成的一面闪光旗帜，在改革开放和中国特色社会主义建设新时期，这面旗帜依然璀璨并愈加耀眼。培育焦裕禄式县委书记，一方面，要用焦裕禄式的好干部标准要求党员干部，弘扬焦裕禄精神，自觉践行党的宗旨，把干部的言行与人民利益要求有机结合起来；另一方面，通过弘扬焦裕禄精神，加强政治生态建设，在全党全社会形成一个清正廉洁、奉公守法、奉献人民的政治环境，使广大党员干部心中只有群众，只有责任，只有信念，而没有任何私心杂念，争当新时代焦裕禄式的好党员好干部，

---

① 康凤云等：《论焦裕禄精神与廉政文化建设内在关系及价值启示》，《江西师范大学学报（哲学社会科学版）》2017 年第 6 期。

② 习近平：《做焦裕禄式的县委书记》，中央文献出版社 2015 年版，第 3 页。

以高尚情操品格净化党风、民风和社风，构建和谐的党群、干群关系。学习焦裕禄好榜样，把个案变成普遍性，在普遍性中加强制度建设，用制度机制保障千千万万个案成为典范。①

综上所述，焦裕禄治贫思想，具有非常重要的价值意蕴。从历史发展的角度而言，焦裕禄治贫思想成功指导了兰考地区的脱贫实践，初步消除了"三害"对兰考地区长达1000多年的危害和肆虐，实现了兰考历史上首次粮食自给自足，人民群众的生活也得到极大的改善。兰考地区虽在焦裕禄逝世后，并未彻底摆脱贫困，但今日的兰考人民在焦裕禄精神的激励下，成为河南省首个成功摘帽的贫困县。对于当代而言，党的十八大以来，为了实现全面建成小康社会和中华民族伟大复兴中国梦的目标，党和国家提出了精准扶贫战略，提出了在2020年实现全面脱贫的伟大目标。如今这个目标在中国共产党的正确领导下，在全国人民共同努力下，已经成功实现。时隔半个多世纪，回首再望，焦裕禄在兰考地区治贫实践的方式方法，竟与现阶段的精准扶贫战略惊人地一致，充分彰显了作为优秀县委书记的焦裕禄的远见卓识！尽管我国脱贫攻坚取得了全面胜利，但"解决发展不平衡不充分问题、缩小城乡区域发展差距、实现人的全面发展和全体人民共同富裕仍然任重道远"②。在全面建设社会主义现代化强国新征程中，更需要深入学习焦裕禄在兰考的治贫思想和治贫理念，像焦裕禄那样，真正在工作中做到"真、准、实"，精准规划、真抓实干、埋头苦干。

---

① 康凤云等：《论焦裕禄精神与廉政文化建设内在关系及价值启示》，《江西师范大学学报（哲学社会科学版）》2017年第6期。

② 习近平：《在全国脱贫攻坚总结表彰大会上的讲话》，人民出版社2021年版，第20页。

第八章　焦裕禄精神的传承机制

　　焦裕禄精神是党和国家的宝贵精神财富，是中国共产党人精神谱系、中华民族精神和中国特色社会主义先进文化的重要组成部分。焦裕禄精神传承机制，是弘扬中国共产党人精神谱系、中华民族精神和发展中国特色社会主义先进文化的重要载体。探讨焦裕禄精神传承机制，是学习和弘扬焦裕禄精神的必然要求，是实现第二个百年奋斗目标和中华民族伟大复兴中国梦的内在动力。

　　焦裕禄精神传承具有时代性、意识形态性、价值道德性等特点。焦裕禄精神以什么样的运行方式进行传播和发展？从而将焦裕禄精神一代一代传承下去的，简单来说，焦裕禄精神传承机制是指传承焦裕禄精神各要素之间的相互关系以及传承活动展开的运行方式。焦裕禄精神传承机制主要有以下四个要素：第一，传承方式。传承方式是指传承焦裕禄精神的具体做法。第二，激励机制。激励机制是指在传承过程中向传承活动或者传承人提供物质或精神条件的支撑，以确保焦裕禄精神传承的持续顺利进行。第三，媒体宣传模式。焦裕禄精神的传承必须建立在现代化的媒体宣传机制基础之上，通过现代化的媒体宣传手段，如网络、微信、微博、QQ、抖音等媒介广泛地传播和宣传焦裕禄精神。第四，保障政策。保障政策是指政府或者社会组织通过制定能够调动传承主体积极性的政策和规定，激励和引导传承主体参与传承活动，并把传承主体引入既定的目标之中，最终使传承主体能够自觉地按照政府和社会组织的相关政策参与焦裕禄精神传承的相关活动。

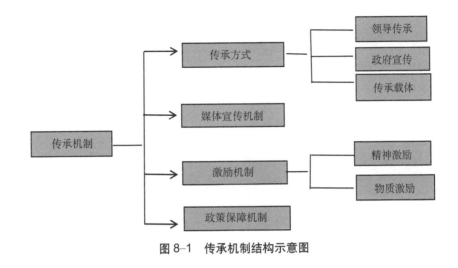

图 8-1　传承机制结构示意图

第一节　对焦裕禄精神传承机制的初步探索

焦裕禄精神从产生至今，经历了 50 多年的历史演变，在焦裕禄精神的学习、宣传和传承方面取得了突出的成绩，积累了丰富的经验，对焦裕禄精神传承机制也进行了初步的探索。

一、形成了以党和国家领导人号召为主导的传承机制

焦裕禄精神在社会主义建设、改革开放和中国特色社会主义新时代始终激励着中国人民艰苦奋斗、自力更生，始终是中国人民的精神支撑和榜样力量。它从产生之初就得到了党和国家领导人的高度重视和充分肯定，经过毛泽东、邓小平、江泽民、胡锦涛、习近平为代表的党和国家历届领导人的提倡和号召，初步形成了以党和国家领导人号召为传承主导的传承机制。

焦裕禄是毛主席的好学生，虽然这一对师生从未谋面，但这并不影响焦裕禄精神成为共产党人弘扬和传承的民族精神。1966 年 9 月，毛泽东

在天安门城楼上接见红卫兵队伍，焦裕禄的二女儿焦守云也在其中，并和毛主席亲切握手拍照留念；在同年国庆大典上，毛泽东又亲切接见了焦裕禄的大儿子焦国庆，周恩来接见了焦裕禄的另一个女儿焦守凤。这些看似平凡的举动实际上体现了以毛泽东同志为核心的党的第一代中央领导集体对焦裕禄精神的高度重视和充分肯定。

1990年3月12日，党的十三届中央委员会第六次全体会议通过《中共中央关于加强党同人民群众联系的决定》，该决定要求党员干部要始终保持同人民群众的血肉联系，积极疏通和拓宽党同人民群众联系的渠道，加强廉政建设，继续发扬艰苦奋斗精神，团结一切可以团结的力量共同奋斗。就在这样的社会大背景下，党内掀起了学习焦裕禄精神的热潮。1990年5月10日《人民日报》发表的社论《领导干部要学焦裕禄》中指出："焦裕禄是密切联系群众的典范，他对人民群众怀有深厚的感情，时刻想着群众的利益，尽心竭力为群众办实事。他经常深入农村，深入农户，深入到最苦最穷的地方，倾听群众的呼声，解决群众的困难，把党的温暖送到群众的心里。"同年5月，邓小平为华夏出版社出版的纪实文学作品《焦裕禄》题写书名。学习和弘扬焦裕禄精神是密切党和人民群众联系的有效路径，体现了以邓小平同志为核心的党的第二代中央领导集体对焦裕禄精神传承的亲切关怀。

1991年2月9日，时任中共中央总书记、国家主席江泽民来到兰考，参观了焦裕禄烈士陵园，亲切接见了焦裕禄夫人徐俊雅及其儿女，并为焦裕禄纪念馆题词："向焦裕禄同志学习，全心全意为人民服务。"他在现场发表了热情洋溢的讲话：在改革开放新的历史时期，我们各级领导干部都要认真学习焦裕禄同志，像他那样廉洁自律、克己奉公、勇于奋斗，同广大人民群众保持血肉的联系。我们既然居官在位，就要兢兢业业地为人民办实事，是菩萨就要显灵，为官一任就要造福一方。次年6月，时任中共中央办公厅主任的温家宝也来到兰考，在焦裕禄烈士陵园敬献花圈，参观焦裕禄纪念馆，听取兰考县委领导班子的工作汇报，与县、乡干部进行座谈，并作了重要讲话。在新的历史条件下，以江泽民同志为核心的党的第三代中央领导集体先后莅临兰考并提出了要认真学习焦裕禄同志全心全意为人民服务的工作作风，彰显了党学习和弘扬焦裕禄精神的态度和决心。

1994 年 5 月 13 日，时任中共中央政治局常委、书记处书记的胡锦涛受江泽民总书记委托，到兰考参加了纪念焦裕禄同志逝世 30 周年大会，他在讲话中强调："无论是弘扬新的时代精神，还是抵制各种消极的、腐朽的思想影响，我们都更加需要坚持党的全心全意为人民服务的宗旨，更加需要继承与发扬密切联系群众、努力艰苦创业的优良作风，更加需要大力倡导焦裕禄精神。可以说，在今天，认真学习和弘扬焦裕禄精神仍然是我们这个伟大时代的要求，是全国各族人民的呼唤，是加强党的建设、发展社会主义现代化事业的需要。"[①] 党的十六大后，在不断总结经验教训的基础上逐渐形成了科学发展观，它的核心是以人为本，具体内涵为：坚持人民群众是历史创造者的唯物史观基本原理，坚持全心全意为人民服务的党的根本宗旨，把依靠人民作为发展的根本前提，把提高人民生活水平作为发展的根本途径，把尊重人民作为发展的根本准则，把为了人民作为发展的根本目的，始终把实现好、维护好、发展好最广大人民的根本利益作为党和国家一切工作的出发点和落脚点，做到发展为了人民、发展依靠人民、发展成果由人民共享。这是对焦裕禄精神所蕴含的亲民爱民思想的最好诠释，从这个角度来讲，焦裕禄精神与科学发展观的内涵高度契合。

2009 年 4 月，时任国家副主席的习近平专程来到兰考，拜谒焦裕禄烈士陵园。在干部群众座谈会上他把焦裕禄精神概括为"亲民爱民、艰苦奋斗、科学求实、迎难而上、无私奉献"，并要求全体党员干部"要深入学习、大力弘扬焦裕禄精神，结合新的实际把焦裕禄精神发扬光大"。[②]2014 年 3 月，习近平总书记又一次来到兰考，并把兰考作为第二批党的群众路线教育实践活动的联系点，他强调"要特别学习弘扬焦裕禄同志'心中装着全体人民、唯独没有他自己'的公仆情怀，凡事探求

---

① 胡锦涛：《在纪念焦裕禄同志逝世三十周年大会上的讲话》，《人民日报》1994 年 5 月 15 日。
② 习近平：《结合新的实际大力弘扬焦裕禄精神》，《求是》2009 年第 10 期。

就里、'吃别人嚼过的馍没味道'的求实作风，'敢教日月换新天'、'革命者要在困难面前逞英雄'的奋斗精神，艰苦朴素、廉洁奉公、'任何时候都不搞特殊化'的道德情操"①。随后，在党的群众路线教育实践活动领导小组印发的《关于在教育实践活动中学习弘扬焦裕禄精神、践行"三严三实"要求的通知》中，明确要求各级党委"要认真落实习近平总书记讲话精神，推动党员干部大力学习弘扬焦裕禄精神"②。与此同时，在《关于认真学习贯彻习近平总书记在河南省兰考县调研指导党的群众路线教育实践活动时讲话的通知》中，也强调党员干部要学习焦裕禄同志的事迹和言论，反思自己言行，查找自身差距，努力向焦裕禄同志看齐，做焦裕禄式的好党员、好干部。③ 在中国特色社会主义新时代，习近平总书记不仅对焦裕禄精神内涵做了全面系统的阐述，还将焦裕禄精神与当时的群众路线教育实践活动相结合，充分展现了焦裕禄精神的当代价值，凸显了以习近平同志为核心的党中央致力于传承和弘扬焦裕禄精神的坚定意志。

二、形成了以政府为宣传主体的焦裕禄精神宣传方式

焦裕禄精神宣传主体是指承担焦裕禄精神宣传工作、发出宣传信息的组织或者个人的总和，简而言之，就是负责组织实施焦裕禄精神宣传活动的人或单位。具体可分为宣传决策者、宣传组织者、宣传实施者。在焦裕禄精神的宣传过程中，政府组织担任了宣传主体的重要角色。由宣传决策者如各级宣传部门的领导集体，制定宣传方针政策，然后下达给各级宣传部门的工作人员，他们负责宣传方式、宣传内容等具体工作的组织，最后

① 习近平：《做焦裕禄式的县委书记》，中央文献出版社 2015 年版，第38—41 页。

② 本书编委会：《认真学习焦裕禄精神笃行"三严三实"要求——扎实开展第二批党的群众路线教育实践活动读本》，人民出版社 2014 年版，第11 页。

③ 《认真学习贯彻习近平兰考调研指导教育实践活动重要讲话精神》，《人民日报》2014 年3 月25 日。

由宣传实施者直接向各级党员干部宣传焦裕禄精神。

河南省兰考县是焦裕禄精神的发源地，兰考县党委和政府一直致力于宣传焦裕禄精神，促进焦裕禄精神的弘扬和传承。从 1995 年到 2021 年连续 26 年制定了"关于表彰学习弘扬焦裕禄精神好干部"的文件，开展表彰"学习弘扬焦裕禄精神好干部"的宣传活动；从 2000 年开始，兰考县委将表彰学习弘扬焦裕禄精神的活动范围从领导干部拓宽到普通群众，作出了一系列表彰学习焦裕禄精神的先进个人的决定；到 2006 年，更是将"先进五好党委""基层组织建设进步乡镇""优秀党务工作者""优秀共产党""农村双强支部书记""先进基层党组织"纳入表彰的范围之中。① 从此类决策文件中我们不难看出，焦裕禄最早是作为党员干部的典型被党和政府部门树立和宣传的，但随着时间的推移，学习和传承焦裕禄精神的主体空间得到了更大程度上的延伸：从领导干部到普通党员、从个人到团体。

在党和政府的积极宣传和倡导下，河南省其他市、县也涌现出了形式多样的学习和弘扬焦裕禄精神的宣传活动。2014 年，焦裕禄同志逝世 50 周年，河南省各市、地、县先后举行了大型的纪念活动：大型原创音乐剧《焦裕禄》、大型交响音乐会《念奴娇·追思焦裕禄》、电影纪录片《永远的焦裕禄》、话剧《焦裕禄》、音乐剧《焦裕禄》、大型现代豫剧《兰考往事——焦裕禄》等剧目对县委书记的好榜样——焦裕禄这一典型人物进行了真实的艺术解读和生动诠释，在历史的底色中深刻地表现了人物行为选择和人格风范，生动地再现了焦裕禄鞠躬尽瘁、死而后已的感人事迹。歌唱"焦裕禄"系列广场文化展演、"焦裕禄杯"书画摄影展、"党的好干部——焦裕禄事迹"图片展、"缅怀焦裕禄烈士弘扬焦裕禄精神"主题征文比赛、"焦裕禄精神"诗歌朗诵会、"弘扬焦裕禄精神做焦裕禄式好干部"专题学习班等活动在河南省各市、县相继举行，通过绘画、

---

① 河南省委办公厅、兰考县革委：《关于向毛主席的好学生焦裕禄学习资料汇编》，兰考县档案局藏：案卷号 3。

书法、摄影作品、诗歌、散文等艺术的鲜活载体向每一位参观者传递焦裕禄感人至深的故事，使焦裕禄同志执政为民、心系群众的形象深入人心。①2019年5月14日，河南省召开纪念焦裕禄同志逝世55周年座谈会，深切缅怀焦裕禄同志，深情追忆他的感人事迹，号召全省上下深学、细照、笃行焦裕禄精神。②2020年出版了《焦裕禄漫画读本》，2022年26集动画片《焦裕禄》在央视播出，生动再现了人民的好公仆、干部的好榜样焦裕禄的光辉形象。

学习和弘扬焦裕禄精神的宣传活动不仅在河南省如火如荼地进行，在其他省市也频频出现。如：2015年10月27日，在四川省成都市举行的第十三届中国合唱节上，由四川音乐学院合唱团演唱的《念奴娇·追思焦裕禄》受到了广大人民群众的一致好评；③2014年4月23日，河北省宁晋县物价办召开了"做焦裕禄式好党员好干部"专题学习会议，集中观看了《记忆·焦裕禄1966》教育视频片；④2014年3月28日，时任湖北省委书记李鸿忠在大别山革命老区经济社会发展试验区第四次工作会议上强调："党员干部要认真学习和模范践行焦裕禄同志的公仆情怀、求实作风、奋斗精神和道德情操，将其转化为推动大别山试验区科学发展、跨越式发展的巨大动力。"⑤各个省、市、县通过一系列学习和教育活动，使广大干部职工对焦裕禄精神有了更加深刻的认识，进一步巩固了党的群众路线教育实践活动学习教育成果，为焦裕禄精神的传播和宣传提供了载体和渠道。2019年4月25日，四川省峨眉山市召开市委中心组学习（扩大）会议，重温焦裕禄同志感人事迹，深入学习焦裕禄精神。⑥2021年8月，江西省南昌市西湖区委区政府组织开展"红色观影"活动，集中观看电影《我的

---

① 相关信息来自河南省人民政府网。

② 《深学细照笃行焦裕禄精神　从实处着眼靠实干说话用实绩服人》，《河南日报》2019年5月15日。

③ 相关信息来自四川省人民政府网。

④ 相关信息来自河北省人民政府网。

⑤ 相关信息来自湖北省人民政府网。

⑥ 相关信息来自峨眉新闻网。

父亲焦裕禄》①，通过观影，西湖区公务员学习焦裕禄"党员""干部""亲人"的角色定位，感受焦裕禄短暂而光辉的一生，学习焦裕禄精神，传承红色基因。2022 年 2 月，山东省淄博市博山区委宣传部举办"学习弘扬焦裕禄精神转作风抓落实走在前"创新工作交流会，与会党员干部纷纷表示，要立足本职，大力弘扬、践行焦裕禄精神②。

三、形成了以实物、艺术形式为主要载体的传承方式

以焦裕禄名字命名的纪念馆、展览馆、干部学院等真实形象地再现了焦裕禄同志生前执政为民、艰苦奋斗的人生历程，是收藏、研究、展示和传承焦裕禄精神的重要阵地，是弘扬和培育民族精神的生动教材，是传承焦裕禄精神的实物载体。将焦裕禄精神融入影视作品、歌曲、诗词等艺术形式中，通过声音、画面、传唱、朗诵等方式，将抽象的精神具体化形象化，拓展了焦裕禄精神的传承方式。

1. 以纪念馆、展览馆、干部学院等实物为载体的传承方式

焦裕禄同志纪念馆，位于河南省开封市兰考县裕禄大道 88 号，1994 年 4 月建成，建筑面积 2100 平方米。纪念馆正门前为焦裕禄事迹群雕，大门正上方镶嵌着江泽民亲笔题写的"焦裕禄同志纪念馆"。展厅 1300 平方米，由序厅、展览厅、贵宾室和放映厅组成。遗物 90 余件，画面、照片 300 余幅，生动地展示了焦裕禄同志全心全意为人民服务，鞠躬尽瘁死而后已，平凡而伟大的光辉一生。该纪念馆先后被评为"中央国家机关爱国主义教育基地""全国廉政教育基地""公务员特色教育基地""全国中小学生爱国主义教育基地""全国爱国主义教育示范基地"等，吸引了国内外数百万参观者到此学习焦裕禄精神。

表 8-1 为 2009 年至 2014 年上半年焦裕禄同志纪念馆接待情况（这是

① 相关信息来自"南昌西湖发布"网，2021 年 8 月 17 日。
② 相关信息来自"博山发布"网，2022 年 2 月 14 日。

截至 2021 年 8 月 26 日的数据，来自兰考焦裕禄同志纪念馆网站）：

表 8-1　纪念馆接待情况

时间 （年）	团体 （批）	总人数 （万）	讲解 （次）	党员 （万）	青少年 （万）	外国游客 （个）
2009	11223	104.4	12312	43.7	41.6	525
2010	10566	105.5	10823	89.7	47.5	6200
2011	10237	112.3	10980	96.6	56.1	6260
2012	11623	135.3	12312	110.9	54.1	6122
2013	12800	159.3	13500	—	71.7	1300
2014 （上半年）	15400	185.07	15200	157	27.8	—

数据显示，焦裕禄同志纪念馆参观总人数呈逐年递增趋势，讲解次数与接待团体批次基本吻合，其中党员参观人数占较大比重，其次是青少年，外宾及华侨也开始关注焦裕禄精神。由此可见，在新的历史时期，焦裕禄同志纪念馆已成为一座以宣传和学习焦裕禄精神为主要内容，以弘扬和传承焦裕禄精神为己任，集教育与游览于一体的多功能馆舍。①

焦裕禄纪念园（原焦裕禄烈士陵园），位于河南省兰考县城北，由革命烈士纪念碑、焦裕禄烈士墓、焦裕禄同志纪念馆等几部分组成，占地面积 91.7 亩，始建于 1966 年 2 月，2007 年 7 月更名为焦裕禄纪念园。革命烈士纪念碑高 19.64 米，碑体正面镌刻着毛泽东题词"革命烈士永垂不朽"。焦裕禄烈士墓高 0.55 米，长 4.95 米，宽 2.3 米，长方形底座，盖瓦形墓顶。墓前竖立有"焦裕禄烈士之墓"大理石碑，墓后屏风式纪念壁上镌刻着毛泽东题词："为人民而死虽死犹荣"。1996 年，中华人民共和国国务院批准焦裕禄纪念园为"全国重点革命烈士纪念建筑物保护单位"。2003 年，国务院下发《关于增补焦裕禄烈士墓为第五批全国重点文物保护单位的通知》，决定增补焦裕禄烈士墓为第五批全国重点文物保护单位。近几年，每年平均接待全国各地的人民群众达 50 万人次，纪念园已成为

_____

① 焦裕禄同志纪念馆网站：http://www.jiaoyulumemorial.com。

全国各族人民学习焦裕禄精神，进行爱国主义教育、接受红色教育的重要基地，是对广大党员干部进行思想教育的重要场所，是党员先进性教育的重要阵地。焦裕禄纪念园自建成以来，受到了党和国家领导人的高度重视，多位中央领导人亲临纪念园视察，号召全党全国人民进一步弘扬传承焦裕禄精神。焦裕禄纪念园作为红色旅游景区，在新时代发挥着更大的育人作用；焦裕禄纪念园作为焦裕禄精神的载体，在新时代肩负着更艰巨的焦裕禄精神传承任务。①

焦裕禄纪念馆（故居），位于山东省淄博市博山区源泉镇北崮山村，于 1966 年 5 月开始修建，1967 年 1 月正式开馆，占地面积 10000 平方米，建筑面积 3400 余平方米。该纪念馆一共分为五个展厅：焦裕禄事迹展厅、新时期优秀共产党员事迹展厅、影像厅、焦裕禄故居、博山党史陈列馆。焦裕禄故居是焦裕禄同志出生地，距焦裕禄纪念馆主楼 300 余米，故居内陈列了焦裕禄生前使用过的农具、家具、生活用品等物品，于 2002 年 8 月对外开放。该纪念馆是全国最早的纪念焦裕禄的地方，已被列为"党员教育基地""山东省廉政教育示范基地""爱国主义教育基地"等，焦裕禄纪念馆（故居）累计接待省内外的党员干部和人民群众几百万，成为广大党员干部和人民群众弘扬和传承焦裕禄精神的重要阵地。②

焦裕禄干部学院，位于兰考县城东北部，建成于 2013 年 7 月，占地面积 185 亩，建筑总面积 3.9 万平方米，可同时容纳 700 人学习培训，300 人住宿，是中组部确定的全国 13 所地方党性教育特色基地之一。学院坚持以焦裕禄精神创办焦裕禄干部学院，以焦裕禄精神培养焦裕禄式干部，以弘扬焦裕禄精神为基本定位，对党员领导干部开展宗旨意识和群众路线教育，提高领导干部做群众工作的本领和能力，为培养更多更好的焦裕禄式好干部、好党员作出不懈的努力和贡献。③

中信重工焦裕禄事迹展览馆，位于河南省洛阳市中信重工焦裕禄大道

---

① 焦裕禄同志纪念馆网站：http：//www.jiaoyulumemorial.com。

② 焦裕禄纪念馆（故居）网站：http：//www.jiaoyulu.org.cn。

③ 焦裕禄干部学院网站：http：//www.jylgbxy.com.cn。

西侧矿山厂办公楼一楼，是在原焦裕禄事迹展览的基础上扩建成焦裕禄事迹展览馆的，于2014年7月1日建成开馆。展览馆面积约230平方米，以焦裕禄在洛矿工作、生活9年的经历为主线，采用文献、实物与多媒体相结合的表现手法，真实再现了焦裕禄在洛矿9年的奋斗历程。中信重工（原洛阳矿山机器厂）是焦裕禄精神孕育生成的地方，洛矿人、中信重工人，在焦裕禄精神的引领下自强不息、艰苦创业，在平凡的工作岗位上用自己的实际行动传承和弘扬焦裕禄精神。①

尉氏县焦裕禄事迹展览馆，位于河南省尉氏县县城西大街中段路西，于2014年5月15日正式建成开馆。展厅面积45平方米，共设三个部分，分为"焦裕禄同志生平""在尉氏这片热土上""永远的丰碑"，展出图片77幅、珍贵文物近22件，展示了焦裕禄在尉氏生活工作6年时间的点点滴滴。展览馆是一个以学习、传播焦裕禄精神为使命的特色展馆，在焦裕禄事迹和精神的鼓励下，全县广大党员干部处处以焦裕禄为榜样，大力弘扬焦裕禄精神，开展作风建设，努力做焦裕禄式的好党员、好干部。②

焦桐，焦裕禄同志在兰考治理风沙期间亲手种植的一棵泡桐树小树苗，现已郁郁葱葱，长成了参天大树。1978年被县政府公布为县级文物保护单位。它见证了兰考几十年的风云沧桑和腾飞巨变。目前，该树已成为焦裕禄精神的缩影，是人们纪念、缅怀焦裕禄的良好凭借。

2. 以影视作品、歌曲、诗词等艺术形式为载体的传承方式

在焦裕禄精神的传承过程中，影视作品通过画面、声音、故事情节等来刻画焦裕禄形象，担负着宣传和弘扬焦裕禄精神的重要职责。电影如峨眉电影制片厂出品的《焦裕禄》，由著名影视演员李雪健主演，于1990年在全国上映。该片截取焦裕禄到兰考上任直到病逝的人生片段，采用深沉、凝重的现实主义手法，通过人物形象的生动塑造，表现了一个共产党员为了人民的事业忠心耿耿的精神面貌和鞠躬尽瘁的高尚品格。1991年，

---

① 李江涛：《焦裕禄事迹展览馆在洛开馆》，《洛阳日报》2014年7月1日。

② 尉氏县档案信息网站：http：//www.hada.gov.cn。

中宣部、中组部、文化部发出《关于做好影片〈焦裕禄〉宣传、发行和放映工作的通知》，明确要求：影片从 1991 年 3 月开始，陆续在全国各地发行和放映。各省、自治区、直辖市、计划单列市电影发行放映公司应订足拷贝，确保广大干部和群众看到影片。[①] 该影片从宣传到放映都受到了政府相关部门的大力支持，体现了党和政府对焦裕禄精神传承的高度重视。2021 年 8 月由峨影集团、四川传媒学院等出品，在全国公映的电影《我的父亲焦裕禄》，根据焦裕禄二女儿焦守云口述改编，由郭晓东、丁柳元等演员主演，以"一位党员""一位干部""一个亲人"三个不同的角度，从焦裕禄"洛矿建初功""兰考战'三害'""博山生死别"三个时期全面立体地回顾了焦裕禄同志短暂而辉煌的一生，影片充满人性、充满温度、充满力量。2012 年在中央电视台播出的电视剧《焦裕禄》则比较全面细腻地再现了焦裕禄同志从投身革命到为人民殉职的感人事迹，给观众留下了深刻的印象。2019 年中央广播电视总台央视综合频道播出的大型文化节目《故事里的中国》以舞台剧的形式，演绎致敬经典文艺作品《焦裕禄》，向观众展现了亲民爱民、艰苦奋斗、科学求实、迎难而上、无私奉献的焦裕禄精神。而教育纪录片《记忆·焦裕禄 1966》、电影纪录片《永远的焦裕禄》则根据焦裕禄同志的领导、同事、子女的回忆，研究焦裕禄精神的学者专家和作家的讲述，以多角度、多侧面的拍摄手法，还原焦裕禄成长生涯中最光辉的生命轨迹。

随着焦裕禄精神传承的发展，大量歌颂和描写焦裕禄精神的歌曲在民间传唱。2010 年由中共兰考县委、兰考县人民政府编辑出版的《五洲颂唱焦裕禄》收集了来自五大洲和全国各地的 600 篇优秀歌词作品，随后，为把这些优秀歌词作品以歌曲的形式推广传承下去，兰考县委宣传部又开展了"中国·兰考'公仆颂'——焦裕禄之歌"歌曲征集活动，征集到来自全国 32 个省、自治区、直辖市和香港特别行政区近千首作品，经过专家的评审和筛选，最后 100 余首作品分别获得不同的奖项，整理收录

---

① 魏治功等：《焦裕禄读本》，河南人民出版社 2011 年版，第 323—324 页。

于《焦裕禄之歌》一书中。这些歌曲有美声唱法、民族唱法也有通俗唱法，有地方民歌风格也有西洋大小调风格。其歌词语言简洁、逻辑严密、形象生动；旋律有的起伏较大、铿锵有力，有的则深情、真挚。如《焦裕禄美名万古扬》《不会忘记你》《做官就做好公仆》等歌曲热情洋溢地颂扬了焦裕禄同志为官一任造福一方的感人事迹，《桐花颂扬焦裕禄》《思念公仆焦裕禄》《天地间留着你的爱》等歌曲深情真挚地唱出了百姓对焦裕禄同志的深切怀念。① 通过歌曲这一艺术形式，进一步创新了焦裕禄精神传承方式，集中体现、表达、反映了焦裕禄的感人事迹和崇高精神品德，使广大党员干部在歌声中受到鼓舞，陶冶情操，激励斗志，进一步树立为人民服务的公仆意识。

学习和弘扬焦裕禄精神的过程中，用诗词的形式高度概括百姓对焦裕禄同志的深切怀念也是传承焦裕禄精神的重要方式之一。其中以词的形式抒发对焦裕禄同志的深切怀念的代表作，如习近平《念奴娇·追思焦裕禄》、郭沫若《水调歌头·赞焦裕禄》、宋亦英《西江月·纪念焦裕禄诞辰八十周年》、王怡颜《江城子·纪念焦裕禄诞辰八十周年》、王宗望《长相思·怀念焦裕禄》等，这些词延续了"词抒情"的优秀传统，在工整的对仗、严格的韵律之间蕴藏着词作者对焦裕禄的敬仰、追忆和怀念。在纪念焦裕禄的过程中，产生了如董必武《学习焦裕禄同志二首》、浩然《焦裕禄同志，我看到了你》、魏治功《站在焦裕禄的陵墓前》、郑启立《站在焦桐树前》、任彦芳《丰碑》、王怀让《关于焦裕禄墓的考古报告》、吉炳伟《谒焦陵》、张联芳《纪念焦裕禄烈士》、裴国华《赞人民公仆焦裕禄（律诗二首）》等情真意切的现代诗，既描绘了兰考昔日荒凉与贫穷的历史画面，又刻画了焦裕禄不避风雨关心百姓疾苦的高尚品格，诠释了基层领导干部与百姓血肉相连的真实含义。为纪念焦裕禄同志逝世30周年，焦裕禄的夫人徐俊雅同志写下了《县委书记的好榜样》，以现代诗自由开放的形式，用质朴

---

① 中共兰考县委、兰考县人民政府：《五洲颂唱焦裕禄》（上、下卷），中国兰考"公仆颂"——焦裕禄之歌全国歌词征集活动获奖（入选）作品集，文心出版社2010年版。

率真的语言描写了焦裕禄同志"甘当一块奠基的石板，与人民同呼吸共患难"的人生经历，深情地表达了妻子对亡夫的思念之情。

综上所述，焦裕禄精神从产生到发展的过程中，初步形成以党员领导干部为传承主体的、以政府宣传为主导的、以实物和艺术形式为主要载体的传承方式，对弘扬和传承焦裕禄精神、构建完善的焦裕禄精神传承机制发挥着重要的作用。

第二节　完善焦裕禄精神传承机制的措施

完善的焦裕禄精神传承机制的建立是一个需要科学协调机制内部各个部分运作的综合过程，而焦裕禄精神传承机制内部又存在诸多问题，完善焦裕禄精神的传承机制，就必须在解决这些问题的前提下，坚持一定原则的基础上，才能实现机制内部的科学协作和良性互动。建立完善的焦裕禄精神传承机制，应该从以下三方面入手：

一、建立焦裕禄精神传承长期有效的激励机制

要建立长期有效的焦裕禄精神传承的激励机制就要优化精神激励手段，增加物质激励的内容，使物质激励与精神激励相互融合；同时，拓宽激励对象的范畴，扩大焦裕禄精神的影响力，最终实现提高党员干部传承焦裕禄精神的积极性和主动性的激励目标。

1.要优化精神激励手段，增加物质激励内容

精神激励是党的优良传统，也是促进焦裕禄精神传承的重要激励手段，虽然在具体实施过程中还存在很多的问题，但仍然不能被忽视，而需要改进和优化。要优化精神激励手段，就是要将荣誉称号授予为传承焦裕禄精神真正做事的个人和组织，同时激励的标准不能以职位的高低而定，

而应该以在焦裕禄精神传承过程中所起的作用大小而论；要优化精神激励手段，就是要让焦裕禄式的榜样人物走下"神坛"，让榜样的力量激励更多的普通党员干部学习和传承焦裕禄精神；要优化精神激励手段，就是要尽量采取形式多样的精神激励方式，满足不同层次的党员干部的精神需求，而不仅仅停留在荣誉称号、榜样激励等形式上，例如增加情感激励、领导行为激励、培训会议激励等方式，这样才可能提高党员干部传承焦裕禄精神的积极性。

物质激励手段在焦裕禄精神的传承过程中没有被充分重视。要改变这种状况，首先要改变人们思想上的错误认识。物质激励有利于焦裕禄精神的传承，普通的奖品、奖金的激励不能视为"拜金主义"的表现，党员干部也是普通人，物质的满足也能获得身心的愉悦，从而可以进一步调动党员干部弘扬和传承焦裕禄精神的积极性和主动性。其次要增加物质激励的内容，物质激励的内容不能仅仅局限于奖品、奖金等方式上，更应该拓展为集体组织参观焦裕禄故居、发放焦裕禄图书、集体观看焦裕禄电影、纪录片、舞台剧等，把学习和弘扬焦裕禄精神的过程与物质激励结合起来，在组织内部形成良好的学习焦裕禄精神的氛围，促进党员干部形成个人或者集体的荣誉感。

2. 要精神激励、物质激励相融合

表面上来看，物质激励和精神激励是一个体系中互为矛盾的一对激励手段，但究其本质而言，两者作为一个体系中的两种激励手段，是相辅相成、互相促进的，缺少了任何一方都会使另一方的效果大打折扣。物质激励应该是基础，精神激励是根本，只有在两者融合的基础上，才能更好地激发党员干部传承焦裕禄精神的积极性和主动性。在激励焦裕禄精神传承行为的过程中，必须坚持以人民为中心，从满足人的基本需求出发，坚持物质激励与精神激励相融合，互补互助，扬长避短，这样才能逐步满足党员干部由低到高的需求层次，从而达到激励党员干部长期有效的传承焦裕禄精神的目的。

3. 要拓宽激励对象的范围

焦裕禄精神传承的激励对象大多时候局限于党政机关的工作人员，这种做法是不合理的，也不利于扩大焦裕禄精神的影响力。鉴于此，党和政府在制定焦裕禄精神传承的激励政策时要注重拓宽激励对象的范围，从党政机关的工作人员扩展到工人、农民、渔民、牧民、学生等各个群体，采用物质或精神激励的手段，鼓励各行各业最普通的党员学习和传承焦裕禄精神，特别是长期奋战在一线的普通岗位的党员，如山村支教老师、回乡创业的大学生、乡村医生、务工人员等，他们身体力行地践行着焦裕禄艰苦朴素，勇于创业，敢教日月换新天的崇高信仰和奋斗精神，这正是今天弘扬和传的焦裕禄精神，也是中华民族最该坚持和坚守的民族精神。

二、建立焦裕禄精神传承现代化的媒体宣传机制

所谓建立焦裕禄精神传承的现代化的媒体宣传机制，简而言之，就是焦裕禄精神宣传主体顺应信息化、网络化的时代发展趋势，在继承传统媒体优点的基础上，结合新媒体的宣传优势，从而形成高效的、自由的、开放的媒体宣传机制。

1. 要减少对传统媒体的过度依赖

客观辩证地说，传统媒体与新媒体并非一对完全的矛盾存在体，它们是你中有我、我中有你的关系。传统媒体是新媒体产生的基础，新媒体是对传统媒体的继承与发展。应当承认，在焦裕禄精神的弘扬和传承过程中，传统媒体起着巨大的宣传作用，但新媒体的多样性和立体性为焦裕禄精神的宣传提供了多层次和全方位的传播渠道，它的出现和使用已经是不可逆转的趋势，所以焦裕禄精神的宣传主体也应该顺应时代发展潮流，减少对传统媒体的过度依赖，更多地使用党员干部喜闻乐见的新传播媒体。

2. 要充分利用新媒体的宣传优势

有的新媒体是在传统媒体的基础上，通过新旧技术有机融合而创造出来的，如电子书刊、手机报、网络电视、数字广播等。这类媒体既有传统

媒体严谨严肃的特点又有新媒体方便快捷的优势，对于党员干部来说比较容易接受和习惯。焦裕禄精神的宣传主体可以将焦裕禄精神的相关信息置于这些平台之上，通过网络推送的方式，宣传焦裕禄精神。而有的新媒体则是完全的技术创新的结果，如微信、微博、QQ、抖音等，党员干部可以使用这类媒体自由的学习和交流经验，如建立弘扬焦裕禄精神的微信公众平台，将学习和弘扬焦裕禄精神的信息搬到移动互联网上，党员干部在线上进行互动传播、点赞转发等；也可以创建微博热门话题，将焦裕禄精神的文字内容、图片信息等放在微博这个平台之上，吸引感兴趣的党员干部点击阅读，交流学习。新媒体所具备的快速、高效的宣传优势是传统媒体所不能比拟的，所以，焦裕禄精神的宣传主体应该积极有效地利用这些优势，拓宽焦裕禄精神的媒体宣传渠道。

3. 要开发焦裕禄精神文化产品

精神文化产品通常包括了影视作品、文学作品、艺术作品等，精神文化产品时时刻刻环绕在人们的生活周围，对人们的身心发展起着很大的作用。要实现焦裕禄精神的价值传承，就需要开发挖掘焦裕禄精神文化产品。需要注意的是：其一，开发挖掘焦裕禄精神文化产品要以马克思主义为指导，使产品符合人们身心发展需要。其二，开发挖掘焦裕禄精神文化产品要以焦裕禄精神为内核，把握好焦裕禄精神文化产品的基调。

50 多年来，焦裕禄精神文化产品主要有四种形式呈现：

（1）影视、戏剧作品。峨眉电影制片厂于 1990 年拍摄、由李雪健主演的电影《焦裕禄》；2021 年拍摄、由郭晓东主演的电影《我的父亲焦裕禄》；2012 年王洛勇版的 30 集电视剧《焦裕禄》；2021 年底 2022 年初在央视播出的 26 集动画片《焦裕禄》，这几部作品都生动而鲜活地展现了焦裕禄的光辉人生。此外，20 世纪 60 年代，南京市话剧团曾排演过话剧《焦裕禄》，后来还出现过多个话剧版本；2019 年中央广播电视台策划的舞台剧的《故事里的中国·焦裕禄》；著名评剧表演艺术家刘小楼曾主演过评剧《焦裕禄》；以豫剧为载体排演的《焦裕禄》则有两部，一部 2004 年由开封豫剧团主创，另一部则是 2015 年由河南豫剧三团贾文龙唱主角；陈国立执导的大型豫剧音乐剧《人民的焦裕禄》。这些文化产品得到了大众的喜爱，为弘扬焦裕禄精神营造了良好的社会氛围。

（2）文学作品。据不完全统计，从1964年至今，《人民日报》《河南日报》《四川日报》等报刊先后发表《县委书记的榜样——焦裕禄》《对照焦裕禄，找到病根》《用整风精神学习焦裕禄》等文章3000多篇，出版《焦裕禄传》《寻找焦裕禄》《焦裕禄其人其事》《焦裕禄在兰考的475天》《焦裕禄漫画》等各类关于焦裕禄个人生平事迹的图书450多种。文字的神奇功能就是能使记录下来的东西不朽，这些报刊、书籍以文字的方式记载着焦裕禄的事迹，传承着焦裕禄精神。

（3）教育基地。山东淄博博山焦裕禄纪念馆、兰考县焦裕禄同志纪念馆是建立比较早的焦裕禄精神教育基地。焦裕禄干部学院建成于2013年7月，是中组部确定的全国13所地方党性教育特色基地之一。这些焦裕禄精神教育基地已经不仅仅是一座建筑、一个游览景点，它是内含焦裕禄精神的文化产品，是大众学习焦裕禄精神的重要场所。

（4）音乐作品。好的音乐作品具有道德教化、情感激励、精神凝聚的作用。2010年3月和7月，中共兰考县委分别组织开展了"中国·兰考'公仆颂'——焦裕禄之歌"全国歌词征集活动和全国歌曲征集活动，活动征集到全国各地近千首歌曲作品，并最终评选出100余首歌曲，编辑出版成《焦裕禄之歌》一书。

目前，焦裕禄精神文化产品种类越来越丰富，在此基础上要着重注意其质的提升、注意文化产品的方向引导，始终坚持正确的政治方向，把焦裕禄精神变成正能量灌注于文化产品当中。

4.要树立当代焦裕禄形象

焦裕禄是焦裕禄精神的孕育者和承载者，但焦裕禄作为生命个体，他最终不可避免地走向了生命的终结，这并不意味着焦裕禄精神的终结。在焦裕禄之后，需要的是更多像焦裕禄一样的好干部、好党员、好家长、好公仆去传承焦裕禄精神。因此，在不同的时代，要去树立不同时代的焦裕禄式好干部，这样人们有身边的榜样可学习，就不会对焦裕禄精神产生遥不可及的错觉。

50 多年来，中共中央非常重视去挖掘和表彰焦裕禄式的好干部。从 2000 年至今，《光明日报》报道过多位焦裕禄式的人物，他们在各自不同的领域、不同地域践行焦裕禄精神，他们分别是："校园里的焦裕禄"张筑生、"时代精神的丰碑"任长霞、"又一位焦裕禄"谷文昌、"营山焦裕禄"文明建、"新时期焦裕禄式的好干部"杨奎烈、河南省郸城县秋渠一中践行焦裕禄精神的好校长张伟、"活焦裕禄"湖南省临澧县复船村党支部书记方业驰、"军中焦裕禄""导弹司令"杨业功、新疆哈密地区退休干部阿不列林·阿布列孜、张家港赵庄村党总支书记汪明如，还有光学专家蒋筑英、"甘为孺子牛"的牛玉儒、郑培民等等，他们都是焦裕禄式的好干部。1995 年、2015 年和 2021 年，评选过三批全国优秀县委书记，他们是领导干部的榜样，是鲜活的正能量、有着鲜明的价值观。他们关键时刻冲得上去、危难关头豁得出来，把脚印留在基层、把口碑立在民间，成了群众的"主心骨"、县域发展的"拓荒牛"。

实现焦裕禄精神的价值传承需要身边的榜样示范，需要生活中的"焦裕禄"，树立当代焦裕禄，以此为典型和标杆，让人们身边时时有"焦裕禄"，处处有"焦裕禄"，时时刻刻感受到焦裕禄精神的价值，在全社会掀起弘扬和学习焦裕禄精神的热潮。

三、建立焦裕禄精神传承科学健全的制度机制

科学健全的制度机制包括建立健全保障政策制度机制、完善群众参与机制、严格考核监督机制等。

1. 建立健全连续化和民主化的保障政策机制

一是建立连续化保障政策。促进焦裕禄精神传承连续化的保障政策是一个政策体系，是一个由不同时代、不同地区的政策制定者所形成的相互制约、相互作用的政策有机体。所以，政策的制定者在制定的过程中一定要考虑到政策的连续性，避免因为政策的时间间断过长而产生不利影响。

首先，党和政府要重视焦裕禄精神传承的连续性，焦裕禄精神是经过时间检验而历久弥新的民族精神，是被时代所需要的，要把焦裕禄精神传承的连续性上升到政策的高度，以此避免党员干部学习焦裕禄精神三分钟热度。其次，焦裕禄精神传承保障政策的制定要避免前后不统一的现象，这就要求政策的制定者在政策的制定过程中要全面考虑问题，认真分析不同时代的保障焦裕禄精神传承的政策所蕴含的观点、价值取向等实际问题。最后，下级在执行上级的政策时，应当以上级的政策为执行依据，避免出现因主观因素而任意肢解政策的现象。

二是建立民主化的保障政策。焦裕禄精神传承的保障政策制定的过程中民主化程度越高，越有利于普通党员干部对政策的接受和认同。所以，焦裕禄精神传承的保障政策民主化的推进，首先要提高普通党员干部参与政策制定的积极性和主动性，改变他们根深蒂固的官本位思想，使他们意识到民主化政策的制定不单单是"上级"的事，更是一名普通党员义不容辞的责任和义务。其次，要建立一套完整的政策制定程序，将政策听证会制度、社会公示制度、专家论证制度等一系列完整的制度纳入焦裕禄精神传承的保障政策制定过程中。只有经过反复论证的政策，才有助于提高政策的质量，避免因为仓促出台政策而造成的资源浪费，避免出现因职能部门领导权力过大而起决定作用的现象。焦裕禄精神传承的保障政策的民主化有利于减少政策执行过程中可能存在的阻力，提高普通党员干部的参与热情。

2. 建立健全群众参与机制

焦裕禄精神的价值实现，不仅仅是党员领导干部的事，也是广大群众、全体人民共同的事，只有人民群众广泛参与到学习焦裕禄精神的活动中去，焦裕禄精神价值才能更完整地实现，才能焕发出熠熠光彩。

焦裕禄精神的价值作用对象涵盖各类人群，价值辐射范围上至国家、下至家庭、个人。因此，要创建各类活动，吸引群众参与，把焦裕禄精神融入解决民生的实际问题。首先，把弘扬和学习焦裕禄精神活动在全社会范围内展开，使焦裕禄精神真正渗透到每一个社区、每一个行业、每一个家庭之中。开展跨区域、跨城乡、跨城市的学习焦裕禄精神活动，并做到活动形式灵活多样，满足不同年龄、不同人群、不同文化层次的人的精神需求。其次，发挥各社会团体的作用，形成有组织、有领导、有规模的群众学习焦裕禄精神的参与机制。为人民群众参与焦裕禄精神价值实现提供机会，创造条件，积极探索群众参与的有效形式。最后，要善于发现、引导群众自发、自愿创建学习焦裕禄精神的活动。每年清明节期间，许多群众自发前往河南兰考的焦裕禄陵墓前，纪念焦裕禄这位伟大而又平凡的人民公仆。对于这种类型的活动，应该积极引导，大力倡导。焦裕禄精神的价值实现是一项伟大的事业，人民群众的参与是其价值实现的基础，发挥群众的主动性和创造性是必要也是必需的。

3. 要建立严格的监督考核制度

焦裕禄精神传承的保障政策的执行缺乏具体的监督部门，所以才导致政策执行不到位甚至无法落实。鉴于此，首先要设立专门的独立的督查部门，监督政策的执行和落实情况，要强化监督部门的监督力度和监督的独立性，保证其不受上级单位的影响，保持监督的独立性。其次，要根据实际情况制定相对应的考核标准。政府部门在组织学习上级单位所颁布的焦裕禄精神的相关政策文件时，需要因人制宜，实地考察，实事求是地将本地的实际情况与传承焦裕禄精神的政策相结合，避免照搬照抄上级考核标准。

四、建立焦裕禄精神价值多层次的学习教育机制

焦裕禄精神不仅是焦裕禄全部思想、实践创造的文化成果积淀，还蕴含着中华民族在未来道路上发展的内在精神支柱，这是焦裕禄精神存在和发展的合理性和价值所在，它是维系着过去与未来的精神纽带。教育是传承和创造先进文化的重要途径，也是实现焦裕禄精神价值传承的必要手段。通过教育可以培养人们对焦裕禄精神的认同感，了解焦裕禄精神的丰富内涵。通过教育实现焦裕禄精神的价值是一项持久性工程，

要根据不同阶段、不同特点采取不同的教育方式、教育手段、教育载体和教育内容，实现教育的广泛性和层次性，只有这样才能达到教育手段的时效性。

1.家庭教育是实现焦裕禄精神价值的起点

家庭教育是通过教育途径，实现焦裕禄精神价值的起点。每个生命诞生之初的身份是以家庭来定位的，家庭是个体接受"人之初"教育的第一场所，父母是孩子的第一任老师。家庭教育既是一切教育的源头，又是贯穿于每一个生命体的终身教育。早在公元前4世纪，亚里士多德就指出家庭教育的重要性，"教育学之父"夸美纽斯、卢梭、洛克等近代大教育家无一不强调家庭教育在儿童身心发展中的重要性。追溯到中国古代，《周易·家人》也指出"正家而天下定矣"。2000年12月14日，中共中央办公厅、国务院办公厅发布《关于适应新形势进一步加强和改进中小学德育工作的意见》，规定："各级党委和政府要关心和支持家庭教育，各级行政部门要承担组织和指导家庭教育的责任。各级工会、共青团、妇联等群众团体要开展丰富多彩的家庭教育活动"。党的十八大以来，习近平总书记在不同场合多次谈到要注重家庭、注重家教、注重家风"无论时代如何变化，无论经济社会如何发展，对一个社会来说，家庭的生活依托都不可替代，家庭的社会功能都不可替代，家庭的文明作用都不可替代。"① 家庭是人生的第一个课堂，父母是孩子的第一任老师。可见，古今中外对家庭教育的重要性早有共识。

焦裕禄精神的诞生离不开焦裕禄所受的良好家庭教育的熏陶，因此要实现其价值，也要从其源头着手。要实现焦裕禄精神向低龄层渗透，就要从家庭教育开始抓起。家庭教育具有隐性和持久性的特点，它与学校教育不同，受教育者是在家庭生活中接受无形的润物细无声的教育，是由家庭中的代际相传和言传身教实现的。在这样自然的教育过程中，受教育者不会产生逆反心理，这对于塑造个体道德品质和精神特质具有重大意义。

---

① 《习近平谈治国理政》第二卷，外文出版社2017年版，第353页。

把焦裕禄精神贯穿于家庭教育的全过程，主要通过两方面的努力。其一，转变父母观念，更新父母的教育观。父母是子女的第一任教师，如同一张白纸的儿童将来会成为一幅怎样的图画，父母发挥着重要作用。因此，作为家庭教育者，父母要自觉内化焦裕禄精神，并通过言传身教影响子女。其二，创建学习焦裕禄精神家庭活动。创建家庭学习活动是一个家长与子女共同学习、共同进步的过程，在这一过程中家长和子女都是受教育者，在家庭活动中所得到的教育这一点上，他们是同等的。这样的活动可以是以家庭为单位，征集有关学习焦裕禄精神的文章，评选焦裕禄式父母等，其目的是为了实现焦裕禄精神促进和谐家庭建设的价值。

把焦裕禄精神纳入家庭教育的全过程，就要从小培养儿童的艰苦奋斗、迎难而上、科学实干精神，把焦裕禄精神的种子播撒在少年儿童的心灵之上，这是家庭教育的职责所在。

2.学校教育是实现焦裕禄精神价值的主阵地

学校相对于家庭来说是正规的教育场所，它对青少年世界观、人生观、价值观的形成和发展具有非常重要的作用。随着义务教育的普及化，在青少年身心发展的关键期，他们一般都主要在接受学校教育。学校教育的突出特点是：学校教育是有目的、有组织、有计划地培养人的活动，它规定着人的发展方向。因此，通过学校进行焦裕禄精神教育，最关键是突出目的性、计划性、组织性。学校可以通过以下几方面实施：

其一，编制有关焦裕禄精神的读本。要根据个体身心发展的不同阶段、不同特点，采用不同方式来编写。根据瑞士心理学家皮亚杰提出的认知发展阶段理论，小学阶段（7—11岁），个体思维必须具有具体事物支持；中学阶段（11—16岁），个体能够理解符号的意义，能脱离事物的形式进行概括。根据这一规律，在编写焦裕禄精神小学读本时，应更加注重具体化，注重形式的丰富性；到了中学阶段，读本可以渐渐去形式化，注重内容的凝练与提升。中小学生在阅读过这些读本之后，焦裕禄精神就会潜移默化地孕育在他们心间。

其二，开设焦裕禄精神教育课程，把焦裕禄精神纳入课程教学中。目前，我国从中小学到大学都有开设专门的思想品德或思想政治教育课，民族精神的教育就碎片化地出现在这些课程中，这很容易造成学生对民族精神断章取义。系统化的课程有利于对焦裕禄精神全面学习，而只有全面学习才能真正避免因断章取义而对焦裕禄精神实质产生误解、误读。

其三，把焦裕禄精神融入校园文化建设的各个环节。学校教育中除了显性的课堂教育之外，校园文化的隐性教育功能也不容小觑。校园文化是全校师生共同的思想观念和行为方式，校园文化包括校园物质文化、精神文化和制度文化。这些存在于校园内或有形或无形的文化元素，对每一个身在其中的师生的价值观念都会产生巨大的影响。因此，把焦裕禄精神渗透到校园文化建设的每一个环节，例如，组织具有焦裕禄精神特色的校园文化活动，将焦裕禄精神融入校园环境，发挥环境的育人功能。长此以往，师生就会在无意中习得焦裕禄精神，实现其价值意义。

3. 社会教育是实现焦裕禄精神价值的大课堂

焦裕禄精神的弘扬是一项要求个体终身参与、群体全面覆盖的实践活动和社会大工程，需要社会方方面面的大力支持。充分发挥社会教育的功能，是实现焦裕禄精神价值的重要举措。社会教育通常包括三个组成部分：社区教育、校外教育和大众传媒教育。

第一，社区教育。社区是社会学上的概念，指的是一定地域相联系的共同体。社区教育对焦裕禄精神价值宣传最成功的典型就是兰考县。可以把兰考县看成一个"社区"的概念，它是焦裕禄精神的发源地，同时也是焦裕禄精神价值传播最成功、最彻底的地方。社区教育最大的功能就是熏陶和感染。在兰考，可以深刻感受到兰考人民身上那种艰苦奋斗、实干之风、质朴勤劳的精神风貌。当地的出租车司机、小店主等谈起有关焦裕禄的事迹时，他们总是充满自豪而又崇敬地述说着他们所知道的有关焦裕禄的事迹。他们的这种情怀、生活态度、精神风貌与其他地方是截然不同的，这是长久以来受焦裕禄精神熏陶的结果，这也是所谓的"兰考自觉"。新时代要充分发挥这种社区教育的功能，把"兰考自觉"转化为"中国自觉"。

第二，校外教育。这里的校外教育主要是相对于校内教育而言的，因此其教育主体是学生。通过校外教育实现焦裕禄精神价值传承方式的多样化。主要可以通过参观焦裕禄纪念馆、博物馆、焦裕禄故居等，让学生能通过实物感受焦裕禄精神的实质。对于广大党员干部而言，积极争取到焦裕禄干部学院进修学习也是一种广义的校外教育方式。校外教育最大的特点是学生自主接受焦裕禄精神的熏陶，不受教育者的权威影响，充分发挥受教育者的主观能动性，利用焦裕禄精神改造自己的主观世界。

第三，大众传媒教育。大众传媒从字面上理解，就是一切可用于大众传播的媒介。大众传媒具有广泛性和导向性的特点，它几乎渗透在人们生活的方方面面。作为一个社会人，每个人都离不开大众传媒。因此，要更加注意通过媒介传播焦裕禄生平事迹、传播焦裕禄精神内涵实质，从而使焦裕禄精神对人们产生广泛而有力的影响。大众传媒所产生的舆论环境对焦裕禄精神价值实现的影响非常重大，良好的舆论环境有利于强化焦裕禄精神的价值影响，促进人们弘扬和传承焦裕禄精神；不良的舆论环境则会削弱焦裕禄精神的价值影响，也不利于人们弘扬和传承焦裕禄精神。大众传媒所创造的舆论环境是经过对事实信息进行筛选和加工之后而创造出来的，它并非事实本身，但却是对事实的解释和选择，因此，大众面对的舆论环境具有强大的导向性。准确把握舆论导向，充分利用大众传媒来弘扬和学习焦裕禄精神，营造良好的学习焦裕禄精神的氛围，有利于大众根据舆论的导向，把握焦裕禄精神是什么，提倡什么，从而实现焦裕禄精神价值传播的最大化。

参考文献

（一）马克思主义经典文献

1.《马克思恩格斯选集》第一至四卷，人民出版社 2012 年版。

2.《马克思主义经典作家论历史人物评价问题》，人民出版社 1961 年版。

3.《列宁全集》第 2 版，人民出版社 2007 年版。

4.《毛泽东选集》第一至四卷，人民出版社 1991 年版。

5.《毛泽东文集》第一至八卷，人民出版社 1993—1999 年版。

6.《毛泽东书信选集》，中央文献出版社 2003 年版。

7.《刘少奇选集》，人民出版社 1981 年版。

8.《邓小平文选》第一至三卷，人民出版社 1993、1994 年版。

9.《江泽民文选》第一至三卷，人民出版社 2006 年版。

10.《胡锦涛文选》第一至三卷，人民出版社 2016 年版。

11.《习近平谈治国理政》第一至三卷，外文出版社 2018、2017、2020 年版。

12.《习近平总书记系列重要讲话读本（2016 年版）》，学习出版社、人民出版社 2016 年版。

13. 习近平：《做焦裕禄式的县委书记》，中央文献出版社 2016 年版。

14. 习近平：《摆脱贫困》，福建人民出版社 1992 年版。

15. 习近平：《论中国共产党历史》，中央文献出版社 2021 年版。

16. 习近平：《在庆祝中国共产党成立 100 周年大会上的讲话》，人民出版社 2021 年版。

17. 中共中央文献研究室：《习近平关于党的群众路线教育实践活动论述摘编》，中央文献出版社 2015 年版。

18. 中共中央文献研究室：《习近平总书记重要讲话文章选编》，中央文献出版社 2016 年版。

19.《党的十九大报告辅导读本》，人民出版社 2017 年版。

20.《〈中共中央关于加强和改进新形势下党的建设若干重大问题的决定〉辅导读本》，人民出版社 2009 年版。

21.《中共中央关于党的百年奋斗重大成就和历史经验的决议》，人民出版社 2021

年版。

22. 中共中央文献研究室：《十二大以来重要文献选编》（上、中、下），中央文献出版社 2011 年版。

23. 中共中央文献研究室：《十三大以来重要文献选编》（上、中、下），中央文献出版社 2011 年版。

24. 中共中央文献研究室：《十四大以来重要文献选编》（上、中、下），中央文献出版社 2011 年版。

25. 中共中央文献研究室：《十五大以来重要文献选编》（上、中、下），中央文献出版社 2011 年版。

26. 中共中央文献研究室：《十六大以来重要文献选编》（上、中、下），中央文献出版社 2011 年版。

27. 中共中央文献研究室：《十七大以来重要文献选编》（上、中、下），中央文献出版社 2013 年版。

28. 中共中央文献研究室：《十八大以来重要文献选编》（上、中、下），中央文献出版社 2016 年版。

29. 中共中央党史和文献研究院：《十九大以来重要文献选编》（上、中），中央文献出版社 2021 年版。

30. 中共中央文献研究室：《建国以来重要文献选编》第 1—20 册，中央文献出版社 2011 年版。

31. 中共中央文献研究室、中央档案馆：《建党以来重要文献选编》第 1—26 册，中央文献出版社 2011 年版。

32. 中共中央文献研究室：《建国以来重要文献选编（1949—1965）》全 20 册，中央文献出版社 2022 年版。

33. 中共中央党史研究室：《中国共产党的九十年》第 1—3 卷，中共党史出版社、党建读物出版社 2016 年版。

34. 本书编写组：《中国共产党简史》，人民出版社 2021 年版。

（二）中国历史典籍

1.《傅雷家书》，天津社会科学院出版社 2006 年版。

2.《国语》，齐鲁书社 2005 年版。

3.《韩非子》，河南大学出版社 2008 年版。

4.《梁启超家书》，中国文联出版公司 2000 年版。

5.《论语》，陕西人民出版社 2006 年版。

6. 张艳国：《〈论语〉智慧赏析》，人民出版社 2020 年版。

7.《孟子》，中华书局 2006 年版。

8. 沈锡麟：《包拯》，中华书局 1984 年版。

9. 汪辉祖：《学治臆说》，商务印书馆 1960 年版。

10.《荀子》，中州古籍出版社 2006 年版。

11.《颜氏家训》，天津古籍出版社 1995 年版。

12.《周易》，岳麓书社 2000 年版。

13.《曾国藩家书》，北京燕山出版社 2009 年版。

（三）国内著作

1. 本书编写组：《做焦裕禄式的好干部：学习弘扬焦裕禄精神　践行"三严三实"要求》，当代中国出版社 2014 年版。

2. 本书编写组：《焦裕禄精神学习读本》，新华出版社 2014 年版。

3. 博山焦裕禄纪念馆：《焦裕禄的 80 则贴心话》，人民日报出版社 2017 年版。

4. 曹振宇等：《焦裕禄的初心与使命》，河南人民出版社 2018 年版。

5. 曹景富：《永远保持和弘扬焦裕禄精神》，河南人民出版社 2005 年版。

6. 陈思：《焦裕禄的九年洛阳岁月》，中共中央党校出版社 2022 年版。

7. 陈亚杰：《建设社会主义核心价值体系》，人民出版社 2007 年版。

8. 曹保刚：《社会主义核心价值体系研究书系》，河北人民出版社 2008 年版。

9. 迟成勇：《中华民族精神的文化观照与历史嬗变》，南京大学出版社 2013 年版。

10. 董伟武：《我国新时期精神文化发展研究》，光明日报出版社 2013 年版。

11. 高建国：《大河初心——焦裕禄精神诞生的风雨历程》，作家出版社 2020 年版。

12. 高敬：《作风决定成败》，红旗出版社 2015 年版。

13. 耿相新：《焦裕禄精神文献典藏》（全十四卷），河南文艺出版社 2016 年版。

14. 河南人民出版社：《向毛主席的好学生焦裕禄同志学习》，河南人民出版社 1966 年版。

15. 河南人民出版社：《忆焦裕禄同志》，河南人民出版社 1966 年版。

16. 化汉三：《谈焦裕禄的公仆精神》，河南人民出版社 1990 年版。

17. 化汉三：《难以忘却的怀念：焦裕禄回忆录》，河南大学出版社 1992 年版。

18. 黄明理：《社会主义道德信仰研究》，人民出版社 2006 年版。

19. 韩震：《社会主义核心价值体系研究》，人民出版社 2007 年版。

20. 何锡蓉：《核心价值体系构建与价值观研究》，上海社会科学院出版社 2008 年版。

21. 胡海波：《当代境遇下的社会主义核心价值体系研究》，东北林业大学出版社 2008 年版。

22. 何香久：《焦裕禄》，北京联合出版有限公司 2021 年版。

23. 胡安志等：《清正廉洁焦裕禄》，河南人民出版社 2013 年版。

24. 江苏人民出版社:《向焦裕禄同志学习——做毛泽东同志的好学生》,江苏人民出版社 1966 年版。

25. 焦守凤等:《我的爸爸焦裕禄》,少年儿童出版社 1966 年版。

26. 焦裕禄干部学院:《永恒的丰碑:焦裕禄的故事》,大象出版社 2014 年版。

27. 焦裕禄干部学院:《跟焦裕禄学做县委书记》,人民出版社 2015 年版。

28. 焦裕禄干部学院:《信仰的力量》,人民出版社 2019 年版。

29. 焦守云:《我的父亲焦裕禄》,人民日报出版社 2016 年版。

30. 李敬真:《社会主义核心价值体系概论》,湖北人民出版社 2008 年版。

31. 吕振宇:《论社会主义核心价值体系》,山东人民出版社 2009 年版。

32. 兰考焦裕禄纪念馆:《坚持群众路线的楷模:焦裕禄》,人民出版社 2013 年版。

33. 鲁献启:《今天我们怎样学习焦裕禄》,河南人民出版社 2014 年版。

34. 鲁献启:《焦裕禄精神光耀中原》,河南人民出版社 2014 年版。

35. 李黎祥:《阿布列林——焦裕禄精神的当代传人》,中州古籍出版社 2018 年版。

36. 穆青等:《焦裕禄》,新华出版社 1980 年版。

37.《穆青自述》,河南人民出版社 2015 年版。

38. 穆青等:《县委书记的榜样——焦裕禄》,中国言实出版社 2014 年版。

39. 聂茂等:《典型人物报道论》,湖南人民出版社 2008 年版。

40. 黎澍:《马克思恩格斯列宁斯大林论历史人物评价问题》,人民出版社 1981 年版。

41. 娄礼生等:《改革中的民族精神》,中国矿业大学出版社 1990 年版。

42. 潘中伟:《焦裕禄的道德风范及其启示》,中央文献出版社 2005 年版。

43. 任彦芳:《焦裕禄身后:我与兰考的悲喜剧》,广东人民出版社 2013 年版。

44. 任彦芳:《我眼中的焦裕禄:1965—1966 年采访手记》,广东人民出版社 2014 年版。

45. 任仲文:《践行群众路线的楷模:焦裕禄》,人民日报出版社 2014 年版。

46. 石磊:《焦裕禄的故事》,人民日报出版社 2006 年版。

47. 王炳林:《为什么需要精神:中国共产党革命精神引论》,中共党史出版社 2021 年版。

48. 王炳林:《初心——重读革命精神》,人民出版社 2018 年版。

49. 王广平等:《焦裕禄》,团结出版社 1999 年版。

50. 王建立等:《焦裕禄在洛阳》,海燕出版社 2009 年版。

51. 魏治功等:《焦裕禄读本》,河南人民出版社 2011 年版。

52. 吴丹毛:《文化精神》,河南人民出版社 2012 年版。

53. 吴德刚:《中国共产党精神品格》,人民出版社 2021 年版。

54. 吴美华等:《马克思主义党建理论在当代中国的新发展》,中国人民大学出版社 2013 年版。

55.吴宏亮:《焦裕禄精神永放光芒》,大象出版社 2014 年版。

56.吴宏亮:《焦裕禄精神》,中共党史出版社 2018 年版。

57.肖力等:《中国共产党精神建设研究》,光明日报出版社 2011 年版。

58.殷云岭等:《焦裕禄传》,花山文艺出版社 1995 年版。

59.杨永利等:《社会主义核心价值体系学习读本》,红旗出版社 2007 年版。

60.杨长兴:《焦裕禄一生》,中央文献出版社 2011 年版。

61.杨玉玲:《焦裕禄精神学习读本》,人民日报出版社 2014 年版。

62.于建荣:《为了谁依靠谁我是谁:做焦裕禄式的好党员好干部》,红旗出版社 2014 年版。

63.袁国柱:《看万山红遍——中国共产党人的精神谱系》,中共中央党校出版社 2021 年版。

64.张小平:《论焦裕禄精神与党风廉政建设》,人民出版社 2007 年版。

65.中共河南省委宣传部:《历久弥新:河南深入学习大力弘扬焦裕禄精神理论研讨会论文集》,河南人民出版社 2009 年版。

66.中国中共党史人物研究会:《中共党史人物传》,中共党史出版社 2010 年版。

67.邹世允等:《县委书记的好榜样焦裕禄》,吉林人民出版社 2011 年版。

68.红旗出版社编辑部:《信仰的力量:精神卷》,红旗出版社 2011 年版。

69.周长安等:《焦裕禄在兰考的 475 天》,中州古籍出版社 2014 年版。

70.郑永扣等:《共产党员理想信念论》,人民出版社 2014 年版。

71.赵瑜:《焦裕禄家风》,河南文艺出版社 2018 年版。

(四)国内学术论文

1.安北平:《焦裕禄优良家风形成原因探析》,《决策探索(下)》2020 年第 5 期。

2.艾政文:《论焦裕禄精神与党风廉政建设》,《传承》2009 年第 7 期。

3.曹振宇:《焦裕禄精神的传统文化意蕴》,《郑州大学学报(哲学社会科学版)》2013 年第 3 期。

4.蔡骐等:《英模人物的影像传播——以电视剧〈焦裕禄〉为例》,《中国电视》2013 年第 4 期。

5.曹大:《论焦裕禄精神与党的群众路线》,《南方论刊》2014 年第 7 期。

6.陈莉莉等:《焦裕禄精神与河南文化软实力的提升》,《河南科技大学学报(社会科学版)》2015 年第 5 期。

7.陈莉莉等:《焦裕禄精神集体记忆的建构历程》,《长白学刊》2016 年第 3 期。

8.邓海龙等:《论中国共产党对焦裕禄精神的传承与发展》,《学校党建与思想教育》2014 年第 3 期。

9.范国胜:《焦裕禄精神与传统文化研究》,《中共石家庄市委党校学报》2014 年第 5 期。

10. 高二旺：《焦裕禄精神与时俱进探析》，《中共郑州市委党校学报》2004 年第 3 期。

11. 高二旺：《焦裕禄精神的文化重构》，《长春理工大学学报（社会科学版）》2012 年第 7 期。

12. 郭晓平：《文化与精神：中共历史的载体与主体——以焦裕禄精神为例》，《学习论坛》2015 年第 5 期。

13. 甘忠诚：《用焦裕禄精神指导新时期的群众工作》，《传承》2016 年第 2 期。

14. 甘忠诚：《焦裕禄精神及其核心本质》，《传承》2016 年第 7 期。

15. 胡为雄：《认真领会习近平总书记倡导弘扬焦裕禄精神的重大意义》，《毛泽东邓小平理论研究》2014 年第 6 期。

16. 何光：《弘扬焦裕禄精神是践行群众路线的永恒课题》，《湖北社会科学》2014 年第 11 期。

17. 韩振峰：《焦裕禄精神与社会主义核心价值观》，《中国高等教育》2014 年第 9 期。

18. 韩苗苗：《焦裕禄精神的时代价值及弘扬》，《领导之友（理论版）》2016 年第 11 期。

19. 何志强：《忠诚、为民、担当、律己，做焦裕禄式的县委书记》，《中国领导科学》2017 年第 6 期。

20. 黄钊：《论倡导"学习焦裕禄精神"的时代意义》，《武汉大学学报（哲学社会科学版）》2014 年第 6 期。

21. 金从军：《弘扬焦裕禄精神》，《党建研究》1994 年第 8 期。

22. 贾关青：《焦裕禄的军事生涯》，《军事史林》2022 年第 1 期。

23. 贾关青：《习近平总书记关于焦裕禄精神重要论述的价值内涵》，《传承》2021 年第 3 期。

24. 焦守云：《家风是每个家庭的政治大事》，《实事报告》2015 年第 1 期。

25. 焦守云：《父亲焦裕禄留给我们的家风》，《党建》2018 年第 8 期。

26. 孔明：《焦裕禄精神指引下群团工作改革路径探索》，《人民论坛》2016 年第 5 期。

27. 康凤云等：《论焦裕禄精神与廉政文化建设的内在关系及价值启示》，《江西师范大学学报（哲学社会科学版）》2017 年第 6 期。

28. 康凤云等：《焦裕禄精神：党的群众路线彰显及当代价值》，《中南民族大学学报（人文社会科学版）》2018 年第 6 期。

29. 凌云：《学习焦裕禄改造世界观》，《学术研究》1966 年第 2 期。

30. 罗絮等：《弘扬焦裕禄精神理论与实践研讨会综述》，《领导科学》1990 年第 7 期。

31. 刘源源：《多元价值观视角下的焦裕禄精神》，《学习论坛》2013 年第 12 期。

32. 廖海敏：《弘扬焦裕禄精神坚持党的群众路线的思考》，《今日中国论坛》2013 年第 15 期。

33. 廖海敏：《焦裕禄精神是党的群众路线的集中体现》，《中国浦东干部学报》2014 年第 6 期。

34. 刘俊生：《焦裕禄的家风值得当代干部学习》，《光明日报》2014 年 3 月 17 日。

35. 李传哲：《"焦裕禄精神"引领下的兰考脱贫攻坚》，《汉江师范学院学报》2020 年第 3 期。

36. 李军刚：《新时代焦裕禄精神涵养党员干部的价值与机制》，《长春大学学报》2020 年第 11 期。

37. 刘德萍：《论焦裕禄精神永恒的民族文化根基》，《社科纵横》2014 年第 9 期。

38. 刘德萍：《焦裕禄精神是中华优秀传统文化和民族精神的弘扬》，《党史文苑》2014 年第 7 期。

39. 刘祝环等：《焦裕禄精神的恒守与时代自觉》，《新疆社会科学》2015 年第 5 期。

40. 李西泽：《弘扬焦裕禄精神与实现中国梦的多维检视》，《南方论刊》2015 年第 1 期。

41. 楼俊超：《如何理解焦裕禄精神与"两学一做"的内在联系》，《世纪桥》2017 年第 2 期。

42. 李小菊：《豫剧〈焦裕禄〉的多元文化品格》，《戏剧文学》2017 年第 1 期。

43. 李曼诗：《中国共产党执政价值观视域下的焦裕禄精神研究》，《洛阳理工学院学报（社会科学版）》2017 年第 2 期。

44. 刘增军：《新形势下焦裕禄精神的价值显现》，《人民论坛》2019 年第 6 期。

45. 穆青等：《县委书记的榜样——焦裕禄》，《人民日报》1966 年 2 月 7 日。

46. 明洋：《论焦裕禄精神在理想信念教育中的引领作用》，《南方论刊》2015 年第 1 期。

47. 南大伟：《论焦裕禄精神的时代价值》，《广西社会科学》2016 年第 5 期。

48. 南大伟：《新时期大学生中国精神培育的路径选择——以焦裕禄精神为例》，《河南科技学院学报》2016 年第 7 期。

49. 南大伟：《论焦裕禄精神的本质及具体功能》，《徐州工程学院学报（社会科学版）》2017 年第 6 期。

50. 潘中伟：《焦裕禄的道德风范及其启示》，《郑州大学学报（哲学社会科学版）》2009 年第 3 期。

51. 彭安玉：《焦裕禄精神的历史意蕴与时代价值》，《唯实》2014 年第 7 期。

52. 齐学英：《学习焦裕禄同志的大无畏革命精神》，《文史哲》1966 年第 2 期。

53. 任健：《弘扬焦裕禄精神对青年学生实现"中国梦"的启示》，《农村经济与科技》2016 年第 8 期。

54. 孙永绥：《弘扬焦裕禄精神的实践与思考》，《山东理工大学学报（社会科学版）》2005 年第 5 期。

55. 单玉华：《焦裕禄公仆意识的特点及其现实意义》，《郑州大学学报（哲学社会科学版）》2009 年第 3 期。

56. 申永华：《论焦裕禄精神的历史文化价值》，《学习论坛》2009 年第 11 期。

57. 孙光财：《焦裕禄精神体现做好群众工作的内在规律》，《延边党校学报》2014 年第 6 期。

58. 单守金：《以焦裕禄精神加强和改进大学生思想政治教育》，《安徽工业大学学报（社会科学版）》2014 年第 3 期。

59. 史晓韵：《焦家门风》，《新湘评论》2015 年第 12 期。

60. 盛亚军：《从传播学的角度考察"焦裕禄"的史实与形象》，《南阳理工学院学报》2015 年第 1 期。

61. 桑可：《做焦裕禄式的"四有"县委书记》，《红旗文稿》2015 年第 4 期。

62. 王凤启：《新时期更要弘扬焦裕禄精神——纪念焦裕禄同志逝世 40 年》，《中共郑州市委党校学报》2004 年第 2 期.

63. 王文凯：《论焦裕禄的领导艺术》，《中共山西省委党校学报》2020 年第 6 期。

64. 吴宏亮：《焦裕禄精神与党的生命力》，《郑州大学学报（哲学社会科学版）》2009 年第 3 期。

65. 魏长领：《道德信仰与官德建设——论焦裕禄精神的当代价值》，《学习论坛》2013 年第 10 期。

66. 王中原：《用焦裕禄精神塑造当代党员干部道德人格的思考》，《中南林业科技大学学报（社会科学版）》2014 年第 5 期。

67. 王哲：《焦裕禄精神的时代价值》，《中国报道》2014 年第 4 期。

68. 王锐：《弘扬焦裕禄精神与中国梦实现的四维解析》，《理论学习》2014 年第 8 期。

69. 王超：《焦裕禄精神及其当代意义——兼谈习近平在河南省兰考县的两次重要讲话》，《党政干部学刊》2015 年第 3 期。

70. 王素玲：《焦裕禄精神在提升党的执政软权力中的作用和意义》，《中共郑州市委党校学报》2016 年第 1 期。

71. 辛世俊：《焦裕禄精神的普遍意义》，《领导科学》2009 年第 14 期。

72. 夏德计等：《论焦裕禄精神的文化渊源》，《中共银川市委党校学报》2014 年第 5 期。

73. 新伟：《焦裕禄：红色家风的接力》，《党史纵览》2014 年第 7 期。

74. 徐永杰：《论焦裕禄精神的历史生成逻辑》，《殷都学刊》2022 年第 1 期。

75. 宣萱：《弘扬焦裕禄精神与践行"三严三实"》，《中共云南省委党校学报》2015 年第 4 期。

76. 杨群红：《学习弘扬焦裕禄精神　大力加强领导干部工作作风建设》，《中共郑州市委党校学报》2009 年第 3 期。

77. 于向英：《我们为什么要学习和弘扬焦裕禄精神》，《郑州大学学报（哲学社会科学版）》2009 年第 3 期。

78. 余启军：《焦裕禄精神与党的群众路线教育实践活动的关联》，《重庆社会科学》2014 年第 6 期。

79. 杨宝章：《焦裕禄：从"榜样"到"精神"的升华》，《中国档案报》2014 年 5 月 1 日。

80. 杨君武：《回归政治的本旨——对焦裕禄精神的一种解读》，《文史博览（理论）》2015 年第 1 期。

81. 尹书博：《全面从严治党需要弘扬焦裕禄精神》，《学习论坛》2015 年第 6 期。

82. 尹小菊：《焦裕禄精神传承现状及实现途径探析》，《吉林广播电视大学学报》2016 年第 4 期。

83. 袁祖浩：《焦裕禄精神内涵及时代价值阐释》，《党史博采（理论）》2018 年第 4 期。

84. 中共兰考县委：《中共兰考县委关于深入学习焦裕禄精神的决定（摘要）》，《学习研究参考》1990 年第 2 期。

85. 中共河南省委宣传部课题组：《弘扬焦裕禄精神　加快全面建成小康社会步伐》，《河南社会科学》2004 年第 6 期。

86. 张冲：《论焦裕禄基层治理实践所蕴含的辩证法和唯物史观思想》，《传承》2020 年第 4 期。

87. 张锐：《论焦裕禄精神的时代价值》，《光明日报》2009 年 5 月 14 日。

88. 张利民：《谈焦裕禄精神形成的时代背景》，《理论观察》2013 年第 5 期

89. 张利民：《秉承焦裕禄精神　为提升中华民族精神提供宝贵财富》，《传承》2013 年第 5 期。

90. 赵鹏：《持续大力弘扬焦裕禄精神　为中原经济区建设提供强大精神动力》，《学习论坛》2013 年第 5 期。

91. 张惠丽：《论焦裕禄精神与党性教育——以公仆情怀为视角》，《中共南昌市委党校学报》2014 年第 5 期。

92. 张静等：《焦裕禄艰苦奋斗精神研究》，《大庆社会科学》2014 年第 5 期。

93. 张静等：《焦裕禄艰苦奋斗精神的内涵、成因及践行路径》，《中共郑州市委党校学报》2014 年第 6 期。

94. 张静等：《学习焦裕禄精神增强忧患意识》，《南方论刊》2015 年第 1 期。

95. 张静等：《学习焦裕禄精神做好精准扶贫工作》，《大庆社会科学》2016 年第 4 期。

96. 张秀丽：《移动互联网时代典型人物的精神传播研究——以焦裕禄为例》，《出版广角》2015 年第 12 期。

97. 张东晔：《创新焦裕禄精神深化行政改革》，《人民论坛》2015 年第 35 期。

98. 张元元：《焦裕禄精神与培育社会主义核心价值观》，《新西部》2015 年第 24 期。

99. 赵兴国：《党的纯洁性与焦裕禄精神的相互关系及其体现逻辑探究》，《中共太原市委党校学报》2015 年第 4 期。

100. 赵兴国：《论以焦裕禄精神推进精准扶贫工作的三个路径》，《中共银川市委党校学报》2016 年第 5 期。

101. 赵兴国等：《全面建成小康社会视域下焦裕禄精神时代价值探析》，《中共银川市委党校学报》2018 年第 5 期。

102. 赵兴国：《焦裕禄的"文艺范儿"》，《党史博览》2021 年第 1 期。

103. 张霓：《从文学的角度分析戏曲现代化获得成功的因素——以豫剧现代戏〈焦裕禄〉为例》，《安阳师范学院学报》2016 年第 6 期。

104. 郑钰：《践行五大发展理念　努力做焦裕禄式县委书记》，《中国领导科学》2017 年第 5 期。

105. 宫承波等：《系列动画片〈焦裕禄〉在审美转化中再现精神魅力》，《人民周刊》2022 年第 7 期。

（五）档案资料

1. 焦裕禄：《焦裕禄笔记》，兰考县档案局藏：案卷号 35。

2. 焦裕禄：《关于农村工作总结报告和今后的任务》，兰考县档案局藏：案卷号 24。

3. 焦裕禄：《给祥发同志的一封信》，兰考县档案局藏：案卷号 22。

4. 焦裕禄：《关于鼓足干劲搞好生产做好工作勤俭过春节防止浪费的通知》，兰考县档案局藏：案卷号 27。

5. 焦裕禄：《焦裕禄同志代表县委在县委扩大会议上总结》，兰考县档案局藏：案卷号 22。

6.《关于当前运动问题——焦书记电话会议记录稿》，兰考县档案局藏：案卷号 23。

7.《关于社教问题——焦书记电话会议记录稿》，兰考县档案局藏：案卷号 23。

8. 焦裕禄：《检察院张纯良同志的一封信读后感》，兰考县档案局藏：案卷号 27。

9. 焦裕禄：《关于城关区韩陵公社进行巩固集体经济发展农业生产第一步工作情况的报告》，兰考县档案局藏：案卷号 28。

10.《河南省委办公厅、兰考县革委关于向毛主席的好学生焦裕禄学习资料汇编》，兰考县档案局藏：案卷号 3。

后 记

当写下书稿的最后一个字时，我长长地舒了一口气。我终于完成了一项重要的学术任务，终于可以松口气了！

在书稿即将付梓之际，我内心既感到由衷的高兴和骄傲，又有丝丝忧虑和感慨。拙著是 2019 年结题鉴定获得"优秀"等级的国家社会科学基金项目——"焦裕禄精神及其当代价值研究"（课题立项号：15BKS103；结题证书号：20194537）的最终研究成果。从科研选题的确定、课题立项、研究开展，到最后结题获优，我都全过程倾注了太多的心血，得到了太多人的支持，由此收获了太多的感动。

记得 2013 年 5 月，我刚调入江西师范大学政法学院（2015 年 9 月成立马克思主义学院）工作时，新进一个单位的新鲜劲儿还未褪去，我就被我先生拿着"鞭子"猛抽："政法学院可是有马克思主义理论一级学科博士点的单位啊，你要思考并寻找你的研究选题，要积极准备申报国家课题""政法学院一年能拿 7—8 个国家社科基金项目，你可要动起来，重新开始，让大家了解你，你也融入新的队伍呀"。说实话，一开始，这"鞭子"抽得太猛，把我抽晕了，乃至于把我抽得要精神抑郁了。在我拿到国家社科基金项目前，我甚至一度想逃离、想调回原来工作的武汉纺织大学。在原来的工作单位，我当时就傻傻地认为，自己已经功成名就了。我被评为湖北高校首届十佳思想政治理论课教师，获得了湖北五一劳动奖章（省委书记为我授奖颁证），我在 2005 年被评为教授，2011 年已被评为湖北省首批三级教授。由此我认为，我可以满足了，没有新的职业挑战了。因此，我仅仅满足于上好课、完成基本的科研任务，我觉得这就是我工作的全部。

　　不曾料到，到了新的单位，有了新的要求，面临新的挑战。在我先生的督促、鞭策和鼓励下，我积极准备申报国家社科基金项目，不再彷徨，决定迎难而上！一旦下定决心，我便开始认真阅读有关研究资料。在2014年3月的一天晚上，我在看央视《新闻联播》时得到启发，一个科研选题"焦裕禄精神及其当代价值研究"突然出现在我的脑海里，令我兴奋不已，马上找到笔和纸，连忙记录下来；随后，立马打电话给远在外地开会的我先生。他对这个选题大加称赞，积极支持，认为有问题意识、时代意识，有科研价值，有科研前途，鼓励我围绕这个问题积极准备。选题基本确定后，我写出了论证初稿，我找几个有申报立项经验的老师请教，但大家都对这个选题不太看好，认为2015年不是焦裕禄诞辰秩年纪念，立项的可能性不大。我心中刚刚燃起的一股项目申报兴趣，一下子被浇了一瓢冷水，顿时就泄气了。之后一段时间里，又苦恼起来，有时恨不得要放弃算了。当年放了寒假以后，回到武汉，我先生又催促我："正月初六就要交申报书了，你可要抓紧啊。"我和他讨论是否还报这个选题，他表现得非常坚定，果断地说：就是它，就报这个选题！于是我就静下心来，又开始了论证。整个假期，可以说，我是废寝忘食地、夜以继日思考并撰写申报书，在大年三十吃完年饭后，也习惯性地坐在电脑前修改完善申报书，牺牲了年年看春晚的兴趣和习惯。申报书每写好一稿，我就及时地请我先生和外甥提修改意见，或者我们一起认真地展开讨论，因为他们都有申报成功的经验。说实话，这也给了我信心和力量！不知修改了多少遍，也不知苦恼了多少次，终于在正月初四定稿了。终于可以在正月初六按时提交申报书。就这样在忐忑不安中等待了4个多月，直到6月份国家社科规划办公室公布立项消息，在确认我的申报得以立项后，我才"一颗石头落了地"，内心感到无比喜悦！

　　人在旅途，往往是这样：有压力才有动力，适当的压力能使人追赶时代并取得进步。可以说，如果不是我先生的敦促支持，就不会有这个课题立项，也就不会有这本著作了。这样，我可能就过着悠闲自在、满足现状的小日子。有句话说得好：一个人能走多远，要看他与谁同行；选择和什么样的人在一起，就会拥有什么样的人生。我深以为然。我把这个故事讲出来，更多地是为了与学生分享，使他们在成长奋斗中得到借鉴和启发。

课题立项以后，我先生在暑假陪同我马不停蹄地去河南兰考、洛阳等焦裕禄当年工作战斗生活过的地方开展实地调研、深度调研。十分感谢我小妹对我的大力支持，当她听说我需要进行课题调研时，二话没说，不辞辛劳地从郑州开车陪我们去兰考，给我们既当司机，又当"后勤部长"，忙前忙后，解除了我们的后顾之忧。在兰考调研期间，我们参观了焦裕禄纪念馆，瞻仰了焦裕禄墓，拜谒了焦裕禄亲手植下的焦桐树，我们在访谈中听感人至深的回忆，我们在查阅大量第一手资料中经常产生心灵的震颤！当我们看到一幅幅图片、一件件实物，尤其是被顶出了大窟窿的焦裕禄办公藤椅时，再也不能不为焦裕禄事迹所感动、为焦裕禄精神所感染。我们在焦裕禄纪念馆、兰考县党史办见到了尚未公开的第一手资料——焦裕禄日记、焦裕禄工作笔记等，敬佩之情油然而生，欣喜之情难以言表。在课题研究过程中，课题组成员（我的研究生）也多次来到河南兰考、洛阳和山东淄博市博山区焦裕禄纪念馆、焦裕禄旧居考察调研，并接受教育。我特别要感谢兰考县档案馆副馆长金东红先生，他给予课题组无私的帮助与支持，使课题组有幸接触到许多有关焦裕禄真实事迹的珍贵资料。金局长就像是兰考县的当代焦裕禄，课题组在兰考调研期间，见证了他在工作岗位上平易近人、急群众所急、想群众所想、全心全意为兰考人民服务的工作作风。与他接触，就更加坚定了我们大力传承发扬焦裕禄精神的信念与信心。

写到最后，我要感谢我研究生导师华中师范大学的俞思念教授、武汉大学的汪信砚教授和江西师范大学的祝黄河教授、周利生教授、王员教授、韩桥生教授、韩玲教授、尤琳教授等。他们对项目的选题给予充分肯定和热情鼓励，祝黄河教授表扬肯定选题论证的话语，犹在耳畔，十分温暖；韩玲教授提出的建设性建议，记忆犹新，十分管用。总之，没有他们的肯定和支持，我真的要放弃这个选题了。应该说，是他们一直在激励我前行。

特别要感谢武汉大学党委副书记沈壮海教授慨然应允为小书作序。作为先后入选全国宣传文化系统"四个一批"人才计划、教育部"长江学者奖励计划"、国家"万人计划"哲学社会科学领军人才（国家高层次人才特殊支持计划）的专家，他是马克思主义学科的国家级带头人和学术名家，尤其是他每天的行政、科研、教学等工作排得满满的，十分繁忙。沈教授能够在百忙中抽出时间为本书作序，肯定我做出的一点点小成绩，真是令本书熠熠生辉，增色不少。

我还要感谢研究焦裕禄精神的各位专家，他们的著作、论文等成果为我的研究提供了重要参考和借鉴，他们就像科研宝塔上的明灯，照亮我勇毅前行、奋勇拼搏的学术道路。

课题组全体成员对我的支持鼓励，十分感人。我指导的硕士研究生、博士研究生黄仁森、刘超、朱秀菁、蔡萌、查婷玉、尹小菊、王心葳、雷龙涛同学等，他们冒着严寒酷暑，多次到焦裕禄的出生地、生前工作地山东省淄博市博山区、河南省兰考县、洛阳市等地调研，收集资料，同我一起讨论问题，付出了心血和汗水。他们或者参与了田野调查、资料搜集和整理、辨识档案文献文字的工作，或根据我提供的研究提纲、观点写出部分章节的初稿，或者帮助打印和校对课题书稿。在此，我对他们辛勤的付出致以深深的感谢！

人民出版社特别是拙著责任编辑赵圣涛先生对焦裕禄精神深怀敬意，十分重视并积极支持本书出版，真情感人。我要致以深深的谢意和敬意！

由于本人才疏学浅，拙著一定还存在若干不足之处，敬请专家学者批评指正。像焦裕禄那样，不求最后结果，但求我有付出。今后，我还会为研究、宣传、传承焦裕禄精神继续努力，积极作为。

康凤云
2022 年 5 月 7 日于江西师范大学瑶湖校区

责任编辑：赵圣涛
责任校对：吕　飞
封面设计：王欢欢

图书在版编目（CIP）数据

焦裕禄精神及其当代价值研究 / 康凤云 著 . — 北京：人民出版社，2022.6
ISBN 978 - 7 - 01 - 024639 - 0

I. ①焦…　II. ①康…　III. ①焦裕禄（1922—1964）- 先进事迹 -
　学习参考资料　IV. ① D263

中国版本图书馆 CIP 数据核字（2022）第 043876 号

焦裕禄精神及其当代价值研究
JIAOYULU JINGSHEN JIQI DANGDAI JIAZHI YANJIU

康凤云　著

人民出版社 出版发行
（100706　北京市东城区隆福寺街 99 号）

中煤（北京）印务有限公司印刷　新华书店经销

2022 年 6 月第 1 版　2022 年 6 月北京第 1 次印刷
开本：710 毫米 × 1000 毫米 1/16　印张：22
字数：350 千字

ISBN 978 - 7 - 01 - 024639 - 0　定价：89.00 元

邮购地址 100706　北京市东城区隆福寺街 99 号
人民东方图书销售中心　电话（010）65250042　65289539